国家社科基金项目（11BJY069）资助成果

ZHENGFU GUANZHI
CHANQUAN ZHIDU YU ZHONGGUO
YANYE GUANZHI GAIGE

政府管制产权制度与
中国盐业管制改革

吕福玉　曾凡英　樊玉然 / 著

中国财经出版传媒集团

经济科学出版社
Economic Science Press

图书在版编目（CIP）数据

政府管制产权制度与中国盐业管制改革/吕福玉，
曾凡英，樊玉然著 . —北京：经济科学出版社，
2016. 10
　ISBN 978 - 7 - 5141 - 7438 - 0

　Ⅰ. ①政…　Ⅱ. ①吕…②曾…③樊…　Ⅲ. ①制盐工
业 - 产权制度 - 政府管制 - 研究 - 中国②制盐工业 -
产权制度 - 体制改革 - 研究 - 中国　Ⅳ. ①F426. 82

中国版本图书馆 CIP 数据核字（2016）第 265100 号

责任编辑：刘　莎
责任校对：杨　海
责任印制：邱　天

政府管制产权制度与中国盐业管制改革
吕福玉　曾凡英　樊玉然　著
经济科学出版社出版、发行　新华书店经销
社址：北京市海淀区阜成路甲 28 号　邮编：100142
总编部电话：010 - 88191217　发行部电话：010 - 88191522
网址：www. esp. com. cn
电子邮件：esp@ esp. com. cn
天猫网店：经济科学出版社旗舰店
网址：http：//jjkxcbs. tmall. com
北京密兴印刷有限公司印装
710 × 1000　16 开　23. 5 印张　320000 字
2016 年 10 月第 1 版　2016 年 10 月第 1 次印刷
ISBN 978 - 7 - 5141 - 7438 - 0　定价：79. 00 元
（图书出现印装问题，本社负责调换。电话：010 - 88191510）
（版权所有　侵权必究　举报电话：010 - 88191586
电子邮箱：dbts@ esp. com. cn）

序　言

　　无论对学界而言，还是对政界和业界来讲，根植于经济社会活动实践的政府管制都是一个历久弥新的话题。古今中外，或出于增加财税收入的需要，或鉴于提升自然垄断经济效率的需要，或基于维护公共利益的考量，政府管制广泛而普遍地存在于经济社会各个领域，并且从未走出各界人士的关注视野。

　　随着我国经济市场化和全球化的程度不断加深、科学技术的不断进步和国民生活水平的不断提高，政府对电信、电力和铁路等自然垄断行业的经济性管制，以及对食品、医药、生产安全和环境保护等信息不对称领域的社会性管制，也逐步进行了不同程度的改革与完善。令人遗憾的是，已经延续20年的以消除碘缺乏病为根本目标的食盐专营制度，至今仍未被大刀阔斧地改革。

　　近百年来，伴随政府管制改革实践，国内外专家学者以不同的视角创建出丰硕的研究成果，尤其是管制经济理论和管制经济实证研究成果颇为丰厚。但是，以新制度经济学为理论基础的政府管制研究成果并不多见。

　　吕福玉教授、曾凡英教授和樊玉然副教授三位专家，运用管制经济、产权经济、契约经济、信息经济和公共选择经济等新制度经济理论，通过梳理国内外产权理论、委托代理理论、内部性理论和外部性理论等研究成果，在探讨内部性产权理论与外部性产权理论的基础上，针对政府管制的负内部性问题和负外部性问题，分析政府管制失灵的根源，进而，以管制经济与制度契约兼容的视域，创建"管制契约——管制治理——管制激励——管制绩效"的 CGIP 管制产权制度理论模型。该政府管制产权制度理论的四个模块，均内含较为丰富的政府管制内部性产权与外部性产权理论内容，且四个模块间亦内生出逻辑较为严密的互动传递管制产权关系。

可以说，CGIP 管制产权制度理论模型的构建，是以崭新的政府管制产权理论视野对管制经济理论研究的一种有益尝试和大胆创新，在一定程度上丰富和拓展了管制经济学的内涵与外延。

不仅如此，三位专家还运用 CGIP 政府管制产权制度理论范式，深入分析我国食盐专营制度的缺陷和致因，借鉴日本食盐专卖制度改革的成功经验，结合目前我国尚不具备合理的盐业产业组织结构、到位的食品市场监管和成熟的消费者三个食盐经营完全市场化的前提条件，提出盐业管制制度改革应该以消除碘缺乏病与提高盐业经济效率为目标导向，主张选择稳健型的渐进化"两步走"改革路径：第一步，在 5 年过渡期内，取消食盐专营制度，实施经济性管制制度，健全食盐管制法律体系，重建食盐管制治理体制，实行隐性普遍服务基金的特许竞标管制激励政策，并推出与之相配套的产业组织结构优化措施；第二步，5 年过渡期后，彻底放开食盐经营市场，实行跨行业的社会性管制制度，将食盐管制融入食品药品监管中，在尚不具备完全市场化的老少边穷地区，施行显性普遍服务基金的特许竞标管制激励政策，确保消除碘缺乏病根本目标的实现。

这些颇有见地的学术观点和改革主张，不仅可以为我国相关政府部门制定盐业垄断体制改革方案提供智力支撑，还可以为其他垄断性行业改革提供决策参考；不仅可以为学界进一步研究食盐专营制度改革奠定一定的理论基础，而且还可以为社会各界人士研究其他垄断性行业改革提供较为丰富的文献资料。

　　期盼更多的专家学者能关注和研究我国垄断性行业和垄断性领域存在的诸多管制失灵问题，以助推我国垄断性行业和垄断性领域的管制改革进程。

蒋永穆（四川大学教授、博士生导师）

2016 年 3 月 7 日

目　　录

下篇　我国盐业管制改革

绪　　论

一、研究背景及意义

我国食盐专营制度运行 20 年，为实现全面消除碘缺乏病的宏伟目标做出了不可磨灭的贡献。但随着经济市场化和全球化的程度不断加深，这种监管制度逐渐暴露出诸多体制性和机制性缺陷和痼疾，带来系列政府管制内部性失灵和外部性失灵问题，社会各界要求改革的呼声愈来愈高。针对盐业监管体制改革，业界和学界均提出各自的主张和见解。

业界专家从自身利益出发，各自明确表达自己的意见和建议：受盐业管制制度束缚的制盐企业，主张立即废除食盐专营制度，强调制度的经济效率性；作为专营主体的各地盐业公司，则坚决维护食盐专营制度；作为中央直属企业的中国盐业总公司，则力主强化食盐专营制度，建立由其独家垄断的全国统一食盐市场。不难看出，后两种观点均着重强调制度的社会公平性。可以说，业界三类利益主体的观点既各有千秋，又各有局限。

持中立态度的学术界，多数学者偏重于专营制度弊端的研究，抨击食盐专营制度，并基于食盐系普通商品的基本属性，提出完全市场化的管制模式。不过，这种管制模式略显粗糙，并缺乏现实的可操作性，无法确保全面消除碘缺乏病根本管制目标的实现。少数学者对盐业监管体制改革持谨慎态度，认为改革的条件尚不成熟，宜缓不宜急。事实上，不是改革食盐专营制度的条件不够成熟，而是暂不具备实行市场化管制的市场基础，关键在于探寻一种较为理想的过渡性替代制度。也有几位学者从法学角度研究盐业管理体制改革问题，主张在法制框架下构建新的政府规制体系，并创建出盐业规制的法律制度架构，为学界探讨盐业管制奠定法学研究基础，为盐业管理体制改革提供法学理论支撑。综合而言，尽管学界的研究成果为盐业监管体制改革提供了一定的学术论证，但仍未探索出具体的改革路径，更未设计出新的管制制度框架。

食盐管制制度实施 20 年来，党和国家也高度重视盐业垄断体制改革。我国国民经济和社会发展"十一五"规划纲要，在涉及"推进垄断行业管理体制和产权制度改革"问题时，曾提出深化包括盐业体制改革在内的改革任务。2009 年 5 月，国务院批转国家发改委《关于 2009 年深化经济体制改革工作的意见》（国发〔2009〕26 号）时，更明确要求"制定出台盐业管理体制改革方案"。我国国民经济和社会发展"十二五"规划纲要，在"深化国有企业改革"部分明确指出："推进铁路、盐业等体制改革，实现政企分开、政资分开。"其实，盐业监管体制改革最早始于 1998 年，历时了 18 年，先后由原国家经贸委盐业办、国家发改委盐业办、国家审计署、国家发改委经济体制与管理研究所、国家发改委经贸流通司、国家发改委与工信部等国务院直属部委拟定了 6 套改革方案，始终没能解决多方利益群体纷繁复杂的利益矛盾和冲突，盐业体制改革方案始终未能颁布和实施。可见，研制一套能够为各个利益群体接受的较为稳健的盐业管制制度改革方案，已成为推进盐业供给侧结构性改革的攻坚克难任务之一。

尽管多年来学界和政界的学者、专家们致力于食盐专营制度改革的研究，亦有不少科研成果问世，但绝大多数都局限于盐业管制制度弊端的研究，关于如何改革和改革后所应该实行的管制制度的研究，则基本处于空白状态。

有鉴于此，本书的研究，不仅符合社会主义市场经济发展规律和世贸组织（WTO）基本原则，也顺应了管制改革市场化的国际潮流，更能落实国家供给侧结构性改革的经济发展战略，契合我国依法治国方略和经济体制改革的战略规划。因而，本书的研究具有深远的历史意义和重要的现实意义。

本书的研究，不仅能为继续深化盐业体制改革提供必要的智力支撑，也能为政府进一步研制兼具效率与公平的盐业改革方案提供决策参考，为制定兼具活力与安全的食盐储备制度体系提供学理论证，为出台更为科学合理的盐业产业政策提供建设性意见。所以本书的研究具有较高的政策参考价值和借鉴意义。

本书的研究，不仅可为学界继续深入研究盐业垄断体制改革提供有益的学术参考，也可为学界探索盐业产业转型升级对策提供丰富而翔实的文献资料，为其他垄断性行业改革研究奠定较为坚实的理论基础，更可为管制经济学提供一个 CGIP 管制产权制度理论框架，充实管制经济学的内涵与外延，进一步促进管制经济学的学科建设。因此，本书的研究具有较高的学术价值和理论意义。

二、研究思路及方法

我们采用文献分析法，通过全面搜集国内外有关管制改革的论著等文献资料，形成文献资料汇编，梳理本书的研究思路，运用外部性理论、内部性理论、交易费用理论、产权理论和公共选择理论以及委托代理理论等系列新制度经济学理论，在探讨内部性与外部性的产权理论和管制理论以及制度理论的基础上，搭建起管制契约—管制治理—管制激励—管制绩效的管制产权制度框架结构，创建 CGIP 的管制产权制度理论分析范式，为研究深化我国盐业管制制度改革奠定坚实的理论基础。

我们采用实地调研和文献检索相结合的研究方法，派遣课题组成员分赴食盐的产区与销区、缺碘地区与高碘地区、发达地区与欠发达地区进行实地调研，采集、加工和整理相关的背景资料和具体数据，同时，通过各种途径查阅关于我国盐业体制改革和产业发展等相关的文献资料，据此，客观分析食盐专营制度的成效和弊端，深入剖析现行盐业管制制度的内在缺陷，为取消食盐专营制度提供充分的学术论证，也为探寻新的食盐管制制度提供规避点。

我们采用比较分析与经验分析相结合的研究方法，通过对历经近百年的日本盐业专卖制度改革的研究，凝练出给我国盐业管制改革带来的启示和警戒，进而探寻出一条稳健型的渐进化改革路径。

我们采用实证分析与规范分析相结合的研究方法，运用委托代理理论、管制产权理论、内部性理论、外部性理论、契约理论和制度设计理论以及特许竞标理论等，按照 CGIP 的管制产权制度理论分析范式，在多维管制目标的导向下，分别设计改革过渡期间和过渡期后的食盐特许竞标激励政策，建构食盐管制治理体制，从而搭建我国新的盐业管制的产权制度架构和运行机制。

三、研究内容及观点

（一）内部性与外部性的产权理论

1. 产权理论

产权不是指一般的物质实体，而是指由人们对物的使用所引起的相互认可的行为关系，它是一种社会工具，其主要功能就是帮助一个人形成他与其他人进行交易时的合理预期。产权界定了人们在经济活动中如何受益、如何受损以及他们之间如何进行补偿的规则，谁必须向谁提供补偿以便修正人们所采取的行动。产权安排确定了每个人相应于物的行为规范，每个人都必须遵守他与其他人之间的相互关系，或承担不遵守这种关系的成本。

无论是经济市场上的买卖或雇佣交易，还是政治市场上的委托代理交易，在本质上都是产权交易。产权交易的实质是，权利束的分割和转移是由旧的权利束向新的权利束的过渡和转换，是在既定的价格或约定条件下，包含在两组权利束内的有价值属性的分割和转移。虽然产权在法律上界定清晰是交易的前提，但是，交易本身却是一个通过定价或约定而对产权再界定的过程。

产权与交易费用的关系极为密切，在一个零交易费用的世界里，产权没有必要存在，事实上正是由于在任何社会和经济活动中，交易费用的客观存在，并影响交易的成败和资源配置效率，才使基于可承受的交易费用之前提下，各种"产权束"的分割与转移真实地运行于各种交易过程中，即产权交易是建立在适度的交易费用之基础上的；如果交易费用太过昂贵，便会产生内部性和外部性的市场失灵。

2. 内部性理论

内部性是指由交易者所经受的但没有在交易条款中说明的交易的成本和收益。简言之，内部性的存在使交易双方不能完全获得全部潜在的交易所得，即交易所产生的净利益没有完全在交易双方之间进行有效分配，导致资源配置低效、经济福利损失。内部性可分为正内部性（内部经济）和负内部性（内部不经济）。其中，负内部性可表述为，参与交易的一方受到的没有在交易合约中反映的成本，或者虽已在合约中反映但因对方毁约而遭受的损失；与此相对应，正内部性则为参与交易的一方所得到的没有在交易合约中反映的收益。

内部性产生的根源就是，信息不完全和信息不对称以及由此引起的高昂交易成本。基于信息偏在性和交易成本的普遍存在，交易双方中必有一方处于信息优势或强势地位，而另一方处于信息劣势或弱势地位。在机会主义动机的诱导下，信息优势方会利用对方信息匮乏的特点，不认真履约甚至违背合约条款，在合约没有明确规定的灰色"公共空间"攫取对方潜在收益。值得注意的是，在现实中，并不是每笔交易都会产生内部性问题，只有满足一定条件才会出现。因为不论是在经济市场上，还是在政治市场上，经济主体和政府官员都是"经济人"，都会精心计算自己的行为收益和行动成本，为自己设定一个行动临界均衡点，当估定自己寻租活动的边际收益大于从中所获得的边际成本时，他才会采取现实的追租行动，这时内部性市场失败或政府失灵才会产生。

3. 外部性理论

外部性，是指当一个行动的某些效益或成本不在决策者的考虑范围内时所产生的一些低效率现象；也就是某些效益被给予，或某些成本被强加给没有参加这一决策的人。

外部性可分为市场外部性与政府行为外部性两类。市场外部性包括技术外部性和金融外部性。技术外部性，是指在市场活动中某一经济主体不经交易而对其他经济主体施加了利益或成本，但这些利益或成本却不能通过价格反映出来。金融外部性是指市场参与者之间的交易产生了对市场参与者的影响，并可以通过价格反映出来。技术外部性和金融外部性，都是市场活动的副产品，是在既定的交易规则和产权控制下发生的，是与市场机制自发运行直接相关的市场性外部性。而政府行为外部性，则是政府制定公共政策、行使公共服务职能以弥补市场缺陷的副产品，它是由政治过程产生的、通过改变交易规则或产权控制从而间接改变市场性外部性，造成相应的成本和收益转移的现象。

在自由竞争市场条件下，技术外部性（包括正外部性和负外部性）产生的是一种间接性非价格的系统影响，不能通过价格信号得到反映，导致社会产出偏离最优产出水平，从而无法实现资源配置的帕累托最优均衡，造成社会福利净损失，可能需要政府干预。至于金融外部性则反映了这样一种实质：当帕累托最优的竞争均衡要求的所有假设都得到满足时，金融外部性与福利经济无关，价格机制作用的结果将会使供求关系均等，资源配置自动达到帕累托最优均衡，所以这种外部性一般不会导致市场失灵。然而，在不完全偶发市场和在有不对称信息的经济中，金融外部性就会影响市场参与者的经济福利，造成资源无法最优配置，往往需要政府介入。

4. 内部性与外部性的产权归一性

在产权理论范式下，源自信息不完全和不对称的极高交易成本，使交易范围内外的任何产权不可能完整地界定清楚，必然有部分未界定的产权属性被遗留在"公共领域"，任凭相关经济主体进入攫取。外部性和内部性就是具有成本优势一方越过约束边界，在追租的边际收益等于边际成本之前，不遗余力地挖掘产权信息垄断租金，给其他相关经济主体造成未经交易或虽经交易但未在合约上体现，从而未在价格体系中反映的额外收益或额外成本。

因此，内部性与外部性具有产权的一致性，皆是"经济人"在既定的约束条件下，追求"公共领域"里的未界定产权（或未定价）的资源或财富的结果。

（二）管制理论

以内部性与外部性的产权理论的视野，在综述了管制的内涵与外延的基础上，研究了政府管制的理由、边界和目的以及政府管制失灵及其根源。

1. 政府管制的理据

市场机制无法解决自身所产生负内部性和负外部性，法庭机制源于极高的交易费用也难以矫正市场失灵，因而，政府管制是对市场机制和法律制度的补充，帮助市场机制恢复在市场经济中的决定性作用。

2. 政府管制的边界

随着市场交易的反复多次博弈，市场竞争会内生出一种自我矫正和修复的运行机制，使某些领域的市场内部性和外部性逐渐消散；另外，现实的法律制度也能在某些负内部性和负外部性领域发挥外在的校正功能。因此，政府对市场内部性和市场外部性的管制，仅仅是对市场机制先天缺陷的补充和完善，是在"看不见的手"无法发挥作用的领域和环节上的行政干预行为，通过制度创新和技术创新，实现产权在事实上的清晰界定，使当事人可以在事实上产权确定的边界上，决定自己"向内"和"向外"

的行为范围，减少游离在均衡状态之外的公共资源或公共财富，以达到资源配置帕累托最优和社会福利最大化，即边际私人成本等于边际社会成本，或者边际私人收益等于边际社会收益，消除私人成本与社会成本的离差。

3. 政府管制的目的

治理内部性和外部性问题，既是政府管制的逻辑起点，也是政府管制的最终归宿。内部性和外部性均是由于信息不完全和不对称所带来的交易成本太高，以至于相关经济主体宁愿将某些价值信息遗留在"公共领域"，任凭他人进入攫取。从产权理论的视角来看，这些被遗弃的信息资源就是产权结构内的系列有价值属性和用途，就是未定价或未界定的产权束。所以治理内部性和外部性的政府管制，无论是通过何种途径，还是采用何种手段，皆是以充分界定产权、降低交易成本为根本目的。

4. 政府管制失灵

政府行为内部性是指政府行为给既定目标受体带来预期目标之外的影响，或者没能达到既定目标；政府行为外部性，则是指政府行为给既定目标受体之外的其他利益相关者带来的影响。内部性与外部性的区别，关键在于意外收益或额外成本的承受者是处于既定目标体系之内，还是处于既定目标体系之外。

在管制市场上，管制机构和管制人员，作为政府的代理人或者作为某些团体或某些组织的委托人，由于受到信息不完全和不对称、人的有限理性和机会主义倾向等因素的限制和影响以及由此带来的巨额交易成本的约束，常常造成政府管制偏离既定的价值目标方向，或者虽已实现预期目标，但却给目标受众或非目标受众带来诸多负面影响或额外成本，从而导致政府行为内部性问题或外部性问题，出现政府管制失灵。

（三）制度理论

1. 制度的内涵及本质

制度就是经济单元（包括个人和组织等）的"游戏规则"，具有习惯性、确定性、公理性、普遍性、符号性和禁止性等丰富内涵。制度提供的一系列规则是由社会认可的非正式约束（或非正式制度）、国家规定的正式约束（或正式制度）和实施机制所构成的。制度既是博弈规则，也是博弈均衡，是一种"博弈的内生规则"。制度的本质特征是参与人选择的自我实施规则，在多次重复博弈中，这些规则被认为是非常重要的，能够规制所有交易参与者的持续不断的互动选择过程，并且这些规则就是在这一过程中逐渐自发生成的，是人们社会经济活动的内生"合作解"或"均衡解"。

2. 制度的均衡与非均衡

制度均衡是指在已有的制度安排下已经获取了各种要素资源产生的所有潜在收入的全部增量，或者虽然存在潜在利润，但改变现有的制度安排的成本将会超过潜在利润。换言之，制度均衡就是这样一种状态：人们对现有的制度安排和制度结构感到满意或合意，不愿也无力改变现行制度。与此相反，制度非均衡是指人们对现存的制度感到不满意或不满足，意欲改变而又尚未改变的状态。从供求关系来看，制度非均衡就是制度供给与制度需求产生了不一致。制度供给不足表明潜在利润的存在，需要制度结构和政策安排的创新，以提高经济效率。制度供给过剩同样存在潜在利润，但解决问题的着力点，往往不是增加新的制度供给（并不排斥制度创新），而是应该取消那些老旧低效率的制度，以消除过时的或多余的制度政策的负面效应。实际上，制度均衡仅仅是制度变迁过程中的偶然现象，制度变迁经常处于偏离均衡的状态。

3. 制度的效率与公平

由于影响制度的因素太多和太复杂，预期收益和预期成本难以准确地予以量化和计算，人们很难确保所选择的制度是最富有效率的。制度创新不仅需要考虑效率性问题，也需要考量其公平性问题，公平与效率往往是对立和冲突的，基于公平前提的制度安排可能缺乏经济效率，而基于效率前提的制度结构也可能缺乏公平正义。然而，资源稀缺性所决定的人类生活生产活动都处于一个相互制约和相互依赖的竞争与合作体系中，社会生产的分工与协作过程就是一个竞争与合作的复杂博弈过程。作为支配经济单位之间可能合作与竞争方式的制度的核心内容就是如何分配"合作剩余"。因此，在社会和经济不平等安排的客观环境里，让最少受惠者获得最大利益补偿应该作为制度安排的一个基本前提，所有制度政策的设计都应该向弱势群体的利益倾斜。

（四）管制制度理论

从本质上说，市场交易（包括经济市场交易和政治市场交易）就是产权交易，就是与交易对象相对应的各种权利和义务的交易，就是隐含在交易对象之内诸多有价值的产权属性的交易，就是以契约形式约定交易各方享受收益和承担成本的产权交易。因而，从产权经济学的视角来看，政府管制是一种以契约形式为约束的管制产权交易活动，目的是界定结构内各方的产权边界和活动范围，降低源于信息不完全和不对称、人的有限理性和机会主义动机的较高交易成本，从而减少被遗留在"公共领域"内的未在价格或合约上反映的有价值产权属性，使交易双方尽可能多地获得属于自己的潜在收益，最大限度地缩小存在"合作剩余"的"公共领域"，压缩甚至消除外部收益或外部成本，进而引导交易各方的边际私人收益等于边际社会收益，或者边际私人成本等于边际社会成本，矫正市场失灵或政府失灵问题，帮助经济市场或政治市场恢复竞争机制功能，提高经济资源或政治资源的配置效率。

1. 管制契约（Contrac-regulatory）

从契约理论的角度来看，政府管制是一种公共合约，在社会公众—立法者或政府—监督机构—管制机构—被管制者的委托—代理利益链条上，每一个主体都兼具委托人与代理人两种身份，有权作为治理主体参与政府管制活动，并且可以依据相关的管制契约，以委托人的职分来监管其代理人的行动边界和努力程度，防止机会主义泛滥，实现预期利益目标。因此，管制契约是政府实施管制活动的规范依据，是一组系列的正式规则，是由一部居于上位的管制法律和居于下位的多种管制规章条例组成的。反过来讲，管制的具体规则依据，就是建立在管制契约架构下的系列管制治理契约、管制激励契约和管制绩效评价契约的体系。其中，管制契约居于管制治理契约、管制激励契约和管制绩效评价契约之上，是社会公众与立法者所订立的合约，明确管制目标、管制对象、管制者与被管制者，引领和指导管制治理和管制激励；管制治理契约作为管制治理的制度保障，是中央政府或立法者与管制机构基于管制契约所签订的合约，是对管制机构的管制授权和管制约束；管制激励契约作为管制激励的制度基础，是管制机构与被管制的企业或消费者基于管制契约所订立的合同，用来激励与约束被管制者的微观经济活动；管制绩效评价契约作为管制绩效的评价制度规范，是监督机构与管制机构基于管制契约所订立的合约，用以评价和考核管制机构对管制激励实施与执行效果的评价。政府管制活动始于管制立法，管制契约的协商、让步和签订过程就是管制法律法规的生成过程。

2. 管制治理（Governance-regulatory）

在政府与管制机构的委托—代理利益链条上，政府或立法者和管制机构分别作为委托人和代理人，形成委托—代理型的产权交易关系。政府或立法者将管制这一行政职能委托给管制机构，就是要以管制治理契约的形式，对管制权力这种特殊产权进行合理的安排，构建授予与限制管制权限的具体法规，包括管制权力的界定、管制权利的授予、管制治理组织结构模式的选择、管制过程机制的设计和管制监督制度的构造等，以防范源于信息不对称和契约不完全的管制风险。这种管制治理的产权结构，提供了限制管制者的行动范围，以及解决这些限制所带来的矛盾和冲突的机制，是对管制者和管制过程的约束与监督。

3. 管制激励（Incentive-regulatory）

在管制者与被管制者的委托—代理利益链条上，管制机构和被管制者分别作为委托人和代理人，也生成委托—代理型的产权交易关系。政府管制要以管制激励契约的形式，通过制约被管制者的部分产权权能来实现，即管制者通过制定和执行特定的管制政策措施，激励与约束被管制者的市场行为，它包括管制政策手段的选择、管制政策内容的制定与实施，以降低这条委托—代理链条上的各种交易费用，尽量防范和避免"逆向选择"和"道德风险"，实现预定的管制目标。这种管制激励的产权结构，主要是由价格、补贴、竞争和市场准入等规则要素组成，是对被管制者特定经济行为的激励与约束，是一种政府与市场、管制与竞争相兼容的公共激励政策。

4. 管制绩效（Performance-regulatory）

在监督机构与管制者的委托—代理利益链条上，监督机构与管制者分别作为委托人和代理人，同样内生出委托—代理型的产权交易关系。管制绩效是在管制契约规范的框架下，通过合理的管制治理结构和有效的管制激励机制，管制政策在实施与执行过程中所彰显出来的业绩、效果和效率。监督机构对管制机构执行与实施管制激励政策的效果的考核，依然需要依据具体的制度准则，因此，基于管制契约框架下签订具体的管制绩效评价契约是不可或缺的。管制绩效评价要着眼于，考察管制系列产权交易是否到位，考核政府管制治理和管制激励是否达到预期目标和达到的程度，明辨政府管制是否产生负面影响和产生多大的负面影响，比较和评价管制改革前后的效率水平和公平程度，从而为政府提供管制改进甚至管制改革的实证支撑。唯有如此，才能确保政府管制绩效评价的规范性和科学性，才能反映管制治理和管制激励两者之间的互动关系是否正常，才能反馈管制制度是否合法和合理，才能为政府对某些产业或领域的管制改革提供绩效证据。所以管制绩效是政府管制制度理论范式的重要组成单元。

有鉴于此，我们认为，管制制度是一个由管制契约、管制治理和管制激励以及管制绩效共同构成的多种而复杂的产权结构体系。其中，管制契约的产权结构，是指以契约的形式来规范和引导管制活动，包括制定管制产权原则和构造管制目标体系；管制治理的产权结构，是指管制权限的界定，包括管制治理组织结构模式、管制治理机制和管制治理监督等；管制激励的产权结构，是指管制政策中产权安排，包含管制政策工具和管制政策内容等；管制绩效的产权结构，是指管制治理和管制激励的系列产权属性的分割与转移的效率，包括预期管制目标的实现程度和效果等。可见，管制契约是政府管制的逻辑起点和规则依据，是对管制治理的授权与约束，是对管制激励目标方向的界定。管制治理是管制激励的体制保障，决定着管制政策质量的优劣和管制政策执行和实施的绩效。管制激励是管制治理的运行平台，只有通过管制政策的执行与实施，才能检验管制治理的产权绩效。换言之，管制激励可以直接产生管制绩效，而管制治理只能通过管制激励来间接影响管制绩效；同时，管制绩效又反过来影响着管制立法、管制激励和管制治理的产权结构变革，较高的管制绩效会使管制契约和管制激励政策相对稳定以及管制治理结构相对稳定均衡；较低的管制绩效往往导致管制契约、管制激励和管制治理的产权结构和产权安排面临压力，以至于发生制度变迁和制度创新。可见，管制契约、管制治理、管制激励和管制绩效四个模块之间形成相互依存、相互影响的互动传递关系，这为我们研究管制制度提供一个 CGIP 理论分析范式，搭建一个探索政府管制改革的产权制度架构。

（五）日本盐业专卖制度改革的启示及鉴戒

1. 专卖制度改革决策的程序化启示

纵观日本近百年来盐业管制的每一步变革或改革皆是依据正式的法律规范，并且诸多的管制法律制度并不是政府单方面制定的，而是在政府的组织和牵头下，由社会第三方力量（由社会各界人士组成的"盐业小委会"）提出改革意见和建议，交由最高权力机构——国会审议通过。

我们以为，这种社会化和法制化的管制改革决策程序，值得我国包括盐业在内的所有管制制度改革而参考和借鉴。虽然中、日两国的政治体制和基本国情等都存在较大的差异，但这并不妨碍我们学习对方专卖制度改革的科学程序：既要借用社会"第三方"力量来科学决策，又要以立法为先导，实行法制化管制改革。我国食盐专营制度之所以存在那么多制度性缺陷和体制性弊端，其主要根源就在于：一方面，政府部门独家垄断决策过程，没能充分发挥结构内各种利益主体的社会能量，违背科学决策的内在逻辑；另一方面，缺失一部位阶较高的权威性法律作为管制的制度性基础，以至于不少地方政府随意出台与居于上阶位的行政法规相矛盾的诸多管制章程条例等。

2. 专卖制度改革目标的多元化启示

基于资源禀赋劣势和国内产能不足，日本政府将关系到国计民生的盐产品纳入管制之中。沿着专卖局—专卖公社—烟业株式会社—盐事业中心不同时期的改良和改革轨迹，我们发现，日本盐业管制对象从所有盐产品缩减到一般用盐，再集中于食料用盐；同时，日本盐业管制的依归，由政府利益上升为全体国民的公共利益与盐业企业的经济利益，尤其优先考虑弱势群体利益，既要实现社会公共福利目标，又要达到产业经济效率目标，充分体现公平与效率兼顾的原则。事实上，正是因为日本盐业管制目标明确和改革措施给力，才使日本盐业管制改革进程顺利且绩效良好。

　　虽然我国盐业管制的对象为食盐，管制的根本目标是消除碘缺乏病，但这并不意味着，实现这个既定目标就应该以牺牲产业经济效率为代价。当日本政府发现在追求社会公共利益目标的过程中，专卖制度竟然给日本盐业带来较大的经济效率损失时，日本政府便再次改良和改革其所实施的专卖制度，重新界定管制对象，确立经济与社会的双重管制目标，尽可能减少政府管制的内部性和外部性失灵。所以我国盐业管制改革应该借鉴日本管制目标多元化的改革经验，摒弃忽视经济效率目标的陈规，遵循公平与效率兼顾的基本原则，确立以消除碘缺乏病的公共利益为主要目标、以提高盐业效率的产业利益为次要目标，为管制改革提供清晰的价值目标导向。

　　3. 专卖制度改革路径的渐进化启示

　　探究日本盐业管制改良和改革的历史进程，我们发现，日本盐业管制的市场化改革并不是一蹴而就的，而是选择了一条渐进化的改革路径，为此设置 5 年的改革过渡期。在 5 年过渡期内，出于改革稳健性的考量，除改革了管制治理组织的产权结构模式以外，日本政府仍然对盐业实行烟业株式会社时期的管制政策。等到 5 年改革过渡期结束以后，日本盐业才正式施行新的管制制度。

　　我国食盐专营制度的改革可以学习日本稳健性和科学性的改革原则，结合我国特殊国情和目前盐业产业条件以及市场监管环境等，循序渐进地推进我国盐业管制制度改革，审慎地选择合宜的管制改革路径。本书认为，我国不妨也预留几年的改革过渡期，给予被管制的盐业公司和制盐企业充足的准备空间，使盐业企业能为应对未来的新制度进行战略调整和发展规划，从而为我国盐业市场化的管制改革培育健全的市场主体和充满活力的竞争力量。

　　4. 专卖治理体制改革的科学化

　　我国目前的盐业管制治理组织模式与在日本盐业存在了近 80 年的政

监企三合一的管制治理组织模式非常相似，并且中、日两国的行政管理体制都具有较为浓厚的官僚色彩。因此，我国盐业管制治理组织模式改革，不妨模仿日本的政监合一型，将管制机构挂靠在具有行业发展指导权的工信部内，授予管制机构相对独立的法律地位和独立的管制权力，使其在工信部最高行政长官的领导和协调下，更加顺畅地执行和实施盐业管制政策，达到预期管制目标。

其实，不仅日本盐业管制治理组织模式的改革经验值得我国模仿，同时其管制治理机制也值得我国借鉴。在较为完善的国家体制和政治体制下，尽管源于政府内部的纵向和横向的行政约束作用较为有限，但来自行政机构之外的司法救济和社会监督颇有功效，这无疑给我国盐业管制治理体制改革提供了机制设计的方向。换言之，我国盐业管制改革应该参考日本盐业管制治理体制，设计出符合我国国情、国体和政体的治理机制，使激励与约束两个元素真正相互兼容，既能刺激管制机构努力工作，又能限制其机会主义行为，尽可能地使管制机构在管制授权范围内行使管制权力，规避管制内部性失灵和管制外部性失灵。

5. 专卖激励政策改革的民营化鉴戒

在西方国家管制改革民营化的影响下，日本政府为了提高专卖机构的经营效率和减轻财政负担，1984 年依据《日本烟业株式会社法》，取消日本专卖公社，与民间资本共同出资成立日本烟业株式会社，并以 50% 的股份拥有控股权，在公社内部设立盐业专卖事业部，赋予其食料用盐的一级批发权力。显而易见，此次股份制改造仅仅局限于专卖机构，并没有涉及产业链上其他的产业组织。进一步来看，这种专营组织内部的公司治理产权结构的重新调整和安排，是在政府管制范围内允许民间资本进入专卖市场，从而使其获得一定的收益权。实质上，正是由于这些民间资本并不拥有专卖组织的决策权和话语权，才导致民营化股份制改造流于形式，并没有将民间资本的竞争因子引入进来，从而使改造后的盐业专卖事业部依然缺乏经营竞争活力，不能带来预期的经济效率。

有鉴于此，我国盐业管制改革要引以为戒，不能仅仅局限于公司内部的产权结构调整，应该将市场竞争机制植入进来，进行彻底性的市场化管制改革。也就是说，盐业市场应该逐步向健全的经济主体开放，使拥有决策权的民间资本有机会进入，从而在盐业市场上产生"鲶鱼效应"，进而提高制盐工业的经济效率，实现多元化管制目标。

6. 专卖制度改革产业政策的配套化启示

回顾日本盐业专卖制度变迁的历史，不难发现，无论是早期的专卖政策改良，还是中期的产权结构改造，抑或是后期的专卖制度改革，日本政府无不同时推出与之相配套的产业政策。在历经长达95年的6次结构调整之后，日本制盐工业形成7家寡头垄断格局，盐业市场集中度逐步提高，产业结构趋于合理，制盐企业的规模经济效益逐渐彰显，最终摆脱长期依赖财政补贴的困境，基本能够保证国内市场140万吨左右食料用盐的供给，为盐业专卖制度改革奠定了坚实的产业基础。

目前，我国盐业管制还不能贸然实行完全市场化改革的原因之一，就是我国盐业还不具备良好的产业组织环境，多小散弱的小微盐场遍地开花，食盐市场集中度较低，这与日本盐业专卖制度改革进程中所面临的产业环境极为相似。况且，我国政府致力于食盐专营制度改革的动因，主要在于我国盐业管制尽管已经实现了消除碘缺乏病目标，却带来制盐工业经济效率低下的外部性管制失灵问题。所以新的盐业管制制度设计必须将提高产业效率作为重要的管制目标。也就是说，衡量我国盐业管制改革是否成功的一个重要考核指标，就是要看制盐工业乃至整个盐业的产业经济效率是否能得到大幅度提升，而一个产业的经济福利提高又依赖于经济资源的合理配置和利用，以及产业结构的调整和优化升级。因此，我国盐业管制改革可以借鉴和参考日本盐业专卖制度的改革经验，适时推出相匹配的盐业产业政策，尽可能为管制制度改革提供良好的产业环境，努力使新的管制政策能够实现包括消除碘缺乏病和提高产业经济效率的多维管制目标。

（六）我国食盐专营制度的缺陷

我国绝大多数人群生活在缺碘的自然环境里，而人体缺碘很容易罹患甲状腺肿大、智力低下、胎儿畸形等碘缺乏病。医学实践证明，食盐加碘是最有效、最便捷和最经济的补碘方式。为了有效防治碘缺乏病，1996年我国政府推出食盐专营制度：在管制治理层面上，逐步建立中央政监二合一和地方政企监三合一的多级监管治理体制；在管制政策层面上，实行国有企业垄断经营和许可企业定点加工生产，并对出厂（场）价格和批发价格加以严格管制。

通过管制绩效的实证分析，我们发现，尽管食盐专营制度已取得可喜成就，但却给盐业带来较大的经济效率损失，同时也导致寻租和腐败的滋生泛滥。专营制度导致资源配置低效和社会经济福利损失已经成为我国盐业管制改革的动因。盐业管制的内部性失灵和外部性失灵的主要根源，就在于其存在以下诸多的制度性缺陷。

1. 缺乏健全的管制法律基础

法律层面的食盐管制规则的缺失导致中央政府与地方政府出台的食盐管制条例多散杂乱，不同行政辖区之间食盐经营利益矛盾冲突；食盐管制范围过大，包括食品加工用盐、畜牧用盐、肠衣盐和"小工业盐"在内的诸多管制对象已经偏离了消除碘缺乏病的根本目标。

2. 缺乏科学的管制治理体制

国家发改委负责食盐生产计划指标的制定和调度，各级发改委负责食盐价格规制，工信部负责食盐定点生产企业的行政许可，多部门管制缺乏公共治理的协同效应；全国23个省（自治区、直辖市）实行的政监企三合一的管制治理组织模式，内生出自我监管的治理机制，从而引致管制寻租和规制腐败。

3. 缺乏有效的管制激励政策

食盐生产领域的非生产性"租"源源不断地支撑着"大工业盐"市场的价格战争,而工业盐市场的过度竞争又导致制盐工业经济效率低下;条块分割的食盐专营市场造成专营公司的 X 效率;成本加成法的价格管制政策造成生产经营企业缺乏改革创新的主动性和积极性;食盐出厂(场)价格上限与批发价格上限的定位不合理,致使制盐企业与专营公司之间、专营公司与消费者之间的经济利益分配失衡,非生产性"租"大量集聚在专营公司,制盐企业和消费者倍感受到极大的"剥削",强烈要求改革食盐专营制度。

提高盐业经济效率和整个社会的经济福利水平以及矫正政府管制失灵,当务之急就是废除食盐专营制度。我们不妨借鉴日本食盐专卖制度改革的成功经验,探寻一条符合我国国情的稳健型改革路径。

(七) 盐业管制制度改革的路径

由于目前我国尚不具备合理的盐业产业组织结构、到位的食品市场监管和成熟的消费者三个食盐经营完全市场化的前提条件,因此,盐业管制制度改革应该以消除碘缺乏病与提高盐业经济效率为目标导向,选择稳健型的渐进化路径,实施分"两步走"的改革战略。

第一步,在 5 年改革过渡期内,取消食盐专营制度,实施经济性管制制度:健全食盐管制法律体系,重建食盐管制治理体制,实行隐性普遍服务基金的特许竞标政策,并推出与之相配套的产业组织结构优化政策。

第二步,在 5 年改革过渡期后,彻底放开食盐经营市场,依靠市场竞争力量将食盐监管融入食品药品监管中,实行跨行业的社会性管制制度,施行显性普遍服务基金的特许竞标政策,并出台促进盐业结构升级的产业政策。

（八）过渡期内经济性管制制度

1. 建立食盐管制法律体系

（1）制定《食盐法》。确立以消除碘缺乏病为主要管制目标、以提高盐业产业效率为次要管制目标；确定直接食用的加碘食盐（以下简称"碘盐"）为唯一的管制对象；明确管制者与被管制者，并赋予和授予其相对独立的法律地位和管制权力。

（2）制定《食盐监管治理条例》。在《食盐法》的法律框架下，由国务院制定《食盐管制治理条例》，明确各级管制机构的管制职责，约束管制机构的监管权力，防止权力寻租腐败。

（3）制定《食盐管制激励办法》。在《食盐法》和《招投标法》法律框架下，由国家层面的管制机构制定《食盐管制激励办法》，规定地方管制机构组织实施招投标工作的程序和内容，建立碘盐普遍服务基金，扶助贫困群体碘盐消费。

2. 重构食盐管制治理体制

（1）重建食盐管制治理组织模式。在我国特殊的政治制度和行政管理体制下，为了激励与约束卫生、工商和质检等行政部门协同执法，便于权力监督和责任追究，不妨建立以省级行政区域为单元的政监相对分离型的管制治理组织模式。首先，将食盐管制职能从国家发改委和工信部分离出来，组建以相关领域专家为主要成员的国家食盐监管委员会（以下简称"国家盐监会"）；此委员会在组织关系上隶属于工信部，但具有相对独立的法律地位，可以独立行使食盐管制权力，垂直领导下级管制机构。其次，把各省（自治区、直辖市）的盐务管理局从各省盐业公司分割出来，比照国家盐监会，组建省（自治区、直辖市）盐监会，挂靠各省（自治区、直辖市）工信厅，受国家盐监会的垂直领导，组织和实施具体的招投标工作。

（2）设计食盐管制治理机制。首先，建立内部激励约束机制：工信部门的部长或厅长领导的考核小组和督察小组，根据国家卫计委或卫生厅预定的管制绩效指标（例如，碘盐覆盖率、碘盐合格率和合格碘盐食用率等指标），评价各级盐监会的工作业绩，督察其各环节的工作是否公开透明、是否存在违纪违规问题，并将其反映在相关责任人的职务升迁和目标奖金上。其次，建立外部监督机制：各级管制机构应将所有的工作程序和工作内容公开上网，并根据社会各界的反馈信息及时作出反应和处理；省（自治区、直辖市）盐监会应允许被处罚者向国家盐监会和法院提出行政复议和司法申诉，并按照复议结果或裁决结果来执行。

3. 实行隐性基金的食盐特许竞标政策

（1）建立隐性成本补偿机制。为了减轻各级政府的财政包袱和不给生存困难的制盐企业增加成本负担，我们以为，过渡期内还不太适宜建立显性基金，不妨启动隐性成本补偿机制来支撑碘盐普遍服务。政府对在本行政辖区内提供碘盐普遍服务企业的政策性亏损，允许中标企业利用非偏远市场的垄断利润，弥补其在偏远市场的经营亏损。具体来说，就是各省（自治区、直辖市）盐监会，可将偏远市场和非偏远市场的食盐①供给数量和质量以及偏远市场碘盐供给价格上限（即目前"私盐"贩卖成本②），都纳入招投标的约束经济条件中，使竞标企业围绕非偏远市场的食盐价格来竞标。

（2）确定竞标技术条件。食盐特许竞标政策的设计，不仅要考虑消除碘缺乏病的社会目标，还要兼顾提高盐业效率的经济目标。因此，在5年过渡期内，将参与竞标的企业限定在盐业行业范围内，凡具备既定的生

---

① 这里的食盐包括碘盐和无碘。在现行的食盐专营制度，不少地区实行"一刀切"，不管消费者是否属于缺碘人群都统一供给碘盐，造成高碘人群补碘过量，进而引发多种病症。因此，各省（自治区、直辖市）要确保高碘人群的无碘盐消费，应该将其明确在特许竞标合同上。

② 选择目前"私盐"贩卖成本作为偏远市场碘盐供给的价格上限，其目的就是要使不法分子制假售假没有利润空间，以此杜绝假冒伪劣产品冲击食盐市场的非法活动。

产技术条件、产品卫生质量安全标准、仓储设施设备、运营物流网络覆盖能力和财务杠杆能力等的制盐企业和盐业公司，无论是国有资本还是民间资本，都可参与全国 31 个食盐特许市场的竞标。

（3）选择竞标方式和中标价格。鉴于竞标企业和管制机构都具有"经济人"的"有限理性"和机会主义倾向，为了规避"合谋""串标""流标"等机会主义行为以及事后违约风险，不妨选择"封闭竞标"方式和次低竞标价格。也就是说，竞标企业在竞标现场一次性地将预定价格投进"竞标箱子"，现场监督开箱，选择次低价格的企业作为中标价格和中标企业。

至于特许经营周期的长短，可由各地方盐监会根据本地区的实际情况而自行酌情决定。

需要说明的是，目前仍未完全达标的西藏和新疆地区尚不具备"以近补远、以盈补亏"的现实条件，建议在 5 年过渡期内由中央财政补偿其碘盐普遍服务成本，通过特许竞标机制，由中标企业将碘盐实物免费发放给偏远地区的贫困缺碘人群，这既可确保全面消除碘缺乏病目标的实现，又可增强少数民族的认同感和归属感，促进边疆社会的和谐稳定。

4. 推出盐业产业组织结构优化的配套政策

为了给未来的融合性管制提供一个良好的产业组织环境，工信部应依法调整盐业产业组织结构，制定和颁布《促进盐业结构调整条例》。

（1）经济规模政策。提高最小经济规模标准，淘汰落后产能，凡是海盐、井矿盐和湖盐年产不足 50 万吨、30 万吨和 30 万吨的制盐企业都必须关停并转。

（2）公司并购政策。政府采用税收优惠、贴息贷款和用地倾斜等办法，引导盐业公司与制盐企业产销一体化，鼓励盐业企业横向并购，激励盐业企业与下游用盐企业纵向并购。

（九）过渡期后社会性管制制度

1. 显性基金的食盐特许竞标政策

在管制政策层面上，彻底放开碘盐经营市场，依靠市场力量供给碘盐。然而，由于 5 年过渡期后，并不能保证食品市场监管到位和偏远贫困地区的贫困缺碘人群能自觉地购买碘盐，因此，为了持续而全面地达到消除碘缺乏病目标，建议在偏远贫困的缺碘地区实行显性碘盐基金特许竞标政策，由财政部向所有的食盐生产企业和经营企业征收碘盐基金，按中标价格直接划拨到各地区中标企业账户上，以补偿其提供碘盐普遍服务的成本。

2. 食盐特许竞标治理机制

在管制治理层面上，撤销经济性管制的盐监会，实行社会性管制，食品药品监督管理部门负责食盐市场监管，组织和实施本行政辖区的招投标工作。第一，各省（自治区、直辖市）卫生部门，应根据本行政辖区的人口分布和缺碘状况，规定食盐的加碘标准等卫生质量安全指标。第二，各省（自治区、直辖市）食品药品监督管理局，应根据本行政辖区贫困缺碘人口的分布状况及其数量，制定食盐特许市场的碘盐年常规供给量。第三，各省（自治区、直辖市）食品药品监督管理局组织和实施具体的招投标工作，允许符合竞标条件的所有企业参与竞标，以特许市场碘盐的数量和质量作为竞标约束条件，使竞标企业围绕特许市场的碘盐价格来竞标。

我国食品管制实践证明，政监完全分离型的管制治理组织模式，并没有产生较为理想的管制绩效，各种食品安全案件屡屡发生。究其原因，关键在于管制治理主体体系的构建问题。

因此，食盐管制治理机制的设计必须突破单一治理主体的"瓶颈"，构建由管制机构、社会公众、监督机构和被管制企业共同参与的管制治理主体体系，将激励因子与约束因子有机地植入这个多边治理机制中，使之处于一个相互监督、相互制约和相互依存的均衡状态，尽可能压缩多重委托代理产权交易的"公共领域"空间，减少各个治理主体的机会主义行为，保证缺碘人群能够随时随地消费和食用合格碘盐，确保达到消除碘缺乏病的根本目标，进而确保盐业管制制度改革顺利成功。

需要指出的是，由于我国各地区的收入水平、消费习惯和交通运输条件等差异较大，因此，在过渡期后，特许竞标政策是否执行由各省（自治区、直辖市）人民政府自行决定。

上篇

政府管制产权制度理论

第一章

内部性与外部性的产权理论

第一节　产　权　理　论

一、产权的概念

关于产权的概念，中外学者从不同的视角进行了广泛而深入地探讨，也产生了较为丰富且具有较高学术价值的研究成果。

早在20世纪20年代，学者费希尔（Fisher，1923）就对产权这一概念进行了研究。他认为，"产权是享有财富的收益并且同时承担与这一收益相关的成本的自由或者所获得的许可……产权不是物品，不是有形的东西或事情，而是抽象的社会关系，是人与人之间由于稀缺物品的存在而引起的、与其使用相关的关系。"①

20世纪70年代，菲吕博腾和配杰威齐（Feilvboteng & Pejovich，1972）继续研究指出，产权不是指一般的物质实体，而是指由人们对物的

① I. Fisher. *Elementary Principles of Economics* ［M］. New York：Macmillan，1923：27.

使用所引起的相互认可的行为关系，它是一种社会工具，其主要功能就是帮助一个人形成他与其他人进行交易时的合理预期。产权界定了人们在经济活动中如何受益、如何受损以及他们之间如何进行补偿的规则，谁必须向谁提供补偿以便修正人们所采取的行动。产权安排确定了每个人相应于物的行为规范，每个人都必须遵守他与其他人之间的相互关系，或承担不遵守这种关系的成本。① 著名的产权理论学者阿尔钦（Alchain，1979）认为，产权"是一个社会所实施的选择一种经济品的使用的权利。"② 约翰·伊特韦尔（John Eatwell，1987）进一步指出，产权"是一种通过社会强制而实现的对某种经济物品的多种用途进行选择的权利"。③

20 世纪 80 年代，产权经济学家巴泽尔（Barzel，1989）的产权理论是建立在对资产和商品属性的分析上，他将商品理解为一系列不同属性的集合体，商品交易实质上是商品属性在不同交易者之间的转让。产权是由人们消费其物品、从这些物品中取得收入和让渡这些物品等多种权利所构成的一组权利。④ 正是这种权利的界定，规定了人们在使用这些物品时"所引起的人们相互认可的行为关系"⑤ 或规范。

我国学者李光德（2008）认为，产权是一种在经济物品掩盖下的人与人之间排他性权利关系。⑥

不难看出，以上中外学者基本上都是以经济学的角度来界定产权的概念，尽管这些产权概念隐含了人与人之间权利关系需要制度或规范来约

---

① 菲吕博腾，E. G.，S. 配杰威齐. 产权与经济理论：近期文献的一个综述 [A]. 载于科斯等. 财产权利与制度变迁 [M]. 刘守英等译. 上海：上海三联书店，1994：97.

② Alchain A. *Some Implications of Property Rights Transaction Costs* [A]. K Brunner. *Economics and Social Institutions* [M]. Boston：M. Nijhoff，1979：172.

③ ［美］伊特韦尔等编. 新帕尔格雷夫经济学大辞典（第三卷）［M］. 经济科学出版社，1996：1101.

④ ［美］巴泽尔. 产权的经济分析 [M]. 费方域等译. 上海：上海三联书店，上海人民出版社，1997：2.

⑤ 菲吕博腾，E. G.，S. 配杰威齐. 产权与经济理论：近期文献的一个综述 [A]. 载于科斯等. 财产权利与制度变迁 [M]. 刘守英等译. 上海：上海三联书店，1994：204.

⑥ 李光德. 产权理论框架下内部性的社会性管制研究 [J]. 山西财经大学学报，2008（2）：15.

束，但并没有明确地从法学视域来研究产权的概念。

著名的法律经济学家理查德·A·波斯纳（Richard Allen Posner,
1971）突破学科界限，以法学经济学的视域分析指出，产权是"不同所
有者不出让除他自己以外的任何人占有、使用、控制某物的能力"，所以，
"产权是所有者和所有权的各项权利的法律安排"。①

当代法律经济学者普遍认为，产权是经济所有制关系的法律表现形
式，它包括财产的所有权、占有权、支配权、使用权、收益权和处置权
等。以法权形式体现的所有制关系的产权制度，是用来巩固和规范商品经
济中财产关系，约束人们的经济行为选择，维护商品经济活动秩序，保证
商品经济顺利运行的法权工具。在市场经济条件下，产权具有经济实体
性、可分离性和独立流动性等属性，产权内含激励、约束、资源配置和协
调等功能。

我们汲取以上中外学者研究成果的精华，以更为开阔的视野对产权这
一概念进行了研究和定义。

产权，是指隐藏在物品或服务中的人与人之间的有价值属性或用途的
排他性权利关系。这里的物品或服务，即产权的客体，它不仅包括经济市
场上生产经营活动过程中的商品或服务，还包括政治市场上公共行政过程
中的公共产品或公共服务。这里的有价值属性或用途，即产权的对象，它
不但指隐含在经济性商品或服务中的收益与成本，还指隐藏在政治性产品
或服务中的权力与义务等。这里的人或群体，即产权的主体，是指源于资
源稀缺性而产生的与其存在相互依赖和相互作用的产权关系的个人或利益
集团。

在现实的政治、经济和社会活动中，以上三个产权要素密不可分、缺
一不可。产权主体是产权客体和产权对象的归属实体，如果没有从事经济
活动或公共治理的行为个人或利益群体，就没有人与人之间或群体与群体

---

① Dahlman Carl J. *The Open Field System and Beyond*: *A Property Right Analysis of an Economic In-stitution* [M]. Cambridge: Cambridge University of Press, 1980: 132.

之间的物品或服务的供给与需求，也就没有附着在物品或服务里的有价值属性或用途的归属、占有和排他关系，就不可能产生特定的产权客体和产权对象。产权客体是产权对象存在的客观载体，如果没有特定的产权客体，具体的产权对象（"产权集"）就失去了物化或附着的承载基础；产权对象是产权的本质和精髓，产权客体是产权表象层面的事物，二者是"里"与"表"相依相存关系。

产权包括两个方面的内容：一是特定主体对特定客体和其他主体的权能，即特定主体对特定客体或主体能做什么、不能做什么或者采取什么行为的权力；二是该主体通过对该特定客体和主体采取这种行为能够获得什么样的收益。所以，产权又称为权益，传统经济学侧重于研究收益的配置机制，而现代经济学则偏重于探索权力的配置体制、机制和效率。

从本质上说，产权是由资源（经济资源、政治资源、社会资源和生态资源等）的稀缺性引起的，反映了人与人之间或群体与群体之间的排他性的"权利集"。它普遍存在于经济、政治和社会等交易或非交易活动过程中。例如，我们常见的领导与被领导、监管与被监管、生产者与消费者、雇佣者与被雇佣者、委托者与代理者等之间的相互产权关系。

二、产权交易

在正统经济学中，"交易"这一概念早已存在，但应用范围非常狭窄。约翰·罗杰斯·康芒斯（John Rogers Commons，1934）拓展了"交易"的范畴，认为交易"不是实际'交货'那种意义的'物品的交换'，它是个人与个人之间对物质的东西的未来所有权的让与和取得，一切决定于社会集体的业务规则。"他还将交易分为买卖的交易、管理的交易和限额的交易三种类型："买卖的交易，通过法律上平等的人们自愿的同意，转移财富的所有权。管理的交易，用法律上的上级的命令创造财富。限额的交易，由法律上的上级指定，分派财富创造的负担和利益。"这三种类型的交易合在一起，成为经济研究上的一个较大单位——"运动中的机构"：从家庭、公司、工会和同业协会，直到国家本身，且它依靠积极的业务规则或集体行动控制个人行动的约束规则——制度来支撑其运转不停。①

在人类文明进步的历史长河中和社会经济发展的过程中，各种类型的交易之所以普遍存在，从根本上来说，是由于各种资源和要素的稀缺性，使得人们拥有或占用乃至使用的有形物品或无形服务是非常有限的。所以，人们的各种经济社会活动需要分工与合作，并且在社会生产分工与合作的事前、事中和事后，源于资源稀缺性的相互依存和相互影响的关联纽带的交易活动持续不断和普遍存在。

"一个社会中的稀缺资源的配置就是对使用资源权利的安排"，② "经济学的问题，或价格如何决定的问题，实质上是产权应如何界定与交换及应采取怎样的形式的问题。"③ "当一种交易在市场中议定时，就发生了两束权利的交换。权利束常常附着在一种有形的物品或无形的服务上，但是，正是权利的价值决定了所交换的物品的价值。"④

因此，交易不是简单的物品的物理交换关系，更是一种附着在物品或服务交换中的人与人之间的复杂产权交易关系。由此可以推论，任何一种交易都可以视作一种人与人之间的产权交易，都是人与人之间的"权利束"的分割和转移，是由旧的"权利束"向新的"权利束"的过渡和转换，是在既定的价格或约定条件下，包含在两组"权利束"内的有价值属性的分割和转移。虽然产权在法律上界定清晰是交易的前提⑤，但是，交易本身却是一个通过定价或约定而对产权再界定的过程。⑥

---

① ［美］约翰·罗杰斯·康芒斯，制度经济学（上）［M］. 于树生译. 北京：商务印书馆，1962：86.

② Alchain A. *Economic Forces at Work*［M］. Indianapolic：Liberty Press，1977：164.

③ ［美］E. G. 菲吕博腾，S. 配杰威齐. 产权与经济理论：近期文献的一个综述［A］. 载科斯等. 财产权利与制度变迁［M］. 上海：上海三联书店，上海人民出版社，1991：248.

④ H. 德姆塞茨. 关于产权的理论［A］. 载于 R. 科斯等. 财产权利与制度变迁［M］. 刘守英等译. 上海：上海三联书店，上海人民出版社，1994：96.

⑤ Coase，R. H. *The Problem of Social Costs*［J］. Journal of Law and Economics，1960（3）：1－44.

⑥ 程启智. 内部性与外部性及其政府管制的产权分析［J］. 管理世界，2002（12）：64.

既然从本质上各种类型的交易都是产权交易，都是一个产权界定与再界定的过程，那么产权与交易费用的关系就极为密切。正如新制度经济学派所认为的，在一个零交易费用的世界里，产权没有必要存在，事实上正是由于在任何社会和经济活动中，交易费用的客观存在，并影响产权交易的成败和资源配置效率，才使得基于可承受的交易费用之前提下，各种"产权束"的分割与转移真实地运行于各种交易过程中。

"交易费用"这一术语是由美国诺贝尔经济学奖得主肯尼斯·约瑟夫·阿罗（Kenneth Joseph Arrow，1969）最早使用的，他认为"交易费用是制度的运行费用"，包括：（1）信息费用和排他性费用；（2）公共政策的设计和执行费用。罗纳德·H·科斯（Ronald H. Coase，1960）认为，交易费用是获得准确市场信息所付出的代价，以及谈判和经常性契约的费用。[①] 奥利弗·伊顿·威廉姆森（Oliver Eaton Williamson，1970）把交易费用划分为：（1）事前交易费用，即签订契约、规定交易双方的权利和责任等费用；（2）事后交易费用，即签订契约后，解决契约本身存在的问题、修改条款和退出契约等的耗费。迪屈奇（Michael Dietrich，1999）将交易费用界定为三个要素：（1）调查和信息成本；（2）谈判和决策成本；（3）制定和实施政策的成本。[②] 张五常（2000）将"交易费用"扩展为"制度费用"，认为交易费用是"一系列制度费用，其中包括信息费用、谈判费用、起草和实施合约的费用、界定和实施产权的费用、监督管理的费用和改变制度安排的费用"；简言之，交易费用就是"一切不直接发生在物质生产过程中的费用"。

通俗地讲，交易费用就是处理人与人之间利益关系的费用，是执行交易行为而投入各种要素的耗费。我们可以买卖关系为例来理解交易费用的概念：从买方来看，交易费用就是消费者支付了的但买方并未收到的费

---

① ［美］罗纳德·H·科斯，道格拉斯·C·诺思等，制度、契约与组织：从新制度经济学角度的透视［M］. 刘刚等译. 北京：经济科学出版社，2003：62 - 63.

② ［美］迪屈奇，交易成本经济学［M］. 北京：经济科学出版社，1999：44.

用；从卖方来看，交易费用就是那些如若卖方将商品或服务卖给自己就不会产生的费用。

人们在从事各种交易活动时，往往最为关心交易对象的成本状况，以明确契约和协议的条款并进行有效的交易。然而，人们所交换的不仅仅是表面上的商品或服务，更是其内在的有价值的多种商品属性。因而，交易费用实质上是明确交易对象的属性特征和实施合约的所有成本。

有鉴于此，我们也可从产权的视角来定义交易费用，它就是"与转让、获取和保护产权有关的成本"，① 是与产权交易相关的所有费用，包括事前的搜集和甄别信息费用、谈判和订立合约费用，事中的执行和实施隐含在物品或服务交易中有价值属性或用途的费用，事后的监督管理合约执行情况的费用、修订和完善相关制度安排的费用等。从交易效率性的角度来看，交易费用也是进行各种类型的有效产权交易的边际成本临界点。换句话说，产权交易是建立在适度的交易费用之基础上的，如果边际交易成本大于边际交易收益，即交易费用太过昂贵，往往会产生产权交易的内部性失灵或外部性失灵，导致稀缺资源配置的低效率甚至负效率。

纵观人类社会发展历史，产权交易普遍存在于人们生产生活的各个领域或各种场景之中，它不仅出现在经济交易市场上，也隐身于政治交易市场里，并且呈现出不同类型和不同形式，或以有形的物品交易为运行平台，或以无形的服务交易为实施载体。从契约理论的视域来讲，伴生在物品交易或服务交易中的"权利束"的分割与转移，实际上都是以一种显性或隐性合约的形式进行的。在当代的经济、社会和政治等活动中，比较常见的产权交易类型，主要包括买卖型产权交易、雇佣型产权交易和委托代理型产权交易，并且这三种类型的产权交易都广泛存在于经济交易市场的生产经营活动中，唯有委托代理型产权交易更常见于政治市场主体的行为选择中。

---

① ［美］巴泽尔，Y. 产权的经济分析［M］. 费方域等译. 上海：上海三联书店，上海人民出版社，1997：3.

由外向内透视，可以发现，无论何种类型的产权交易，都无一例外地反映着不同价值属性或用途的分割与转移关系，充斥着纷繁复杂的利益分配和利益博弈。当然，在各种类型的产权交易过程中，也常常内生出解决利益矛盾和利益冲突的制度规范诉求。反向观之，人们制定出来的各种产权制度安排，旨在缓解和化解诸多利益分配问题，重新编织经济要素、社会资源、政治资源和生态资源的流动和转移网络，这往往可以整合和优化稀缺而有限的各种资源的配置结构，在一定程度上提高产权交易的经济效率、政治效率和社会效率乃至环境生态效率，从而促进经济发展、社会进步、政治改善和生态文明。

第二节　内部性理论

一、内部性的概念

《韦氏新世界大学辞典》第四版将内部性定义为："内在的（Inner）、固有的（Intrinsic）、必要的本质或属性（Essential Quality or Attribute）"。仅就经济理论研究而言，这种定义似乎并无实质性的价值和意义。

最早研究内部性问题的是管制经济学家丹尼尔·F·史普博（Daniel F. Spulber, 1989）。他认为"内部性是指由交易者所经受的但没有在交易条款中说明的交易的成本和收益"①，质言之，内部性的存在使交易双方不能完全获得全部潜在的交易所得，即交易所产生的净利益没有完全在交易双方之间进行有效分配，导致资源配置低效，经济福利损失。

他还将内部性分为正内部性（内部经济）和负内部性（内部不经

---

① ［美］丹尼尔·F·史普博. 管制与市场［M］. 余晖译. 上海：上海三联书店，上海人民出版社，1999：64.

济）。"我们可以用负的或正的内部性来区别不反映在合约安排中的内部成本和效益。负内部性的一个例子就是产品缺陷给消费者带来的伤害，而这种产品缺陷的形状和范围在合约条款中并未得到充分的预计。负内部性可以指合约一方因另一方毁约而遭受的损失。毁约事件构成内部性的后果没有在合约条款中明确反映。正内部性的一个例子是某就业者非正式的上岗培训，而这种好处并不一定在劳动合约中体现。"① 因此，负内部性可表述为，参与交易的一方受到的没有在交易合约中反映的成本，或者虽已在合约中反映但因对方毁约而遭受的损失；与此相对应，正内部性则为参与交易的一方所得到的没有在交易合约中反映的收益。

　　然而，笔者以为，在存在内部性问题的市场交易中，基于市场"经济人"属性，参与交易的一方受益都是建立在另一方潜在利益受损的基础之上，是侵占对方的剩余索取权的结果。例如，在雇佣经过上岗前非正式培训的某个就业者时，厂商从中获得了没有在雇佣合同上反映的明显好处，产生了正内部性，而此就业者却失去了这部分未在合同上表明的潜在经济利益，又产生了负内部性。所以处于公平与效率兼顾的考虑，将市场内部性作为负内部性来研究，似乎更具有现实意义。可能正是因为如此，长期以来，学者们所探索的内部性基本上都是负内部性问题。

　　从《管制与市场》这部著作来看，丹尼尔·F·史普博（Daniel F. Spulber, 1989）所研究的内部性皆是指市场内部性，是参与经济交易双方之间利益博弈的均衡结果。其实，在现实生活中，内部性问题不仅存在于经济领域，还广泛存在于政治领域。②

二、内部性的致因

　　在丹尼尔·F·史普博（Daniel F. Spulber, 1989）看来，以下三类交

---

　　① ［美］丹尼尔·F·史普博. 管制与市场［M］. 余晖译. 上海：上海三联书店，上海人民出版社，1999：65.

　　② 鉴于研究的逻辑关系需要，"政府行为内部性"拟在第二章的第六节再展开探讨.

易成本是造成内部性产生的原因。"（1）在存在风险条件下签订意外性合约的成本；（2）当合约者的行为不能完全观察到时所发生的观察或监督成本；（3）交易者收集他人信息和公开自身所占有的信息时所发生的成本。"① 正是这三种交易成本的存在，才使交易双方不能完全分配交易所产生的潜在利益。而产生这三类交易成本的根源，就在于信息不完全和信息不对称。信息不完全会造成不完全和不完备的合约。信息不对称分为事前信息不对称和事后信息不对称，前者引致"逆向选择"②（Adverse Selection），后者导致"道德风险"（Moral Hazard），从而产生内部性的市场失败或政府失灵。③

第一，签订合约的交易成本带来内部性问题。由于信息不完全性、未来不确定性和人的有限理性，对未来不确定性尤其是意外性事件做出准确判断且详尽列入合约中，需要支付巨额成本，甚至是不可能的。所以任何合约都是不完全和不完备的，总有一部分有价值的信息被遗留在合约之外，而这些信息一旦被一方当事人占有，就很可能转化为其现实收益。既然存在合约没有列明的潜在收益，作为理性"经济人"的信息优势方，履约时势必会利用对方信息劣势的缺口，不遗余力地攫取合约之外的额外利益，给交易对方造成额外损失，从而产生内部性问题。

第二，观察或监督的交易成本造成"道德风险"内部性。"道德风险"来源于交易活动当事人的信息优势和机会主义动机，表现为"隐蔽行动"（Conceal Act）和"隐蔽信息"（Conceal Information）。"隐蔽行动"是指信息优势方拥有他人无法准确观察或了解的行动。例如，工人是否努力，雇主无法不付代价就可监督；投保人是否采取预防措施以降低事故发生概率，承保人也不可能无成本进行监察。"隐蔽信息"则指从事

---

① ［美］丹尼尔·F·史普博. 管制与市场［M］. 余晖译. 上海：上海三联书店，上海人民出版社，1999：64.
② 阿克尔洛夫在1970年提出的"柠檬（次货或二手货）模型"首先分析了旧车市场的"逆选择"问题，阿克尔洛夫认为诚信的缺失可能导致整个市场崩溃.
③ 苏晓红. 内部性解决机制的比较分析［J］. 经济学家，2008（5）：90-91.

交易活动的一方了解或掌握事态发展的某些信息，并以此决定自己采取恰当的利己行动，而这些行动却不易被交易对方完全觉察或观察。例如，医生、律师、经理和政治家的技术性和专业性服务，委托人受到自己知识结构的限制，很难不付出代价地观察对方是否按照合同约定来提供技术性服务。

通常情况下，在委托人与代理人签订合同时，双方所掌握的信息是相互对称的（至少双方都认为自己已经掌握与合同相关的重要信息），但在建立委托—代理关系后，委托人才发现自己很难完全观察代理人的某些私人信息或监督代理人的某些行为，要想进一步获得代理人的这些信息或监督代理人努力程度，需要花费巨额费用，并且这些费用大到委托人宁愿放弃部分观察和监督活动，甚至放弃限制行为和索赔诉讼。于是，在效用最大化的利己动机驱使下，代理人就可以低成本地利用自己所拥有的信息，不认真履行或不履行在合同中明确的责任和义务，采取侵占对方潜在收益的"败德行为"，获得垄断信息"租"，从而引发市场侵权或政府侵权的内部性问题。

第三，搜寻和公开信息的交易成本导致"逆向选择"内部性问题。交易者收集他人信息和公开自身信息时发生的成本，是由于事前隐藏信息引起的。由于签约前交易双方占有的信息不对称，在机会主义动机诱导下，市场交易的参与者极力隐藏利己而不利人的私人信息，使对方为防范受骗和上当风险而收集、观察和甄别信息需要付出较高代价，且有时代价非常高昂。当对方认为边际成本大于从中所获得的边际收益时，就会停止收集他人信息的经济活动，而不得不将一些利人损己的信息遗留在"公共领域"①，任凭对方攫取自己的潜在收益，产生内部性问题。例如，厂商谎报其产品质量，工人夸大其工作能力，投保人隐瞒其风险水平等。不仅如此，信息优势方隐藏信息的结果还将导致"逆向选择"：劣质产品驱逐优

---

① Y. 巴泽尔. 产权的经济分析［M］. 费方域，段毅才译. 上海：上海三联书店，上海人民出版社，1997：4.

质产品，消费者以高质量产品的价格购买低质量产品，合同约定的质量等条款无法体现在交易价格上，消费者剩余进一步被剥夺，发生更为严重的侵权内部性市场失灵。

综上所述，内部性产生的根源就是，信息不完全和信息不对称以及由此引起的高昂交易成本。基于信息偏在性和交易成本的普遍存在，交易双方中必有一方处于信息优势或强势地位，而另一方处于信息劣势或弱势地位。在机会主义动机的诱导下，信息优势方会利用对方信息匮乏的特点，不认真履约甚至违背合约条款，在合约没有明确规定的灰色"公共空间"攫取对方潜在收益。

值得注意的是，在现实中，并不是每笔交易都会产生内部性问题，只有满足一定条件才会出现。因为不论是在经济市场上，还是在政治市场上，经济主体和政府官员都是"经济人"，都会精心计算自己的行为收益和行动成本，为自己设定一个行动临界均衡点，当估定自己寻租活动的边际收益大于从中所获得的边际成本时，他才会采取现实的追租行动，这时，内部性市场失败或政府失灵才会产生。

三、内部性的实质

从本质上讲，在存在内部性的领域中，交易双方没有完全按照效率原则分配全部潜在收益，一方的获利是建立在另一方利益受损的基础之上，给对方造成的额外成本往往大于自己所获得的收益，而且这种额外成本给对方造成的利益损失，不仅是价值损失，还表现在无法用价值来衡量的身体、智力和精神上的灾难。这大大降低了社会总的福利水平，严重破坏市场机制带来的帕累托最优均衡，导致经济资源无法实现最优配置，出现非帕累托最优的低效率现象。因此，加强对消费者和被雇佣者的权益保护，以食品、药品和医疗服务为主的产品卫生质量以及生产场所安全等内部性治理显得尤为重要和迫切。

第三节　外部性理论

一、外部性的概念

虽然外部性理论历经 100 多年的发展，但关于其概念的界定始终是经济学家视野中的难题。早在 1890 年新古典经济学派代表阿尔弗雷德·马歇尔（Alfred Marshall，1890）就提出"外部经济"概念，认为企业外部各种因素带来企业内部生产费用的减少，即企业间分工带来的企业内部效率的提高。①

此后，经济学家又从外部性的实施主体角度来考察外部性。阿尔弗雷德·马歇尔的嫡传弟子阿瑟·塞西尔·庇古（Arthur Cecil Pigou，1920），采用边际分析法，延伸和界定了"外部经济"和"外部不经济"的概念。他认为，"外部经济"（正内部性）是指边际私人成本大于边际社会成本或边际私人收益小于边际社会收益的那部分收益；"外部不经济"（负外部性）是指边际私人成本小于边际社会成本或边际私人收益大于边际社会收益的那部分收益。② 保罗·A·萨缪尔森（Paul A. Samuelson，1948）和威廉·D·诺德豪斯（William D. Nordhausen，1948）提出，"外部性指的是企业或个人向市场之外的其他人所强加的成本或效益。"③

以上外部性概念奠定了外部性理论发展的基础，但从外部性概念的内涵来看，仅仅局限于经济领域，因而并不具有普适性意义。经济学家阿

---

① 杨小凯，张永生. 新古典经济学和超边际分析 [M]. 北京：中国人民大学出版社，2000：278 – 280.

② ［英］阿瑟·塞西尔·庇古. 福利经济学（上卷）[M]. 朱泱，张胜纪，吴良健译. 北京：商务印书馆，2010：185 – 217.

③ ［美］保罗·A·萨缪尔森，威廉·D·诺德豪斯. 经济学 [M]. 萧琛主译. 北京：商务印书馆，2013：33.

兰·兰德尔（Alan Randall，1981）从实施主体和接受主体两个角度，丰富和拓展了外部性的内涵和外延，指出外部性就是："当一个行动的某些效益或成本不在决策者的考虑范围内时所产生的一些低效率现象；也就是某些效益被给予，或某些成本被强加给没有参加这一决策的人。"①

二、外部性的类型

最先对外部性进行分类的是瓦伊纳（Viner，1931），他在《成本曲线与供给曲线》一文中，按照是否影响社会总产出的标准，将外部性划分为技术外部性和金融外部性，某种消费或生产活动对消费者的效用函数或生产者的生产函数的间接的非价格的系统影响属于技术外部性，在厂商之间或者在产业和它的厂商之间的价格效果则属于金融外部性。

A. 爱伦·斯密德（A. Allan Schmid，1978）将以往狭义的外部性拓展为更为宽泛的相互依存性来研究，"如果避开对外部性的狭义理解，外部性是一个有用的术语，能与'相互依存效应'或'人际间机会成本'在相同意义上进行使用。"他从技术、金钱和政治三方面来考察相互依存性或外部性，并将其分为技术性的外部性、金钱性的外部性和政治性的外部性三种基本类型："技术性的外部性或影响是指他人在物质上对你或你的物品产生直接影响。金钱性的外部性是指物品的物质特性不变，但它的价值在交换中受到了影响。政治性的外部性既可以是技术性的又可以是金钱性的，但它源于政府的作用，在政府改变游戏规则或进行管理型交易时产生。不同的财产权控制和引导这三种类型的外部性。"②

我国学者李郁芳（2004）将外部性区分为市场外部性与政府行为外部性两类。市场外部性包括技术外部性和金融外部性。技术外部性，是指

---

① ［美］阿兰·兰德尔. 资源经济学［M］. 施以正译. 北京：商务印书馆，1989：155.
② ［美］A. 艾伦·斯密德. 财产、权利和公共选择——对法和经济学的进一步思考［M］. 黄祖辉等译. 上海：上海三联书店，上海人民出版社，1999：267.

"在市场活动中某一经济主体不经交易而对其他经济主体施加了利益或成本，但这些利益或成本却不能通过价格反映出来。"金融外部性是指"市场参与者之间的交易产生了对市场参与者的影响，并可以通过价格反映出来。"可见，技术外部性和金融外部性，都是"市场活动的副产品，是在既定的交易规则和产权控制下发生的，是与市场机制自发运行直接相关的市场性外部性。"而政府行为外部性，则是"政府制定公共政策、行使公共服务职能以弥补市场缺陷的副产品，它是由政治过程产生的、通过改变交易规则或产权控制从而间接改变市场外部性，造成相应的成本和收益转移的现象"[1]。

其实，按照不同的分类标准，外部性可以划分为很多种类型。以上诸多类型的外部性，是依照其所涵盖的实施主体、接受客体、手段对象和实质等综合标准来分类的。简而言之，外部性可分为市场外部性和政府行为外部性。其中，市场外部性源于市场力量，包括技术外部性和金钱外部性（或金融外部性，或货币外部性）；政府行为外部性源于政府的公共政策和公共行为，能够产生影响市场外部性的效应。由于技术外部性在现实经济中的普遍存在、影响范围甚广和作用程度极高，理论界探讨的外部性通常都是这种狭义上的市场外部性。为此，在没有特殊说明的情况下，以下的外部性皆为技术外部性。

三、外部性的实质

在完全竞争的理想模型中，既不存在正外部性，也不存在负内部性，各个经济主体的边际私人成本皆等于边际社会成本，或者其边际私人收益皆等于边际社会收益；也就是说，边际私人成本也等于边际私人收益，或者边际社会成本也等于边际社会收益。无论是微观经济主体还是整个社会，都实现了资源配置帕累托最优和社会经济福利最佳水平。然而，现实经济并不是一个如此理想的假设模型，外部性普遍存在于人们的各种经济

---

① 李郁芳，郑杰. 论政府行为外部性的形成 [J]. 学术研究，2004（6）：30 – 31.

活动中，且影响着市场主体的决策和市场效率。

正外部性的存在，导致施利者的边际私人成本大于边际社会成本，或者其边际私人收益小于边际社会收益。这种私人成本与社会成本之间的背离，从长期来看，通常会打击施利者的利他行为的积极性，使其想方设法尽量减少利他的经济活动规模，最终引致社会实际产出小于最优产出，资源配置偏离最优均衡状态。与此相反，负外部性的存在，造成施害者的边际私人成本小于边际社会成本，或者边际私人收益大于边际社会收益。这种私人成本与社会成本之间的离差，往往会放纵施害者的经济行为，可能导致其变本加厉地扩大生产规模，社会实际产出大于最优产出，而且也会严重损害受害者的各种利益，最终造成社会福利的净损失。

总之，在自由竞争市场条件下，技术外部性（包括正外部性和负外部性）产生的是一种间接性非价格的系统影响，不能通过价格信号得到反映，导致社会产出偏离最优产出水平，从而无法实现资源配置的帕累托最优均衡，造成社会福利净损失，可能需要政府干预。

至于金钱外部性则反映了这样一种实质：当帕累托最优的竞争均衡要求的所有假设都得到满足时，金钱外部性与福利经济无关，价格机制作用的结果将会使供求关系均等，资源配置自动达到帕累托最优均衡，所以这种外部性一般不会导致市场失灵。然而，在不完全偶发市场和在有不对称信息的经济中，金钱外部性就会影响市场参与者的经济福利，造成资源无法最优配置，往往需要政府介入。

第四节 内部性与外部性的产权归一理论

一、内部性的产权分析

内部性问题是源于信息不完全和不对称性的交易者承受的未在交易合

同中反映的成本，而交易的本质是产权束的分割和转移，是由旧的产权束向新的产权束的过渡和转换，所以内部性还可以表述为"在经济交易参与者之间交换但没有在交易条款中反映的商品束。"[①] 这里的"商品束"，就是包含在产权内部的各种有价值的属性或用途的权利束。在现实交易中，由于信息不完全和不对称的普遍存在，以及由此带来的各种交易成本不可能为零，且往往极其高昂，使"商品束"中的部分有价值的属性或用途不能被具体约定给交易的哪一方，也就是说，这些未被界定的产权，无法显示在交易合同中，即不能用既定价格反映出来，却被置于一个灰色的"公共领域"。

公共选择学派代表人物塔洛克（Tullock G. 1967），将被遗留在"公共领域"中的全部资源或财富的价值，称为交易的"合作租金"。[②] 这些潜在收益是否能转化为交易者的现实租金，取决于能否产生追租净收益。由于不同交易者的知识结构、风险偏好、技术条件和心理预期等的差异，造成其对"公共领域"中潜在财富的价值判断不同，并且因信息优劣势不同导致其机会主义行动的交易成本也不同。只有能做到追租收入超过追租成本的交易方，才选择进入公共领域攫取未定价的公共财富，直到边际收益等于边际成本，达到"产权博弈均衡"。[③] 为此，对于具有信息优势的交易者来说，在边际收益递减规律的作用下，势必会选择在追租边际成本等于追租边际收益之前，过度攫取公共领域中有价值的资源，从而对交易的另一方造成损害甚至侵权，即给对方带来未定价的额外成本，导致内部性的产生。只要交易一方利用成本优势打破均衡的产权界定又不承担违约成本时，他就会对公共资源进行过度攫取，产生如同"公地悲剧"的情形，[④] 导致公共资源的滥用、破坏甚至枯竭。

---

① 丹尼尔·F·史普博. 管制与市场 [M]. 余晖译. 上海：上海三联书店，上海人民出版社，1999：83.

② Tullock G. *The Welfare Costs of Tariffs*, *Monopolists and Theft* [J]. Western Economic Journal, 1967 (5): 224 - 232.

③ 汪丁丁. 从交易费用到博弈均衡 [J]. 经济研究，1995 (9): 12.

④ Garrett Hardin. *The Tragedy of the Commons* [J]. Science, 1968 (162): 1243 - 1248.

可见，产权未被完全界定是造成低效率的资源配置的重要原因，治理内部性市场失灵的关键则是明晰产权，降低"产权充分界定"① 的成本。要想完整地界定产权，资产的所有者和对它有潜在兴趣的人就必须对它有价值的属性有完整的认识，信息可以不付代价地获得，但信息完全且交易成本为零却是完全竞争模型的分析要素，在这种理想状态下，由于产权可以充分界定，交易中稀缺资源每一个有价值的属性及其用途都能够得到完全的定价，价格机制足以解决包括内部性在内的所有问题。然而，这种零交易成本的情况在现实中根本不存在，由于交易成本不可能为零，产权注定是不可能完全界定清楚的。因此，产权充分界定是指，在既定的技术、制度、知识结构和偏好等约束条件下，交易双方攫取"公共领域"资源所达到均衡时的产权界定水平，也即在一定约束条件下的"产权博弈均衡点"，此时，交易双方都处于"公共领域"的边际地带，资源配置达到最优均衡状态。②

二、外部性的产权分析

由于资源是稀缺的，人们在从事各种活动中往往相互依赖，由此产生的每一笔成本和收益都是一种潜在的外部性。只要内部化产权带来的收益小于内部化花费的交易成本，即可将其转变为现实的外部性，并且这种情况在现实中广泛而普遍存在。③

只有当产权界定清晰且交易成本为零时，如在阿罗—德布鲁模型中，市场资源配置才能达到帕累托最优。但在现实中，产权界定不可能无成本。所以罗纳德·哈里·科斯（Ronald H. Coase，1960）提出外部性产生

---

① Barzal Y. *Economic Analysis of Property Right* ［M］. Cambridge：Cambridge University of Press，1989：56.

② 程启智. 内部性与外部性及其政府管制的产权分析 ［J］. 管理世界，2002（12）：66.

③ Demsetz，H. *Towards a Theory of Property Rights* ［J］. American Economic Review，1967（2）：347.

的两个原因：缺乏明确界定的产权和存在交易成本。①

产权不是指一般的物质实体，而是指由人们对物的使用所引起的相互认可的行为关系，它是一种社会工具，其主要功能就是帮助一个人形成他与其他人进行交易时的合理预期。产权界定了人们在经济活动中如何受益、如何受损以及他们之间如何进行补偿的规则，谁必须向谁提供补偿以便修正人们所采取的行动。② 产权安排确定了每个人相应于物的行为规范，每个人都必须遵守他与其他人之间的相互关系，或承担不遵守这种关系的成本（Furubotn and Pejovich，1972）。

然而，实际上，很多经济活动所处的自然环境或市场环境都属于"公共领域"，这个领域中的产权并没有得到清晰界定，任何市场主体都可以随意根据生产或消费活动的需要，将经济活动的"副产品"强加给处于此领域的其他经济主体。从产权理论的角度来看，由于"公共领域"内的资源或财富的产权为团体成员共同拥有，不具有排他性，这就为团体成员进入攫取潜在价值敞开了大门。团体成员是否选择进入，取决于他与其他成员谈判和签约等交易成本的大小。在没有外界人为干预的前提下，团体成员联合起来界定这些产权会产生组织成本和信息搜集、协商、谈判、合约签订、监督等交易费用，且费用极其高昂，以至于团体成员不得不放弃"公共领域"内的系列权利，任凭他人肆意掠夺这里的有价值资源，从而使自己的利益受到侵害。于是，负外部性市场失灵就产生了，市场机制配置资源的效率偏离帕累托最优。可见，负外部性实施主体攫取"公共领域"内财富的成本是很小的，甚至为零，从而追租净收益巨大，负外部性普遍存在就不足为奇了。

因此，无论是通过市场机制，还是运用法律制度，抑或是采取政府管制，治理负外部性市场失败的关键，就在于降低产权充分界定的交易成

---

① Ronald H. Coase. *The Problem of Social Cost* [J]. Journal of Law Econmics，1960（10）：1–44.

② H. 德姆塞茨. 关于产权的理论 [A]. 载于 R. 科斯等. 刘守英等译. 财产权利与制度变迁 [M]. 上海：上海人民出版社，1994：97.

本，提高实施主体的追租成本，使之无利可图。

三、内部性与外部性的产权同一性

科斯最先用产权理论剖析外部性问题，提出了著名的科斯定理，从而为界定政府对外部性管制的边界奠定了重要的理论基础。然而，包括管制经济学家丹尼尔·F·史普博（Daniel F. Spulber, 1989）在内的诸多学者在分析内部性问题时，通常仅以信息不完全和不对称性的角度，忽视了与产权理论的内在联系。因此，在产权理论范式下，区分内部性与外部性是没有意义的，两者在本质上具有一致性，况且从理论的彻底性和简约性要求来讲，将两个被称为"黑盒子"的貌似不同的概念统一在同一个理论框架内，不仅更具有学术开拓价值，也更有助于支撑政府的社会性管制。

由前面论证可知，外部性是指，生产者或消费者的经济行为不经市场交易而对其他经济主体施加的利益或损失，这种额外的利益（即正内部性）或损失（即负外部性）是其经济活动的"副产品"，并没反映在价格体系中，导致社会总生产不足或总供给过剩，资源配置偏离帕累托最优。内部性是指，交易者承受的没有在交易合同中反映出来的利益或损失，这种额外的利益（即正内部性）或损失（即负内部性），虽然经过了市场交易，但并没有事先在交易合同中写明或约定清楚，因而也没有体现在价格结构中。显而易见，内部性与外部性的区别，就在于前者是在市场交易活动之内产生的，且是实施主体有意所为的后果；后者是在市场交易行为之外发生的，大多是实施主体无意行为的结果。

然而，我们以为，这种区别在产权理论下是没有多大学术价值的。以产权的视角，不管是有意而为的内部性，还是无意而为的外部性，都是由人们赖以生存和发展的稀缺资源的"权利束"未能得到充分界定而引起的。具体来说，源于信息不完全和不对称的昂贵交易成本，使某些有价值的属性或资源没有被清晰地界定给何方（包括交易活动之内的对方和之外的相关经济主体），也就不可能反映在价格体系中，而是被遗留在谁都可能进入的"公共领域"里。在机会主义动机驱使下，作为"经济人"的信息强势方，势必会凭借其所垄断的信息资源之低成本优势，在其追租的边际收益等于边际成本之前，不遗余力地将"公共领域"内的某些财富据为己有，攫取没有体现在价格系统中的公共租金，从而损害或侵害信息弱势方的利益，于是，就产生了负内部性或负外部性的市场失灵。

因此，在产权理论范式下，内部性与外部性具有内在的同一性，都是未反映在价格体系中的未界定产权的额外收益或额外成本。例如，厂商向洁净的河流排污，对下游居民造成的伤害和损失，实质上是洁净河流的产权未得到完全的界定，因而这条河流的一系列有价值属性或用途就被置于"公共领域"中，成为未被定价的公共资源。由于排污企业具有低成本优势，只要其在某一临界点前，排污边际收益大于排污边际成本，他便会极力排放污水，以攫取产权未界定清晰的公共财富。在这种情形下，按照哈罗德·德姆塞茨（Harold Demsetz，1967）的观点，将洁净河流产权在法律上完全界定清楚（假如可以界定给下游的每一个居民），则负外部性问题就迎刃而解了。也就是说，排污企业与下游居民协商谈判，将未定价的洁净河流进行市场定价，使下游居民得到相应的损失补偿，即企业承担排污成本，私人边际成本等于社会边际成本，外部成本内在化，这就是所谓的产权功效。①

然而，现实中在排污企业与下游居民进行市场交易时，负内部性问题便会立刻产生。尽管洁净河流的产权在法律上界定清楚了，但其每一个有价值的属性在事实上都完整界定清晰是不大可能的（例如，河水清澈和洁净的程度等），总有部分属性或用途因交易成本昂贵而被遗留在公共领域，这就为排污企业提供了追租的空间和机会。面对众多下游居民的"大集团"，企业具有很强的信息技术成本优势，且会利用这一优势进入公共领域来追租，即少付费而多排污，从而造成下游居民承担未在交易合同上说

---

① 哈罗德·德姆塞茨. 关于产权的理论［A］. 载于 R. 科斯等. 财产权利与制度变迁［M］. 刘守英等译. 上海：上海人民出版社，1994：97－99.

明的额外成本。

可见，内部性与外部性具有产权的一致性，皆是"经济人"在既定的约束条件下，追求公共领域里的未界定产权（或未定价）的资源或财富的结果。汪丁丁从产权博弈的角度，批评德姆塞茨的产权理论不彻底时指出：在资源稀缺的世界里，"每个人从他行为约束的边界向里看，就是他自己的选择范围，向外看，则是别人的选择范围。因此，每个人的每个理性行为都不可避免地具有某种外部性"[①]。可是，同样道理，"每个人的每个理性行为都不可避免地具有某种'内部性'；换句话说，如果产权理论彻底，外部性和内部性的区别就消失了。"[②] 因此，从产权博弈的维度来讲，由于资源匮乏和稀缺是永恒的，人们的各种行为活动必然相互依赖和相互影响，在行为约束边界的均衡状态上，无论是继续向里看，还是继续向外看，都不完全是自己的选择范畴，都存在一个由高昂交易成本带来的某些产权未界定或未定价的"公共领域"，一旦逾越边界进入追租，便打破市场帕累托最优均衡状态，引发内部性和外部性市场失灵。

总而言之，在产权理论范式下，源自信息不完全和不对称的极高交易成本，使交易范围之内外的任何产权不可能完整地界定清楚，必然有部分未界定的产权属性被遗留在公共领域，任凭相关经济主体进入攫取。因此，外部性和内部性，就是具有成本优势一方跨入约束边界，在追租的边际收益等于边际成本之前，不遗余力地挖掘产权信息垄断租金，给其他相关经济主体造成未经交易或虽经交易但未在合约上体现，从而未在价格体系中反映的额外收益或额外成本。

显而易见，外部性和内部性的表象上的区别，并不影响其在产权上的归一性和同一性。将内部性与外部性统一在产权理论框架下，有助于我们动态地揭示内部性和外部性市场失败的产权根源，深入探究治理负内部性和负外部性的有效路径，合理界定市场机制与政府管制的行为边界。

---

① 汪丁丁. 从"交易费用"到博弈均衡［J］. 经济研究，1995（9）：72 - 80.
② 程启智. 内部性与外部性及其政府管制的产权分析［J］. 管理世界，2002（12）：67.

第二章

政府管制理论

目前，有关管制理论的研究成果丰富但不饱满，不能充分满足管制的现实需求。为了使管制理论更具实践指导意义，我们在整理现有相关文献资料的基础上，梳理管制的内涵和外延；以内部性和外部性的产权理论的视域，探索政府管制的理据、边界和目的，进而探究政府管制失灵及其根源，为创建管制制度理论奠定学术基础。

第一节　政府管制的内涵

一、政府管制的概念

在《新帕尔格雷夫经济学大词典》中，Regulation 被翻译成"管制"，学术界也称之为"规制"，而我国政府部门通常以"监管"为惯称。"管制"发源和贯穿于人类文明历史，是与人类有组织和有秩序的社会经济活动相伴相生的，例如，家长对子女行为的管教，部落酋长对部落成员生产活动的约束，古罗马帝国政府对特殊时期的近百种商品销售价格的最高限制，等等。

虽然管制理论发展和管制改革实践已历经百年，但至今还没有一个能被经济合作与发展组织（OECD）各成员的管制体系普遍接受的概念。由于市场失灵有广义和狭义之分，因此，在众多的管制概念中，源于市场失灵的管制①就存在广义和狭义两个层面的定义。

日本著名经济法学家金泽良雄（かなざわ よしお，1961）主张从广义层面来界定规制，把规制定义为：在以市场机制为基础的经济体制条件下，以矫正和改善市场机制的内在问题（即广义的市场失灵）为目的，公共机构干预和干涉经济主体（特别是企业）活动的行为，这种干预包括消极干预（限制权利）和积极干预（保护协助），其手段可能是强权性的，也可能是非强权性的。如此一来，管制几乎涵盖了公共规制、公共供给、公共保障和公共引导等所有公共政策。②

不过，从实践的维度来看，提供纯公共产品的公共供给政策、维护弱势群体的基本生存和发展权利的公共保障政策，以及调节某些特殊产业的公共引导政策，很少采用限制性和禁止性的方式和手段。再以理论的视域来讲，提供富有较强的正外部性的纯粹公共品、维护社会公平正义和引导产业发展等，仅仅可以诠释政府存在的理由及其活动范围，换言之，这些行政行为是政府与生俱来的，不是市场机制内生出来的。

管制经济学创始人乔治·施蒂格勒（George J. Stigler，1971）等众多经济学家，都相继对政府管制进行了实证分析和理论模型论证，主张政府管制是经济系统的一个内生变量，它作为一种特殊商品，也是供求关系作用的必然结果。③ 所以政府管制是对市场机制先天缺陷的弥补和矫正，不是替代或取代。目前，经济学界普遍将管制界定在限制性和禁止性的消极干预范畴里，从狭义层面上来定义管制的概念。

---

① 市场失灵，仅仅是政府管制的必要条件，绝非充分条件.

② ［日］金泽良雄. 经济法概论［M］. 满达人译. 北京：中国法制出版社，2005：287 - 302.

③ ［美］乔治·施蒂格勒. 产业组织和政府管制［M］. 潘振民译. 上海：上海三联书店和上海人民出版社，1996：210 - 232.

日本著名产业经济学家植草益（うえくさ ます，1991）从微观的层面对规制进行了专题研究，他认为，规制是指"依据一定的规则对构成特定社会的个人和构成特定经济的经济主体的活动进行限制的行为"。按照实施规制的主体不同，可分为"私人规制"和"公约规制"①，前者是指私人约束私人的行为，后者是指"社会公共机构进行的规制，是由司法机关、行政机关以及立法机关进行的对私人以及经济主体行为的规制"。因而，可以将"公约规制"定义为"社会公共机构依照一定的规则对企业的活动进行限制的行为"②。

经济学界很少探讨"私人规制"，大多研究影响范围和程度广大而深远的"公共规制"，尤其是"政府规制"。因此，中外不少学者都明确界定了"政府管制"的概念。

美国学者丹尼尔·F·史普博（Daniel F. Spulber，1989）认为："管制是由行政机构制定并执行的直接干预市场配置机制或间接改变企业和消费者的供需决策的一般规则或特殊行为。"③ 艾伦·斯通（Alan Stone，1982）指出，管制就是"政府通过法律的威慑来限制个体和组织的自由决策"④。维斯卡西（Viscusi，2005）等学者认为，管制是政府以制裁手段，对个人或组织的自由决策的一种强制性限制。⑤ 我国学者王俊豪（2007）将管制界定为："具有法律地位的、相对独立的管制者（机构），依照一定的法规对被管制者（主要是企业）所采取的一系列行政管理与监督行为。"⑥

梳理以上多种定义，概括起来，管制主要是由管制主体（管制者）、

① 国内学者通常将植草益的"公约规制"称为"公共规制"。

② ［日］植草益. 微观规制经济学 ［M］. 朱绍文译. 北京：中国发展出版社，1992：1 - 2.

③ 丹尼尔·F·史普博. 管制与市场 ［M］. 余晖等译. 上海：上海三联书店，上海人民出版社，1999：45.

④ Alan Stone. *Regulation and Its Alternatives* ［M］. Washington, D. C. : Congressional Quarterly Press, 1982：10.

⑤ Viscusi W. K. , J. M. Vernon, J. E. Harrington, Jr. , *Economics of regulation and Antitrust* ［M］. Cambridge：The MIT Press, 2005：357.

⑥ 王俊豪. 管制经济学原理 ［M］. 北京：高等教育出版社，2007：4.

管制客体（被管制者）和管制依据（法律法规）三个要素构成的。所以本书将"政府管制"定义为：具有法律授权地位的相对独立的政府管制机构，为了纠正非充分竞争、外部性和内部性的市场失灵，实现经济性和社会性的政策目标，依据相关的法律法规，直接干预微观经济主体（企业和消费者）的生产经营活动或间接影响其经济决策的系列限制性和禁止性行政行为。例如，政府管制机构直接限定自然垄断企业的最高价格和供给数量等，采用排污收费手段间接影响企业的生产规模，通过食品药品卫生健康和作业场所安全的限制规定来间接影响企业的供给决策等，旨在帮助市场机制恢复正常的调节功能，达到资源配置的帕累托最优均衡状态。

二、政府管制的本质

政府管制是在完全自由经济失败的条件下内生出来的，是对市场机制缺陷的补充和完善，也是对无效于市场失灵的普通法的弥补或替代，其根本宗旨是减少或消除阻碍市场机制、发挥调节功能的干扰因素，帮助市场机制重新启动配置资源的决定性作用，促进市场资源配置达到帕累托最优均衡或次优均衡。

当然，政府管制是一种干预微观经济主体的公共管理行为，不同于政府的宏观经济调控。后者是通过实施财政政策或金融政策等，改变生产者或消费者的经济决策的环境参数，间接影响微观经济主体的经济决策，以促进社会总需求与总供给的基本平衡，它并不限制或禁止企业和个人的具体经济行为。因而，不能将宏观经济调控与政府管制混为一谈。

另外，政府管制也不同于计划经济，后者是通过设立国有企业，政府这只"看得见的手"完全指挥和掌控微观主体的生产经营活动，直接参与企业经济决策，同时扮演"运动员"和"教练员"双重角色，不需要政府的再次限制性干预。当然，目前普遍存在于电信、石油和铁路等自然垄断行业的国有企业，与完全计划经济的国有企业有着本质的区别，政府往往是以"所有者"身份将企业委托给代理人去进行经济决策，更多地扮演"管制者"角色，依据相关的法律法规对国有企业的某些经济行为进行限制或禁止，从影响其经济决策和战略规划布局。

第二节　政府管制的外延

一、直接管制和间接管制

按照管制的手段和方式，管制可分为直接管制和间接管制。

所谓直接管制，是指管制机构依据相关的管制法律和法规，采用许可或认可等行政手段，直接介入微观经济主体的生产经营活动和经济决策的系列公共管理行为。具体表现为，政府直接干预自然垄断企业产品的生产数量、销售价格和投资决策，限制某些行业或领域的产品质量技术标准、作业场所安全设施配置和生产经营的伴生品的处理等，以防范超额垄断利润、内部不经济和外部不经济等市场失灵风险。

直接管制的管制机构是一种具有法律地位的独立的或相对独立的行政组织，但又不同于一般的政府行政部门，可以单独设置于行政机构之外，也可以设立在政府行政部门里。直接管制采用的政策手段通常较为直接，具有行政的权威性和强制性，多在事前干预生产者和消费者的市场行为，但并不排除事中介入和事后处罚。直接管制往往能在较短的时间内产生效果，且对企业的生存和发展产生较大的影响，这就要求管制机构的管制范围、管制内容和管制程度都要合理合法和适当适度，以免发生政府管制失灵。

所谓间接管制，是指管制机构，依据反垄断法、商法和民法等制度规则，采用司法诉讼手段，间接制约甚至禁止市场经济中的不正当竞争行为，以维护正常的市场竞争秩序。具体表现为，在一般竞争性领域中，管制机构针对那些利用非正当性竞争手段，来操控某些商品或服务的价格或数量的市场行为，采取一些司法诉讼处罚的法律行为。最为常见的就是反垄断法，这部管制法律从最初关注垄断性市场结构（因为市场结构并不必然导致垄断的现实行为），渐次转变聚焦于垄断行为（价格联盟或价格协议等），有效地保护了消费者的合法权益。

间接管制的管制机构具有独立的法律地位，可以独立设置，也可以设立在司法机构和政府部门里。间接管制采用涵盖公法和私法的混合法制手段，规制较为间接，具有法律的权威性和公正性，偏重于事后的司法诉讼，根据法庭辩论和裁决的结果，来惩罚被告企业的违法行为，以清除阻碍市场竞争机制发挥资源配置作用的市场力量或市场因素，为市场经济营造一个良好的竞争环境。当然，这些特征也表明了管制机构的间接管制，的确不同于其他公诉机关依据刑法等公法的诉讼行为。

总之，直接管制与间接管制既相互联系又相互区别：相同之处就在于，两者都是依据相关的法律法规进行管制，都具有独立或相对独立的法律地位的管制机构；不同点就在于，前者采用直接性的行政手段，偏重于事前直接介入微观主体的经济决策，后者采用间接权威性的司法手段，注重于事后处罚，制约限制竞争的不良市场行为，并不在直接干预市场主体的经济决策。在现实管制实践中，直接管制与间接管制相互补充、缺一不可，共同解决源于垄断性的市场失灵问题，以恢复和提高市场配置资源的基础性功能，只不过前者往往直接指向自然垄断企业的生产经营活动，后者间接针对一般竞争性市场的垄断行为。

二、经济性管制和社会性管制

按照管制目的不同，可将管制分为经济性管制（Economic Regulation）和社会性管制（Social Regulation）。

1. 经济性管制

著名经济学家保罗·萨缪尔森（Paul A. Samuelson，1948）将经济性管制定义为："政府以命令的方法改变或控制企业的经营活动而颁布的规章或法律，以控制企业的价格、销售或生产决策。"① 维斯库斯和弗农（Weiss Cuse and Vernon，2004）指出，经济性管制是"政府对企业在价格、产量、进入和退出等方面的决策进行限制。"② 维斯卡西（Viscusi，2005）等学者认为："经济性管制通常是指政府通过价格、产量、进入与退出等方面而对企业自由决策所实施的各种强制性制约。"③ 日本学者植草益（うえくさ ます，1991）则给出更加具体而完整的定义，经济性管制是指"在自然垄断领域和存在信息不对称的领域，为了防止发生资源配置低效率和确保利用者的公平利用，政府机关利用法律权限，通过许可和认可等手段，对企业的进入和退出、价格、服务的数量和质量、投资、财务会计等有关行为加以管制。"④

经济性管制主要针对进入壁垒的不完全竞争行业，例如，电信、电力、铁路和城市供水供气等有线网络领域，由于它们具有显著的源于成本弱增性的规模经济性、范围经济性、网络经济性和资源稀缺性，由一家或少数几家企业提供产品或服务，通常比多家企业提供相同数量的产品或服务具有更高的生产效率。但是，这种产业组织结构，很容易导致企业利用其巨大的市场控制力量优势，制定远远高于边际成本的销售价格，获得高额垄断利润，吞噬消费者剩余，扭曲社会分配效率。因此，为了提高资源配置效率和保证利用者公平消费，各国政府普遍对自然垄断性行业的进

① ［美］保罗·萨缪尔森，威廉·诺德豪斯. 经济学［M］. 高鸿业译. 北京：中国发展出版社，1992：864－865.

② ［美］维斯库斯，弗农. 反垄断与管制经济学［M］. 陈甬军等译. 中国人民大学出版社，2010：303.

③ Viscusi W. K. , J. M. Vernon, J. E. Harrington, Jr. , *Economics of Regulation and Antitrust*, Cambridge：The MIT Press，2005：357.

④ ［日］植草益. 微观规制经济学［M］. 朱绍文译. 北京：中国发展出版社，1992：22.

出、价格、数量和质量进行管制。

另外，经济性管制还广泛存在于信息偏在的产业中，即银行、证券和保险等内部性较强的金融行业，由于生产者与消费者之间交易的产权信息分布严重不对称，在"经济人"的有限理性和机会主义的驱使下，生产者和消费者都有可能在事前"隐藏信息"和事后"隐蔽行动"，导致"逆向选择"和"败德行为"，相互侵吞处于"公共领域"里交易对方的潜在收益，破坏自由竞争的帕累托最优均衡。为了防止资源配置低效率和提高社会经济福利，各国政府也普遍对金融产业实行较为严格的资本充足率和进入等直接管制。

2. 社会性管制

与历经 100 多年历史的经济性管制相比，社会性管制更为年轻。虽然在 20 世纪初，食品和药品的管制就已出现，但直到 70 年代，美国等发达国家才开始重视社会性管制，相继设立了多个关于健康、安全和环保的政府管制机构，学术界也才逐渐系统地研究社会性管制理论。

日本学者植草益（うえくさ ます，1991）认为："社会性规制则是以保障劳动者和消费者的安全、健康、卫生、环境保护、防止灾害为目的，对物品和服务的质量和伴随着提供它们而产生的各种活动制定一定标准，并禁止、限制特定行为的规制。"[①] 根据这一定义，大致可将社会性管制归纳为内部性和外部性两个方面的管制。

内部性管制主要是针对内部性市场失灵问题，政府对食品、药品和医疗服务的技术质量制定标准，甚至限制进入和规定价格上限，以保护消费者的身体健康和安全卫生；强制生产经营作业场所必须设置的基础设施和设备，以确保劳动者的生命健康和安全。

外部性管制主要集中在环境污染领域，政府往往采取收费、限制产量和污染权交易等行政性手段，限制和禁止企业向"公共领域"排放污染物，以确保人们的身体健康和生存发展权。

---

① ［日］植草益. 微观规制经济学 ［M］. 朱绍文译. 北京：中国发展出版社，1992：22.

其实，纵观全球的管制实践，社会性管制的空间更为广泛。例如，维护国民身心健康的禁烟、禁毒和禁枪的管控，保证被雇佣者薪酬的最低工资制度，保护消费者权益的各种从业资格许可制度，确保人们出行安全的交通安全管制等。正因为如此，为了便于研究者创建出系统性和普适性的管制理论范式，美国管制经济学界普遍将社会性管制限定于健康卫生、安全和环保三个方面，称其为 HSE 管制（Health，Safety and Environmental Regulation），甚至不对社会性管制界定概念。

3. 经济性管制与社会性管制的比较

学术界普遍根据管制的目的不同，将管制划分为经济性管制与社会性管制，前者主要以提高产业经济效率为目的，后者主要以提高整个社会福利为目的。然而，我们以为，这种分类逻辑并不严密，经济性管制在考虑被管制产业的生产效率的同时，也兼顾消费者的公平利用的社会分配效率；而社会性管制在强调社会福利的同时，也顾及企业的生产效率。可见，无论是经济性管制，还是社会性管制，皆是在追求经济利益最大化与社会福利最大化之间寻找一个均衡点，因而，管制过程实质上就是，各个相关主体之间利益博弈向帕累托最优不断收敛的动态均衡过程。

美国著名的管制经济学家丹尼尔·F·史普博（Daniel F. Spulber，1989）根据管制的缘由不同，将管制划分为自然垄断性管制、外部性管制和内部性管制三种类型："在诸如电力、通讯和管道运输等公用行业里，对价格、进入及服务质量进行管制，其目的是解决与进入壁垒有关的不充分竞争问题。治理空气与水污染以及自然资源枯竭的环境管制针对的是所谓的外部性——指那些给第三方造成成本的交易。最后，产品质量、作业场所安全及合同条款的管制针对的则是所谓的内部性——即是说，市场交易的成本或收益并不反映在交易的条件里。"[①]

---

① ［美］丹尼尔·F·史普博. 管制与市场［M］. 余晖等译. 上海：上海三联书店，上海人民出版社，1999：10 - 45.

在这里，所谓的经济性管制仅仅局限于自然垄断领域，而将学界普遍将作为经济性管制的金融业置于内部性管制中。实际上，不管基于管制的缘由，还是出于管制的目的，源于信息不对称的较高交易成本的金融产业市场失灵，都应归为内部性管制或者社会性管制之中。然而，可能是由于各国普遍效仿自然垄断行业的管制，而对银行、证券和保险等金融行业，分别设置独立的管制机构来分行业管制，学术界才不得不将内部性极强的金融产业纳入经济性管制。

尽管经济性管制和社会性管制的分类依据并不充分，甚至有点混乱，但为了便于研究，本书姑且使用这种分类或者这种术语。另外，鉴于金融产业与我们的研究无关，所以本书所探讨的内部性管制或者社会性管制并不包括金融管制。由于我国盐业垄断体制改革的焦点集中在内部性和外部性失灵上，在后面我们不涉及源于自然垄断壁垒的经济性管制，着重探讨负内部性和负外部性的政府管制，以内部性与外部性的产权理论视野，剖析政府管制的理由、边界和目的。

第三节　政府管制的理据

一、对市场机制的补充

1. 面对负内部性的市场无力

源于信息不完全和不对称的昂贵交易成本，是引起内部性产生的根本原因，所以解决内部性问题的关键之举，就是要建立有效的产权信息传递机制，缓解信息偏在的程度，降低交易成本。而在许多场合，价格机制与竞争机制的联动，便可以形成一个天然的信息传递链条。

在"逆向选择"市场上，如果信息优势方主动将相关产权信息传递给交易对方，或者信息劣势方能够诱使交易对方暴露其隐蔽的产权信息，则可大大减轻内部性低效率。例如，消费者既可以通过厂商的竞争性价格、广告和商誉等途径来获取商品的重要信息，也可以通过产品的质量保证和售后服务等合同条款来判断其质量优劣，将更多的产权功能反映在交易价格中，减少"劣质产品驱逐优质产品"市场失败；承保人可以提供不同类型的保险合同，诱使不同风险偏好和水平的投保人通过"信息甄别"选择最适合自己的保险类别，尽可能将更多的产权属性明确在交易合约上，降低对方可能施加给自己的额外成本。在"道德风险"的市场上，委托人可以设计一套激励与约束相兼容的奖惩机制，来疏导和堵塞代理人的"隐蔽信息"和"隐蔽行动"，降低观察和监督费用，缓解代理失灵内部性问题。例如，在职业经理人代理市场上，投资人可以将公司股份期权与经理人捆绑在一起，激励其提高努力水平，使其短期决策目标服从于公司长远发展战略，并且将其薪金收入与公司利润参数挂钩，当企业利润水平低于某个数值时，就可以判定经理人偷懒，予以惩罚。在普通劳务代理市场上，雇佣者可以通过设计一系列考核指标，激励和限制受雇员工的努力水平和偷懒程度，奖励达到或超过某些指标水平的受雇者，惩罚低于考核指标的员工。如此一来，委托人便尽可能地较少代理人的"败德行为"，降低自己所承受的未反映在交易合同上的额外成本。

然而，由于以下诸多现实原因的普遍存在，造成市场自我纠正内部性的功效受到限制。第一，厂商披露的信息失真，甚至完全虚假；例如，保健食品厂商利用虚假广告宣传，诱骗消费者购买。第二，消费者收集信息的成本昂贵，甄别信息的真伪很难；例如，普通消费者难以辨别药品的真假和功效。第三，在合约执行过程中，委托人同样面临道德风险；例如，劳动雇佣者在事后不认真履行甚至不履行合同条款，拖欠和压低工资、不给生产场地配置安全设备等。第四，不完全合同的制定成本和执行成本极高；例如，因信息不完全性、未来不确定性和人的有限理性，将未来不确定性尤其是意外性事件做出准确判断，且详尽列入各种投资理财和保险合同的成本高昂，且其执行成本也极高。

可见，市场这只"看不见的手"不是万能的，它不能解决所有的内部性问题。尤其是涉及劳动者和消费者的安全、健康和卫生等的产品和服务，需要政府"看得见的手"来明确界定其产权，尽量减少滞留在"公共领域"内的有价值的产权属性，降低交易成本，尽可能多地将重要的产权用途反映在交易价格中，缓解内部性低效率配置问题。

2. 面对负外部性的市场无奈

对于外部性内部化问题，罗纳德·哈里·科斯（Ronald H. Coase，1960）在《社会成本问题》一文中主张，政府干预并非必要，可以通过重新分配产权来解决。① 当交易成本为零时，人们的自愿合作协商，可能将外部性所产生的社会成本纳入当事人的成本函数中，从而带来最佳效率。② 针对科斯这一观点，约瑟夫·E·斯蒂格利茨（Joseph E. Stiglitz，1994）指出，科斯定理的应用范围十分有限，因为交易费用为零的社会如同没有摩擦力的世界一样是不存在的。其实，科斯也承认交易成本为零的情况极为罕见。在交易成本为正的世界里，通过法律规则来完整界定产权，使人们在清楚自己的产权和他人的产权基础之上，以协商谈判的讨价还价方式，将外部性内部化，即市场机制具有自我修正外部性的功能，实现资源配置最优效率。③

然而，以博弈论的视角，讨价还价被解释为相关主体间的合作博弈或非合作博弈。当被看作是合作博弈时，讨价还价的结果具有效率；当被看作是非合作博弈时，讨价还价只有在完全信息条件下才产生效率，在信息不完全情况下皆无效率，而现实中的讨价还价基本上都是不完全信息下的

---

① ［美］罗纳德·哈里·科斯. 社会成本问题［J］. 载于 R. H. 科斯等. 财产权利与制度变迁［M］. 刘守英等译. 上海：上海人民出版社，1994：3 - 20.

② 这是后来的学者根据科斯的观点，归纳的"科斯第一定理".

③ 后来的学者将科斯的这种外部性内部化的主张，称为"科斯第二定理". 参见 ［美］R. H. 科斯. 社会成本问题［J］. 载于 R. H. 科斯等. 财产权利与制度变迁［M］. 刘守英等译. 上海：上海人民出版社，1994：24 - 52.

非合作博弈。① 因此，面对外部性内部化，市场机制往往是无能为力的。针对科斯第二定理，约瑟夫·E·斯蒂格利茨（Joseph E. Stiglitz，1993）也提出自己的见解：当事人之间进行谈判的成本有时可能非常高，以至于无法达成交易合约，尤其是在参与者众多时，信息交流的各种障碍、逐个谈判的极高交易成本和"搭便车"行为等，将会导致谈判破裂和失败。因此，政府直接干预是必需的，在某些外部性问题上"庇古式税"可能更为富有效率。②

张五常将科斯理论发展到极致，认为外部性并非经济决策中的外生因素，而是一个内生变量，是由经济主体在市场决策中权衡界定产权的交易费用与产权清晰节约的交易费用相比较的结果，这样必然引起部分效率的损失，只能实现次优效率结果。③ 由此看来，市场机制在解决外部性问题上，除了通过"科斯交易"渠道之外，还可以采用产业组织一体化来降低效率损失。当产业组织一体化所带来的内部行政成本小于双方的谈判、签约和监督成本时，存在外部性的两个厂商或将通过兼并、联合或收购的方式，形成一个新的企业组织集团，从而将外部性内部化。实际上，这种产业组织一体化就是重新界定产权的过程，消除在两者之间的"公共领域"，将公共财富转变为内部资源，从而形成一个全新的产权束，达到新的产权博弈均衡，实现次优效率。但是，这种市场自我矫正外部性的方式并不具有普适性，它至少需要满足产权重新界定所节约的交易成本大于其产生交易费用的前提条件，况且，它也不能解决生产者与消费者之间、消费者与消费者之间的外部性问题。所以市场机制在修复外部性问题上所发挥的功效非常有限，政府适当介入或许更为有效。

新经济史学派代表道格拉斯·C·诺思（Douglass C. North，1973）等学者认为，制度本身可以内部化外部性问题。诺思在解释"西方的兴起"

---

① 徐桂华，杨定华. 外部性理论的演变与发展 [J]. 社会科学，2004（3）：30.

② 约瑟夫·E·斯蒂格利茨. 经济学 [M]. 姚开建，刘凤良，吴汉洪译. 北京：中国人民大学出版社，1997：497.

③ 张五常. 经济解释 [M]. 北京：商务印书馆，2000：56－59.

时强调，"一个有效率的经济组织"具有一种能力，"使个人的收益率不断接近社会收益率"。市场进化和生产力提高的历史进程，也是一个外部性内部化的过程。例如，不发达国家因社会资本匮乏引起的公共产品供给不足问题，不能依靠市场机制解决，而发达国家因产业结构较为均衡，依赖市场力量和生产力发展便可解决。也就是说，随着市场经济的发展和科学技术的进步，许多交易变得简便易行，市场机制可以自我"化解"原有的外部性问题。与此平行，政府的公共管理效能也在提升，政府对外部性的直接干预促进了公共政策及公共部门的发展和进步，限制和减轻了原外部性的泛滥危害范围和福利损失程度。为此，市场与政府的联合作用，可以不断地瓦解原有的外部性营垒，即一部分外部性由市场的"固有程序去解决"，另一部分外部性纳入越来越精确的政府公共管理。这种"固有程序"和政府管理实质上就是一种制度安排。①

二、对法律制度的补充和替代

由前面分析可知，无论是内部性市场失灵，还是外部性市场失效，都是源于信息不对称和不完全的交易成本太高，以至于高到相关经济主体宁愿将部分有价值的产权属性遗留在"公共领域"，任凭他人进入攫取本来属于自己的潜在所得。有鉴于此，减少和消除市场中的内部性和外部性问题，根本之举就是要减小市场的交易成本，而法律制度产生和存在的理由，就在于它能减少未来的不确定性和风险性，有效降低交易成本。"在交易成本大于零的情况下，产权的清晰界定将有助于降低人们在交易过程中的交易成本，改进经济效率。"② 法律的本质就是将人们的活动导入特定渠道的正式规则，使之获得正确的行为模式信息，清楚人与人之间的产

① 道格拉斯·C·诺思，罗伯特·托马斯. 西方世界的兴起：新经济史［M］. 厉以宁，蔡磊译. 北京：华夏出版社，2009：217.

② Coase, R. H. *The Problems of Social Cost*［J］. Journal of Law and Economics, 1960（3）：159.

权边界。因此，在完善的法律制度下，如果当事人觉察自己受到了内部性或外部性的损失或侵害，就可依法向法庭提起法律诉讼，要求内部性或外部性的施与者给予补偿或停止损害。如果双方当事人律师的职业水平相当，则具有同等法律地位的双方当事人，就可以通过法庭裁决的权威方式，有效解决内部性或外部性问题。其最终结果，或许是受害者得到最大化补偿，或许是施与者被迫停止施与。也就是说，在普通法健全、律师水平均衡、任意受损者"觉悟"的完全条件下，法律诉讼会带来私人边际成本等于社会边际成本，或私人边际收益等于社会边际收益，即内部性或外部性被完全内部化，从而实现帕累托最优均衡效率。①

虽然贝克尔—斯蒂格勒模型推导了最优法律和最优阻吓作用的条件，但据此制定的最优法律的运行效果并不是最佳的。因为此模型隐藏着一个假定前提：法律制度是完备的，因而交易成本为零。可是，"现实的法律却都是不完备的"。②

约拉姆·巴泽尔（Yoram Barzel，1988）认为，任何商品或资产皆是多重产权属性的集合体，经济意义上的商品或资产的产权更加适合于"属性"，而不是"商品"或"资产"本身。可是，几乎所有法律对产权的规定都局限于"资产"自身，而不是商品或资产的"属性"。导致法律层面与经济层面的所有权内涵的不一致，主要是较高的测度成本（Measurement Cost），立法者与市场主体同样面临源于信息不完全和不对称的巨额交易成本，阻碍了立法者对商品或资产的所有属性的明确界定，那些未被清晰规定的产权属性就是"剩余属性"（Residual Attributes），滞留在"公共领域"，成为经济活动当事人之间相互掳掠的对象。显然，法律上的产权是形式上的所有权，而经济上的产权才是实质上的所有权，它反映"所有者"对资产属性的实际控制能力，决定着"所有者"通过多重产权属

---

① 李世涌，朱东恺，陈兆开. 外部性理论及其内部化研究综述［J］. 学术研究，2007（8）：119.

② Pistor. *Katharina and Chenggang Xu. Incomplete Law* ［J］. Comparative Studies，2002（3）：126.

性的交易所获得净收益的数额。

由于经济、社会和环境皆是不断发展和变化的，立法者不可能预知未来的一切，他们在制定法律规则时不可能将未来所有的不确定性和风险性都囊括进来，不可能将繁复而变化的产权束界定得无限清楚。所以法律层面的明晰产权，往往是部分产权属性的界定，只能在一定程度上降低交易成本，使某些潜在交易成为现实交易，但无法导致交易成本为零，且对降低不完全合同的巨额交易成本的作用微乎其微。而现实中的内部性和外部性的产生，也正是因为交易成本极为昂贵，才造成某些产权有价值的产权属性被遗留在"公共领域"，进而被信息成本优势方攫取，使相关经济主体不能完全分配所有的潜在交易所得。然而，管制机构在产权信息的生产和提供上具有立法者无法比拟的优势，由不同领域和专业的专家组成的管制人员，可以利用专业知识和技术信息的特长，针对具体的内部性和外部性的现实情况，制定可以涵盖更多产权属性的管制政策和法规细则，为管制机构提供更为可靠的行政执法依据，更加有效地防范和矫正负内部性和负外部性的市场失败。

另外，随着市场经济和产业技术的飞速发展和创新，传统的标准程序可能越来越不能适合新的情况，要求法律制度同步做出相应的调整，但不完备法律的调整和更新具有天然的滞后性，这可能导致法院因没有可适用的法律规则而难以解决市场上新出现的内部性和外部性问题。弥补立法与执法之间的这种断层，政府管制具有先天优势，因为管制机构拥有准立法、准司法和行政"三权合一"的职权，① 可以利用管制人员的专业技术知识，及时根据新需求制定适用的法规和标准，减轻不完全合同的非确定性和风险性，明晰各种产权束的行为边界，降低交易成本，有效减少"公共领域"潜在财富，缓解内部性和外部性市场失效。

退一步来看，即使法律是完备的，即所有的产权束都能在法律层面上界定清楚，那也存在一种复杂合同执行效率的问题。也就是说，面对一起

---

① Posner, R. A. *Economic Analysis of Law* [M]. 3rd ed. Boston: Little, Brown. 1986: 298 – 319.

复杂而专业的合约诉讼，要想找出适用的法律依据并作出公平合理的裁决，法官必须有积极性和专业能力去阅读复杂的合同条款，解释笼统含糊的专业技术语言，核实特殊条款的约定是否真实履行，并且需要法庭投入足够的人力、物力和财力等资源。"当需要执法者付出相当的成本来执法时，就要为之提供充分的激励"。"甚至当合同受法律细则所规范时，法庭也可能没有财力和动力去核实法律细则是否或者如何适用"。① 然而，法院是中立的、不偏不倚的，很难激励法官去主动执法，更无法承担高昂的执法成本。这就要求引入法院被动执法的替代策略——行政主动执法。与法庭和法官相比，处于相对独立法律地位的管制机构富有积极主动执法的激励，② 管制官员具有专业技术知识的特长，他们不局限于事后的惩罚威慑，而偏重于事前的主动介入和防范，能大大降低交易成本。在因无法找到证据而使诉讼不能成立，或者在环境和健康案例中受到损害的范围甚广时，尤其是在当事人不容易估计受害程度，或者当事人数量众多导致协调困难和"搭便车"而无法采取集体行动时，政府的事前直接干预更能节约交易成本，产生规模经济效应。

　　总而言之，在信息完全和信息对称的理想条件下，市场机制可以非常完善地自行调节着经济运行，可现实的市场交易皆是在信息不完全和不对称的环境中进行，巨额的交易成本使"看不见的手"无法正常发挥调节功能，于是为降低交易成本的法律就应运而生了。这时，在包括《民法》和《合同法》等在内的普通法的约束下，市场机制又重新焕发出活泼的生命力，通过价格、质量担保、广告和信誉等竞争手段，在一定程度上降低了交易成本，解决了部分的负内部性和负外部性问题，但并没完全修正所有的此类市场失灵。也就是说，在某些负内部性和负外部性较为严重的领域或环节上，例如，在食品药品卫生健康、劳动者生命安全和资源环境

---

① Glaeser, Edward, Simon Johnson, Andrei. *Shleifer. Coase vs. Coasians* [J]. Quarterly Journal of Economics, 2001 (3): 163.

② Pistor, Katharina, Chenggang Xu. *Incomplete Law* [J]. Comparative Studies, 2002 (3): 127.

保护上，市场机制和法律制度的调节空间和运行绩效都是极为有限的，都不能有效地纠正其市场失败。与此相反，政府管制却大有作为的空间和理由，可以弥补市场机制和法律机制的不足和缺陷，较好地矫正甚至防范负内部性和负外部性市场失效。

显而易见，政府管制不是一个突如其来的外生变量，而是一个在市场机制运行过程中逐渐生发出的内在变量，以弥补或完善市场机制的先天不足。简言之，政府不应替代市场，不应破坏和违背市场经济规律，而是在尊重和遵循市场运行规则的基础上，通过政府的行政规制，限制或禁止那些阻碍市场机制正常运行的微观经济主体的市场行为，恢复"看不见的手"自我调节市场运行的能力。

第四节　政府管制的边界

一、市场的自我消解机制

无论是外部性还是内部性，都是由相关当事人无法承担源于信息不完全和不对称的巨额交易成本，所引起的不能交易或虽已交易却未在合同上反映的额外成本。要想减轻和消除外部性或内部性，就必须设法降低交易成本，降低两组权利束的分割和转移的费用。而事实上，市场交易的本质就是资源配置向更优点不断收敛的过程，是一个通过价格约定进行产权再界定的过程，① 使两组产权束中所包含的系列有价值产权属性得到事实上的清晰界定，从而降低分割和转移产权束的交易费用，进而缓解外部性或内部性问题。可见，市场机制本身是具有自我修复外部性或内部性的功能的。例如，在诸如鞋帽和服装等商品的反复多次交易中，在损失最小化的

---

① 程启智. 内部性与外部性及其政府管制的产权分析 [J]. 管理世界，2002（12）：64.

理性驱使下，消费者可以利用以往的消费知识和经验，以较低的交易成本，辨别商品的质量优劣程度，决定一个能够充分反映将要转移过来的系列产权用途的意愿价格，尽可能少地把有价值的产权属性遗留在"公共领域"，以减少自己潜在利益被侵占的机会；与此同时，制造厂商迫于同行竞争压力，在价格、广告和商誉等竞争性机制的约束下，不得不制定一个较能全面而真实地反映商品产权属性的交易价格，尽量将相关商品价值属性的产权信息反映在价格结构中，减少进入"公共领域"攫取潜在所得的机会。这样，在多次反复博弈的交易过程中，双方可以不断地提高产权边界的清晰度，降低如影相随的交易费用，消解内部性市场失灵。因此，在交易成本为正的任何交易过程中，只要信息分布较为对称，交易双方均会在各自的限制条件下，以较低成本甚至零成本，进入"公共领域"获取未定价或未界定的产权属性，使产权博弈达到某种均衡状态，即产权充分界定，内部性也随之减少和消失。

二、政府管制的行为边界

对于那些可重复多次交易的内部性问题，不需要政府直接干预。但是，对于那些信息优势方过度攫取"公共领域"里的潜在财富给对方造成极大损害，且因交易成本太大而难以通过多次重复市场博弈使产权得到充分界定的内部性失灵，政府就应对其进行严厉管制，以明晰产权中有价值的属性和水平，降低产权充分界定的交易费用。例如，关于卫生健康的食品、药品和医疗服务等产品质量、关于生命安全的工矿商贸生产经营场所及交通安全等内部性问题，一旦产生，便会给交易对方造成极大损害或伤害，并且由于交易成本太高，交易双方难以通过多次市场交易使产权界定达到双方合意的水平，因而，政府应该对这些内部性产权问题实施严格管制。

从本质上讲，政府内部性管制就是明晰产权的管制，即通过"建立一整套清晰和可让渡的且受私法保护的产权制度",① 明晰产权中随商品或服务的不同而水平各异的各种有价值的属性和特征，从而明确一个人或其他人受益或受损的权利关系，并使市场机制这只"无形之手"在政府这只"有形之手"的引导下，再次发挥资源配置的决定性作用。

哈罗德·科斯（Ronald H. Coase，1959）针对外部性管制指出："只要产权不明确，公害就不可避免；只有明确产权，才能消除或降低外部性带来的危害。在明确产权的基础上，引入市场、价格机制，就能有效地确认相互影响的程序、关系及其相互负担的责任。"② 在这里，科斯主张在交易成本为零的情况下，当事人可以通过协商谈判来解决外部性问题，反对政府干预或管制。然而，现实世界每一笔交易的成本都不可能为零，在交易成本为正的前提下，如果协商谈判和产业组织一体化所带来的交易成本小于其收益，则不需要政府介入，市场会内生出收费和企业合并等机制，使当事人为减小或消除困扰他们的外部性问题的各种交易成功，进而达到利益各方相对合意状态；如果市场力量自我界定产权的交易成本大于其收益，便需要具有权威性的政府出面来弥补市场机制的不足，界定具有公共产品属性的公共资源的产权结构和产权水平，明确当事人各方所应享受的有价值的产权属性和活动范畴，通过收费、补偿和创立污染权交易市场等行政管制手段，限制施害者的负外部性排放数量和程度，避免"搭便车"和"公地悲剧"，使社会总产出等于最优产出，实现帕累托最优均衡。

总之，政府的内部性和外部性的管制，仅仅是对市场机制的先天缺陷的补充和完善，是在"看不见的手"无法发挥作用的领域和环节上的行政干预行为，通过制度创新和技术创新，实现产权在事实上的清晰界定，使当事人可以在事实上产权确定的边界上，决定自己"向内"和"向外"的行为范围，减少游离在均衡状态之外的公共资源或公共财富，以达到资源配置帕累托最

---

① Aranson P. H. Polution Contral：*The Case for Competion* ［A］. R W Poole，Jr Lexington. *Instead of Regulation*：*Alternatives to Federal Regulatory Agencies* ［M］. MA：D. C. Heath，1982：63.

② Ronald H. Coase *The Federal Communications Commission* ［J］. Journal of Law and Economics，1959（10）：34.

优和社会福利最大化，即边际私人成本等于边际社会成本，或者边际私人收益等于边际社会收益，消除私人成本与社会成本的离差。

第五节　政府管制的目的

一、产权充分界定

如前所述，政府之所以直接干预市场，就是因为面对某些内部性和外部性的市场失败，市场机制和法律制度都无能为力，而政府管制却能起到有效的补充甚至替代作用。因而，治理内部性和外部性问题，既是政府管制的逻辑起点，也是政府管制的最终归宿。内部性和外部性均是由于信息不完全和不对称所带来的交易成本太高，以至于相关经济主体宁愿将某些价值信息遗留在"公共领域"，任凭他人进入攫取。从产权理论的视角来看，这些被遗弃的信息资源就是产权结构内的系列有价值属性和用途，就是未定价或未界定的产权束。所以治理内部性和外部性的政府管制，无论是通过何种途径，还是采用何种手段，皆是以充分界定产权、降低交易成本为根本目的。

人们对产权的享有，"是他们自己直接加以保护、他人企图夺取和政府予以保护程度的函数"[①]。由于商品或服务中存在许多有价值的属性和用途，其价值水平高低随商品或服务的不同而不同，"而函数中的自变量对这些有价值属性因变量的作用对象存在差异，而且作用强度不均衡、影响力不充分，因而产权明晰、权利得以界定和保障的水平也就各异。""人们对资产的权利不是完全的和永久不变的，在交易成本为正的条件下，

---

① Y. Barzal. Economic Analysis of Property Right ［M］. Cambridge：Cambridge University of Press，1989：134.

资产转让必须承担的成本、交易双方如何确定资产中有价值的属性以及怎样获取这些属性等，都会因法律和事实上界定成本的高昂而难以完全界定清楚，从而使信息不可能被完全获取，对产权的属性其现在或将来的所有者也不完全清楚，因此，产权注定是不可能被完全界定清楚的，必有一部分滞留在公共领域。"①

既然如此，现实中的产权充分界定，是指在既定的技术、制度、知识结构和偏好等约束条件下，交易双方攫取公共领域财富达到均衡状态时的产权界定水平，即一定约束条件下的"产权博弈均衡"。② 政府管制就是产权得以重新界定、产权边界日趋清楚、公共领域不断缩小以及资源配置向更优的均衡点不断收敛的过程。在这一收敛过程中，信息优势方总是设法打破暂时的均衡，不断利用自己所积累的知识和技术，将游离于均衡状态之外的某些有价值的产权属性，即处于"公共领域"中未定价的潜在财富，归入自己的掌控和行动范围内。如果系列产权属性实现了充分界定，相关当事人便处于"公共领域"的边际状态，即处于产权边界"却步的均衡点"（Barzal，1989）上，③ 也便实现了既定约束条件下的资源配置帕累托最优。

二、降低交易成本

要充分界定产权，就必须全面而充分地认识商品或服务中的系列有价值属性，以充分获取与其相关的产权信息资源。当产权属性信息处于向完全而对称分布的收敛过程时，产权便得到更加充分的界定，从而交易成本也不断缩小。因此，政府管制就是要获取与传播重要的产权属性信息，在

---

① 李光德. 产权理论框架下内部性的社会性管制研究 [J]. 山西财经大学学报，2008（2）：17–18.

② 程启智. 内部性与外部性及其政府管制的产权分析 [J]. 管理世界，2002（12）：66.

③ Y. Barzal. *Economic Analysis of Property Right* [M]. Cambridge：Cambridge University of Press，1989：67.

各个环节上确保相关产权信息充分与真实以及信息流通渠道的畅通,"政府管制本身的作用就在于克服市场信息的不完全性,管制的效果如何,在很大程度上取决于管制是否减轻了市场信息的不完全。随着政府社会性管制法律、法规以及合同等产权制度的不断完善,管制技术在不断创新和提升,人们对产权中有价值属性的认识越来越深刻,产权在法律上和事实上的界定越来越清晰,信息分布日渐完全和对称,交易成本日渐走低。倘若产权能被完整界定,则所有产权属性都是明确的,产权边界都是非常清晰,相关产权信息可以不付成本地获得,交易成本便可降为零。作为这一过程终结者的政府管制组织,本质上"只不过是人与人之间各种合同的表现形式,可以还原为个人以及与之联系着的一组合同"。① 所以"降低交易成本对于社会性管制组织而言,具有内生性质。"②

第六节　政府管制失灵及致因

一、政府行为内部性

20 世纪 60 年代后,以詹姆斯·布坎南和戈登·塔洛克为代表的公共选择学派,将市场主体的特质和某些市场经济规律植入政治领域,把政治制度作为一个与经济市场类似的普通市场——政治市场来研究,强调选民、立法者和官员也是从利己动机出发的"经济人",政治家的效用函数虽然包括增进公共利益的变量,但绝不是首要的或权重最大的影响变量,政治家和官员的行为选择至少有一部分是受个人利益驱使的。詹姆斯·布坎南(James

---

① Y. Barzal. *Economic Analysis of Property Right* [M]. Cambridge:Cambridge University of Press,1989:289.

② 李光德. 产权理论框架下内部性的社会性管制研究 [J]. 山西财经大学学报,2008(2):18.

Buchanan，1960）认为，政府的"内部性"是指公共机构尤其是政府部门及其官员，追求自身的组织目标或自身利益而非公共利益或社会福利的现象。①

查尔斯·沃尔夫（Charles Wolf，1993）把这种"内部性"称为"内在性"，他指出，市场组织可以从消费者选择行为、市场销售份额和盈亏核算中获得直接的绩效指标，而公共机构因为缺少这些指标，则必须创设自己的考核目标，以便在非市场组织内来指导、调整和评估机构绩效和机构内全体员工的努力程度。这些"内在性"之所以等同于私人组织目标，是因为它们提供了机构内个人行为和集体行为的动机和目的，而公共机构内生的私人或团体的内在目标，势必诱发政府行为的"内部性"问题。②尽管查尔斯·沃尔夫没有具体给出政府行为内部性的定义，但我们根据他所持定的"内部性"观点，不难看出在他眼中的政府行为内部性，是指在政府公共行为过程中追求机构利益目标或内部私人利益目标。

我国有学者将政府行为内部性定义为："政府在签订经济性合约或社会性合约的过程中，由交易者所经受的但没有在交易条款中说明的成本或效益，这种成本或效益不能用价格来衡量。政府行为内部性的存在会使交易双方不能分享交易的全部损益。"③

我们以为，将政府部门及其官员追求私人利益界定为内部性似乎不太妥帖，政府机构偏离公共利益更应该是造成政府行为内部性的根本原因。总之，以上概念似乎过于抽象和宽泛，既看不到政府行为内部性的边界，也摸不着其具体的实质性内容，不利于对政府行为内部性问题的探究。

根据丹尼尔·F·史普博（Daniel F. Spulber，1989）的研究成果，我们知道，市场内部性包含两个构成要件：第一，内部性发生在参与市场交易双方之间，即实施主体与接受主体之间；第二，内部性所产生的成本或

---

① 许云霄. 公共选择理论［M］. 北京：北京大学出版社，2006：261.
② ［美］查尔斯·沃尔夫. 市场或政府——不完善的可选事物间的抉择［M］. 陆俊，谢旭译. 重庆：重庆出版社，2007：67.
③ 张东峰，杨志强. 政府行为内部性与外部性分析的理论范式［J］. 财经问题研究，2008（3）：9.

收益并没反映在交易合同中，是一种潜在的溢出性成本或收益。按照这样的逻辑，政府作为管理公共事务的代理人或委托人，政府行为内部性就理所当然地生发于政府与社会公众之间或者政府与具体政策目标受体之间，且所带来的成本或收益并没在委托代理契约（包括显性契约和隐性契约）中陈明。至于政府行为对目标受体之外的其他利益团体产生的影响或效果都不应该纳入内部性的研究范畴，将其作为外部性来探讨更为合理。

有鉴于此，我们将政府行为内部性界定为，政府在行使制度职能和举办公共工程、提供公共产品时，给政策目标受体所带来的没有在公共政策中陈明的预期目标之外的成本或收益。判别政府行为内部性的准则，关键是要看政府行为的结果是否是对既定目标受体所产生的。如果某种政府行为在实现既定目标的同时，给既定目标受体带来了既定目标之外的影响，或者没能实现既定目标体系中的任何一项目标，或者只实现了其中的部分目标，则这种政府行为就产生了内部性失灵问题。

二、政府行为外部性

A. 爱伦·斯密德（A. Allan Schmid，1978）指出，"外部性"是一个能与"相互依存效应"或"人际间机会成本"在同等意义上运用的概念或术语，"外部性的本质是权利的行使，也即人与人相互制约与作用所致……"。① 也就是说，在资源稀缺的现实世界里，人与人之间的社会经济关系往往表现为拥有和使用有限资源的竞争关系，当人们在试图获得和利用"非相容性资源"时，常常会发生矛盾和冲突，造成其他利益相关者的产权价值属性受到损失，给他人带来不愿意接受的负面影响或额外成本。因此，在一个充满"相互依存效应"的社会里，公共选择过程就是协调社会成员之间占用稀缺资源利益关系的过程，就是各利益集团展开利

---

① ［美］A. 艾伦·斯密德. 财产、权利和公共选择——对法和经济学的进一步思考［M］.黄祖辉等译. 上海：上海三联书店，上海人民出版社，1999：14.

益博弈的动态均衡过程。在不存在对简单多数制的额外限制之决策规则下，通过相应的政治议程，制定产权结构和产权边界以及交易规则，以决定谁拥有占用稀缺资源的权利。如此一来，一个最低有效多数联盟将击败少数联盟，从而在损害少数人利益的基础上获得收益，即多数获利集团的边际私人收益大于边际社会收益，或边际私人成本小于边际社会成本。这种"相互依存效应"正好与市场失灵下的庇古离差"外部不经济"相契合。可见，为解决市场失灵而提出的政治解决方案同样会产生外部性，且这种外部性是公共选择或集体行动的必然产物。

查尔斯·沃尔夫（Charles Wolf Jr，1993）将政府行为外部性表述为源于试图弥补一种现存市场缺陷的公共政策，因而它是一种"派生的外在性"。① 我国学者李郁芳（2004）从外部性来源的角度给出政府行为外部性的概念，指出"政府行为外部性是政府制定公共政策、行使公共服务职能以弥补市场缺陷的副产品，它是由政治过程产生的、通过改变交易规则或产权控制从而间接改变市场性外部性，造成相应的成本和收益转移的现象。"② 还有学者认为"政府行为外部性是指政府行为对其他团体强征了不可补偿的成本或给予了无须补偿的收益的情形。"③ 如果按照以上逻辑来判断政府行为是否产生了外部性，关键是看政府行为是否对其他团体产生了外在的影响，而不管这种影响结果是否为公共政策的既定目标。

然而，我们认为，既定政策目标似乎不应该属于政府行为外部性的范畴，倘若把政府预期目标也界定为政府行为外部性，则政府行为所产生的一切结果就都被涵盖在政府行为外部性之中，这种泛化了的政府行为外部性概念，可能使此领域的学术研究太过宽泛。

在第一章的第二节中，我们所探讨的非政府行为外部性，即市场外部性（包括技术外部性和金融外部性）的核心内容，是经济主体自己的生

---

① ［美］查尔斯·沃尔沃，市场，还是政府——市场、政府失灵真相［M］. 陆俊，谢旭译. 重庆：重庆出版社，2007：81.

② 李郁芳，郑杰. 论政府行为外部性的形成［J］. 学术研究，2004（6）：30-31.

③ 何立胜，王萌. 政府行为外部性的测度与负外部性的内部化［J］. 学术研究，2004（6）：35.

产生活动给没有参与交易的第三方带来的意外收益或额外成本，这里的承受者都是没有参与经济活动的第三方，是"搭便车者"或"无辜者"，他们所获得的收益或承受的成本，并不是施与者经济活动的直接目标，而是其生产生活活动的"副产品"，是无意"派生"出来的。

有鉴于此，我们更为倾向于以"派生的"或"副产品"为概念的边界，并主张政府行为外部性，是在政府作为或不作为的过程中，给目标受众之外的其他利益相关者造成的无法补偿的额外成本或意外收益，是政策目标函数之外的"副产品"。判断政府行为外部性的标准，关键要监察政府行为是否对既定目标受体之外的其他利益群体带来影响（包括正面的和负面的）。换言之，只要某种政府行为已经对既定目标受体之外的其他利益团体带来了影响，无论是正面的还是负面的，则这种政府行为就产生了外部性问题。

简而言之，政府行为内部性是指，政府行为给既定目标受体带来预期目标之外的影响，或者没能达到既定目标。而政府行为外部性，则是指政府行为给既定目标受体之外的其他利益相关者带来的影响。可见，内部性与外部性的区别，关键在于意外收益或额外成本的承受者是处于既定目标体系之内，还是处于既定目标体系之外。事实上，政府行为内部性问题与政府行为外部性问题，广泛存在于政府行使制度职能和提供公共产品或公共服务的活动过程之中，而且很多政府行为都可能同时产生内部性问题和外部性问题。例如，最低工资制度的既定政策目标是有效保障雇员的薪金收入，政策目标受体涵盖全体社会雇员，但是，这个管制政策也提高了雇员的失业成本，这就产生了政府行为内部性问题；与此同时，也给雇主带来了较高的用工成本之后果，即产生了政府行为外部性问题。①

---

① 由于国内外关于政府行为内部性问题的研究成果很少，不少学者将本报告所探讨的政府行为内部性也作为政府行为外部性问题来研究.

三、政府管制失灵及其根源

政府管制能彻底弥补市场失灵，或能完全替代市场而发挥调节经济运行的功能，是建立在三个假设前提之下的。（1）管制机构和管制人员是全能的、无所不知的，拥有被管制者的所有信息，也能预知未来将要发生的事情；（2）管制机构和管制人员是仁慈的、大公无私的，天然追求社会福利最大化目标；（3）管制机构和管制人员是诚实守信的，管制政策稳定且具有公信力。可是，现实的政府不具备以上三个特质，并不比市场经济主体更智慧、更崇高和更信实。

在管制市场上，管制机构和管制人员，作为政府的代理人，或者作为某些团体或某些组织的委托人，由于受到信息不完全和不对称、人的有限理性和机会主义倾向等因素的限制和影响，以及由此带来的巨额交易成本的约束，常常造成政府管制偏离既定的价值目标方向，或者虽已实现预期目标，但却给目标受众或非目标受众带来诸多负面影响或额外成本，从而导致政府行为内部性问题或外部性问题，出现政府管制失灵。

为了论证建立管制制度理论范式的必要性和重要性，我们拟在制度决策和制度执行的两个层面上，从突破政府管制成功的三个假设前提入手，深入剖析政府管制失败的根源。

1. 政府信息不完全和不对称

完善的公共决策是建立在完全而对称的信息基础之上的，管制契约的拟定需要充足而充分的信息作支撑，以规避被管制者的"逆向选择"和"道德风险"。遗憾的是，管制机构和管制人员与市场经济主体一样，也不是全能的和无所不知的，既不能预知未来将要发生的事情，也不可能获得被管制者的所有信息。但是，管制机构确定管制手段和管制方法以及具体的管制政策内容，又的确需要被管制的企业或消费者的诸如原材料的种类及其技术指标含量、生产成本、平均价格、产量质量和消费偏好以及风险偏好等信息。

受机会主义动机的驱动，作为委托—代理交易链条上代理人的被管制者，为了实现自身利益最大化，总是想方设法在事前"隐藏信息"，甚至向管制者释放出一些虚假信息。这样，作为委托人的管制者就无法获得全备的关键信息，甚至得到一些谬误信息，因而，管制机构所确定的管制手段、管制方法和管制政策内容等，就极可能背离既定的管制目标，同时也会因政策疏漏或不力而难以对被管制者实施有效规制，导致预期目标无法完全实现。不仅如此，在充满"相互依存效应"的现实世界里，政策目标的偏离意味着稀缺资源配置错位和社会福利净损失，给既定目标受众带来没有反映在管制合约的额外成本，也可能给既定目标受众之外的其他利益相关者带来管制合约以外的负面影响。例如，不够健全的食品卫生安全管制政策，不但没有达到维护和保护广大消费者利益的预期目标，而且还严重损害了作为既定目标受众的广大消费者的物质利益和精神利益，同时也影响了食品生产企业及其关联企业的生存和发展，给他们带来了极高的附加成本。

另外，在管制契约签订以后，也就是在管制政策执行过程中，由于受到有限理性和机会主义倾向的影响，被管制者总是尽量"隐蔽行动"，以在逃避管制者规制的"游戏"中达到自我利益最大化的目的，从而给其他利益相关者带来额外费用。例如，很多受到管制的排污企业，常常在夜深人静或降雨天气里，偷偷向附近的河流里排放污水，给河流沿岸的居民带来水质、土质和空气污染，造成巨额的生产成本和生活成本。

总之，无论是在事前的管制决策环节，还是在事后的管制执行环节，由于信息不完全和信息不对称，政府管制极易派生出一些没有陈明在管制契约中的"副产品"，给既定目标受众和其他利益相关者带来额外成本或意外损失，出现政府行为内部性和外部性问题，即出现政府管制失灵。

2. 政府扮演"经济人"和"政治人"角色

威廉姆·A·尼斯坎南（Niskanen William, 1971）将官员的目标列为"薪金、公职的酬劳、公众声望、权力、对机构产出的决定权、改革的便利性和管理官僚机构的便利性。"① "不管是经理还是官员，其目标都可以用一种效用最大化问题的方式来处理。效用函数具有两个变量，即 Y 为出资人希望最大化的变量，X 为官员的目标。机会集（XY）中的关键结果是，在某个特定点上效用实现最大化，而在其他点上，随着 X 上升 Y 下降。因此，官员的目标与出资人的目标最终是矛盾的。"② 在社会公众与政府的委托代理链条的政治交易市场上，政治家和官员等市场主体，不仅扮演着"道德人"角色，同时也扮演着"经济人"和"政治人"角色，尽管他们也追求公共利益目标，但在其效用函数中，公共利益绝不是首要的或权重最高的影响变量，其行为选择至少有一部分是受自身利益驱动的。为此，管制机构和管制人员③并不是仁慈的和大公无私的，其管制行为选择并非总是以社会福利最大化为目的。事实上，他们作为"经济人"和"政治人"，与市场经济主体一样，也具有自我利益最大化的倾向，在进行管制决策和管制执行时，不但要考虑管制机构的部门利益和管制人员的个人利益，也要考量执政党的政治利益，以确保部门预算④和政治利益最大化；同时，他们也以"道德人"的身份出现，在做出管制行为选择时，也会兼顾公共利益，以彰显政府的公平正义，保证政府存在的合理性与"合法性"。

正是因为管制机构和管制人员同时扮演着"经济人"和"政治人"的双重角色，才导致他们在制定管制政策时，凭借自身信息垄断优势，一方面，故意"设租"，诱导甚至逼迫被管制者在管制政策执行和实施过程中，按照管制机构设置的规则从事微观经济活动，以便自己从中"创租"或"获租"，如此非生产性"寻利"的管制行为，即使不影响被管制者的

---

① ［美］威廉姆·A·尼斯坎南. 官僚制与公共经济学 ［M］. 王浦劬译. 北京：中国青年出版社，2004：38.

② ［爱］帕特里克·麦克纳特. 公共选择经济学 ［M］. 梁海音译. 长春：长春出版社，2008：141.

③ 事实上，在多重复杂委托代理关系网络中，中央政府与具体的管制机构之间也存在一种委托代理关系。但在这里，为了简化研究，我们假设管制机构是中央政府的化身，将政府与管制机构的委托代理关系抽象为社会公众与管制机构的委托代理关系.

④ 官员目标与管理机构预算规模呈现出正相关性. 参见 ［爱］帕特里克·麦克纳特. 公共选择经济学 ［M］. 梁海音译. 长春：长春出版社，2008：141.

利益，也会损害公共利益；另一方面，被"寻租"，即管制机构和管制人员被"管制俘虏"，某些领域或产业可能因强势集团的利益需求而被纳入政府管制范围，导致管制政策在损害公共利益的基础上为压力集团服务，从而为执政党获得强势利益集团的政治支持，正如帕特里克·麦克纳特（Patrick McNutt，2001）所言，政府"迎合'人民'的喜好具有一种一体化和合法化效应，而利益集团可以利用这种效应。当环境和道德问题也被考虑时，情况尤其如此。政治观察家会关心利益集团取代政府的可能性。政府确实创造了一种环境，使个人或集团能够获得租金，而且在很多方面，政治制度的本质是出于生存而被操纵。"① 然而，反映在管制契约上的管制目标又往往是以公共利益为主的，以上损害公共利益的管制问题，无疑偏离管制根本价值取向，造成社会福利净损失。进一步讲，强势利益集团一般为小型利益集团，由于其中的"某一个成员可以获得总收益中很大的一部分，即使他个人承担全部的成本，比起没有这一物品时他仍能获得更多的好处，这时可以假设集体物品会被提供。"② 与此相反，广大消费者则为大型利益集团，"在一个大集团中，没有某个个人的贡献会对集团整体产生很大的影响或对集团中任何一个成员的负担或收益产生很大的影响，那么可以肯定地说，除非存在着强制或外界因素引导大集团的成员为实现他们的共同利益而奋斗，不然集体物品不会被提供。"而且，由于"搭便车"问题普遍存在，"大集团或'潜在'集团不会受到激励为获取集体物品而采取行动，因为不管集体物品对集团整体来说是多么珍贵，它不能给个体成员任何激励，使他们承担实现潜在集团利益所需的组织成本，或以任何其他方式承担必要的集体行动的成本。"总之，作为小集团的强势利益集团，比作为大集团的弱势利益集团，具有更强的激励来选择集体行动，通过一种执政程序——政治游说疏通功能，来诱导政府给予其

---

① ［爱］帕特里克·麦克纳特．公共选择经济学［M］．梁海音译．长春：长春出版社，2008：146.

② ［美］曼瑟尔·奥尔森．集体行动的逻辑［M］．陈郁等译．上海：上海三联书店，上海人民出版社，1995：36.

垄断权力，从而产生由人为制造稀缺性而带来的隐性成本以及强加在广大消费者头上的额外成本。显而易见，政府在制定管制政策时的"设租"和被"寻租"，不但是建立在损害其他群体的公共利益基础之上的，而且也造成社会福利净损失，极大地浪费了各种稀缺资源，这种管制决策环节上的负内部性和负外部性问题，无疑就是政府管制失灵。

3. 政府权力的强制性和垄断性

政府权力先天就具有强制性和垄断性，即使在一个民主制度的国家里也毫不例外。而政府所垄断的暴力的合法使用权、司法裁决权和征税权，使其"潜在地具有侵犯某些人或所有人的产权的能力（和动机），如征收高额税收、剥夺财产、过度发行货币等"。[①]

在政府管制领域中，由于管制者与被管制者所签署的管制契约是不完全的，总有一些将来可能发生的事件没有陈明在管制政策上，需要管制者事后酌情处理具体发生的不确定事件。倘若相关约束制度缺失，这种源于契约不完备的自由裁量权，势必异化为管制者腐败堕落的温床。因为基于有限理性和利己动机，由官员和文职人员组成的管制机构，往往会极度拓展自由裁量权的时空维度，且其权力私欲也会不断膨胀。当意外事件发生时，管制机构处理问题的价值目标取向就非常关键：如果以公共利益为根本目标，则管制行为选择常常与管制政策目标一致；如果以自身部门利益或游说疏通集团的私人利益为基本目标，则管制执行结果势必损害公共利益，背离政府管制的初衷。在现实的管制实践中，只要缺失了民主监督和司法救济制度的有效约束，则独占自由裁量权的管制机构，即便重视和考虑公共利益，也不会将其置于首要位置，在他的效用函数里，权重最大的无疑会是部门利益和个人利益。在一个"相互依存效应"无处不在的社会里，基于私人利益价值目标取向的自由裁量权，无疑会成为"少数人剥

---

① ［日］青木昌彦. 作为稳定博弈结果的国家元类型. 载于比较（第5辑）［M］. 北京：中信出版社，2003：17.

削多数人"的权力工具,把市场内部性和外部性的"公共领域"资源配置给强势利益集团,以从中为部门和个人谋取利益。这意味着社会弱势群体或大集团遗留在"公共领域"的产权属性被剥夺,导致政府管制不能达到预期目标,或者虽已实现既定目标,却给既定目标受众和其他利益相关者带来没有体现在管制政策上的无法补偿的额外成本,于是,政府管制行为的内部性和外部性失灵就产生了。

当然,我们不能因为政府管制行为的内部性和外部性失败,就否认政府管制的作用和功效。实际上,政府管制是在市场机制运行过程中内生出来的,是市场经济规律的内在要求和必然结果。鉴于此,我们认为,所应该做的,不仅仅是简单地放松和取消某些领域的政府管制,而是要建立合理的管制产权制度框架,激励与约束管制者和被管制者,纠正政府管制失灵。

第三章

制 度 理 论

第一节　制度的概念

一、制度的定义

在《辞海》里，制度是指要求成员共同遵守的、按统一程序办事的规程，即以法令为主要表现形式的规则和以财产权让渡为内容的规定。

制度经济学家托尔斯坦·B·凡勃伦（Thorstein B. Veblen，1899）认为"制度实质上就是个人或社会对有关的某些关系或某些作用的一般思想习惯。"① 这尽管对于理解"制度"有一定的积极意义，但将制度局限于"风俗习惯和意识形态"层面，难免过于偏颇、有失科学性。后来，约翰·R·康芒斯（John R. Commons，1934）将制度上升为"行为规则"层面，强调制度是集体行动控制个人行为的一系列行为准则或规则，换言之，制度皆是在一定的社会范围内（甚至整个社会范围内）每个人都必

---

① ［美］托尔斯坦·本德·凡勃伦. 有闲阶级论 ［M］. 蔡受百译. 北京：商务印书馆，1964：139.

须遵守的行为准则或规范。①

近几十年来，新制度经济学家也相继研究了制度的基本内涵。

西奥多·W·舒尔茨（Theodore W. Schultz, 1968）将制度定义为管束人们行为的一系列规则，并从制度服务于经济的角度，对制度进行经典性的分类：（1）用于降低交易费用的制度，如货币和期货市场等；（2）用于影响生产要素所有者之间配置风险的制度，如公司和保险等；（3）用于提供职能组织与个人收入流之间联系的制度，如财产法等；（4）用于确立公共产品和服务的生产与分配框架的制度，如高速公路和学校等。②

弗农·W·拉坦（Vernon W. Ruttan, 1978）也把制度界定为"一套行为规则，它们被用于支配特定的行为模式与相互关系。"③

道格拉斯·C·诺思（Douglass C. North, 1990）认为："制度是一个社会的博弈规则，或者更规范地说，它们是一些人为设计的型塑人们互动关系的约束。"④

简单地说，制度就是经济单元（包括个人和组织等）的"游戏规则"，具有习惯性、确定性、公理性、普遍性、符号性和禁止性等丰富内涵。

二、制度的构成

剖析制度结构是研究制度的基本理论前提，诸多制度经济学家都对制度组成进行了探讨。曼瑟尔·奥尔森（Mancur Lloyd Olson, 1965）将制度分为三类规则：控制集体内部进行集体选择的规则、调节公用财产使用的

---

① ［美］约翰·R·康芒斯. 制度经济学（上）［M］. 于树生译. 北京：商务印书馆，1962：87.

② ［美］西奥多·W·舒尔茨. 制度与人的经济价值的不断提高，载于科斯等. 财产权利与制度变迁［M］. 刘守英译. 上海：上海三联书店和上海人民出版社，1994：253.

③ ［美］V. W. 拉坦. 诱致性制度变迁理论，载于科斯等. 财产权利与制度变迁［M］. 刘守英译. 上海：上海三联书店和上海人民出版社，1994：329.

④ 道格拉斯·C·诺思. 制度、制度变迁与经济绩效［M］. 杭行译. 上海：上海三联书店和上海人民出版社，2008：3.

操作规则和对外安排（包括统辖此集团与其他集团及政府当局的关系）的规则。① 埃莉诺·奥斯特罗姆（Elinor Ostrom，1990）认为，制度是由宪法、集体行动、操作和选择四个层次组成的。② 柯武刚等将制度划分为，从人类经验中演化出来的内在制度（Internal Institution）和自上而下地强加和执行的外在制度（External Institution）。③

道格拉斯·C·诺思（Douglass C. North，1990）认为，制度提供的一系列规则是由社会认可的非正式约束（或非正式制度）、国家规定的正式约束（或正式制度）和实施机制所构成的。④

（1）非正式制度。非正式制度是指人们在长期的社会活动中，逐渐形成的习俗习惯、伦理道德、文化传统、价值观念和意识形态等对人们的行为选择产生非正式约束的规则。换言之，非正式制度就是那些对人们行为选择的不成文的限制集合，是与法律等正式制度相对立的概念，所以人们又称其为"软制度"。在非正式制度中，意识形态处于核心地位，它不仅蕴含价值观念、伦理规范、道德观念和风俗习惯，而且在形式上构成某种正式制度安排的"先验"模式，在本质上节约提供其他制度安排的交易费用。这里的"习惯"，可以理解为在没有正式规则的场合里，发挥着规范人们行为作用的惯例或作为"标准"的行为，是一种能应对反复出现的某种环境的"习惯性行为"，告诉人们关于行为选择的约束信息。价值观念和伦理道德决定着制度安排的价值取向，且在每一个既定的经济制度下，伦理精神和道德规范作为一个自变量，制约着利益追求的方式和目标函数，从而影响着这种经济制度的运行绩效。⑤

---

① 曼瑟尔·奥尔森. 集体行动的逻辑 [M]. 陈郁等译. 上海：上海三联书店，上海人民出版社，1995：64-67.

② 埃莉诺·奥斯特罗姆. 公共事物的治理之道：集体行动制度的演进 [M]. 余逊达等译. 上海：上海译文出版社，2012：67.

③ [德] 柯武刚，史漫飞. 制度经济学——社会秩序与公共政策 [M]. 韩朝华译. 北京：商务印书馆，2000：37.

④ 道格拉斯·C·诺思. 制度、制度变迁与经济绩效 [M]. 杭行译. 上海：上海三联书店，上海人民出版社，2008：49.

⑤ 卢现祥. 新制度经济学 [M]. 武汉：武汉大学出版社，2004：153-154.

（2）正式制度。正式制度是指人们有意识建立起来的、以正式方式规定的各种规则安排，包括政治规则、经济规则和契约，以及由这一系列规则构成的等级结构等，它们共同强制性约束人们的行为选择，因而，也称其为"硬制度"。在正式制度结构中，政治规则起着关键性的作用，通常决定着经济规则和契约等系列制度安排及其效率，但它并不是按照效率原则来形成和发展的，往往受到政治、军事、社会和意识形态等诸多因素的影响。如果政治规则符合效率原则，政治交易成本就较低，产权的预期收益大于其成本，有效产权制度便会产生；反之，就会出现低效甚至无效的产权制度，导致有限的资源配置错位和扭曲，即人们热衷于政治交易活动，生产性投资受到抑制，再分配领域的收益率高于生产性领域的收益率，寻租和腐败等诸多问题交错丛生。要想纠正这种资源配置偏离帕累托最优的市场失灵，就必须进行政治制度改革和创新。

（3）实施机制。任何一项制度的效能，尤其是正式制度，不仅取决于制度决策和安排，还决定于制度的具体实施和执行。一般来说，制度的实施主体是国家或政府等公共机构，受到制度约束的社会公众或市场交易者作为委托人，是将制度的实施权力委托给国家或公共机构的，这就会产生一个委托—代理问题，即兼具"经济人"与"政治人"属性的实施主体是否能有效行使代理职能，关键在于其实施制度的收益与成本的比较，所以为了提高制度的实施效率，必须推出降低制度实施成本的法律规范，约束实施主体的机会主义行为。另外，从制度的执行效率角度来看，应该建立激励与约束相兼容的竞争机制，既要提高违反制度的机会成本、惩罚违法违规行为，又要提高守法收益、激励人们自觉地在制度约束的边界上作出行为选择，使制度执行者觉得守法更经济，且能真正获得守法收益。

总而言之，社会制度体系是由非正式制度和正式制度及其实施机制构成的。非正式制度是正式制度形成的前提和基础，它可以帮助和促进正式制度效能的发挥，同时，它的生成及其作用也在一定程度上依赖于正式制度的支撑。从制度功能实现的视角来讲，无论是非正式制度，还是正式制度，如果不去实施和执行，就形同虚设，就等于没有制度。在一个完善的制度体系中，制度的实施机制至关重要，决定着制度的成败与效率。因此，我们在改革和创新一项制度时，不仅要考虑制度产权结构和政策内容的安排，更要精心设计制度的实施与执行机制。

第二节　制度的本质

从供求的角度来看，制度具有资源稀缺性；从来源的角度来看，制度具有市场内生性。

一、资源稀缺性

制度经济学认为，制度同土地、劳动和资本一样，也是一种稀缺性资源。"相对于人类行为的差异性、多样性和发散性而言，作为规范人们行为选择的产权制度安排总是不足的，不可能对每种行为都制定相应的规则加以约束，总有一些行为没有相对应的制度予以规范。"①

制度之所以稀缺，主要是源于制度与生俱来的特性和资源的稀缺性。

（1）制度具有"非专利性"特征。制度是一种公共产品，无法排斥别人的"搭便车"消费，使人们可以模仿他人创造的制度而无须付费。也就是说，制度具有外部经济效应（或正外部性），制度供给的边际私人收益小于边际社会收益，由于其产生外部收益得不到补偿，就缺乏制度创新的激励，从而造成制度创新的密度和频率远远少于整个社会的最优需求量，因而，这类稀缺可视为利益约束下的制度稀缺。

（2）制度具有比技术更强的"资产专用性"。一种制度的传播或移植，不仅受到相互冲突的意识形态和价值观念的制约，还要受到经济发展水平和制度创新的社会环境等因素的影响，正因为如此，才使在一个社会

---

① 卢现祥. 新制度经济学［M］. 武汉：武汉大学出版社，2004：159.

中富有效率的制度，被引进或移植到另一社会中去，往往变成低效率甚至负效率的制度。所以制度的这种"资产专用性"决定了制度更加稀缺。

（3）制度稀缺的最根本原因是资源的稀缺性。与其他生产要素一样，制度也是一种"产品"，它的供给也是有成本的，在其创新建立、实施执行和维护监督等系列过程中，不仅需要耗费大量的人力、物力和财力等显性成本，还要花费难以量化的时间、精力和信息等隐性成本，而这些资源都是不足的和稀缺的。换言之，资源的稀缺性决定了制度的供给不可能是非常充足的，总是要受到现实世界中的各种客观因素的限制，即制度供求在数量、质量和结构上的矛盾将是永恒的和不可逆转的。

总之，一个社会或国家，不管怎样强化和加速制度的创新过程，但相对于人们对制度的需求而言，制度的供给将永远是不足的和不够的。

二、市场内生性

制度不是市场经济的一个外生变量，从本质上讲，制度是在社会经济活动过程中逐渐内生出来的。经济学家关于制度的起源与实质有多种解释和论证。

戈登·塔洛克（Gordot Tullock，1950）定义了一个"囚徒难题"（Prisoners Dilemma），后来保罗·萨缪尔森（Paul A. Samuelson，1948）在其著作《经济学》中对这个难题加以阐释。在"囚徒困境"的博弈模型中，个人效用函数不仅取决于他自己的抉择，还依赖于他人选择的结果，个人最佳抉择是他人选择的函数。在某个既定的经济条件下，每个人都"自私"但不一定都能"自利"，"恶性竞争"带来的后果往往是两败俱伤的。假如允许"囚徒困境"模型"多次往复"，则两个囚犯都会发现，"合作"比"自私"对自己更有利。同样道理，"经济人"经过多次重复交易后也会发现，遵守某种规则要比通过欺诈等损人利己手段，可以使自己获得更为丰厚的回报。显然，博弈论否定了传统经济学将他人行为"抽象"到价格参数里的分析范式，主张在一个经济整体中，人与人之间的选择是相互影响和相互作用的，一个人的决策是在人格化的利益冲突、竞争与合作的环境里做出的。因而，在一个特定的经济环境里，由于受到有限理性、信息不完全和不对称等诸多因素的制约，交易对方的行为选择不可能完全反映在交易价格或交易合约里，但它又对真实的市场交易产生了实质性的影响，于是，化解个人目标与集体目标的矛盾、个人理性与集体理性的冲突便成为关键所在。基于现实条件，解决个人理性与集体理性之间的不一致的有效渠道，不是去否认个人目标，而是要设计一套在满足个人目标的前提下达到集体目标的机制，这套有效机制就是制度安排。由此可见，制度本质上就是基于不同利益目标的人们，在行为选择过程不断重复博弈的结果，是利益竞争中的"合作"。

曼瑟尔·奥尔森（Mancur Lloyd Olson，1965）以利益集团的视域探究了制度的起源。在他看来，在某种情况下，当个人仅仅考虑自身利益时，集体行动的理性结果会自动产生（即"第一定律"）。但是，在很多情况下，"第一定律"会失败，不管个人如何精明地追求自我利益，社会理性结果也不会自发生成，因为利益集团内部各成员的利益目标常常不一致，即或利益目标相同，也可能会出现"搭便车"的现象，此时，只能借助于适当的激励与约束相兼容的制度安排，才能实现集体行动的有效结果（即"第二定律"）。① 根据奥尔森的分析，制度实质上就是利益集团采取集体行动的行为规范，即利益集团内部成员达成的"合作"协议。

道格拉斯·C·诺思（Douglass C. North，1990）从契约的视角解释了制度的源起。他认为，迄今为止，人类交换包括简单交换和非个人交换。在简单交换中，专业化分工处于原始状态，参与交易的人数非常少，买与卖的行为几乎同时进行，当事人之间拥有对方的完全信息，不需要建立规则来约束人们的行为，便可获得"合作解"。然而，在现代社会中几乎不存在这种经济，社会分工程度愈来愈高，人与人之间的交

---

① ［美］曼瑟尔·奥尔森. 集体行动的逻辑［M］. 陈郁等译. 上海：上海三联书店，上海人民出版社，1995：64–70.

易极其复杂，各种交易重叠交叉、相互交织，不但交易者众多，而且交易频率也极高。由于人们的自利性、有限性和机会主义倾向，以及信息不完全和不对称等制约因素，导致交易费用非常高昂，个人收益与社会收益发生偏离，个人投资无法得到合理回报，因而就失去了从事生产性活动的原动力，资源配置难以达到帕累托最优状态。① 专业性分工程度的提高，一方面使生产费用下降，另一方面又会带来交易费用的增加，如果人们选择不"合作"，专业化分工给人们带来的好处就可能被过大的交易费用所抵消。换言之，在一个给定的环境里，要想使交易能顺利地进行下去或者使其成交，当事人之间不仅能够了解到有关其他当事人的偏好、知识和需求等相关信息，而且也能将这些信息传递出去，最后形成"共识"，而能为"合作"提供"共识"的平台就是制度。制度的推出会使专业化程度的提高所节约的生产费用，正好大于或等于由此所引起交易费用的增加，这种为各种交易寻求"合作解"的制度，实质上就是人们所缔结的契约总和。

　　虽然前述关于制度起源论证的维度不同，但都与"合作"紧密相关。所以制度是"支配经济单位之间可能合作与竞争方式的规则"。② 不同利益的经济主体的各种交易，往往要经过多次重复博弈，才会发现选择合作策略比选择不合作行为的预期收益更高，可以获得"合作剩余"，于是，不合作博弈才渐次转型为合作博弈，因而，制度是众人博弈的"均衡解"。

　　总之，制度既是博弈规则，也是博弈均衡，是一种"博弈的内生规则"。制度的本质特征是参与人选择的自我实施规则，在多次重复博弈中，这些规则被认为是非常重要的，能够规制所有交易参与者持续不断的互动选择过程，并且这些规则就是在这一过程中逐渐自发生成的，是人们社会

---

① ［美］罗纳德·H·科斯，道格拉斯·C·诺思等. 制度、契约与组织：从新制度经济学角度的透视［M］. 刘刚等译. 北京：经济科学出版社，2003：167 - 198.

② Lance Davis, Douglass C. North. *Institutional Change and American Economic Growth：A First Step Towards a Theory of Institutional Innovation*［J］. The Journal of Economic History, 1970（1）：131 - 149.

经济活动的内生"合作解"或"均衡解"。[①]

第三节　制度的均衡与非均衡

随着社会经济的发展和人们意识形态及价值观的变化，更高效率的制度必然替代原有的老旧低效率的制度，且这种更新替代是一个制度均衡——制度非均衡——制度均衡的漫长过程。

一、制度均衡

所谓制度均衡，是指在已有的制度安排下已经获取了各种要素资源产生的所有潜在收入的全部增量，或者虽然存在潜在利润，但改变现有制度安排的成本将会超过潜在利润。从供求关系来看，制度均衡是指在影响其供给和需求的诸多因素既定的条件下，制度供给正好满足制度需求。所以我们可以将制度均衡视为这样一种状态：人们对现有的制度安排和制度结构感到满意或合意，不愿也无力改变现行制度。

制度存在的合理性和必然性源于它是制度供给与制度需求达到均衡的结果。在制度均衡状态的时点上，人们不会改变既定的行为规则，如果没有外在的强制和暴力干预，这时的制度安排和制度结构就是最合理和最富有效率的，已经达到帕累托最优状态，此时的任何改变和调整都不会为经济中的任何人或任何团体带来额外收益。

任何一项制度安排和制度选择都不是随意决定的，而是人们依据成本—收益比较原则来权衡和抉择的结果。只要一种制度安排和制度结构的净收益大于零，且在各种可供选择的制度安排和制度结构中净收益最大，

---

① ［美］罗纳德·H·科斯，道格拉斯·C·诺思等．制度、契约与组织：从新制度经济学角度的透视［M］．刘刚等译．北京：经济科学出版社，2003：22.

则这种制度便实现均衡状态，就是最佳制度选择。①

制度均衡不同于一般的商品均衡，其影响因素更为繁多和更为复杂。在现实的制度选择过程中，国家或政府的强力介入，使制度均衡数量常常不是最优水平，造成制度供给不足或过剩。基于此种约束条件的制度均衡尽管处于稳定状态，但在时间和空间上仍然存在改进和改善的可能。也就是说，当面临着制度变迁的压力时，一种均衡必将被另一种新的均衡所替代，这个制度均衡点的移动轨迹就是制度存在和演化的路径。

实际上，制度均衡仅仅是制度变迁过程中的偶然现象，是一种理想状态，制度变迁经常处于偏离均衡的状态。也就是说，制度均衡是非常态的，制度非均衡才是常态的。

二、制度非均衡

所谓制度非均衡，是指人们对现存的制度感到不满意或不满足，意欲改变而又尚未改变的状态。从供求关系来看，制度非均衡就是制度供给与制度需求产生了不一致，潜在的制度供给大于或小于实际的制度供给，潜在的制度需求大于或小于实际的制度需求。这种供求关系的变化，主要是由于现行的制度安排和制度结构的净收益小于另一种可供选择的制度安排和制度结构的净收益，于是，新的潜在的制度供给和制度需求便产生了。

从制度供给的角度来看，制度非均衡通常表现为制度供给不足和制度供给过剩两种形式。

制度供给不足，实质上是现实的制度供给不能满足潜在的制度需求。主要表现为有以下几种情况：（1）时滞性制度供给不足：因制度需求先于制度供给而造成的制度有效供给不足。（2）诱致性制度供给不足：因外部效应和"搭便车"等问题而产生的诱致性制度供给不足。（3）强制性制度供给不足：由上层统治者利益主导的制度供给不足。（4）体制性

---

① 卢现祥. 新制度经济学 [M]. 武汉：武汉大学出版社，2004：180.

制度供给不足：因集权体制压抑制度创新的动机和行为，受费用支出约束的潜在制度供给难以转化为现实的制度供给，从而导致制度供给不足。

制度供给过剩，是指相对于人们对制度的现实需求而言，某些现行制度是多余的，或者是过时的，或者是低效甚至无效的。在强制性制度变迁中，制度供给过剩问题显得尤为突出，例如，某些国家的政府所实行的经济性管制，就属于典型的制度供给过剩。在政府主导型制度变迁中，制度供给过剩普遍存在的重要原因就在于，制度供给者与制度需求者的"利益联盟"。作为制度供给者的政府机构，尽管公共利益也是其公共选择的目标函数，但绝不是权重最大的，政治官员既是"政治人"，也是"经济人"，因而，由其主导的制度供给往往将政府利益置于首要地位，致使政府官员可以从中"创租"和"抽租"。作为制度需求者的利益集团，尤其是小型利益集团，在预期"寻租"收益大于"寻租"成本时，会极力"游说"政府推出某项利己的公共政策。如果某项制度政策的建立与实施，既能帮助利益集团"寻租"，又有利于政府官员"创租"和"抽租"，则此项制度政策将会长期延续下去，从而导致其中的大型利益集团的利益受损，无法达到资源配置的帕累托最优状态，制度存在改善的空间，面临着制度变迁的压力。

总之，制度供给不足和制度供给过剩是制度非均衡的两种基本表现形式。制度供给不足表明潜在利润的存在，需要制度结构和政策安排的创新，以提高经济效率，即进行帕累托改进。制度供给过剩同样存在潜在利润，但解决问题的着力点，往往不是增加新的制度供给（并不排斥制度创新），而是应该取消那些老旧低效率的制度，以消除过时的或多余的制度政策的负面效应。

第四节　制度的效率与公平

在制度变迁和制度创新的过程中，制度均衡是一个稍纵即逝的时点，甚至可以说是理论上的理想状态，在现实中它仅仅作为一个参照系，来检验制度安排和制度结构是否合理和富有效率。也就是说，制度变迁和制度创新很难处于帕累托最优状态，最有效率的制度安排和制度结构也很难出现。之所以如此，关键在于制度创新不仅需要考虑效率性问题，也需要考量其公平性问题，公平与效率往往是对立和冲突的，基于公平前提的制度安排可能缺乏经济效率，而基于效率前提的制度结构也可能缺乏公平正义。

一、制度的效率性

新制度经济学家按照新古典经济学的逻辑，将成本—收益比较分析引入了制度效率的研究中，主张在各种制度选择中应选择净收益最大的制度安排和制度结构。然而，由于影响制度的因素太多和太复杂，预期收益和预期成本难以准确地予以量化和计算，因此，至少从技术上来说，人们很难确保所选择的制度是最富有效率的；并且道格拉斯·C·诺思（Doug-lass C. North，1994）经过大量的经济史研究发现，在人类生存和发展的历史上，人们选择的制度并不总是最有效率的。究其原因，大致有以下三点。

（1）社会公义对制度效率的影响。在公共选择学派看来，不论是在代议制国家，还是在直选制社会里，构成政治市场主体的政治家、官僚和职业人，既是"经济人"和"政治人"，也是"道德人"，在进行制度政策选择时，不但要考虑制度的社会经济效率，也会兼顾制度的公平正义。而由公平正义所带来的效率损失又很难科学量化，因而也就无法按照成本—收益原则，在制度选择的集合中准确地选择出一项最富效率的制度。现实结果，往往是资源配置效率次优的制度最终胜出和产生。

（2）利益集团对制度效率的影响。制度的产生反映的是利益集团建立在实力基础上冲突和妥协的结果。由于一致同意表决规则的交易成本太高，即使在完善制度形成的程序下，现实的制度变迁和制度选择也在很大程度上取决于利益集团之间的利益博弈，即制度设计在最初就不是以增进普遍或社会福利为目标，而是以占优利益集团的利益取向为目标。道格拉斯·C·诺思（Douglass C. North，1994）认为，"制度并不一定是，甚至经常不是按社会效率来设计的，相反，它们（至少正规规则）是为了服务于那些具有创造新规则谈判能力的利益集团而创造的。"① 经济政策（包括制度设计）是一个动态博弈过程，其条件是不确定的和不断变化的，其规则在形成过程中至少有一部分是由参与者制定的，每个参与者都想竭力控制随后的博弈，以尽量获得有利于自己利益的结果。② 在利益博弈过程中，小利益集团往往处于有利地位，比大利益集团更容易采取集体行动。假设小利益集团决定着制度选择的结果，如果小利益集团与大利益集团的利益相容，则决出的制度便是有效率的；如果两者不相容或者是对立冲突的，则从整个社会来看，就不是最有效率的，并没有达到帕累托最优状态。

（3）路径依赖对制度效率的影响。西蒙（Simon，1989）指出，任何演进都存在路径依赖，从而通常只能达到"局部最优"，只有在完备理性条件下的选择，才有能力达到"整体最优"。"一旦一个特殊的（制度的或生物的）系统被建立起来，它就趋于自我维持。系统的变迁很可能从一个大的外在冲击开始，从而引发系统的内在变化，并且这种变化是累积性的，而不是连续性和逐步性发生的。在关键的转折时点上，被选取的选择规则的基本特征很可能对未来产生约束作用。"③ 这表现在既得利益集团面临着改革压力时，基于自身利益考虑，更愿意对原有的低效率制度进行变革或改良，使产生路径依赖的制度仍然损害部分社会成员的利益，导致资源配置不能达到"整体最优"。进一步地讲，由于人们处于信息不完备

---

① 转引自［美］婀维纳什·K·迪克西特. 经济政策的制定：交易成本政治学的视角［M］. 刘元春译. 北京：中国人民大学出版社，2004：17.

② ［美］婀维纳什·K·迪克西特. 经济政策的制定：交易成本政治学的视角［M］. 刘元春译. 北京：中国人民大学出版社，2004：21.

③ 卢现祥. 新制度经济学［M］. 武汉：武汉大学出版社，2004：215.

和不确定的客观环境里，再加上人的有限理性和机会主义倾向，所以优势参与者很难在不损害或不影响其他参与者利益的基础上来主导制度设计。也就是说，以自我利益最大化为目标的某项政策制度，仅仅实现了"局部最优"效率，并没实现全社会的"整体最优"效率或帕累托最优效率。

二、制度的公平性

约翰·罗尔斯（John Rawls，1971）的正义论是我们分析制度公平性的理论基础。约翰·罗尔斯指出，社会正义就是社会公平，并提出两个正义原则："每个人对于所有人所拥有的最广泛平等的基本自由体系相容的类似自由体系都应有一种平等的权利。"任何人都拥有同等平等自由的权利，都具有同等不可侵犯性，即使以社会整体利益的名义也必须拒绝："在一个正义的社会里，平等的公民自由是确定不移的，由正义所保障的权利决不受制于政治的交易或社会利益的权衡。"①

约翰·罗尔斯的两个正义原则，皆强调所有社会成员都拥有同样自由平等权利，并且必须得到保障。相对于整个社会而言，任何个人都处于劣势地位，因而社会不能将集体利益凌驾于个人利益之上。在所有社会成员单元中，弱势群体的利益更应受到关注和保护，因为强势群体凭借手中的资源优势，能够有效地保护自己的利益不受侵犯，也较容易实现自己的利益，而处于社会下层的贫困者等则没有更多的资源和能力来维护和实现自我利益。所以对于"社会和经济的不平等应该这样安排：（1）适合于最少受惠者的最大利益；（2）依系于在机会公平平等的条件下职务和地位向所有人开放。"② 也就是说，在社会和经济不平等安排的客观环境里，让最少受惠者获得最大利益补偿应该作为制度安排的一个基本前提，所有制度政策的设计都应该向弱势群体的利益倾斜。

---

① ［美］约翰·罗尔斯. 正义论 ［M］. 何怀宏等译. 北京：中国社会科学出版社，2003：4.
② ［美］约翰·罗尔斯. 正义论 ［M］. 何怀宏等译. 北京：中国社会科学出版社，2003：84.

"由于每个人的幸福都依赖于一种合作体系，没有这种合作，所有人都不会有一种满意的生活，因此利益的划分就应当能够导致每个人自愿地加入合作体系中来，包括那些处境较差的人们。"① 资源的稀缺性决定着人类社会的生活生产活动，都处于一个相互制约和相互依赖的竞争与合作体系中，社会生产的分工与协作过程就是一个竞争与合作的复杂博弈过程，如果没有竞争，社会经济就缺乏活力，难以进步和发展；同样，如果缺失了合作，社会经济秩序将是一片混乱。而制度为广泛的社会分工提供了一个有效合作的约束框架，规范着人们在复杂的生产生活中的竞争行为，在未来不确定性和人们的有限理性以及机会主义倾向的现实环境里，减少"逆向选择"和"败德行为"，降低缘于信息不完全和不对称的交易成本，把阻碍合作的各种因素限制到最低程度，为合作创造条件，保证合作的顺利进行。换言之，作为"支配经济单位之间可能合作与竞争方式的规则"② 的制度的核心内容，就是如何分配"合作剩余"。

在复杂的社会分工体系中，不管社会优势群体多么聪明能干，如果没有社会弱势群体的"卑微"协作，他们不但不可能获得自己所向往的一切，反而可能失败或利益受损。所以将更多的互利互惠的"合作剩余"，分配给社会弱势群体，不是对天赋较高的个人利益的剥夺，而是对天赋较低的个人利益的补偿，而且这种补偿不是仁慈的"给予"，而是公平的"应得"。

当然，我们也不应该忽视社会优势群体利益。在约翰·罗尔斯（John Rawls，1971）看来，自然天赋不是道德应得，却是一个中性的事实，天赋更好的个人应该被激励去追求更多的利益。唯其如此，互惠互利的合作才能有效地达成和继续，包含天赋更好者和天赋更差者的整体利益才能得以实现，个体利益的分配才有来源。自然天赋是人类的共同财产，制度可

---

① ［美］约翰·罗尔斯. 正义论 ［M］. 何怀宏等译. 北京：中国社会科学出版社，2003：175.

② Lance Davis, Douglass C. North. *Institutional Change and American Economic Growth*：*A First Step Towards a Theory of Institutional Innovation* ［J］. The Journal of Economic History, 1970 （1）：131 – 149.

以消除源于自然天赋的利益不公，实现实质上的公平正义。"为了在分配份额上采取纯粹的程序正义的概念，有必要实际地建立和管理一个正义的制度体系。只有在一种正义的社会基本结构的背景下，在一种正义的政治结构和经济、社会制度安排的背景下，我们才能说存在必要的正义程序。"① 也就是说，形式上的正义安排必须以实质上的正义背景为前提，才能达成真正的正义要求。为此，制度选择和制度安排必须以正义原则作为前提基础。

三、制度效率与制度公平的关系

纵观人类制度的发展历史，既有不文明的制度，也有文明的制度。不文明的制度，往往只强调效率而忽视公平；而文明的制度，既重视效率也强调公平。

新制度经济学家过分强调效率，将成本—收益的量化分析方法引入制度研究中，隐含着制度是中性的假设，并不考虑制度是否公平合理，是否会加重社会的不平等问题。当然，这也无可厚非，因为制度公平性的分析涉及价值判断问题，不同经济学家有不同的价值取向，他们缺乏公平性研究的共同语言。更何况，制度效率与制度公平之间本来就存在着不可逆转的矛盾和冲突，如果追求制度效率就可能牺牲制度公平，反之，如果追求制度的公平性则又要以降低制度的效率性为代价。

因此，古往今来，人们一直在效率与公平的矛盾和冲突中寻找制度创新的平衡点，到底是坚持"效率优先，兼顾公平"的原则，还是按照"公平优先，兼顾效率"的原则来进行制度安排，可能将是制度经济学研究的永恒话题。

令人欣慰的是，人类社会已经探索和实践了一些方法和手段，来缓解制度效率与制度公平的矛盾和冲突。例如，可以通过实施收入再分配和社

① ［美］约翰·罗尔斯. 正义论［M］. 何怀宏等译. 北京：中国社会科学出版社，2003：87.

会保障制度，来协调和缓解由追求制度效率所带来的系列社会问题，也可以通过提高公众决策参与度和强化决策程序性以及决策执行的监督性等手段，来提高制度的公平性。正如阿瑟·奥肯（Arthur M. Okun，1975）所言，"让市场得其应得的社会后果可好可坏。关键取决于市场之外的地盘的势力。"① 可以说，制度是否公平和公平的程度，实质上是政治市场和经济市场的不同利益集团之间的博弈结果。

① 阿瑟·奥肯. 平等与效率——重大的权衡［M］. 王忠民等译. 成都：四川人民出版社，1988：24.

第四章

政府管制产权制度理论

第一节　政府管制制度的产权结构

在长期的管制理论研究中，学者们往往偏重于管制政策（Regulatory Policy）的探索，却很少关注管制的执行和实施。雷威和斯皮勒（Levy and Spiller，1994）发表了一篇学术论文，指出"所有关于管制的理论著作都一度把管制激励结构当作中心问题，却无视管制治理"，[①] 主张将管制作为一个涉及管制治理（Regulatory Governance）和管制激励（Regulatory Incentive）两方面的制度设计问题来加以研究。随后的沃里克（Warrick，1997）、佩尔格（Perg，2003）、司德密和卡宾（Stermy and Cubbin，2005）等多个学者，虽也实证分析了管制治理对管制绩效的影响，但并没就管制激励对管制绩效的影响作更深的研究，也未探究管制治理、管制激励和管制绩效的关联结构。也就是说，尽管管制理论和管制实践已历经 100 多年的发展和改革创新，可至今仍未形成一个较为成熟的具有工具性的管制制度理论范式。有鉴于此，我们拟借鉴国内外关于管制理论的研究成果，试图从内

---

① Levy B. and Spiller P. T. *The institutional foundations of regulatory commitment: a comparative analysis of telecommunications regulation* [J]. The Journal of Law, Economics & Organisation. 1994 (10): 201–246.

部性与外部性的产权理论的维度，建立一个具有普适性的管制制度理论分析框架。

一、政府管制的委托代理主体结构

在各种资源相对稀缺的条件下，随着生产技术进步和社会经济发展，人类社会生产分工与协作程度日益提升，简单的原始商品"交换"亦逐渐变迁为复杂的非物的"交换"——"交易"。如果把这个"交易"与一般化的"生产"相对应起来，则"生产"就是人与自然之间的天然关系活动，而"交易"却是人与人之间的社会关系活动，两者共同构成了人类社会的全部活动。约翰·罗杰斯·康芒斯（John Rogers Commons，1934）将"交易"分为三种类型：第一，买卖交易，即平等社会人之间的交换关系；第二，管理交易，即某个经济单元内上下级之间的交换关系；第三，限额交易，即政府与私人之间的交换关系。[①] 前一种往往表现为厂商与消费者之间的商品或服务的买卖关系，以及雇主与雇员之间的雇佣关系，后两种通常表征为两个主体之间的委托代理关系。因此，"交易"不仅仅是指商品或服务的日常买卖交换，而是一个涵盖了买卖关系、雇佣关系和委托代理关系等所有社会活动和经济活动的抽象化和一般化的概念。

在产权理论学派的视野里，无论是经济市场上的买卖交易（或雇佣交易或委托代理交易），还是政治市场上的委托代理交易，在本质上都是产权交易。"产权不是人与物之间的关系，而是指由物的存在及关于它们的使用所引起的人们之间相互认可的行为关系。产权安排确定了每个人相应于物时的行为规范，每个人都必须遵守他与其他人之间的相互关系，或承担不遵守这种关系的成本。因此，对共同体中通行的产权制度可以描述

---

① ［美］约翰·罗杰斯·康芒斯. 制度经济学（上）［M］. 于树生译. 北京：商务印书馆，1962：74 – 85.

的，它是一系列用来确定每个人相对于稀缺资源使用时的地位的经济和社会关系。"① 也就是说，"产权是人与人之间由于稀缺物品的存在而引起的、与其使用相关的关系。"② 因此，"决不能将产权混同于拥有的物品……产权并非物质对象，而是一些在社会中受到广泛尊重的权利和义务。"③ 由此可见，产权交易的实质，就是在既定的价格或约定条件下，包含在两组权利束内的有价值属性的分割和转移，是由旧的权利束向新的权利束的过渡和转换。虽然产权在法律上甚至在事实上界定清晰是交易的前提，但是，交易本身却是一个通过定价或约定，对产权结构或包含在产权内的权利与义务进行再界定的过程，是一个参与交易的利益各方追求自身收益最大化的动态博弈均衡过程。为此，市场交易（包括经济市场交易和政治市场交易）就是产权交易，就是与交易对象相对应的各种权利和义务的交易，就是隐含在交易对象之内的诸多有价值的产权属性交易，就是以契约形式约定交易各方享受收益和承担成本的产权交易。

从契约理论的角度来看，政府管制是一种公共合约，是一张由社会公众、立法者或政府、管制机构和被管制者等多个利益主体，共同构成的委托—代理关系网络，内中每一节点都是利益各方竞争与合作的关系枢纽。如果以产权理论的视域来看，这张复杂的委托—代理关系网络则是各利益主体的产权交易关系网络，其中的每一条委托—代理链条，都隐含着不同的两个利益主体的两组产权束的分割与让渡。因此，从本质上讲，政府管制是一种以契约形式为表现的产权交易，其主要功能在于，界定结构内各方的产权边界和活动范围，降低源于信息不完全和不对称、人的有限理性和机会主义动机的较高交易成本，从而减少被遗留在"公共领域"内的未在价格或合约上反映的有价值产权属性，使交易双方尽可能多地获得属

---

① ［美］E. G. 菲吕博腾，S. 配杰威齐. 产权与经济理论：近期文献的一个综述［A］，载于科斯等. 财产权利与制度变迁［M］. 刘守英等译. 上海：上海三联书店，1994：204.

② ［南］斯韦托扎尔·平乔维奇. 产权经济学——一种关于比较体制的理论［M］. 蒋琳琦译. 北京：经济科学出版社，1999：28.

③ ［德］柯武刚，史漫飞. 制度经济学——社会秩序与公共政策［M］. 韩朝华译. 北京：商务印书馆，2000：212.

于自己的潜在收益，最大限度地缩小存在"合作剩余"的"公共领域"，压缩甚至消除外部收益或外部成本，进而引导交易各方的边际私人收益等于边际社会收益，或者边际私人成本等于边际社会成本，矫正市场失效或政府失灵问题，帮助经济市场或政治市场恢复竞争机制功能，提高经济资源或政治资源的配置效率。

因此，政府管制是一种以契约形式进行的关于产权结构建造和产权制度安排的系列产权交易活动。为了方便研究，我们将前述这张相互交织而复杂的委托—代理网络，抽象为一条简单的委托—代理契约链条，即社会公众—立法者—政府—监督机构—管制机构—被管制者（见图4-1）。在这条多重委托—代理利益链条上，每一个主体都兼具委托人与代理人两种身份，有权作为治理主体参与政府管制活动，并且可以依据相关的管制契约，以委托人的职分来监管其代理人的行动边界和努力程度，防止机会主义行为，实现预期利益目标。

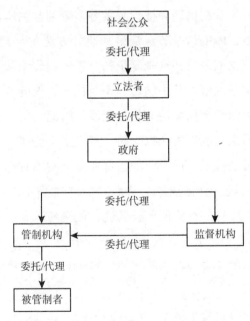

图4-1　政府管制的委托—代理主体结构

二、政府管制的产权结构

政府管制契约在政府管制活动中极为关键和重要，它约束和规范各个治理主体的微观市场活动，确保政府管制能够恢复市场机制配置资源的决定性作用。换言之，管制契约是政府管制的规范依据，是一组系列的正式制度或正式规则，是由一部居于上位的管制法律和居于下位的多种管制规章条例组成的。反过来讲，管制的具体规则依据，就是建立在管制契约架构下的系列管制治理契约、管制激励契约和管制绩效评价契约的体系。其中，管制契约居于管制治理契约、管制激励契约和管制绩效评价契约之上，是社会公众与立法者所订立的合约，明确管制目标、管制对象、管制者与被管制者，引领和指导管制治理和管制激励；管制治理契约作为管制治理的制度保障，是中央政府与管制机构基于管制契约所签订的合约，是对管制机构的管制授权和管制约束；管制激励契约作为管制激励的制度基础，是管制机构与被管制的企业或消费者基于管制契约所订立的合同，用来激励与约束被管制者的微观经济活动；管制绩效评价契约作为管制绩效的评价制度规范，是监督机构与管制机构基于管制契约所订立的合约，用以评价和考核管制机构对管制激励实施与执行的效果的评价。很显然，以上管制契约体系，将相关的委托人与代理人、管制者和被管制者都涵盖进来，明确双方的权利与义务，确保管制活动的制度化和规范化，以提高政府管制效率，彰显社会的公平和正义。然而，管制所依据的制度和规则不是与生俱来的，往往是多元化利益相关者谈判、妥协和合作的多重博弈结果，即委托人代表依照既定的法律程序制定出来的。可以说，管制契约的协商、让步和签订过程就是管制法律法规的生成过程，政府管制活动始于管制立法。

在政府与管制机构的委托—代理利益链条上，政府和管制机构分别作为委托人和代理人，形成委托—代理型的产权交易关系。政府将管制这一行政职能委托给管制机构，就是要以管制治理契约的形式，构建管制产权结构和制度安排，界定管制机构的行为边界和活动空间，降低委托—代理链条上的系列交易费用，优化配置立法、司法和行政等各种稀缺资源，引导和约束管制机构在实现自身利益最大化的同时，也能达到政府既定的管制目标，尽量减少和避免政府管制的负外部性和负内部性问题。具体说来，就是要对管制权力这种特殊产权进行合理的安排，在相关管制契约的框架下，构建授予与限制管制权限的具体法规，包括管制权力的界定、管制权力的授予、管制治理组织结构模式的选择、管制过程机制的设计和管制监督制度的构造等，以防范源于信息不对称和契约不完全的管制风险。这种管制治理的产权结构，提供了限制管制者的行动范围，以及解决这些限制所带来的矛盾和冲突的机制，是对管制者和管制过程的约束与监督。

同样，在管制者与被管制者的委托—代理利益链条上，管制机构和被管制者（被管制的企业或消费者）分别作为委托人和代理人，也生成委托—代理型的产权交易关系。管制机构对企业或消费者实施规制，关键是要以管制激励契约的形式，确定被管制者的资源利用产权边界和经济活动范畴，激励和约束被管制者在规定的产权结构内进行市场经济活动，在实现其自身利益最大化的同时，也能达到政府管制目标。也就是说，政府管制是通过制约被管制者的部分产权权能来实现的，即管制者通过制定和执行特定的管制政策措施，激励与约束被管制者的市场行为，它包括管制政策手段的选择、管制政策内容的制定与实施，以降低这条委托—代理链条上的各种交易费用，尽量防范和避免"逆向选择"和"道德风险"，实现预定的管制目标。这种管制激励的产权结构，主要是由价格、补贴、竞争和市场准入等规则要素组成，是对被管制者特定经济行为的激励与约束，是一种政府与市场、管制与竞争相兼容的公共激励政策。

在监督机构与管制者的委托—代理利益链条上，监督机构与管制者分别作为委托人和代理人，同样内生出委托—代理型的产权交易关系。监督机构对管制机构执行与实施管制激励政策的效果的考核，依然需要依据具体的制度准则，所以基于管制契约框架下签订具体的管制绩效评价契约是不可或缺的。管制绩效评价要着眼于，考察管制系列产权交易是否到位，考核政府管制治理和管制激励是否达到预期目标和达到的程度，明辨政府管制是否产生负面影响和产生多大的负面影响，比较和评价管制改革前后的效率水平和公平程度，从而为政府提供管制改进甚至管制改革的实证支撑。唯其如此，才能确保政府管制绩效评价的规范性和科学性，才能反映管制治理和管制激励两者之间的互动关系是否正常，才能反馈管制制度是否合法和合理，才能为政府对某些产业或领域的管制改革提供绩效证据。所以管制绩效评价是政府管制制度理论范式的重要组成单元。

有鉴于此，我们认为，管制制度是一个由管制契约（Contrac-regulatory）、管制治理（Governance-regulatory）和管制激励（Incentive-regulatory）以及管制绩效（Performance-regulatory）共同构成的多种而复杂的产权结构体系，如图 4 - 2 所示。其中，管制契约的产权结构，是指以契约的形式来规范和引导管制活动，包括制定管制产权原则和构造管制目标体系；管制治理的产权结构，是指管制权限的界定，包括管制治理组织结构模式、管制治理机制和管制治理监督等；管制激励的产权结构，是指管制政策中产权安排，包含管制政策工具和管制政策内容等；管制绩效的产权结构，是指管制治理和管制激励的系列产权属性的分割与转移的效率，包括预期管制目标的实现程度和效果等。可见，管制契约是政府管制的逻辑起点和规则依据，是对管制治理的授权与约束，是对管制激励目标方向的界定；管制治理是管制激励的体制保障，决定着管制政策质量的优劣和管制政策执行和实施的绩效；管制激励是管制治理的运行平台，只有通过管制政策的执行与实施，才能检验管制治理的产权绩效。换言之，管制激励可以直接产生管制绩效，而管制治理只能通过管制激励来间接影响管制绩效；同时，管制绩效又反过来影响着管制立法、管制激励和管制治理的产权结构变革，较高的管制绩效会使管制契约和管制激励政策相对稳定以及管制治理结构相对稳定均衡，较低的管制绩效往往导致管制契约、管制激励和管制治理的产权结构和产权安排面临压力，以至于发生制度变迁和制度创新。因而，管制契约、管制治理、管制激励和管制绩效四者之间形成相互依存、相互影响的互动传递关系，这可以为我们探究管制制度提供一个 CGIP① 理论分析范式。

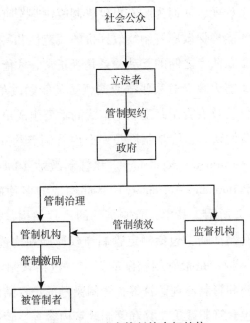

图 4-2　政府管制的产权结构

第二节　管　制　契　约

如前所述，政府管制实质上是一张连接多个利益群体的委托—代理关系网络，要想维持正常的管制秩序和取得较好的管制绩效，内中的每一个关联主体都必须依据委托人与代理人所订立的契约条款，激励和约束下游代理人的微观市场活动，使之能够实现既定的管制目标。

契约是"资源流转方式的一种制度安排，它规定了交易当事人之间的

---

① CGIP—Contrac-regulatory Governance-regulatory Incentive-regulatory Performance-regulatory.

各种关系，或者限定了当事人各方的权利与义务。"① 管制契约就是管制的制度依据，就是管制的法律规范，就是解决复杂利益冲突的竞争原则与合作框架。换言之，政府管制应该建立制度和规则的根基，应该具有权威性、强制性和公信力，应该有法可依和有法必依，即政府管制理应始于管制立法。

一、建立管制法律

立法者代表社会公众（其中包括被管制的企业和消费者），制定一部基于《宪法》框架下的关于被管制产业或被管制领域的法律，确立管制决策和管制执行等公共行政行为的目标、原则、管制对象、管制者与被管制者等。因此，在管制法律里，主要是规定以下三个方面的规则。

第一，明确多重管制目标。政府对某个行业或某个领域的管制，往往涉及和影响多个利益群体的切身利益，须兼顾多重利益诉求，也须明晰管制的逻辑起点和管制的最终归宿。在公开、透明的立法程序下和立法过程中，立法者们作为不同利益集团的代表，为所代表的利益集团竞争潜在收益，通过协商、谈判和妥协的动态博弈，使达成的集体行动合作成功，即代表不同利益集团的价值目标被确立下来，进而形成主次有序的多重管制目标体系，以此引导与控制管制治理行为和管制激励活动。

第二，确立管制原则。政府管制包括管制治理和管制激励两个层面的规制，因而，管制的基本原则应该能够指导和规范管制者和被管制者，以便基于这样的原则来建立管制治理体制、管制激励结构和管制绩效评价体系，激励与约束管制者和被管制者的政治行为选择和微观经济活动。换言之，就是根据多重管制目标，分别确立管制治理原则和管制激励原则，对管制治理体制和管制激励结构做一些原则性的规定，引导政府管制达到既定的管制目标。

---

① 卢现祥，朱巧玲. 新制度经济学 [M]. 北京：北京大学出版社，2007：151.

第三，界定管制者与被管制者以及管制对象。管制者与被管制者是整个管制活动中最主要的利益主体，在管制法律中加以明晰尤为重要，可以为管制治理法规、管制激励条例和管制绩效评价办法的制定奠定管制主体基础。不仅如此，而且还需要授予管制者对被管制者的管制权力与监督者对管制者的监督权力，赋予其独立的或相对独立的法律地位，使其规制行为有法可依。另外，由于管制对象在一定程度上可以决定管制者与被管制者的行为边界，因此，在管制法律中界定具体的管制对象，对于构建管制治理法规、管制激励条例和管制绩效评价办法具有关键性的意义和价值。

二、制定管制治理条例

在以上的管制法律框架下，中央政府代表社会公众，依据管制治理原则，建构管制治理体制，对管制机构的行为边界和努力程度加以规制，即构建约束管制权限的具体法规，不但包括管制治理组织结构的选择、管制机构权力的界定和管制过程机制的设计，而且也包括管制监督组织结构的抉择、管制监督的权力限制和管制监督机制的构造等，以防范源于信息不对称和契约不完全（Incomplete Contract）的管制风险，规避政府管制行为的内部性和外部性，提高管制绩效。所以这些管制治理法规提供了限制管制者的行动范围以及解决这些限制所带来的矛盾与冲突的体制和机制，是对管制者和管制过程的约束与监督。

三、制定管制激励条例

在既定的管制法律框架下，管制机构代表中央政府或立法者，对被管制的企业或消费者实施具体的规制活动。这就需要管制的政策依据，即由管制机构在管制法律的授权范围内，按照相关的公共决策程序，组织管制激励政策法规的制定，选择管制政策工具，依据管制激励原则，确立管制方法和手段，明确管制政策内容，以规避被管制者的"逆向选择"和

"道德风险"，减轻市场主体行为的内部性和外部性，实现多维管制目标。

四、研制管制绩效评价办法

在已有的管制法律框架下，由管制治理法规所赋权的监督机构，代表中央政府或立法者甚至社会公众，对管制机构进行具体的业绩评价和考核。这就需要充分的法规条款作制度性的支撑，即监督机构在管制治理法规的授权范围内，按照相关的公共监督决策程序，研制管制绩效评价规章，根据多维管制目标，确立管制绩效评价原则，进而规定具体的评价指标和评价方法等。

总之，作为管制依据的管制法律体系，应该是以一部健全的管制法律为内核、以相关的行政法规、条例和办法为外围的一系列制度规范。

第三节 管制治理

一、治理与管制治理的概念

1. 治理的概念

"治理"（Governance）一词来源于拉丁文"Gubernare"，是"掌控"的意思，而这一拉丁字又源于同义的希腊字"kybernetes"。早在2000多年前，柏拉图（Plato）就用这一希腊文来表达"管理的艺术"（The Art of Steer or The Art of Government）。20世纪，诺伯特·维纳（Norbert Wiener, 1948）将"治理"引入控制论的研究之中。随后，关于"治理"的探讨愈来愈多，但至今仍未形成统一的概念，不同学科有不同的诠释。在此，鉴于篇幅所限，我们仅梳理了社会科学领域的相关研究成果，以界定和把握"治理"和"管制治理"的概念。

克尔·施奈德（Volker Schneider，1992）在国家理论研究中主张，治理是指对社会和各种活动进行协调的方式，而社会协调方式主要包括市场治理、政治治理和意识形态治理三种。进一步讲，治理是规则的运作系统，依据这些规则，事物或事件的社会性状态被控制。依此逻辑，治理机制就是对相互关联的"传感"和"驱动"装置的制度性安排，通过制度安排来应对社会系统中的各种问题，使其最终结果处于期望的均衡状态，从而避免非均衡状态的出现。

格里·斯托克（Gerry Stoker，1999）在总结前人相关研究成果的基础上，进一步丰富了治理的内涵。他认为，在现代社会中存在系列来自政府部门而又不局限于政府的社会公共机构和行使者，这意味着，国家可以把越来越多的解决经济社会问题的责任转移给公民社会（包括各种私人部门和公共自愿性团体等），国家与公民社会之间的界限和责任变得越来越模糊。治理作为一项涉及集体行动的权力运作，必然依赖于社会公共机构之间的资源交换和利益协调，各个参与者必将形成一张社会治理网络，以在特定领域里拥有发号施令的权威，通过与政府部门合作，分担政府的公共行政责任。另外，对于政府的公共行政行为来说，治理也意味着政府有责任将一些市场性和社会性的管理方法和技术导入公共事务管理中，以提高公共行政的效率。

从其他学者关于"治理"与"统治"的探讨中，也能找到与此相似的观点和主张。让—皮埃尔·戈丹（Jean - Pierre Gaudin，1999）指出："治理从头起便须区别于传统的政府统治概念"。[①] 治理的主体既可以是公共机构，也可以是私人机构，还可以是公共机构与私人机构的合作组织，而统治的主体只能是社会公共机构——政府；治理的权威来源于合作，并非必然来源于政府，而统治的权威一定来自政府；治理的权力是在治理者

---

① ［法］让—皮埃尔·戈丹. 何谓治理［M］. 钟震宇译. 北京：社会科学文献出版社，2010：27.

与被治理者之间双向互动运行的，而统治的权力则是自上而下的单向运行。质言之，治理就是建立基于市场原则、公共利益和社会认同的基础上的合作。①

显而易见，以上两类观点分别从两个不同角度给出治理的定义：第一种观点主张治理是社会协调的方式和手段，揭示实施治理的方法；第二种观点强调治理的核心要义是对权力运用方式的规制。两者相比较，前者更为宽泛，应用起来不是很好把握；后者更为狭义，在应用中更易把握，更具应用性和工具性。本书根据后者的观点，归纳出治理的概念：治理是由不同利益者或利益冲突者组成的公共机构或私人组织，为了实现其共同的价值目标，按照既定的制度准则，以协商和合作的伙伴关系，所进行的公共事务管理活动。

2. 管制治理的概念

"管制治理"的现代文献最早出现在雷威和斯皮勒（Levy and Spiller，1994）发表的学术论文上，他们强调管制治理安排与管制政策内容的区别，将管制作为一个涵盖管制治理和管制激励两个层面的制度设计问题来研究。其中，管制治理机制提供了一种限制管制者的行为选择范畴，以及解决这些限制所附带的矛盾和冲突的机制，它应该与一个国家或地区的政治禀赋相协调；而管制激励结构则由销售价格、市场进入、数量和质量等管制政策工具组成。他们强调，管制治理结构是对管制者和管制过程的制度规定，并受到立法、行政和司法的影响。

我国学者是在近十几年才开始探讨管制治理的概念。游五洋等（2003）认为，管制治理是"通过一系列正式的或非正式的、内部的或外部的制度或机制来协调管制机构与所有利害相关者（包括政府首脑、国家行政机关、选民、用户、管制机构雇员等）之间的利益关系，以保证管制

① 俞可平. 西方政治学名著提要［M］. 南昌：江西人民出版社，2000：211.

机构决策的科学化，从而最终达到管制目标"。①

我们认为，以上概念过于宽泛，似乎涵盖了全部的管制活动，没有体现出治理对管制者的管制行为选择和管制活动范围的约束功能。如果从利益协调的角度把管制定义为，通过系列正式的或非正式的、内部的或外部的制度或机制来协调政府、管制机构与所有利益相关者之间的利益关系的公共管理活动，则管制治理就是为管制活动提供游戏规则，是对管制治理组织结构模式和管制权力运用方式的规定。因此，管制治理本身就是管制制度和管制规则的运行系统，为了实现预期的价值目标，治理主体依据这些正式制度或正式规则，引导和控制相关领域的经济社会活动，使之处于相对稳定或均衡状态。

二、管制治理组织结构模式

在社会公众—立法者—政府—监督机构—管制机构—被管制者（包括被管制的企业或消费者）的委托代理链条中，每个节点主体都扮演着委托人和代理人的双重角色：作为委托人，他们都有权力为自己的利益或所代表集团的利益引导或监督其下游代理人的行为选择；作为代理人，都有义务接受其上游委托人的引导或监督，甚至有权按照管制契约监督其上游委托人。于是，他们皆成为互动治理关系中的一个独立治理主体。然而，在这些治理主体中，发挥日常治理功能的管制机构，既要依照管制治理契约接受立法者、政府和监督机构以及被管制者的引导和监督，又要依据管制激励契约来规制被管制者的微观经济活动，因而，管制机构在以上治理链条中处于核心地位，其组织结构模式的选择成为整个管制治理活动成败的关键所在。

诚然，管制治理组织结构模式是由管制契约和管制治理契约以及管制

---

① 游五洋，黄浩. 电信业监管的思考 [EB/OL]. (2003 – 02 – 28) [2013 – 11 – 05] http://www.cttl.com.cn.

激励契约共同决定的，但是作为代理人的立法者或政府，其合法性就在于应该基于社会公众的根本利益和价值取向，结合具体的国体、政体、国情和产业发展战略等政治、社会和经济环境，来授予管制机构法律地位和管制权限，确立管制治理的组织结构模式。也就是说，合理的管制治理模式，应该是能够在既定的国体、政体、国情和经济制度环境中，有效发挥管制治理职能，确保机构的工作机制和监督机制运行通畅，降低管制成本，提高管制质量与效率，从而能够最大限度地保护公众利益，最大可能地实现多维规制目标。[①] 进一步地讲，既然市场既存在资源配置性失灵，又存在收入分配不公性失败，则缘于弥补市场失灵的政府管制，其管制治理组织结构模式的选择，就不仅要考虑资源配置的经济效率，也要考量公平正义的社会效率；不仅要重视产业发展的战略利益，还要兼顾弱势群体的公共利益。如此看来，我们很难确立一种最优配置效率的管制组织结构模式，至多是优化出一种次优的抉择结果。

纵观全球的管制实践，政府管制治理组织结构模式大体可归纳为政监合一、政监相对分离和政监完全分离三种类型。政监合一型的组织模式，是指管制机构与行政主管部门全然合一，既要履行微观的管制权能，又要执行中观的行业指导职能，它虽然具有较强的强制性和时效性，但由于管制职责模糊和管制专业性不足，这种集权式管制模式的管制绩效较低，逐渐被"分散化公共治理结构"所代替（日本就是采用此模式的典型国家）。政监完全分离型的组织模式，是指在行政管理体制之外，设立具有完全独立的法律地位的管制机构，其优势是管制者拥有独立的管制职权、专业人事配置权和经费预算权等，可以摆脱官僚层级的窠臼，避免行政部门的干扰，超然行使管制权能，大幅提升管制效率，可谓是一种较为理想的管制治理模式（美国等国家较多采用这种模式）。政监相对分离型的组织模式，是指管制机构处于相对独立的法律地位，尽管拥有独立的管制决策和管制执行的权力，但在组织关系上则隶属于大部制下的综合性国家行

---

① 肖兴志. 中国垄断性产业规制机构的模式选择［J］. 山东经济. 2009（02）：34.

政部门，其优点是可以在行政长官的统一领导下，促使管制政策与产业政策的协调统一，避免部门之间的推诿扯皮，有助于解决激励相容问题（英国、法国和德国等欧洲国家多采用此种治理模式）。[①]

我们认为，在以上三种管制治理组织结构模式中，处于市场经济的环境里，政监合一型的管制治理组织模式是最不可取的。因为管制机构与行政主管部门浑然成为一个治理主体，同时扮演着"裁判员"和"教练员"两种角色，势必引发尖锐复杂的利益冲突和严重的代理问题。首先，从社会公众—立法者—政府—管制机构—被管制者的委托代理关系来看，管制机构间接代表着全体社会公众的根本利益，作为被管制企业或消费者的委托人，扮演"裁判员"的角色，规制其代理人—被管制企业或消费者，使之按照管制激励契约所规定的行动范围和行为尺度来从事市场活动，防范代理人"逆向选择"和"道德风险"，降低交易成本，帮助市场恢复配置资源的决定性作用，努力实现预期的管制目标。其次，从国家—行政主管部门—被管理行业的委托代理关系来看，行政主管部门代表着国家战略利益甚至行业经济利益，作为被管理行业的委托人，扮演"教练员"角色，指导被管理的产业或行业，着力促进行业技术进步和结构调整，提升行业国际竞争力，提高行业资源优化配置效率。可以预料，同时扮演着相互矛盾的"裁判员"和"教练员"两种角色的治理主体，所代表的两种利益有时会相互冲突，使之处于极为尴尬的境地。也就是说，面对弱势群体的公共利益与国家利益或某产业经济利益的两难选择，究竟是首选公共利益还是首推产业经济利益，可能没有现成的选择标准，不同的国家或地区在不同的制度环境下所做的抉择或许有较大的差别。然而，根据公共选择理论，任何政府部门都具"经济人"属性，有其自身的组织目标利益，在进行公共行为选择时，公共利益或国家利益尽管会成为其目标函数中的变量，但绝不是首要的或权重最大的变量，常常以内在的私人利益或组织

① 王俊豪等. 深化中国垄断行业改革研究［M］. 北京：中国社会科学出版社，2010：259 - 260.

目标作为行为选择的首要目标。于是，在政府"设租"和市场"寻租"双重力量的驱动下，政监合一型的治理组织主体往往更容易为被管制产业所"俘虏"，即选择以产业经济利益为其公共行政的逻辑起点和最终归宿，避免其管制职能与行政指导职能之间的对立，提高公共行政管理绩效，稳定或扩大部门预算，甚至彰显与助推官员威望和职务晋升。这样会带来两种结果：一方面，弱势群体的公共利益被忽视，收入分配性市场失灵无法得到矫正；另一方面，被管制的产业或行业虽然能够获得一定的垄断利润，但并非一定能实现较高的经济效益，他们由于普遍存在的 X 非效率问题而难以达到帕累托最优均衡状态。可见，政监合一型的管制治理组织模式，很可能造成新的市场失败或管制失灵。

比较另两种管制治理组织结构模式，政监完全分离型的组织结构不失为一种较理想的组织制度安排，因为管制法律可以授予其完全独立的法律地位，使其拥有准立法权和准司法权，无须受到相关政府职能部门的羁绊，独立行使政府管制的公共权能，决策与执行的程序公开透明，便于接受社会公众的监督，更易实现管制目标。虽然这种独立管制组织模式已经成为各国管制治理改革的基本方向，但是，在一个管制制度不太成熟、政治体制和行政体制仍有较大改进空间的国家或地区，对于某个行业或产业的经济性管制，如果陡然实行政监完全分离的管制治理组织模式，则可能无法带来较为理想的管制效果。例如，我国的证监会、银监会、保监会以及电监会，在现行的国情和国体制度环境下，并不是真正完全独立的管制机构，缺乏准立法权和准司法权，甚至缺乏完整的管制权力（如电监会的价格管制权利仍然滞留在国家发改委），以至于以上行业的政府管制存在较多积弊和缺陷以及管制绩效不佳等问题。与此相反，跨产业和跨行业的社会性管制，由于其管制的逻辑起点和最终归宿是社会公共利益，而非产业经济利益，因此管制机构完全可以从相关的政府行政职能部门中分离出来，成为真正具有法律授权的独立地位的管制组织，以公共利益为主要目标，进行社会性管制活动，纠正内部性或外部性的市场失灵。例如，食品药品卫生健康、生产安全和生态环境等管制，比较适合建立政监完全分离型的组织模式。

因此，构建何种管制治理组织模式，既要考虑一个国家或地区的国体、政体等制度环境和社会文化背景等要素，又要考虑政府管制的基本初衷。一般来说，在一个较为传统的国体和政体国家里，如果管制的主要价值取向是社会公共利益，则可以实行社会性管制，其管制组织结构比较适宜选择政监完全分离型的；如果管制的根本目标是产业经济利益，则往往需要对自然垄断行业或公共事业实施经济性管制，其管制组织结构比较适合选择政监相对分离型的。当然，这并不是绝对的和永远的，随着产业经济的发展和制度环境等的改善，从事经济性管制的规制组织模式也可以由政监相对分离型逐渐转换为政监完全分离型。尽管如此，若从节约管制成本的效率角度来看，即使在一个制度环境较为完善的国家或地区，对于规模较小和竞争力较弱的行业或产业所实施的经济性管制，也是比较适合选择政监相对分离型的组织模式的。

无论是政监完全分离型的管制治理组织模式，还是政监相对分离型的管制治理机构模式，都需要反映在管制治理契约（即管制治理法规或规章）上。也就是说，管制治理契约应该在管制契约（即管制法律）的框架下，给予管制机构具体的组织名称，甚至明确政监相对分离型的管制机构设置在哪个行政管理部门内，明细管制机构拥有的管制权利与承担的管制责任，并根据所管制的行业或领域的不同，规定由不同学科和不同专业的专家组成的管制团队，以降低管制成本，提高管制绩效。

三、管制治理运行机制

如第一章所述，在新制度经济学家眼中，人们所从事的经济市场活动和政治市场活动，在本质上皆可视为复杂的产权交易过程，并且以或隐或现的契约形式反映着交易双方的买卖关系或委托代理关系。换言之，市场活动中的委托人与代理人之间的利益联结和冲突关系，就是一种或明或暗的契约关系，因而，委托人与代理人皆是"契约人"，契约可以作为各种市场交易的最基本分析工具，众多交易问题即可理解为或转化为契约问题且用契约方法来解决。

在合约制度安排下的"契约人",具有不同于"经济人"理性行为的有限理性与机会主义的行为特征。有限理性是指受人的内在生理特点与外在事物的复杂性和不确定性之限制,从事市场活动的人们只能有限或部分实现其主观上所追求的理性,即人类的理性是有限的。机会主义是指人们在各种交易活动中总是千方百计地通过不正当的手段来谋求自身利益。"契约人"的有限理性决定了任何契约都是不完全的,事实上,正是契约的不完全和不对称,才给予了交易当事人采取机会主义行为的机会和空间,出现事前机会主义行为和事后机会主义行为,产生隐藏信息(或逆向选择)和隐蔽行动(或败德行为)问题,造成交易各方竞相采取策略,以便在损害对方利益的基础上谋取最大化的自身利益,最终不可避免地引发失调、再谈判甚至拒绝合作等危及契约关系维持下去的危机。

在各种市场交易市场上,委托—代理关系表现为契约关系,处于委托—代理链条上的各方当事人,尤其是代理人,无一例外地都具有"契约人"的行为特征。于是,为了协调交易各方之间的利益矛盾和冲突,委托人渴望设计一种契约机制,通过授权给代理人从事某项市场活动,以便在实现代理人最大化效用的同时,也能达到委托人最大化效用目标。这种契约可以称为最优契约。但是,由于委托人与代理人之间的信息不对称和不完全,使交易双方为订立契约、监督执行和应对违约等所带来的交易成本极其昂贵,导致委托人在边际成本与边际收益出现离差的临界点上不得不停止信息搜集、信息甄别和行为监督等活动,以至于不少有价值的产权属性被委托人遗留在"公共领域",而这些产权信息又往往为代理人所熟悉和掌握,只要代理人的边际追租成本小于边际追租收益,他便会进入"公共领域"攫取没有反映在合约中的潜在收益,即代理人是在损害委托人的部分产权属性的基础上来最大化自我收益。也就是说,源于信息不对称和不完全的巨额交易成本,会造成代理人的行为目标偏离委托人既定目标,或者说代理人在追求自我收益最大化的同时,无法实现委托人最大化利益目标。所以解决委托—代理问题的最优契约在现实中不可能存在,但可以作为我们设计契约的参照系。

在寻找委托—代理问题"最优解"的过程中，委托人主要面临来自代理人的两个约束条件。第一个是激励约束："契约必须能够提供给代理人一种激励，使代理人选择委托人所希望的努力水平。"[①] 换言之，委托人预期收益最大化只能建立在代理人预期收益最大化的基础之上，或者委托人只有满足了代理人预期收益最大化，才有可能实现自身预期收益最大化。第二个是参与约束："契约同时还要能够提供给代理人一种期望效用，这种效用至少要和不存在契约时的效用一样高。"[②] 即，代理人从接受契约中所获得的预期效用必须大于或等于从不接受或放弃契约中所获得的预期效用。委托人要想同时满足激励约束和参与约束这两个要求，就必须知道代理人的效用函数，但由于无法克服信息不对称和不完全之天然屏障，现实中，他又不可能清楚代理人真实的效用函数。因此，委托人只能为解决委托—代理问题设计一种次优契约机制，只能基于客观约束条件来探寻一种次优解。

管制治理市场作为一种政治交易市场，同样存在委托—代理关系，同样表现为一种契约关系，同样需要委托人设计出一种次优契约。那么，谁是管制治理市场的委托—代理主体呢？既然管制治理主要是对管制机构的管制权力的制约，是对管制机构的管制权力运用方式的限定，则授予管制机构管制权力的立法者或政府就应该是管制治理市场上的委托人，需要协调与其代理人（即管制机构）之间的利益冲突，找寻一个解决委托—代理问题的次优解。

我们注意到，在管制治理市场上，作为委托人的政府或立法者与作为代理人的管制机构之间的合作关系并不存在竞争对手，两者都不可能自由地进入或退出，因为它们的交易关系已经由相关的管制契约制度固定下

---

①② ［法］克洛迪亚·凯塞，马克·威林格尔. 关于道德风险和激励的实验：互惠和剩余共享［J］. 载于埃里克·布鲁索等. 契约经济学［M］. 王秋石等译. 北京：中国人民大学出版社，2011：222.

来，因而，委托人在设计管制治理契约时不需要考虑参与约束条件，似乎只需关注激励约束条件的限制。然而，"在重复合作实验中（Güth，1998；Anderhub，Gächer and Königstein，1999），我们观察到由委托人提供的契约很少能满足激励约束。参与者的行为看上去由互惠的原则来引导：一般情况下，作为代理人角色的参与者对于更有利的契约会乐意付出更多更高的努力（Fehr Gächter and Kirchsteiger，1997）。"[①] 以上实验还表明，委托人在拟定实际的契约时还要考虑其他因素的制约。因此，管制治理契约的设计，应该基于一个国家或地区的基本国情、国体和政体等的现实制度环境，在互惠原则引导下来最大限度地满足激励约束兼容条件。我们试图按照以下三条思路来设计蕴涵激励兼容机制的次优契约方案，以破解管制治理市场的委托—代理问题。

1. 互惠激励机制

"契约理论预测委托人为他自己保留全部的期望剩余，而使代理人对接受或拒绝契约中提供的努力水平漠不关心"。"在标准的道德风险的委托代理模型中，委托人不能观察到代理人的努力，他们一般对提出可变报酬的契约感兴趣，这个报酬是实现的利润的函数。这个模型是建立在假设实现利润和代理人的努力之间是一种随机关系的努力水平。""如果委托人在契约中提供了一个与实现利润无关的固定的报酬，代理人会做出最小的努力，通常是最低可能的努力。如果委托人想要诱使代理人付出更高更多的努力水平，契约必须设计能使代理人通过选择这一努力水平而使他的期望效用最大化。"[②] 虽然合作的重复性、报酬减少的刚性等都是真实契约中重要的元素，但由于存在固定薪水不能向下调整和代理人不能通过战

---

① ［法］克洛迪亚·凯塞，马克·威林格尔. 关于道德风险和激励的实验：互惠和剩余共享［J］. 载于埃里克·布鲁索等. 契约经济学［M］. 王秋石等译. 北京：中国人民大学出版社，2011：224.

② ［法］克洛迪亚·凯塞，马克·威林格尔. 关于道德风险和激励的实验：互惠和剩余共享［J］. 载于埃里克·布鲁索等. 契约经济学［M］. 王秋石等译. 北京：中国人民大学出版社，2011：222.

略拒绝来影响委托人这样一个客观事实，因此固定薪水的大小仅仅度量了委托人的信任程度，并不能有效影响代理人的努力程度。费尔、盖奇特尔和柯基斯泰格（Fehr Gächter and Kirchsteiger, 1997）的研究证明，互惠已成为契约很有效力的一个执行策略。为此，缓解委托人与代理人之间利益矛盾的现实方法或许是，将委托人利润与代理人努力之间的随机关系建立在互惠原则基础上。委托人在实际契约中更愿意提供分红比例与努力水平呈正相关的激励措施，代理人往往选择互惠行为，为获得更多利益付出更高的努力水平。

查尔斯·沃尔夫（Charles Wolf, 1993）在《市场，还是政府——市场、政府失灵真相》一书中指出："为了进行活动，所有运行的机构都需要某些明确的标准，这种要求主要并不是来自一个机构从外部证明其活动合理性的需要，而是来自与内部的日常管理和运作相关的实际问题：评价全体员工，决定工资、晋升和津贴，比较机构内的次一级组织以协助分配预算、办公室和停车位的管理，等等。市场组织可以从消费者行为、市场份额和盈亏账目结算中获得直接的绩效指标，而公共机构因为缺少这些则必须创立自己的标准。这些标准就是在非市场组织内用以指导、调整和评估机构绩效和机构全体员工表现的目标……因此，公共机构就具有私人的内在目标，并且这些目标提供或影响了机构真正的议程，"① 也成为公共机构全体职员寻求最大化效用函数中的元素。可见，作为管制治理契约中的代理人，管制机构同样拥有机构内的私人目标或组织目标，例如，机构的人员编制和预算规模、官员的职务晋升和名誉地位、职员的工资收入和稳定就业等，并且这些目标提供了管制机构内个人行为和集体行为背后的动机，成为管制机构最大化效用函数中重要变量。然而，这些内在目标与管制机构所要提供的管制服务的外在公共目标之间没有十分清晰或可靠的联系，造成管制机构的管制活动常常从管制目标体系中游

---

① ［美］查尔斯·沃尔夫. 市场，还是政府——市场、政府失灵真相［M］. 陆俊，谢旭译. 重庆：重庆出版社，2007：67.

离出来。

处于管制治理契约上位的管制契约所明确的多维管制目标，通常包括政治目标、社会目标和经济目标等，体现了政府利益、公共利益和产业利益等价值取向，彰显了立法者或政府的主观期望。但这既不意味着立法者或政府的效用最大化，也不意味着管制机构的效用最大化。既然无法跨越代理人内在私人利益目标的障碍，既然契约一旦生效，双方的盈利（或损失）取决于契约条款代理人所选择付出的努力水平，那么，次优的管制治理契约设计，就应该在互惠原则的引导下，建立政府管制目标效用与管制机构目标效用之间的随机关系，充分考虑管制机构私人利益或组织利益。

首先，根据多种管制目标的主次序列，尽可能采用可以量化的评价指标，作为管制目标效用函数的诸多变量，并对这些变量的权重加以限定，建立管制目标效用函数。其次，根据管制机构内在的私人目标主次顺序，选择多种量化指标作为管制机构目标效用函数的变量，并界定这些变量的权重，建立管制机构目标效用函数。再次，将管制机构目标效用函数置于管制目标效用函数中，调整和优化每一个变量的权重比例，从而构建出政府管制目标效用与管制机构目标效用之间的随机关系函数模型。最后，根据这个随机关系函数模型和互惠原则，在管制契约（即管制法律）框架下，设计激励性的管制治理契约条款，制定互惠性激励措施，引导管制机构选择互惠性的管制行为，激励其在实现次高的管制目标效用的同时，也能获得次高的管制机构目标效用满足。

2. 内在约束机制

在所制定的管制契约（即管制法律）里，立法者或政府已经将管制权力授予管制机构，使管制机构拥有完全独立或相对独立的法律地位和管制权力去从事具体的管制活动。但是，政府或立法者在订立管制治理契约（即管制治理法规或规章）条款时，还需要对管制权力进行限制，规定管制权力的使用方式和管制机构的行为规范等，设计管制治理约束性的工作机制。

从内部性和外部性的产权理论的视角来看，立法者或政府与管制机构之间的委托—代理关系，实际上是一种政治市场交易关系，立法者或政府以管制治理合约的形式将管制产权转让给管制机构。然而，源于信息不完全和不对称的交易成本是极其昂贵的，以至于政府或立法者宁愿将管制产权中部分有价值属性或信息遗留在"公共领域"，而任由管制机构进入并攫取，造成委托人不能得到所有的潜在收益，引发政府管制行为内部性或外部性失灵，严重影响管制目标效用最大化。事实上，被遗留在"公共领域"里的产权属性并没反映在管制治理契约上，而且有价值的产权属性被遗留得越多，信息优势方——管制机构进入的机会就越多，信息弱势方——政府或立法者损失的利益就越多，管制产权交易也就越模糊和越失败。为了维护和保护交易双方的潜在收益，有必要在交易之前进行清晰的产权界定。因此，政府或立法者在明细管制治理契约条款时，要从多维管制利益目标出发，在不影响互惠性激励机制的前提下，把管制机构的管制权力限定在适度的范围内，明确管制产权边界，将尽可能多的有价值产权属性明细在管制治理契约条款上，明晰产权交易属性结构，尽量压缩"公共领域"空间，减少管制机构攫取潜在收益的机会。

首先，界定管制决策产权结构。传统的政府公共管理是单边性的统治或控制，而现代的政府公共活动是多边性的协调和互动，存在多个治理主体，能够形成持续而稳定的均衡框架。在多边治理结构中，参与者为了实现共同的利益目标，不断地通过协商、谈判和妥协达成共识，使所治理的目标领域处于期望状态。同样，现代的政府管制决策活动，也应搭建多个治理中心主体架构，尽量使管制所涉及的各利益群体皆能参与进来，引入市场竞争机制，将有价值的管制产权属性配置给不同的参与者，使每个利益相关者都在自己的产权范围内争取潜在收益。进一步地讲，由于政府自身也受到信息不对称以及交易成本的限制，很难有效分配管制决策产权，需要导入市场竞争机制，允许各个利益相关者为着自身利益目标参与决策，使许多垄断信息在利益竞争中不断显露出来，从而营造一个更为公开和透明的信息环境。这样，决策者们可以在多轮协商谈判的利益博弈中，逐渐形成相互认可的多重价值目标以及实现这些目标的行为规范、手段和方式等。这一利益竞争与合作的动态博弈过程，就是管制决策的优化设计过程，就是配置管制决策资源的过程，就是界定管制决策产权边界的过程。换句话说，通过市场机制界定管制决策产权结构，既可以降低信息不对称的程度及其决策成本和执行成本，又可以有效减少有价值的管制产权属性被遗留在"公共领域"，弥补政府管制决策行为的内部性缺陷，缓解管制机构"设租"和被管制者"寻租"的问题，规避管制机构机会主义泛滥和被管制者"逆向选择"的风险。因此，为了提高管制绩效，达到多维管制目标，应该在管制治理契约上确立多边治理结构，将市场竞争因素植入管制决策程序中，尽量充分界定管制决策产权结构。

其次，界定管制执行产权结构。管制执行的核心内容就是，管制机构按照怎样的程序和方式，督责和引导被管制者自觉执行具体的管制政策措施；从产权理论的角度来看，就是管制执行产权属性应该如何界定的问题。依照时间序列的维度，管制执行产权结构是由事前管制执行产权、事中管制执行产权和事后管制执行产权构成的。所谓事前管制执行产权，就是在管制政策实施之前，管制机构如何将管制政策内容告知被管制者，并且加以详细而具体的解释，使被管制者在权利与责任明确的前提下从事微观经济活动，杜绝管制机构忽视委托人利益而产生"偷懒行为"。所谓事中管制执行产权，就是管制机构怎样动态地督促被管制者履行管制政策契约中所规定的责任和义务，使其行为选择能够限定在既定的活动空间之内，防止管制机构与被管制者的"串谋"进而损害其他利益相关者的切身利益之行为。所谓事后管制执行产权，就是管制机构如何对被管制者的违约行为做出快速有效的处罚和应对，保护其他利益相关者尤其是弱势群体的利益，防范规避管制机构"敛租"腐败等"败德行为"，促进科技经济进步和发展，维护社会和谐稳定。所以政府或立法者与管制机构之间的管制产权交易，是横贯于管制执行产权的事前、事中和事后之动态过程，是一个管制产权属性集合体在两者之间进行分割与转移的过程。因而，管制治理契约条款应该细化和明确双方的权力与责任，特别是要限制管制机构的管制权力运用方式和施展范畴，严防管制机构管制行为偏离政府管制的预期目标。而这种权力与责任的贯彻与落实，关键在于管制执行产权交易的合法程序的构建。换言之，如果管制机构能够按照合法透明的程序展开管制活动，则其管制行为更多地暴露在公众视野之下，并受到社会舆论的监督和约束，管制机会主义风险就会大大降低。正如雅克·格斯廷（Jacques Ghestin，2000）所言，"契约的约束力依赖于其服从的程序法"。[①]

3. 外在监督机制

现代治理理论倡导多边治理，各利益相关方为着共同的利益目标，共同参与治理。在政府管制治理结构中，作为代理人的管制机构所进行的一切管制执行活动，都要受到其委托人——政府或立法者的约束，两者之间的管制决策产权和管制执行产权已经在管制治理契约中得到了较为清晰的界定。然而，由于人的有限理性和信息不完全性是不可逆转的，政府或立法者面对的是未来的不确定性和复杂性，因此他们不可能预测到未来可能发生的所有事情，也就不可能将其详细地陈明在合约中，而当这些未反映在契约中的意外事件发生时，又需要管制机构去应对和处理，须赋予管制机构"自由裁量权"。这种法学家视野里的"自由裁量权"，就是制度经济学家眼中的"剩余控制权"，就是对被遗留在"公共领域"的有价值产权属性的索取权。尽管在管制治理契约中管制决策产权和管制执行产权已经得到较为清晰的界定，但是由于政府或立法者无法承担源于信息不完全的巨额交易成本，在有价值的产权属性集合中，总有部分属性无法陈明在契约上而被遗留在"公共领域"里，从而任由信息优势方控制和攫取，造成政府内部性管制失灵。

在管制治理契约不完全的客观条件下，减少管制机构利用垄断信息进入"公共领域"的有效办法，关键就在于打破管制机构对管制信息的垄

---

① ［法］雅克·格斯廷. 作为经济贸易的契约［J］. 载于埃里克·布鲁索等，契约经济学［M］. 王秋石等译. 北京：中国人民大学出版社，2011：81.

断，使管制决策信息和管制执行信息全部显露出来。信息的公开和透明，不仅有利于直接委托人——政府或立法者对管制机构的察验，更有利于其他委托人——监督机构与间接委托人——社会公众的监督。

从图 4-1 的委托—代理关系网络可以看出，监督机构既是社会公众和政府或立法者的代理人，又是管制机构的委托人，它受社会公众和政府或立法者之委托，代表全体社会公民的切身利益，来督察管制机构的某些管制行为。换言之，当认为管制机构的处罚不公或者对管制机构的处罚不服时，被管制者首先可以直接向管制监督部门提起行政诉讼，当然也可以通过司法救济渠道来申诉，以便得到公正的行政裁决和司法判决，以此制衡管制机构的管制权力，将管制机构的管制权力限制在合法范围之内，防止管制机构滥用管制权力等机会主义行为。

虽然监督机构和司法机构都扮演着社会公众的代理人之角色，代表社会公众的根本利益，能在一定程度上约束管制机构的公共活动，但是这两个代理人往往不会十分努力。因为他们不但是"道德人"，同时还是"政治人"和"经济人"，也就是说，他们不仅代表着公众利益，更代表着执政党的政治利益和内在组织利益或私人利益，在他们的效用函数中，尽管公众利益也是一个重要变量，但绝不是权重最大的变量。社会公众要想从复杂的委托—代理关系交易中获得更多潜在收益，就必须置身于政府管制的监督过程中。可见，社会公众参与政府管制活动，是管制产权交易的内在需求，是对"剩余控制权"的限制和牵制。事实上，也只有社会公众才能完全基于自身利益，在管制信息公开透明的程序环境下，通过各种媒体平台，积极有效地参与管制治理公共活动，监督管制机构具体的管制行为，防范其行为选择偏离预期的管制目标方向。

第四节 管 制 激 励

从契约经济学的视域来讲，管制是一种委托—代理的契约关系，是一条社会公众—政府—立法者—管制机构—被管制企业或消费者的多层委托—代理链条。从表面上来看，好像只是在政府或立法者与管制机构之间存在隐性管制授权契约关系，以及在管制部门与被管制企业之间存在显性管制契约关系，但事实上，在管制机构与社会公众、消费者、投资者之间还存在着传导性契约关系。① 因此，在各种利益复杂交织的委托—代理关联网络中，管制者与被管制者之间的委托—代理关系，不仅反映着双方自身的利益追求，还蕴涵着社会公众、政府或立法者和广大消费者等的利益诉求。管制机构与被管制者之间所订立的管制激励契约，能否有效地协调与平衡错综复杂的利益关系，直接关系到整个管制制度设计的成败，决定着多重管制目标能否达到和管制效率水平等。

一、管制激励的决策程序

从产权理论和公共治理理论的视角来看，管制激励契约是政府对特定的产权结构所作的制度性安排，是政府对社会、经济和文化等领域进行公共管理的公共政策。传统管制理论认为，既然管制是一种政府的公共管理行为，那么管制政策就理所当然地应该由政府的管制机构来制定，因为政府具有行政的权威性和强制性。然而，政府的管制机构独自决策的过程和结果，是否真正具有公义性和效率性却是令人怀疑的。

理论上，政府的权力来源于最初的社会契约，是人民共同让渡的权力。但是，现实结果与当初的契约并不一致，由于政府自身具有"经济人"的属性，存在机会主义倾向，政府无法真正做到契约政府，政府在追求自身正当利益的过程中，往往会产生"逆寻租"行为，即管制机构以公共利益的名义，运用手中的行政权力，通过改变规则或者制定管理条例，或者与企业合谋，将社会公共利益变异为政府的非正当利益和集团利

---

① 苑春荟. 管制治理：中国电信产业改革实证研究 [M]. 北京：人民邮电出版社，2009：68.

益，使公共权力部门化、公共利益集团化或个人化。[①] 所以"契约的国家理论中所想象的以促进社会福利最大化为己任的、专心致志提供有效产权制度安排、在各种利益集团之间不偏不倚的中性官僚政府是不存在的，而掠夺的国家理论所设定的以促进统治者利益最大化为己任、无心提供有效产权制度安排、在各种利益集团之间更倾向于强势利益集团的政府更是事实。"[②] "诺思悖论"指出，"国家的存在对于经济增长来说是必不可少的；但国家又是人为的经济衰退的根源。"[③]

在规制交易产权结构中，包括管制机构在内的各个交易主体所拥有的信息都是不完全的和不对称的，且具有有限理性。在庞大而复杂的信息体系中，与其他交易主体相比较，管制机构并不具有多大的信息优势，难以完全搜集、知晓和掌握他人的私人信息，尤其是其代理人——被管制企业或被管制消费者的内部信息，况且搜寻信息和加工信息的成本极为昂贵，以至于政府宁愿放弃信息搜集行为。基于产权信息极为匮乏和不可逆转的现实条件，如果由管制机构单边进行公共决策，即使它是绝对公义和善良的，最终制定出来的管制政策也可能只具有某种程度的激励效应，却缺乏足够的约束效用。换言之，由于并不知晓被管制企业或被管制消费者的私人信息，管制机构所作出的决策内容就难以限制交易对方的机会主义行为，面对源于事前"隐蔽信息"的"逆向选择"和源于事后"隐藏行动"的"败德行为"往往束手无策，只能任凭对方进入"公共领域"攫取他人的产权属性，从而导致管制激励政策契约无法有效地制约侵占他人潜在收益的掠夺行为，造成管制激励政策偏离预定的公共利益目标。

很显然，政府部门"垄断"制定的公共政策，鉴于政府"经济人"属性和信息成本（或交易成本）障碍，不但不能真实反映和平衡结构内各个主体的根本利益，反而可能偏离公共利益或弱势群体利益的轨道，违

---

① 陈其林. 公共产品、公共利益及其不确定性 [J]. 中国经济问题，2007 (4)：14.

② 韩兆柱. 新公共管理中的自由主义与转型中的善治 [J]. 理论与改革，2006 (1)：20–21.

③ [美] 道格拉斯·诺思. 经济史上的制度与变革 [M]. 北京：商务印书馆，1992：21.

背公平与效率兼顾的原则，进而损害政府的政治利益，给社会和谐与政治稳定带来潜在风险。

公共行政是政治过程的产物，"主导这一过程的基轴是公共权力机关与公民的关系，是前者能够不能够以及在多大程度上聚合公民的愿望、意向和利益"[1] 这种行政过程又可以分解为利益表达、利益综合、政策制定和政策实施等基本环节。其中，利益表达是把人们的愿望、意见、态度和信仰转变为对政府要求的方式，它是行政过程的逻辑起点；利益综合是指把经过利益表达提出的许多要求综合成为少数几个重大的政策选择方案；政策制定是把有效的行政要求转换成权威性决策的阶段；政策实施就是政策的落实和实现过程。[2]

衡量一项公共政策是否科学合理，"关键在于其所引起的利益与代价之比，是否可以在一个平衡的过程中最终获得相关各方面的同意或认可。"[3] 在戴维·L·韦默（David L. Weimer，2003）编撰的《制度设计》一书中，朗德·L·科勒尔（Randall L. Calver，2003）指出，制度不应该被简单地看作是一组博弈规则，而是均衡时，理性参与者被迫遵守的一组行为规则。[4] 所以政府构建一种能产生预期绩效的政策，关键是要规定一系列利益均衡时各方都能自觉履行的行为准则。这就要求，在公共政策的制定过程中，必须允许结构内各利益主体（如业界和消费者代表等）参与进来，让每一利益攸关方都能充分表达自我利益，不断地通过谈判协商进行利益博弈和妥协让步，使其在私人利益竞争中存在公共利益合作，在公共利益合作中又不乏私人利益竞争。在这里，就出现了一个交易成本问题。政府管制的初衷和目的就是要降低市场机制运行的交易成本，因此，为了降低决策过程的摩擦成本，管制机构又需要吸纳立场相对中立、理论知识和实践经验较为丰富的学者和专家，使其综合协调和平衡不同群体的

---

① 宁骚. 公共政策［M］. 北京：高等教育出版社，2000：10.
② 谢庆奎. 政府学概论［M］. 北京：中国社会科学出版社，2005：73－82.
③ 宁骚. 公共政策［M］. 北京：高等教育出版社，2000：206.
④ ［美］戴维·L·韦默. 制度设计［M］. 上海：上海财经大学出版社，2003：11.

利益诉求，加速形成利益均衡的行为准则，提高决策效率。可见，作为处于信息劣势地位的政府管制机构，借助第三方社会力量来进行管制决策，既可提高决策质量，更可降低决策执行成本。也就是说，尽管整个管制激励决策过程可以由管制机构来牵头和组织，但基于以上诸多原因，管制机构不应该独立制定和出台具体的管制激励政策，需要引入立场相对中立的第三方社会力量①，协调包括社会公众、政府或立法者、管制机构、被管制企业或被管制消费者甚至投资者等多方利益冲突关系，根据各参与方多重博弈的均衡结果，依照管制契约中所规定的管制原则和多维管制目标，详细设计管制激励契约。

现实的政府管制之所以存在那么多制度性缺陷和体制性弊端，其根源就在于政府部门独家垄断决策过程，没能充分发挥结构内各种利益群体的社会能量，违背科学决策的内在逻辑。为此，应该摒弃政府"垄断"管制改革之沉疴，将管制政策的决策权交给市场或社会，有效利用市场力量或社会力量，弥补政府信息劣势的缺陷。

二、管制激励契约设计需突破的难题

管制激励，实际上是要"根据不同激励强度，确定一个适当的成本补偿原则，利用转移支付工具，按照被管制企业的实际成本和努力程度，给予企业相应数量的货币补偿的一种机制"②。然而，设计一个最优管制激励合约几乎是不可能的，因为设计者并不知晓被管制企业的实际成本和努力程度。所以管制激励契约的设计，必须面对和解决信息租金与激励程度这两个基本问题。

一方面，作为代理人的被管制企业具有"经济人"属性，在与管制机

---

① 可以模仿日本经济体制改革的决策模式，成立临时管制改革委员会，下设多个不同行业和领域的小委员会，负责具体的基层调研和各方利益信息综合以及政策制定等；管制机构负责决策的牵头和组织以及决策的执行和实施.

② 王俊豪. 管制经济学原理［M］. 北京：高等教育出版社，2007：129－130.

构的委托—代理交易中，为了实现自身利益最大化，总是尽可能多地攫取"公共领域"里的价值资源，利用自身所掌握的工艺技术、生产经营成本、产品或服务的产量与质量、排污设备以及安全设施等信息优势，不仅故意向委托人隐瞒对自己不利的产权价值属性，而且还会谎报管制决策所需要的基础信息，刻意夸大对自己有利的产权价值属性。如此一来，管制激励合约的设计者就难以掌握被管制企业的真实成本信息，所界定的支付成本或补偿成本，要么高于被管制企业的实际成本，要么低于被管制企业的实际成本。前一种情况，可能给被管制企业带来较高的源于信息垄断的超额垄断利润（即信息垄断租金），造成结构内其他利益主体的部分产权被侵吞，尤其是消费者剩余被侵占，从而产生政府管制内部性失灵。后一种情况，则可能导致被管制企业陷于亏损境地，使其不愿按照政府规制契约的条款来从事正常的生产经营活动，甚至放弃提供特定服务行为，造成管制偏离既定的管制目标，使既定的目标受众受损，也产生内部性政府管制失灵。总之，以上两类政府失灵可以分别归根于信息租金问题和激励强度问题。

另一方面，由于被管制企业存在有限理性和机会主义倾向，使管制激励合同在签订之后，又面临着被管制企业的"道德风险"。也就是说，在现实的管制实践中，被管制企业总是故意隐瞒自己的实际努力程度，甚至产生"偷懒"的"败德行为"。而管制激励契约又难以准确陈明被管制企业的应该付出多大或多少努力程度，只好给予被管制企业相当大的自由裁量权，从而任凭其攫取交易结构内的本属于他人的产权价值属性，吞噬其他利益主体的潜在收益，再次出现政府管制内部性失灵。

因此，管制激励契约的设计者应该针对以上各种政府管制失灵，设计这样的一种激励机制：既能对被管制企业产生足够的激励效用，又能限制被管制企业的信息租金空间和滥用自由裁量权，最终使被管制企业在规定的产权活动范围内从事经济活动，在实现私人利益目标的同时，也能达到政府预定的管制目标。

然而，在复杂的委托—代理关系中，管制机构既扮演被管制者的委托人，又扮演政府或立法者、监督部门以及社会公众的代理人，决定了管制机构承担着包括自身利益在内的多维利益目标责任，因而，设计者设计出一套有效的激励兼容机制并不是那么容易。另外，在信息不完全和不对称的条件下，被管制者和管制对象的边界范围的动态变化、被管制行业和被管制领域中的企业信息优势地位增强，造成通过直接观察并控制有关企业的成本函数和收益来设计合宜的激励机制、以获得较为理想的管制绩效，已经成为管制实践中普遍存在的难题。

我们以为，设计一套有效的管制激励契约的核心障碍，就在于信息租金与激励程度两者之间所存在的根本矛盾和冲突。

按照契约的激励程度，管制激励合约大致可分为高强度激励合约和低强度激励合约。前者是指"企业得到的总货币补偿随其实际成本的变化而变化，企业在边际上承受较高比例的成本"，①如价格上限管制合约等；后者是指被管制企业的成本可以完全得到支付或补偿，获利水平不会受到成本变化的约束，如传统的报酬率或提供成本合约等。这两类管制激励契约在成本补偿程度上的本质差异，导致合约设计者在制定具体的管制激励政策时陷入一个两难选择的困境。

如果选择高强度激励合约，尽管可以鼓励被管制者付出更高的努力程度，但同时又留给被管制者较大的信息租金空间。具体而言，这种高强度的激励机制，可以激励被管制者自觉地通过自身努力，不断地降低企业的各种生产经营成本，使节约成本转化为企业利润，从而带来较高的产业经济效率和较高的服务质量等好处。可与此同时，这种激励机制又意味着，被管制企业不仅可以通过降低成本来获得超额利润，更可以通过除企业成本以外的其他因素变化或环境改善来获得超额垄断利润，即被管制企业将可以获取大量的和全部的信息垄断租金，其他相关利益主体却无法从中分享经济租金。如此一来，社会各界便会逐渐发现被管制企业得到了丰厚回报，批评、指责和抱怨甚至要求改革管制的意愿和呼声会接踵而来，管制

---

①　王俊豪. 管制经济学原理［M］. 北京：高等教育出版社，2007：131.

机构极可能强迫被管制企业重新谈判，变更和修改原来的管制激励契约。管制机构这种行为选择的结果，带来的可能不仅仅是被管制企业信息垄断租金被减少的问题，更带来了政府管制机构公信力下降的问题。倘若管制机构还是选择激励程度较高的合约（尽管激励程度降低了一些），随着企业研发技术水平提高、产业环境改善、科技进步和外部经济等因素的进一步影响，被管制企业又可能获得更高的超额利润，则新一轮的修改管制激励合同再次发生，便会出现"棘轮效应"，使高效率企业受到惩罚和打压。

如果设计者选择低强度激励合约，可以有效地减少被管制企业的信息垄断租金，既规避了政府公信力受到质疑的风险，也避免了"棘轮效应"产生的问题。然而，这类管制激励合约只能给予被管制企业较低的激励效能，难以在较高程度上激励被管制企业去降低成本、提高经济效率，甚至可能带来被管制企业的盲目投资和过度投资，造成经济资源的闲置和浪费，进而降低整个社会的净福利水平。

总而言之，无论是选择高强度激励契约，还是选择低强度激励合约，都有利有弊，都难以突破和解决信息租金与激励强度之间的矛盾难题。即使在已经能够分辨被管制企业的成本类型的假设前提下，契约设计者对低成本和高成本的被管制企业，简单地采用高强度和低强度的激励手段，也不可能完全解决信息租金与激励强度之间的冲突。可见，传统管制经济学理论所倡导的基于被管制企业成本类型甄别所设计的管制激励合约，难以成为最优的管制激励政策，管制合约设计者或许只能探寻一种次优管制激励契约。

三、管制激励契约次优设计

基于前面的分析和论证，本书认为，管制政策设计者应该运用不完全和不对称信息条件下的动态博弈规则，导入市场竞争机制，尽可能多地让被管制企业自我显露其实际成本信息，逼迫他"说真话"，减轻他隐瞒真实成本的可能性和程度。最为常见的管制激励政策有区域间比较竞争（Yardstick Competition）和特许竞标（Franchise Bidding）。前者是"将某一个被管制者的绩效与其他处于同样或相似环境的被管制者的绩效进行比较，并以此设计管制激励框架。通过比较具有相似技术条件的被管制者的绩效就可以减少信息不对称，从而提高管制合同的激励强度。"① 后者是让众多符合竞标条件的企业参与投标，通过竞标阶段围绕"价格"的充分竞争，逼迫所有竞标企业不断暴露自身真实成本信息，最终使中标价格接近平均成本水平，即效率最高的企业获得特许权之后，只能获得正常利润，而难以得到超额垄断利润或信息垄断租金。区域间比较竞争与特许竞标相比较，前者的适用范围相对狭窄，因为不同区域的不同被管制者之间存在较多的不可比因素，而特许竞标政策的适用范围相对较为宽广②。

　　为此，我们建立了一种政府特许经营激励契约的理论模型③。在此理论模型中，为解决信息不对称所带来的问题，我们引入了契约菜单的解决思路。这是由于，根据新规制理论，在管制者不知道被管制企业的类型及努力水平的情况下（因而存在着逆向选择和道德风险问题），管制者的最优管制是提供一个激励性契约的菜单。而管制者在设计这个菜单（属于机制设计的范畴）时，面临着两个互相冲突的目标：促使企业降低成本和抽取企业的租金④。这经常使管制者陷于两难的境地。在实践中，曾进行过一些契约菜单的实验，如20世纪90年代德国国防部的政府采购实验和美国密歇根州对一家核武器制造商的管制实验。实际上，虽然我们观察到的很多管制契约并未明显表现出菜单的形式，但管制者与被管制企业对成本分担和定价进行谈判的过程实际上就是一种契约菜单选择的过程⑤。以下

① 王俊豪．管制经济学原理［M］．北京：高等教育出版社，2007：132.
② 资产专用性较强的企业，一般不太适合采用特许投标政策．
③ 此理论模型的建立与分析均来源于课题组成员樊玉然和负责人吕福玉发表的论文．效率视角的盐业规制改革：从激励性规制到市场化［J］．宏观经济研究，2012（8）：31-33.
④ 在不对称信息下，对应的是信息租金。
⑤ Laffont，J.-J.，Tirole，J. *A Theory of Incentives in Procurement and Regulation*［M］．Cambridge，MA：MIT Press，1993.

为本书提出的政府特许经营激励契约的理论模型。

1. 模型假设

假定管制机构与一家被管制企业签订一份政府特许经营契约，规定被管制企业在一定地理区域内生产与销售产品，并规定了定价方式。这样，在此区域，这家企业具有垄断地位。同时，假定这家企业存在私人信息，同时存在着事前的信息不对称（逆向选择问题）和事后的信息不对称（道德风险问题）。

假设被管制企业的成本函数为：$C = (\theta - e)q + \psi(e)$。q 是产量。$\theta$ 是逆向选择参数，表示由诸如技术参数所决定的企业成本类型。θ 可以是连续或离散变量。为简便起见且不失一般性，设 $\theta \in \{\underline{\theta}, \overline{\theta}\}$，且 $\overline{\theta} > \underline{\theta}$。低成本企业的先验概率 $\xi = \text{Prob}(\theta = \underline{\theta})$ 是共同知识。e 是道德风险参数，表示诸如专用性投资所代表的企业的努力水平。$\psi(e)$ 是努力带给企业的负效用。因这家企业的规模经济效应不显著，故成本函数中略去了除 $\psi(e)$ 之外的固定成本。设这家企业产品给消费者带来的效用是 $S(q)$。假设货币的边际效用为 1，则消费者用货币度量的效用仍为 $S(q)$。价格为 $p(q)$，即反需求函数。

消费者剩余为：$C_S = S(q) - p(q)q$；

生产者剩余为：$P_S = p(q)q - (\theta - e)q - \psi(e)$；

设生产者的效用与生产者剩余相等，即 $U = P_S$。

社会福利为：$W = C_S + P_S - S(q) \quad (\theta \quad c)q - \psi(e)$。

假设管制者的目标是社会福利最大化。

2. 完全信息下的契约设计

完全信息下的结果是帕累托最优的，可作为评价不对称信息下的效率的基准。完全信息意味着管制者知道 θ 和 e。这样，在求解最优契约设计时不存在激励相容约束，只存在一个紧的参与约束 $U = 0$。管制者的最优契约设计为：

$$\max_{e,q} S(q) - (\theta - e)q - \psi(e)$$

$$\text{s. t.} \quad U = 0$$

FOC（一阶条件）：

$$\frac{\partial W}{\partial e} = 0 \Rightarrow \psi'(e^*) = q(p^*) \tag{4-1}$$

$$\frac{\partial W}{\partial q} = 0 \Rightarrow p^* = \theta - e^* \tag{4-2}$$

因前面货币边际效用为 1 的假设，故式（4-2）成立。式（4-1）、式（4-2）决定了完全信息下最优契约设计所导致的最优价格 p^* 和最优努力水平 e^*。式（4-2）实际上表示的是边际成本定价法，意味着完全信息下的定价实现了帕累托最优。

3. 不对称信息下的契约设计

在不对称信息下，管制者不了解被管制企业的 θ 和 e，但我们假设管制者对被管制企业的成本审计是可行的，这意味着边际成本 $M_C = \theta - e$ 是可观察的。我们假设规制者知道被管制企业的边际成本 $M_C = \theta - e$ 有两种类型，分别为 $\overline{M}_C$ 和 $\underline{M}_C$。设 $\{(\underline{M}_C, \underline{q}); (\overline{M}_C, \overline{q})\}$ 是管制者为被管制企业提供的契约菜单，$(\underline{M}_C, \underline{q})$、$(\overline{M}_C, \overline{q})$ 分别是管制者为低成本企业和高成本企业设计的契约。

因 θ 不可观察，根据显示原理，最优机制可从所有让企业说真话的机制中寻找。故管制者进行机制设计时，引入激励相容约束（IC）：

$$\underline{U} = \underline{p}\,\underline{q} - \underline{M}_C \underline{q} - \psi(\underline{\theta} - \underline{M}_C) \geqslant \overline{p}\,\overline{q} - \overline{M}_C\,\overline{q} - \psi(\underline{\theta} - \overline{M}_C) \tag{4-3}$$

$$\overline{U} = \overline{p}\,\overline{q} - \overline{M}_C\overline{q} - \psi(\overline{\theta} - \overline{M}_C) \geqslant \underline{p}\,\underline{q} - \underline{M}_C p - \psi(\overline{\theta} - \underline{M}_C) \tag{4-4}$$

参与约束（IR）为：

$$\underline{U} \geqslant 0 \tag{4-5}$$

$$\overline{U} \geqslant 0 \tag{4-6}$$

由激励理论可知，低成本企业的激励相容约束式（4-3）和高成本企业的参与约束式（4-6）是紧的，故由式（4-3）得：

$$\underline{U} = \overline{p}\,\overline{q} - \overline{M}_C\,\overline{q} - \psi(\underline{\theta} - \overline{M}_C) = \overline{U} + \psi(\overline{\theta} - \overline{M}_C) - \psi(\underline{\theta} - \overline{M}_C)$$

$$= \overline{U} + \psi(\overline{e}) - \psi(\overline{e} - \Delta\theta) \qquad (4-7)$$

其中，$\Delta\theta = \overline{\theta} - \underline{\theta}$。令 $R_I(e) = \psi(e) - \psi(e - \Delta\theta)$，则式（4-7）可写成：

$$\underline{U} = \overline{U} + R_I(\overline{e}) \qquad (4-8)$$

因式（4-6）是紧的，即 $\overline{U} = 0$，代入式（4-8）可得：$\underline{U} = R_I(\overline{e})$。

$R_I(e)$ 是递增函数。这是因为，根据前面对 $\psi(e)$ 的递增的凸性函数假设，可推出：

$$\frac{dR_I(e)}{de} = \psi'(e) - \psi'(e - \Delta\theta) > 0 \qquad (4-9)$$

$\overline{U} = 0$ 和 $\underline{U} = R_I(\overline{e})$ 意味着，不对称信息所导致的结果是，高成本企业获得零效用，而低成本企业获得 $R_I(\overline{e})$ 的效用，且 $R_I(\overline{e})$ 的大小依赖于高成本企业的努力水平 $\overline{e}$。对此的经济学解释是：在不对称信息下，低成本企业由于具有成本优势，可能会伪装成高成本企业，从而得到一个比高成本企业高出 $R_I(\overline{e})$ 的效用水平（见式（4-8））。为了让低成本企业说真话，管制者必须至少给其相当于 $R_I(\overline{e})$ 的额外支付。所以说，$R_I(\overline{e})$ 是低成本企业由于拥有私人信息而获得的租金，故称为信息租金（Information Rent）。

在上述 IC 和 IR 的约束下，管制者求解以下最优规划问题：

$$\max_{(\underline{q},\underline{e};\overline{q},\overline{e})} \xi[S(\underline{q}) - (\underline{\theta} - \underline{e})\underline{q} - \psi(\underline{e})] + (1-\xi)[S(\overline{q}) - (\overline{\theta} - \overline{e})\overline{q} - \psi(\overline{e})]$$

$$\text{s. t.} \quad \underline{U} = R_I(\overline{e}) \qquad (4-10)$$

$$\overline{U} = 0 \qquad (4-11)$$

一般地，如果企业成本类型 θ 是连续变量，$\theta \in [\underline{\theta}, \overline{\theta}]$，$f(\theta)$ 是 θ 的概率密度函数，则管制者的最优规划问题可表达为：

$$\max_{\{q,e\}} \int_{\underline{\theta}}^{\overline{\theta}} [S(q) - (\theta - e)q - \psi(e)] f(\theta) d\theta$$

对每一个 θ，都应满足 IC 和 IR。根据激励理论可证明，在 θ 连续的情况下，最佳契约仍然是一个契约菜单。

令 λ_1、λ_2 分别为式（4-10）、式（4-11）的拉格朗日乘子，构造

拉格朗日函数 F，则有：

$$FOC: \frac{\partial F}{\partial \underline{e}} = 0 \Rightarrow \psi'(\underline{e}) = \underline{q} \quad (4-12)$$

$$\frac{\partial F}{\partial \overline{e}} = 0 \Rightarrow \psi'(\overline{e}) = \overline{q} - \frac{\lambda_1}{\lambda_2 + \xi - 1} R_1'(\overline{e}) \quad (4-13)$$

将式（4-12）和式（4-13）与完全信息下的式（4-1）比较可发现：低成本盐业企业的努力水平没有变化，仍是帕累托最优的；高成本盐业企业的努力水平发生了一个向下的扭曲。这是由于管制者企图抽取低成本盐业企业的信息租金而造成的。式（4-9）已证明，$R_1(\overline{e})$ 是递增函数，故低成本盐业企业的信息租金 $R_1(\overline{e})$ 对高成本盐业企业的努力水平 $\overline{e}$ 是递增的。这样，管制者为抽取信息租金以节省对低成本盐业企业的额外支付，势必会降低 $\overline{e}$。

从上述分析可得出一个结论：在不对称信息下，管制者的最优契约设计面临着一个困境，即在抽取低成本企业的信息租金与激励企业提高努力水平以降低成本之间的权衡取舍（Rent Extraction-efficiency Trade-off）。

下面对契约菜单的激励强度进行分析，以得出可用于指导契约菜单设计实践的有价值的结论。假定定价中用于补偿企业可变成本的比例为 k，则企业自己承担的成本为 $(1-k)(\theta-e)q+\psi(e)$。企业求解以下问题：

$$\min_e (1-k)(\theta-e)q+\psi(e)$$
$$FOC: \psi'(e) = (1-k)q \quad (4-14)$$

将式（4-12）与式（4-14）比较可发现，对低成本企业而言，k=0。即，对低成本企业制定的管制价格不对其可变成本进行任何补偿。故对低成本企业的管制契约是一个固定价格契约（如价格上限契约）。此契约的激励强度是非常强的。

将式（4-13）与式（4-14）比较可发现，对高成本企业而言，$k=\frac{\lambda_1}{\lambda_2+\xi-1}\frac{R_1'(\overline{e})}{\overline{q}}$。即，对高成本企业制定的管制价格给予此企业一个比例为 $\frac{\lambda_1}{\lambda_2+\xi-1}\frac{R_1'(\overline{e})}{\overline{q}}$ 的成本补偿。故对高成本企业的管制契约可能是一个激

励强度中等（$0 < k < 1$）的激励性契约，也可能是激励强度很弱（$k = 1$）的成本加成契约。

这就要从管制契约的激励强度的角度解释了：为何在信息不对称下，低成本企业的努力水平仍然可以达到帕累托最优，而高成本企业却达不到。

从本部分的理论模型分析中，可以发现激励性管制契约解决信息不对称问题的内在逻辑：通过说真话的机制，可以缓解逆向选择的问题；通过对不同成本类型的企业设计不同激励强度的契约，可以缓解道德风险问题。

第五节　管　制　绩　效

政府管制是一项代表全体公民运用法律所赋予的行政权力所进行的公共管理活动，需要投入大量的经济资源、社会资源、文化资源和环境资源等。从整个社会福利的视角来看，政府管制既然存在资源投入，就应该强调产出水平。正如前面所论，管制绩效是在管制契约规范的框架下，通过合理的管制治理结构和有效的管制激励机制，管制政策在实施与执行过程中所彰显出来的业绩、效果和效率。那么，如何科学合理地评价和考核管制绩效，就成为一个值得我们认真思考和深入探索的课题。

其实，从公共选择学派的视野来看，不管是管制机构还是监督机构，都是同时扮演着"道德人""政治人""经济人"的角色，尽管他们会将公共利益变量纳入利益函数中，但在他们的利益函数中，公共利益往往不是权重最大的变量。因而，监督机构的行为选择，往往是在不损害或少损害部门利益或私人利益的基础上，来权衡比较公共利益、集团利益和政府利益以及其他利益，再加上有限理性和滥用"剩余控制权"的机会主义倾向，使监督机构不大可能真正或完全代表社会公众和政府或立法者来监督管制机构的规制活动。为此，需要探索一种尽可能规避这种"道德风险"的次优方案。

我们以为，不妨建立置身于复杂利益链条之外的"第三方"监督机制，组建主要由相关产业或行业的专家和学者构成的管制监督委员会，由管制治理法规授予其独立的监督法律地位，并界定其产权行为边界。这样的监督机构基本不存在利益倾向，站在较为中立的立场上，依据管制治理法规，秉公执行监督治理职能。

既然管制治理法规授予监督机构独立的监督职权，也应该同步给予其独立的评价管制绩效的权力，使其考察管制系列产权交易是否到位，考核政府管制治理和管制激励是否达到预期目标和达到的程度，明辨政府管制是否产生负面影响和产生多大的负面影响，比较和评价管制改革前后的效率水平和公平程度，从而为政府提供管制改进甚至管制改革的实证支撑。

尽管如此，但并不意味着这些专家学者能够独自设计出较为完善的绩效评价体系，因为他们同样面临信息不完全和信息不对称的问题。道格拉斯·C·诺思（Douglass C. North，1990）认为，受现存科学技术、信息成本和未来不确定因素的限制，在充满稀缺和竞争的世界里，解决问题的成本最小化的产权形式将是有效率的。竞争使有效率的经济组织形式替代无效率的经济组织形式，使有效率的产权替代无效率的产权。所以面对信息的不完全和不对称，产权结构内的市场主体和社会力量的有效参与意味着充分界定产权和行使产权，创造一套能促进效率提高的约束变量，能够降低甚至完全消除不确定性，从而降低机会主义行为产生的可能性。①

因此，包括管制绩效评价体系在内的管制绩效评价规则和办法等的建立，是一个复杂而庞大的系统工程，不但需要监督机构的官员牵头，组织专家学者深入基层进行实地调研，尽可能多地获取第一手数据资料，更要允许管制产权结构内的各个利益主体（包括管制者、被管制者、消费者代表和政府官员等）参与进来，在反复利益博弈的均衡过程中，通过利益竞争与利益合作，由利益较为中立的专家学者，根据利益博弈的结果和了解掌握的管制者与被管制者的相关信息，确立管制绩效的评价原则，明确管制绩效的评

① ［美］道格拉斯·C·诺思. 制度、制度变迁与经济绩效［M］. 杭行译. 上海：上海三联书店，上海人民出版社，2008：101－113.

价指标和评价方法等，从而构建出管制绩效评价章程、准则和办法。

一、管制绩效评价原则

任何一项制度或政策都有其产生的逻辑起点，更有其价值取向和利益目标。如果一项制度或政策的运行不能达到其预期目标，则这项制度或政策便失去了存在的价值和意义，当然也会面临制度安排和产权结构改革的压力，使制度结构内的潜在产权属性更加明晰，从而产权边界被重新界定。换言之，新的产权制度在多元利益的矛盾和冲突中，历经反复博弈达到相对均衡状态，新制度或新政策的目标取向逐渐清晰起来，进而被硬化或被规范，形成这项制度或政策的最终目标。当然，由于一项公共制度或公共政策，往往涉及多个主体的切身利益，因而，这项制度或政策也往往具有多元化的利益目标，且存在主次之别。可见，制度或政策无论发生怎样的改革或变迁，其多重利益目标总是相伴而生，没有目标的制度或政策是不存在的，唯有明确了具体目标的制度或政策，才能避免制度或政策的执行和实施的盲目性，才有存在的价值和意义。

既然制度的诞生、运行和延续，皆是为了实现既定的多维目标，则制度目标就应理所当然地成为我们评价制度绩效的逻辑起点和最终归宿。也就是说，考核制度的绩效水平关键在于考察这项制度是否达到多重利益目标和所达到的程度，另外，也要察验这项制度是否对制度结构之外的其他主体带来影响。为此，管制绩效评价的基本原则须根据多重管制目标来确立。鉴于作为公共治理的政府管制，既有源于自然垄断行业的产业利益和源于信息偏在的经济福利的经济性管制，还有源于信息不对称的生命健康安全的社会福利的内部性管制，更有源于负外部性的资源环境保护的外部性管制。在这些政府管制中，虽然利益目标多种多样，但归纳起来不外乎"效率"与"公平"两点，似乎效率原则与公平原则可以成为评价政府管制绩效的基本原则。然而，在这里出现了一个古老而永恒的话题：到底应该效率优先还是公平优先？抑或是效率与公平兼顾？

我们以为，就政府管制的绩效评价而言，不妨沿着管制目标的价值取向和多维管制目标的主次顺序，来确定管制绩效的评价原则。例如，针对经济性管制的绩效评价，应该偏重于被管制产业的经济效率是否得到提升及其提升幅度，因而管制绩效的评价原则应该是"效率优先、兼顾公平"；针对社会性管制（包括内部性管制和外部性管制）的绩效评价，应该着眼于社会公共福利水平和资源环境保护水平是否得到提升及其提升程度，因而其管制绩效的评价原则应该是"公平优先、兼顾效率"。可是，这并不意味着所有的政府管制都不能基于"效率与公平兼顾"原则，应该针对不同的政府管制，根据不同点的管制目标，选择确立不同的评价原则。更何况随着产业技术的进步、社会文化和价值观念的更新以及自然资源环境的改变等，政府管制绩效的评价原则也会逐渐更新而变化。

二、管制绩效评价指标

1. 效率性评价指标

任何社会经济活动都存在一个社会福利问题，从福利经济学的角度来看，整个社会净福利主要是由生产者剩余与消费者剩余构成的。也就是说，"效率"不单单是指行业或产业的经济效率，也包括社会公众从中所分享的红利。因此，对管制绩效的效率性评价，既应涵盖诸如价格水平、行业利润、生产效率、行业规模、投资规模和市场结构等能够反映产业经济效率的元素，也应包含资源环境保护和食品药品健康安全等能够反映社会公众所获得的公共福利的要素。本书主要依据"效率优先、兼顾公平"的原则，整理和归纳了效率性评价指标（见表4-1）。

表4-1 效率性评价指标

分类指标	单项指标	功能说明
价格水平	产品或服务的价格指数	价格水平
	产品或服务的价格增长率	增长速度

续表

分类指标	单项指标	功能说明
行业利润	年行业净利润	赢利水平
	年行业净利润增长率	增长速度
生产效率	全要素生产率	要素综合产出水平
	劳动生产率	劳动要素产出水平
	资本生产率	资本要素产出水平
行业规模	年行业供给总量	供给能力
	年行业供给总量增长率	发展速度
	从业人员数量	人员规模
投资规模	年政府投资总额	国家投资规模
	年私人投资和外商投资总额	非国有投资规模
	年投资总额增长率	增长速度
市场结构	市场集中度	垄断程度
	勒纳指数	
	企业数量增长率	竞争水平
影响因素	工资价格指数	成本指数
	原材料价格指数	
	实际通货膨胀率	外部经济环境
资源环境保护	年污染物减排总量	减排水平
	年污染物回收处理利用率	循环经济水平
食品药品健康安全	食品药品质量达标率	质量水平
	食品药品安全事件降低率	安全水平
	消费者满意度	社会满意水平

2. 公平性评价指标

从公共经济学的视域来说，无论是针对自然垄断的电信、电力、铁路、邮政、城市供水和供气等网络性行业的管制，还是针对信息偏在的银行、保险和证券等金融性行业的规制，抑或是针对存在负内部性的食品药品卫生健康和作业场所安全的规制，或者是针对存在负外部性的资源环境保护等的管制，都属于政府的一种公共治理活动，所订立的管制激励契约皆是一种公共政策，因为以上诸多的规制行为和管制绩效都事关国计民生，与社会公众的日常生活密切相关，并且这些行业或领域所提供的产品或服务的需求价格弹性较弱，消费者对这些产品或服务的需求量一般不会因价格的变化而变化，尤其是对食品药品等产品或服务的需求具有刚性。

然而，不同区域的经济发展水平、社会文化背景和宗教信仰等存在较大差异，决定了不同地区消费者的收入水平、消费习惯和消费能力也有着较大差异。这意味着，经济落后地区的消费者或者城市贫困群体，很可能由于其货币收入水平偏低，而不得不放弃购买基于从成本定价的生活必需品，从而无法得到公平服务，导致马太效应——贫者愈贫、富者愈富。

为了体现社会的公平与正义，保护弱势群体的切身利益，保证高成本地区的消费者和城市中的贫困者不受价格歧视，能以低于成本的价格实现消费，政府必须实行一种特殊的规制政策——普遍服务。但是，这种公共政策在彰显社会公平性的同时，也给提供普遍服务的企业带来了政策性亏损，所以管制机构往往需要采取成本补偿措施，以激励企业能稳定而持续地进行正外部性活动。于是，在这里就可能出现以下诸多问题：政府补贴是否能使私人边际成本正好等于社会边际成本，或者私人边际收益正好等于社会边际收益，是否存在信息垄断租金问题或者存在激励不足问题，普遍服务企业所提供的产品或服务是否存在数量和质量等问题，既定的管制目标是否达到及其达到的程度问题。

有鉴于此，需要依据"公平优先、兼顾效率"的原则，选择合适的公平性评价指标，来考核政府管制所产生的实际效果。具体管制绩效评价指标见表4－2。

表4－2　　　　　　　　　公平性评价指标

分类指标	单项指标	功能说明
价格水平	落后地区产品或服务的价格指数	价格水平
	落后地区产品或服务的价格增长率	增长速度
普及水平	落后地区人均消费量	消费水平
	落后地区基础设施投资总额	资本投入
	落后地区从业人口数量	劳动投入

分类指标	单项指标	功能说明
服务质量	落后地区产品或服务的质量达标率	服务品质
	落后地区消费者满意度	受众态度
影响因素	落后地区人均收入水平	消费能力
	低收入者补贴水平	配套政策
	实际通货膨胀率	外部经济环境

总而言之，在选择管制绩效评价指标时，应该注意以下几个要点：第一，尽可能对评价对象的相关信息进行全面的了解和掌握，以使评价内容尽可能完整；第二，尽可能使用量化指标，这样，既可以给予评价方法更大的选择空间，又可以在更大的程度上提升评价结果的可靠性；第三，遵循适用性和灵活性原则，即根据评价对象的不同特点和不同环境情况，选择适宜的评价指标，既可能选择量化评价指标，也可能选择定性评价指标，更可能综合选择定性评价指标与定量评价指标。

三、管制绩效评价方法

在管制绩效评价体系中，不仅需要确立绩效评价原则和绩效评价指标，更需要确定一些评价方法。换言之，管制绩效的评价需要依据评价原则，将相关的评价指标置于合适的评价方法之中，因而评价方法是构成完整的管制绩效评价体系的重要单元。

我们以为，选择具体的评价方法需要注意以下几点：第一，尽可能地建立在信息可得性的基础上。不过，在绝大多数情况下，信息是不完全和不对称的，因为信息搜集和获得较难且其交易成本较高，所以要根据信息可得性来选择具体的评价方法。例如，当获取具体的指标数据较为困难时，可以选择专家评分法；反之，可以选择计量经济学和统计学等其他评价方法。第二，尽可能充分考虑评价方法的可操作性和时效性。如果评价方法过于繁琐和复杂，缺乏可操作性，则可能会导致评价时间过长，从而使评价结果对政府管制改革不具有多少参考价值，或许会错过和影响管制改革的时机和进度。第三，尽可能注意理论与实践相结合。不少管制绩效评价方法属于经济学科范畴，而经济学理论是建立在诸多假设前提之下的，因而当运用经济学评价方法时难免会对实际情况加以简化，需要注意理论与实际相结合地选择和运用经济学评价方法。

1. 虚拟变量回归法

在国内外管制绩效的评价方法体系中，虚拟变量回归法是一种经常被采用的计量经济学分析方法，较为适宜对管制改革进行规范研究。在运用这种评价方法时，可以将是否改革作为一个虚拟变量，取值 0 或 1，再利用合适的计量模型，分析实施新的管制改革政策所产生的效果。倘若模型中虚拟变量的回归系数在统计上较为明显，则表明管制激励政策的实施和执行已经产生明显的效果，可以继续实施和执行下去；倘若模型中虚拟变量的回归系数在统计上不明显，则表明管制激励政策的运行并没产生多大效果，这项管制改革政策不应再继续执行下去，理性的选择便是寻求和设计一种新的管制激励政策甚至一种新的管制制度。

显而易见，当运用虚拟变量回归法进行定性分析时，合宜的计量模型至关重要。所以需要根据评价对象和客观条件等具体情况的不同，建构不同的计量模型，使分析结果尽可能地真实反映实际绩效。在这里，我们介绍一种最简单的方差分析模型：$R = \alpha + \beta_1 X + \beta_2 Y + \upsilon$。其中，R 为被解释变量，X 为管制变量，Y 为控制变量。通过对系数 β_1 和 β_2 进行估计，便可得到管制变量 X 和控制变量 Y 对被解释变量 R 的影响程度。例如，张银芳、戴维·帕克和科克帕特里克（Yin – Fang Zhang、David Parker and Colin Kirkpatrick，2004）利用 36 个发展中国家的电力行业 1985 ~ 2003 年的面板数据，剖析民营化、引入竞争和放松管制这三项管制改革激励政策，对发电量、劳动生产率和产能利用率的影响。研究结果表明，实行民营化和放松管制这两项管制改革政策，并没明显而直接地带来电力行业生产效率的提高和改善，而引入竞争机制则产生了较为显著的激励效用。[①]

2. 统计分析法

（1）聚类分析法。聚类分析法（或群分析法）是在数学和分类学的基础上形成的一种多元统计分析方法，它包括许多分类技术法。其中，应用最为广泛的是层次聚类法和迭代聚类法。聚类分析法的特点是，将研究对象中具有高度同质性的个体归为一类，而把具有高度异质性的个体归为另一类，进而通过对不同聚类变量的分析，得出最终的研究结果。例如，学者肖兴志（2005）利用聚类分析法，以 1996～2005 年我国电力行业成本利润率在整个工业行业中的排名为指标数据，深入分析了我国电价规制改革政策对限制市场垄断力量的作用程度。[②] 在运用聚类分析法对管制绩效评价时，不仅要求根据不同特点选择合适的聚类方法（例如，层次聚类法只能单向聚类，且数据中的奇异值对最终结果的影响程度偏大），而且也要选择那些能够充分反映分类对象特征的聚类变量，并且要求这些聚类变量与聚类分析目标存在着密切关系。

（2）统计测试法。统计测试法是建立在以下假设前提的基础之上，即所研究的对象在实施改革之前存在一种运用统计学方法可以寻找到的客观趋势，就可以通过利用过去和现在的相关数据对未来进行预测，然后再对这些预测数据与改革实施后的实际数据相比较，考察改革政策实施前后是否存在显著差异，以此评价改革的绩效高低。例如，W. 基普·维斯库斯（W. Kip Viscusi，2009）等学者，运用统计测试法对 OSHA 的管制改革绩效进行了较为客观的分析评价。值得注意的是，这种方法是在假定改革政策实施前后其外在的客观环境并没发生实质性的变化，这意味着经济运行结果的改善完全是由所实施的改革政策带来的。有鉴于此，在对管制改革绩效评价过程中，需要将统计测试结果与外在客观环境有机地结合起来。

---

① 王俊豪等. 深化中国垄断行业改革研究 [M]. 北京：中国社会科学出版社，2010：289.
② 肖兴志. 对中国电价规制效果的一种检验 [J]. 统计研究，2005 (9)：21.

3. 成本收益分析法

从经济效率的视角来看，成本收益法是一种极具诱惑力的分析工具，将它引入管制改革绩效评价体系中的合理解释是，基于一个非常微小的点上，或者在由无数个时间点构成的很长时期里，管制改革政策所带来的收益能否超过其支付的成本。如果收益大于成本，则说明管制改革政策具有效率性，可以继续实施下去；与之相反，如果收益小于成本，则说明管制改革政策不具有效率性，需要另外探寻新的出路。在理论上，政府应该使管制改革的净收益最大化，因而，政府进行管制改革的目标就是要追求收益最大化或者成本最小化。这意味着，政府在进行管制政策抉择过程中，需要衡量政策收益与政策成本这两个关键要素，如图 4 - 3 所示，所推出的政策成本增长到能够满足收益增长的程度。换言之，政策成本将以一个递增的比率提高，收益将以一个递减的比率增长，进而管制政策目标的最佳水平是取得收益曲线与成本曲线之间的距离最大化。

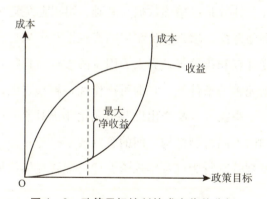

图 4 - 3　政策目标控制的成本收益分析

当然，在运用成本收益法评价政府管制绩效时，关键是要解决成本和收益的计量问题。管制政策的成本和收益皆是全体社会成员的总和，包括不同利益群体的不同时间总和及其未来各种可能性的加总。例如，马修·

巴尔马克（Matthew Barmack，2007）等三位英国学者①，运用成本收益法分析了新英格兰地区电力市场的政府管制改革绩效。

当然，评价政府管制改革是否有效，应该在综合评价管制政策的社会公平性的基础上，依据成本效益的原则将经济效率换算成经济效益，与管制政策成本加以比较，根据比较结果确定其级别及分值，从而评价管制激励政策的绩效高低程度。

4. 数据包络分析法

数据包络分析法是一种广泛应用于绩效评价的运筹学方法，是由著名的运筹学家查尼斯（A. Charnes，1978）和库珀（W. W. Cooper，1978）等基于"相对效率"概念发展起来的。这种分析方法主要是利用数学规划模型来比较决策单元之间的相对效率，进而对决策单元的绩效进行客观评价。

数据包络分析法在评价管制绩效方面具有以下优势和特点：第一，运用这种分析法评价绩效是以精确数据为基础，可以避免运用其他分析法所带来的主观性和随意性，增强评价结果的客观性和可靠性；第二，这种评价方法可以不受加权和排序等外界人为因素的影响，且随着线性规划单纯法求解技术不断完善的条件下，它的可操作性将越来越强；第三，这种评价方法较为适合于高投入、高产出以及多元化评价对象的产业或领域，能够比较职能相同的不同管制机构之间的管制政策执行效率，可以为评价对象调整和改进系列管制行为以及实现资源优化配置提供依据。

5. 专家评分法

运用专家评分法对管制改革绩效进行评价时，首先，要由专家按照管

---

① 参见 Matthew Barmack，Edward Kahn and Susan Tierney. A Cost-benefit Assessment of Whole-sale Electricity Restructuring and Competition in New England，*Journal of Regulatory Economics*，2007，Volume 31：151 – 184.

制激励政策实施和执行中的各种因素功能的重要性来确定分值，因素功能越重要，其单位分值越高；反之，因素功能越次要，其单位分值越低。

假设某个主要因素 Y 有 n 个子因素 $X_i(i=0,1,2,\cdots,n)$，第 i 个子因素的数量为 Y_i，单位分值为 m，则其主要因素的分值 $Y = \sum\limits_{i=n}^{n} m_i X_i$。

于是，就可以将定性的概念转化为定量的数值，然后通过数学运算对这些分值进行加总，即可得出评价结果。

专家评分法较为适用于诸如资源和环境保护以及普遍服务等公益性和公平性较强的难以用货币计价等领域的管制指标评价。这种评价方法固然带有一定的主观性，但具有较强的可操作性和便捷性。所以目前被 OECD 和世界银行等国际性组织广泛采用。

下篇

我国盐业管制改革

第五章

我国盐业管制产权制度

在搜集和整理相关文献资料过程中，我们发现，关于盐业体制改革的现有研究成果并未搭建起我国盐业管制产权制度架构，使已有的研究成果缺乏系统性和规范性。为了能规范和系统地对我国食盐专营制度进行研究，我们仔细研读《食盐加碘消除碘缺乏危害管理条例》（国发〔1994〕163号）、《食盐专营办法》（国发〔1996〕197号）、《食盐价格管理办法》（计委〔2003〕27号）和《食盐专营许可证管理办法》（发改〔2006〕45号）等行政性法规，依据前面的管制产权制度理论，按照由管制法规体系、管制治理体制、管制激励政策和管制绩效评价构成的盐业管制产权制度框架，阐释我国现行的盐业管制产权制度概况，分析其制度性缺陷，评价其管制绩效水平，为探索我国盐业管制改革对策奠定实证基础。

第一节　盐业管制产权制度的概况

一、盐业管制法规体系

目前，我国盐业管制法规主要包括1994年和1996年国务院分别颁布的《食盐加碘消除碘缺乏危害管理条例》（以下简称《条例》）和《食盐专营办法》，2003 年原国家计委制定的《食盐价格管理办法》，2006 年和 2009 年国家发改委制定和推出的《食盐专营许可证管理办法》① 和《国家发展改革委关于提高食盐出厂（场）价格的通知》（发改价格［2009］3094 号）等。此外，还包括各级人民政府出台的关于盐业管制的诸多规章条例。

　　国务院先后颁布的《条例》和《食盐专营办法》，基本具备了管制契约的要件。《条例》总则第一条"为了消除碘缺乏危害，保护公民身体健康，制定本条例"，确立了我国盐业管制的目标是消除碘缺乏病，保障国民身体健康。《条例》总则第三条"国家对消除碘缺乏危害，采取长期供应加碘食盐（以下简称"碘盐"）为主的综合防治措施"、附则第三十条"畜牧用盐适用本条例"，以及《食盐专营办法》总则第二条"国家对食盐实行专营管理；本办法所称食盐，是指直接食用和制作食品所用的盐"、附则第二十八条"渔业、畜牧用盐适用本办法"，明确了我国盐业管制对象是加碘食盐和畜牧用盐。《条例》总则第四条"国务院授权的盐业主管机构负责全国碘盐加工、市场供应的监督管理工作"、《食盐专营办法》总则第四条"国务院授权的盐业主管机构负责管理全国食盐专营工作。县级以上地方各级人民政府授权的盐业主管机构，负责管理本行政区域内的食盐专营工作"，这些条款不但确定了盐业管制者是各级盐业主管部门，而且还授予其行政管制权力。《食盐专营办法》总则第三条"本办法适用于中华人民共和国境内的食盐生产、储运和销售活动"，这意味着所有从事碘盐和畜牧用盐生产、储运和销售的企业，皆属于被管制者。总之，作为上位的管制契约，《条例》和《食盐专营办法》界定了管制目标和管制对象，明晰了管制者与被管制者。

---

　　① 2014 年 4 月 12 日，根据《国务院关于取消和调整一批行政审批项目等事项的决定》（国发［2014］27 号）等文件，工信部宣布废止《食盐专营许可证管理办法》，但这只不过是将审批权力下放给地方政府管制机构而已，因而对现行的食盐专营制度并没有实质性的影响.

　　原国家计委和国家发改委制定的《食盐价格管理办法》和《食盐专营许可证管理办法》，分别对碘盐的价格规制和市场进入规制作了较为详细的规定，既明确了盐业管制的政策工具，又明确了价格管制和市场进入管制等激励政策内容。

　　显而易见，我国盐业管制法规体系，是由基于上位法规框架下的系列下位盐业管制行政规章构成的。尽管这些行政性规章还不能构成完善的法律契约体系，但为我国盐业管制奠定了一定的制度性基础，标志着盐业管制进入法治化时代。

二、盐业管制治理体制

　　根据前面的管制制度理论，盐业管制治理体制是一种由管制治理组织结构模式与管制治理机制相互依赖作用而共同构成的公共治理体系。

　　1. 盐业管制治理组织模式

　　管制治理组织模式，是指由管制法律授权的管制机构行使管制治理职能的组织结构模式。[①]《食盐专营办法》规定，"国务院授权的盐业主管机构负责全国食盐专营工作"。十几年来，随着国家行政机构改革，我国盐业管制权能先后由原国家轻工业局、原中央企业工委、原国家经贸委和原国家计委，逐渐移交给国家发改委（主要负责食盐价格管制）和工信部（主要负责食盐生产的市场进入管制）[②]等行政部门。这意味着，作为国务院的重要职能部门，这些政府机构除了负责各自的宏观管理和中观管理职能以外，还要担负盐业管制职责。从表面上看，我国盐业管制治理属于政监合一的组织模式。但是，由于国家发改委和工信部将不少的盐业管制具体工作委托给中国盐业总公司，因而，从本质上来

[①]　苑春荟. 管制治理：中国电信产业改革实证研究［M］. 北京：人民邮电出版社，2009：39.
[②]　食盐生产运输环节的管制职能，是由国家发改委逐渐移交到工信部的.

讲，我国盐业管制治理在国家层面上实行的是政监企三合一的管制治理组织模式。

《食盐专营办法》规定："县级以上地方各级人民政府授权的盐业主管机构，负责行政区域内的食盐专营工作。"于是，自 1996 年以来，全国各级地方政府纷纷制定和出台地方盐业管理条例，成立地方盐务管理局，并授予行政辖区内的食盐专营管理权力。后来，为了既能减轻地方政府的财政包袱，又能充分调动地方盐务局执法的积极性和主动性，以较低的执法成本获得较高的经济效益和社会效益，不少地方政府将盐务局与盐业公司合并，打造"一套人马、两块牌子"的畸形机构。事实上，这些机构既要履行辖区内的盐业管制治理职能，还要承担辖区内盐业行政管理职责，更要担负国有企业经营管理重任。根据中国盐业协会 2008 年的《关于中国盐业盐政管理调研情况的报告》，目前，除北京、天津、山西、辽宁、湖南、云南、青海和西藏 8 个省（自治区、直辖市）外，我国 23 个省（自治区、直辖市）都实行这种政、监、企三者合一管制治理模式。并且，许多省（自治区、直辖市）的盐业公司（或盐务管理局）兼并了行政区域内的市、县两级盐业公司，如山东、江西、广东、广西、湖北、安徽、河南、甘肃、吉林、辽宁、黑龙江、贵州、四川、江苏、浙江、福建、上海、北京、内蒙古、新疆、宁夏和海南等省（自治区、直辖市）。也就是说，在这些省级行政辖区内，省级盐务管理局或盐业公司拥有全省的盐业管制权、企业经营管理权利和行政管理权。因此，从省级层面上来看，我国盐业管制基本上是采用政监企三合一的组织治理模式。

2. 盐业管制治理机制

管制治理机制，是指法定的管制机构依据相关的管制法律，行使管制权力和履行管制职责的激励与约束相兼容的工作运行机制。[①] 纵观十几年

---

① 苑春荟. 管制治理：中国电信产业改革实证研究 [M]. 北京：人民邮电出版社，2009：87.

来的系列盐业规章条例，我们发现，我国盐业管制至今还未形成一套合理有效的管制治理机制。

《食盐专营办法》第四条规定："国务院授权的盐业主管机构负责管理全国食盐专营工作。县级以上地方各级人民政府授权的盐业主管机构，负责管理本行政区域内的食盐专营工作"。《条例》第二十一条和第二十二条分别规定："县级以上地方各级政府卫生行政部门负责对本地区食盐加碘消除碘缺乏危害的卫生监督和碘盐的卫生监督以及防治效果评估；县级以上地方各级人民政府盐业主管机构负责对本地区碘盐加工、市场供应的监督管理。""县级以上各级人民政府卫生行政部门有权按照国家规定，向碘酸钾生产企业和碘盐加工、经营单位抽检样品，索取与卫生监测有关的资料，任何单位和个人不得拒绝、隐瞒或者提供虚假资料。"从以上诸多契约条款和《条例》的六条罚则以及《食盐专营办法》的六条罚则，可以看出，我国现有的盐业管制法规，局限于对各级管制机构规制权力的授予，偏重于限制被管制者的市场行为及其行为边界。

至于监督机构和管制机构执行监督职能和实施管制政策的具体行为规则，只有《条例》第二十三条规定："卫生监督人员在实施卫生监督、监测时，应当主动出示卫生行政部门制发的监督证件；盐政人员在执行职务时，应当主动出示盐业主管机构制发的证件。"此外，《食盐价格管理办法》第十六条规定："政府价格主管部门在接到制定或调整食盐价格的审核报告或书面申请后 30 个工作日内，做出是否制定或调整价格的决定。"关于管制机构违纪违法的惩处条款也只有一条，即《食盐专营办法》罚则第二十六条规定"盐业主管机构的工作人员玩忽职守、徇私舞弊，构成犯罪的，依法追究刑事责任；尚不构成犯罪的，依法给予行政处分。"

综上所述，我国现有的盐业管制系列法规，着重于管制权力的赋予，疏忽于对各级管制机构管制治理权能的约束，缺失规范管制者规制权力的行使范围和行为边界，更缺乏一套激励兼容的工作机制。换言之，目前的盐业管制法规，仅仅专注于授权管制者去行使管制权力，忽视约束管制者的"剩余控制权"和防范管制者的"道德风险"等内部性失灵问题。

从新制度经济学的角度来看，由产权结构内外的多个主体共同参与的对某种公共权力的监督，是一种较为有效的制度约束选择。因此，如果管制治理能建立起由管制产权结构内外的行政力量和社会力量共同参与的一种管制监督机制，或许能在较大程度上规范各级管制机构的规制活动，督促其科学决策和依法执行，减少和防范其管制机会主义行为。虽然管制治理监督机制是实现有效管制的重要制度保障，然而，在我国众多的盐业管制规章中，几乎没有关于管制决策和管制执行的监督契约条款。管制治理监督机制的缺失充分说明，我国盐业管制治理体制很不合理，管制治理的产权结构安排存在较大的制度漏洞。

三、盐业管制激励政策

依据产品最终用途的不同，盐业大致可分为碘盐生产经营、"小工业盐"① 生产经营和"大工业盐"② 生产经营的三条产业链条。按照《条例》和《食盐专营办法》的相关规定，只有碘盐的生产经营活动才能纳入专营规制中，然而，在现实的盐业管制实践中，"小工业盐"和"大工业盐"的生产经营活动逐渐皆被揽入专营的牢笼里。经历1998年的盐业垄断体制改革后，"大工业盐"才突破了食盐专营的制度藩篱，实现供需直接见面的完全市场化政策，而"小工业盐"至今仍被圈在专营的范畴里。为此，我国盐业管制激励政策，实质上是食盐专营政策。

根据以上规章条例，我们勾勒出我国盐业管制激励产权结构安排的示意图，如图5－1所示。

---

① 业界将用于印染、纺织、制革和造纸等行业生产的工业盐称为"小工业盐"。
② 业界将用于生产纯碱和烧碱的工业盐称为"大工业盐"。

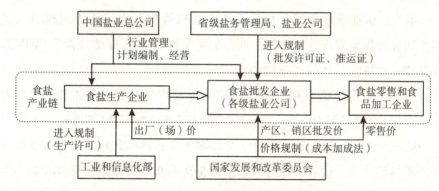

图 5-1 我国盐业管制激励产权结构

资料来源：樊玉然，吕福玉. 效率视角的盐业规制改革：从激励性规制到市场化 [J]. 宏观经济研究，2012（8）：27.

从图 5-1 可知，我国盐业采用许可和专营两种行政性政策工具，实行食盐专营许可制度。按照管制内容，我们可以将盐业管制政策分为以下两类。

1. 市场进入管制政策

依据《食盐专营许可证管理办法》[①]，我国盐业市场进入管制，主要集中在食盐的生产、批发和运输三大环节上。

第一，碘盐生产实行定点生产许可证制度。凡符合加碘食盐生产和加工条件的制盐企业，由国务院授权的盐业主管机构核发食盐定点生产许可证，并配备计划生产数量指标[②]。2012 年 12 月，工信部核准 98 家食盐定点生产企业和 19 家多品种盐定点生产企业，有效期为 2012 年 12 月 31 日~2015年 12 月 31 日[③]。

---

① 2014 年 4 月 12 日，国家发改委宣布废止《食盐专营许可证管理办法》，并不是废除食盐专营许可制，而是将专营许可权下放给省级行政主管部门.

② 随着国家行政机构改革，盐业行政主管职能逐渐归至工信部，但在实际的操作层面上，仍然由中国盐业总公司来负责.

③ 详见工业和信息化部关于 2013~2015 年度食盐定点生产企业名单的通告（工信部消费 [2012] 614 号）.

第二，碘盐批发实行批发许可证制度。凡符合食盐批发企业管理质量等级划分及技术要求，由省级盐业主管机构核发食盐批发（含转代批发）许可证，并规定具体的经营区域范围和供给数量。目前，全国共有 31 个省级盐业公司（包括已被中国盐业总公司并购的盐业公司）获得食盐批发（含转代批发）许可证，并垄断经营行政辖区内的食盐市场。

第三，碘盐运输实行运输许可证制度。食盐运输许可证由国家工信部统一印制和核发，由省级盐务管理局根据运输单位的申请，开具食盐准运证，核准具体的运输路线和运输数量。2014 年 4 月 12 日，工信部对《食盐专营许可证管理办法》的废止，并不意味着食盐运输许可证制度的废除，仅仅是工信部将食盐准运证的印制和核发权全部下放给各省级盐务管理局而已。

概言之，碘盐进入规制的核心内容是，对食盐的生产、批发和运输三个环节实行专营许可证制度，并加以严格的指令性计划管理。食盐专营许可证包括食盐的生产许可证、批发许可证和准运证。食盐生产许可证由工信部审核发放给食盐定点生产企业，食盐批发许可证由省级盐业主管部门（盐务局或盐业公司，在绝大部分省级区域由省级盐业公司兼任）审核发放给食盐批发企业（就是各级盐业公司）。部分区域还实行了食盐零售许可证制度。

2. 价格管制政策

2003 年《食盐价格管理办法》规定，碘盐价格管制实行"统一领导，分级管理。"国务院价格主管部门（国家发改委）负责制定或调整食盐的出厂价格和批发价格，各省、自治区、直辖市价格主管部门（各省级发改委）制定或调整食盐零售价格和小包装费用标准。

碘盐价格实行政府定价，按照食盐生产和经销两个环节，分别制定食盐的出厂价格、批发价格（包括产区批发价格和销区批发价格）和零售价格。2009 年，为了缓解制盐企业生产经营困境，国家发改委根据食盐生产经营成本的上涨情况，发布《国家发展改革委员会关于提高食盐出厂

（场）价格的通知》（发改价格［2009］3094号），决定适当提高食盐的出厂（场）价格，同时提高产区批发价格，但不提高零售价格；同时，本通知特别强调，此次调价带来的流通成本增加，须由盐业经销企业通过提升经营管理效率、压缩经营成本而自我消化。

出厂（场）价格，是指食盐定点生产企业销售大包装食盐的含税价格，由食盐生产环节发生的成本费用（包括制造成本和期间费用）、利润和税金等构成。当下，50千克内塑外编袋的加碘食盐的出厂（场）价格（含增值税）在378~583元/吨之间。产区批发价格，是指按照国家食盐分配调拨计划，从食盐产区向食盐销区调拨食盐的含税价格，由出厂（场）价格和产区食盐调拨过程发生的调拨费用和税金等构成。其中，调拨费用包括短途运费、装卸费用、站台码头费用和管理费等。目前，50千克内塑外编袋的加碘食盐的产区批发价格（含增值税）介于444~664元/吨之间。销区批发价格，是指食盐批发企业或受其委托的转代批发单位，向零售单位或食品加工单位销售食盐的含税价格，由出厂价格或产区批发价格和批发环节发生的成本费用（包括经营费用和期间费用）、税金、利润等构成。现在，50千克内塑外编袋的加碘食盐的销区批发价为1800~2200元/吨。食盐零售价格，是指食盐在零售市场上的最终销售价格，按照批发价格加批零差价的方式确定，批零差价率应控制在20%以内。目前，加碘食盐的零售价格在2000~2600元/吨之间。

综上所述，价格规制的管制机构是国家发展和改革委员会。国家发改委负责制定食盐产业链各环节的价格，包括出厂（场）价、产区批发价、销区批发价和零售价。价格规制采用成本加成的定价方法。食盐各环节含税价格均由成本费用、利润和税金构成。根据《食盐价格管理办法》，食盐生产、批发环节的成本费用利润率参考社会平均利润率水平，由国务院价格主管部门确定；食盐零售价格按批发价格加批零差价确定，批零差率应控制在20%以内。根据国家发改委2003年发布的《关于调查食盐生产经营成本费用、测算食盐价格方案的通知》，食盐生产、批发环节成本费用利润率分别按照15%和10%计算。我国食盐的成本加成定价对食盐各环节的成本费用进行了完全的补偿，属于激励强度极低的价格规制方法，对各环节企业提高效率、降低成本基本上不具有任何激励作用。

碘盐价格规制特别值得注意的是，价格调整的时机和食盐产业链各环节成本费用的确定方式，因为这决定了定价权的实际归属。根据《食盐价格管理办法》，食盐经营者可以向价格主管部门提出价格调整的申请，后者在价格调整前应进行成本费用调查。在实践中，发改委调整食盐价格的通常做法是，调价前由食盐生产、批发企业填写成本费用调查表，并由各省级价格主管部门核对成本资料的真实可靠性。据此，定价权实际上是归属于食盐生产企业和省级盐业公司的。但是，食盐出厂价并不完全由食盐产业链生产环节的企业决定，而是由生产环节和购销环节（即批发环节）两者共同谈判决定。生产环节的出厂价（同时也是购销环节的采购价）的重要意义，在于其决定了产业链"合作收益"在生产环节和购销环节之间的分配比例。如何瓜分"蛋糕"必然会倒过来影响怎么做"蛋糕"。所以出厂（场）价格的确定对整个产业链的经济效率有着极其重要的影响。①

第二节　盐业管制产权制度的缺陷及成因

目前，我国盐业管制的研究文献，大多是对管制政策失灵现象的探讨，而对政府管制失灵的制度性根源的研究成果则很少。本书以管制契约、管制治理和管制激励的制度架构为分析范式，运用产权经济学理论和内部性和外部性理论以及委托—代理理论等，剖析我国食盐专营制度的内在缺陷及成因，提出设计新管制制度的规避重点，以期为探寻一种新的盐业管制制度提供借鉴和参考。

---

① 樊玉然，吕福玉. 效率视角的盐业规制改革：从激励性规制到市场化［J］. 宏观经济研究，2012（8）：26－35.

一、盐业管制法律体系的缺陷及成因

1. 盐业管制法律体系残缺

从委托—代理的视角来看，"消费者—立法者—政府—监督机构—管制机构—盐业企业"构成盐业管制的委托—代理链条网络，这些利益主体在复杂的利益关系网络中，既扮演着委托人的角色，又扮演着代理人的角色。他们之间的利益妥协与利益博弈的均衡结果往往反映在一些显性契约中，彼此之间依靠所订立的合约来进行管制产权交易活动，以尽可能降低交易成本、提高管制效率。

从契约经济学的视域来看，按照"管制契约—管制治理—管制激励—管制绩效"的分析范式，盐业管制主体之间所签订的合约，主要包括盐业管制契约、盐业管制治理契约、盐业管制激励契约和盐业管制绩效契约。换言之，盐业管制法律体系是由盐业管制法律、盐业管制治理法规、盐业管制激励条例和盐业管制绩效评价办法构成的。从法律位阶的角度来说，前者居于上位，是由立法者代表广大消费者在《宪法》框架下所制定的，后三者平行处于下位，分别由中央政府、监督机构和管制机构所订立的，进而形成一部完整的盐业管制法律体系。

既然盐业管制法律在整个盐业管制法律体系中居于上位，统领和指导系列管制法规条例，那么，盐业管制就应该具备一部这样的法律。然而，在已有的诸多盐业管制契约中，偏偏缺失了一部由全国人大颁布的管制法律，取而代之的是由国务院先后出台的《条例》和《食盐专营办法》。虽然这两部法规的位阶相对较高，但毕竟不是出自我国最高权力机构，缺乏法律的严肃性和权威性，这可能是由于我国行政与立法两者之间的关系没有完全理顺。

进一步解读我国系列管制法规，我们还发现，《食盐专营许可证管理办法》和《食盐价格管理办法》等皆属于管制激励契约，是管制机构用来约束被管制盐业企业的行为规范，根本就没有用来限制管制机构权力和评价管制绩效的法规。这也正是我国盐业管制"重管制激励，轻管制治理"的制度性缺陷。也正因为如此，各级地方政府所出台的地方性盐业管制法规都带有同样的制度性漏洞，从而造成我国盐业寻租和腐败屡见不鲜，食盐专营制度备受世人诟病。

简言之，完善的管制法律体系，应该是以一部健全的管制法律为核心，以相关的行政规章条例为外围的一系列制度规范。我国盐业管制制度已经运行了18载，但至今还是依靠一套缺失了管制法律、管制治理法规和管制绩效评价办法的畸形契约体系来维系。这说明，我国盐业管制的契约体系须重新构建。因此，我国盐业管制制度改革的首要任务，就是要尽快搭建起健全的盐业管制法律架构，为盐业管制奠定坚实的法律基础，以从制度上防范和规避政府管制的内部性失灵和外部性失灵。

2. 多维管制目标导向缺失

正如前所论，盐业管制是一条"消费者—立法者—政府—监督机构—管制机构—盐业企业"的多层委托—代理链条，从表面上看，立法者或政府是消费者的代理人，监督机构和管制机构是立法者或政府的代理人，被管制的盐业企业是管制机构的代理人，这些不同的代理人只需代表其委托人的利益行使各自的管制职能。然而，事实上，多重委托—代理链条的每一个节点，都固化着委托人或代理人的复杂利益诉求，且这些利益诉求隐含在系列管制契约中，呈现出多向互动传递关系，有时协调一致，有时相互矛盾冲突。所以管制需要兼顾多方利益诉求，使每一个利益主体的产权价值属性得到较为充分的界定，从而使多重产权交易尽可能地达到相对均衡的状态。唯其如此，管制才能获得多方利益群体的支持，才能拥有生存和发展的空间，才能在较大程度上规避管制的内部性与外部性失灵。

从产权经济学的维度来说，管制是一种委托—代理型的产权交易关系，各个产权交易主体的潜在收益是否被侵占和被侵占的程度，往往取决于交易契约产权界定的充分程度，而这又取决于交易成本的大小。为此，在源于信息不对称的交易成本既定的假设前提下，管制契约就是一种产权交易合约，是一种利益协调与合作机制。这就要求立法者必须平衡消费者、管制者与被管制者等多种利益关系，使各个利益主体获得尽可能多的潜在收益，压缩"公共领域"空间，减小交易成本。进一步地讲，就是立法者要理顺利益关系和优先顺序，根据各种利益诉求的权重大小，明晰管制目标价值取向和次序，建立以主要目标为核心、兼顾其他目标的多重管制目标体系。

1990 年 9 月，联合国召开的世界儿童问题首脑会议所发表的《儿童生存、保护和发展世界宣言》，提出了到 2000 年消除碘缺乏病的目标。时任国务院总理的李鹏同志代表中国政府签字承诺，中国到 2000 年实现消除碘缺乏病的阶段性目标。为了确保这一政治目标的实现，我国政府制定了以食盐加碘为主的综合性防治策略，从 1995 年起在全国范围内实施全民食用加碘食盐。可见，并不具有自然垄断性质的盐业，政府之所以要实行管制，是源于碘盐能产生巨大的正外部效应。因而，全体国民碘盐消费的社会效用最大化，既是盐业管制的逻辑起点，更是盐业管制的归宿和目的。

在社会公众与政府的委托—代理链条的政治交易市场上，政治家和官员等市场主体，不仅扮演者"道德人"角色，同时也扮演着"经济人"和"政治人"的角色，尽管他们也追求公共利益目标，但在其效用函数中，公共利益绝不是首要的或权重最高的影响变量，其行为选择至少有一部分是受自身利益驱动的。为此，政治家和政府官员并不是仁慈的和大公无私的，其行为选择并非总是以社会福利最大化为目的。事实上，他们作为"经济人"和"政治人"，与市场经济主体一样，也具有自我利益最大化的倾向，在进行公共决策时也要考量执政党的政治利益，以确保部门预算[1]和政治利益最大化；同时，他们也以"道德人"的身份出现，在作出

---

① 官员目标与管理机构预算规模呈现出正相关性。参见 [爱] 帕特里克·麦克纳特. 公共选择经济学 [M]. 梁海音译. 长春：长春出版社，2008：141.

行为选择时，也会兼顾公共利益，以彰显政府的公平正义，保证政府存在的合理性与"合法性"。

有鉴于此，作为食盐专营的制度依据的《条例》和《食盐专营办法》，都明确地指出我国盐业管制的目标，就是要消除碘缺乏病，保护公民身体健康，为食盐专营制度的运行指明了目标方向。这一管制价值指向涵盖了执政党的政治目标与全体国民的社会目标，要求盐业管制必须达到其特定的政治目标，即通过为国民谋求社会福利，来树立执政党良好的国际形象。也就是说，盐业管制的政治目标与社会目标并不矛盾，而是完全协调一致的，当盐业管制实现了社会的公共利益目标时，政府的政治利益目标也就达到了。据卫生部通报，2010 年，"除西藏、青海和新疆 3 个省（区）达到基本消除碘缺乏病阶段目标外，全国 28 个省份均达到消除碘缺乏病目标。"① 这说明，我国盐业管制的社会目标和政治目标都已基本实现。

植草益指出，经济性管制的主旨是，通过使事业能够适当的运营，在维护消费者利益的同时，力求事业能够健全发展。② 然而，由于盐业管制政策缺乏多重目标的引导，造成食盐专营专注于追求社会公共利益和政府政治利益，忽视了盐业的产业经济利益，严重影响了制盐产业的战略发展。本书仔细研究了《条例》和《食盐专营办法》，均未发现盐业产业经济目标。这说明，我国盐业管制缺乏多维利益目标导向，仅仅专注于消费者的健康需求和政府的政治诉求，无视制盐工业的经济利益诉求。事实上，正是由于居于上位的管制契约未能构建起多重利益目标体系，才导致居于下位的管制激励契约缺失了产业经济利益目标导向，进而导致制盐工业的发展与壮大受到极大限制，企业经济效益每况愈下，盐业管制的外部性失灵日益严重。

---

① 卫生部. 卫生部通报我国碘缺乏病防治工作情况 [EB/OL]. (2011 – 05 – 10) [2014 – 08 – 19] http://www.moh.gov.cn/publicfiles/business/htmlfiles/mohjbyfkzj/s5874/201105/51605.htm.

② ［日］植草益. 微观管制经济学 [M]. 朱绍文译. 北京：中国发展出版社，1992：22.

3. 管制对象定位不够准确

所谓管制对象，就是管制者对被管制者进行规制的具体产品或服务的名称，它决定着管制者和被管制者的系列行为范围和行动边界，需要在管制契约中加以明确和界定。只有这样，才能为居于下位的管制治理契约、管制激励契约和管制绩效评价契约的诸多条款约定提供规则依据，才能从制度上约束管制者和被管制者的规制行为和经济活动，才能防范甚至规避政府管制的内部性失灵和外部性失灵。可见，准确定位管制对象已成为政府管制成败的关键所在。

作为我国盐业管制契约的《条例》和《食盐专营办法》，虽然已经明确规定其管制对象就是加碘食用盐（包括直接食用的食盐和食品加工用的食盐）和畜牧用盐，但是，我们以为，这种定位既不合理又不准确，理由有以下两点：

第一，既然盐业管制目标是消除碘缺乏病，保护国民身体健康，那么，将畜牧用盐也作为管制对象就不合理，因为畜牧用盐并不是公民直接食用的盐产品，几乎与泛滥于人体的碘缺乏病没有关系。换言之，碘缺乏病患者食用喂养过加碘食盐的畜类食品并不能治愈碘缺乏病，同样，尚未罹患碘缺乏病的缺碘人群食用喂养过加碘食盐的畜类食品也不能确保防止患病的作用。

第二，既然盐业管制目标是消除碘缺乏病，保护国民身体健康，那么，把食品加工用的食盐也作为管制对象，显然是定位不够准确。因为绝大多数食品加工需要经过高温工序，而在高温环境下碘盐中的碘化钾或碘酸钾极易分解，从而其中的碘元素便挥发出去，如此一来，人们食用这些加工食品根本就无法从中获得营养物质碘，也就难以发挥消除碘缺乏病的效用。

为此，我国盐业管制产权制度改革的关键，就在于建构盐业管制法律体系，确定多重管制目标，合理明确管制对象、管制者和被管制者，以便在既定的盐业管制法律框架下，制定盐业管制治理、盐业管制激励和盐业管制绩效评价等法规，为我国盐业管制提供制度支撑。

4. 管制者和被管制者界定不合理

国务院制定和颁布的《食盐专营办法》第四条规定"国务院授权的盐业主管机构负责管理全国食盐专营工作。县级以上地方各级人民政府授权的盐业主管机构，负责管理本行政区域内的食盐专营工作"。原国家计委制定和颁布的《食盐价格管理办法》第五条规定："食盐价格实行统一领导、分级管理。国务院价格主管部门负责制定或调整食盐的出厂价格、批发价格；省、自治区、直辖市价格主管部门制定或调整食盐零售价格和小包装费用标准。"很显然，位阶较高的管制契约明确了我国盐业管制机构为各级盐业主管部门，也就是说，无论是市场进入管制权力还是价格规制权力，都应该集中在各级盐业主管部门。然而，位阶较低的管制激励契约又将价格管制权力授予各级价格主管部门，这意味着各级价格主管部门也是盐业的管制机构。为此，在我国盐业管制制度中长期存在着两类不同的管制机构。目前，在国家政府层面上，由工信部和国家发改委分别负责食盐市场进入规制和价格规制；在地方政府层面上，由工信厅和省级（自治区、直辖市）发改委负责食盐市场进入规制和价格规制。这种管制授权契约在位阶上的逻辑性矛盾带来管制机构界定不合理，造成管制权力分散，不利于管制机构优化配置管制资源，可能会产生较高的管制决策成本和管制执行成本等。

《食盐专营办法》第五条规定"国家对食盐实行定点生产制度。非食盐定点生产企业不得生产食盐。食盐定点生产企业由省、自治区、直辖市人民政府盐业主管机构审批。"第十条规定"国家对食盐批发实行批发许可证制度。经营食盐批发业务，必须依法申请领取食盐批发许可证。未取得食盐批发许可证的，不得经营食盐批发业务。"这说明，我国食盐专营制度，不仅将食盐的经营环节纳入管制范围，而且还把食盐的生产环节揽入规制范畴；同时，这也意味着，我国盐业管制契约将盐业公司和制盐企业都界定为被管制者。从消除碘缺乏病的管制目标来看，政府只需管制食盐经营企业即可，不必扩大到食盐加工企业，因为制盐企业只需按照既定技术标准生产食盐就可配合管制目标的实现，何况制盐企业的产品是否合格可由各级质量技术监督管理局来监管。事实上，正是由于被管制者定位不合理，才使制盐产业缺乏竞争活力，生产要素不能自由流动，产业资源配置和利用效率水平极低。

5. 盐业管制法律体系残缺的深度反思

在盐业管制的委托—代理产权交易结构中，作为管制契约的管制法律体系至关重要，它统领和指导着政府盐业管制活动的整个进程，决定着政府盐业管制的成败，是政府管制的总纲和制度基础。

然而，通过以上的分析论证，我们发现，运行了 18 年食盐专营制度竟然处于"无法可依"的管制状态，缺失一部统领管制治理、管制政策和管制绩效的管制法律，我国盐业管制还没有真正以法律制度为依据，也正是由于缺失一部上位阶的《食盐监管法》，才导致处于下位阶的盐业管制执行层面上的行政法规相互矛盾和冲突甚至漏洞百出，进而造成盐业管制执法行为的混乱和违背常理，引发社会各界的关注和诟病。究其原因，就在于我国的政府行政与立法之间的关系没有理顺，行政权与立法权相互交叉，甚至行政权力凌驾于立法权力之上。这种权力结构显然违背我国《宪法》原则，也与十八届四中全会的依法治国方略相背离。根据我国《宪法》和十八届四中全会精神，包括盐业管制在内的所有政府公共治理活动都应该依法行政和依法管制。所以颁布一部健全而完善的《食盐监管法》已成当务之急。

其实，导致盐业管制行政性规章条例相互矛盾和漏洞百出的根源，不单单是由于缺少一部管制法律依据，而且还源于这些行政法规是由各级政府行政部门研制出来的，即使国务院制定和颁布的《食盐专营办法》和《消除碘缺乏病管理条例》实际上也是国务院委托相关直属机构制定的。很显然，我国盐业管制在决策层面上与其他众多行业或领域一样，存在严重的部门"立法"起草问题。固然相关主管部门更为熟悉本行业或本领域的实际情况和困境难题等，但是，政府行政部门与市场经济主体一样，也具有"经济人"追求部门利益和私人利益最大化的倾向和动机，在研制管制法律的过程中，往往会将部门利益融入法律条款之中，甚至凌驾于公共利益之上，从而造成政府管制决策失灵，最终产生寻租和腐败问题。按照《宪法》和《立法法》的要求，任何一部法律都是应该由立法机关——全国人大来制定和颁布，而在现实操作过程中，大多是委托相关政府主管部门甚至几个部门联合协商起草相关法律草案，这无疑是将真正的权力委托人——社会公众的心理意愿和利益诉求置之度外。从法理的角度来看，无论是政府的行政权力，还是立法机构的立法权力，都是社会公众的公共权力的让渡，因而，立法要旨就必须将公共利益置于首位，依法治国就必须做到在立法层面上规范公权和保障私权。

因此，盐业管制改革首先应该在立法决策上去部门化，由立法机关通过调查和研究活动，建立各个利益主体代表博弈机制，组织立场相对中立的学者专家"第三方"分析论证，规范立法程序，降低决策执行成本，颁布一部较为完善的《食盐监管法》，然后再以此部管制法律为制度依据，研制管制治理、管制激励和管制绩效评价等诸多法规，进而构建一部纵向一致与横向协调的盐业管制法律体系。

二、盐业管制治理体制的缺陷及成因

1. 盐业管制治理组织模式畸形及成因

纵观世界各国的管制实践，合理的管制治理组织模式通常为政监分离型，由具有法律地位、完全独立或相对独立的管制机构实施管制。然而，我国盐业管制治理组织模式极为畸形。

从国家级管制机构来看，历经行政管理体制改革，几经周折，盐业管制机构基本稳定下来。目前，国家发改委的盐业管理办公室负责食盐价格规制，工信部负责食盐生产经营市场进入规制。1996 年国务院颁布的《食盐专营办法》规定，"国务院授权的盐业主管机构负责全国食盐专营工作"。首先，从管制立法的角度来讲，《食盐专营办法》并不是一部由全国人大制定的管制法律，因而，其指定的盐业主管机构并不具有真正的管制法律地位。其次，从行政职能配置来看，国家发改委和工信部皆是国务院直属的行政管理部门，承担着各自的行政管理职能，在此又被赋予盐业管制权能；不仅如此，这两个行政部门还将不少实际操作工作委托给中国盐业总公司来完成（如全国食盐产销计划指标的编制及分配等）。换言之，我国食盐规制是由两个国家行政管理机构和一个中央直属企业共同实施和完成的，属于典型的政监企合一的管制组织模式。不言而喻，畸形的管制组织模式往往会带来"寻租"等机会主义行为。例如，食盐生产计划管理本应遵循效率性原则，使计划指标向优势企业倾斜，但国家审计署2006 年完成的《关于我国食盐专营体制的审计调查报告》显示，中国盐业总公司曾利用食盐产销计划的协调权力，在编制食盐计划时为本公司并购的制盐企业预留部分指标。

从地方级管制组织模式来看，大部分地方政府也选择了政企监三合一的管制模式。《食盐专营办法》总则规定："县级以上地方各级人民政府授权的盐业主管机构，负责管理本行政区域内的食盐专营工作。"首先，以管制法律的视角，各级地方政府授权的盐务管理局并不具有真正意义上的管制法律地位，依然是一个政监不分的畸形机构。其次，以产权经济的视域，很多管制机构既拥有行业指导职能，又拥有市场经营权利。其实，在 1996 年以前，我国各级地方盐务管理局与盐业公司是各自独立的，后来随着行政机构精简改革的深入，为了调动盐务管理局执法的主动性和积极性，绝大部分地方政府相继将盐务管理局并入盐业公司，实行政、企、监三者共治的管制组织模式。根据中国盐业协会 2008 年作出的《关于中国盐业盐政管理调研情况的报告》，我国 23 个省（自治区、直辖市）的盐务管理职能部门与盐业公司是"一套班子、两块牌子"①。也就是说，

---

① 全国只有 8 个省份的盐务管理局与盐业公司分离，实行政企分开和政资分开，可仍采取政监合一的管制模式。

绝大部分的省（自治区、直辖市）盐务管理局（或盐业公司），既充当着"运动员"和"教练员"，又扮演着"裁判员"的角色，既从事市场经济活动，又执行行业指导和行业规制职能。

概言之，无论是国家级的盐业管制机构，还是各地方盐业规制部门，基本都是政监企三合一的管制组织模式。我们认为，导致我国盐业管制治理组织模式畸形的原因主要有以下两种。

第一，政府公共治理的产权组织结构安排不合理。政府作为社会公众的代理人，为了达到既定的公共利益目标，扮演着诸多不同的公共治理者角色，这就需要以法律契约的形式，明确公共治理的政府产权组织机构，并授予其完全独立或相对独立的法律地位，使不同的政府代理人的公共治理行为皆是有法可依的。就盐业管制活动而言，同样需要从法律层面上理顺"盐行业—盐业指导部门"和"社会公众—盐业管制机构"两条委托—代理利益关系链条，将政府的行业指导部门与管制治理机构分别界定清楚，赋予其独立或相对独立的法律地位，明晰行业指导和行业规制的产权交易范围。从表面上看，增加一个盐业管制部门，似乎会加大政府公共治理的交易成本。我们以为，由于政府的两种公共治理的"产权束"被契约化和规范化，由行业指导产权与行业规制产权之间的交叉重叠而带来的"创租""寻租"和腐败的交易费用或许会被大大降低，企业 X 效率损失和消费者剩余损失也将相应减少，源于盐业资源优化配置的社会净福利可能会被更多地获得。

第二，"政府"与"市场"的角色定位混乱。以政治学的角度，政府是社会公众的公共权力让渡的结果，可以代表全体国民行使法律所赋予的一切行政权力。但是，这不意味着全体国民（包括消费者和企业集团）将所有权力都让渡给政府。恰恰相反，随着社会经济的发展和产业科技的进步，广大消费者和企业集团的各种利益诉求越来越多、越来越复杂，越来越多地要求政府"放权"给市场，由各种市场主体在一定的制度规范下通过多重利益博弈达到均衡状态。在更多的情况下，政府是扮演"守夜人"的角色，为市场经济运行提供一个良好有序的竞争环境。因而，只有在市场机制的交易成本高于司法成本或政府干预成本时，政府才能适当介入市场经济中。当然，政府干预并不表示政府取代市场，而是帮助市场主体恢复潜在的生机和活力，正如十八届三中全会所确定的，在资源配置和优化利用中，市场不再是起着基础性作用而是发挥着决定性作用。因此，不管是"盐业指导部门"还是"盐业管制机构"，都应理顺各自的委托—代理利益关系，立足于相关法律所授予的完全独立或相对独立的法律地位，行使相关法律契约所赋予的行业引导职能和行业规制权能，而不应该替代被指导的企业或被管制的企业，进而合二为一成为"政企不分"的畸形机构。这种自我指导和自我管制的现象，实际上是计划经济制度的"遗产"。在经济日益市场化和全球化的今天，我国盐业经济依然被囚禁在政府指令性计划的"牢笼"里，不能不令人悲哀。

2. 盐业管制治理机制扭曲及成因

管制治理机制，是指法定的管制机构依据相关的管制法律，行使管制权力和履行管制职责的激励与约束相兼容的工作运行机制。[①] 由于管制治理的核心内容就在于规制管制机构的规制行为，因而，管制治理机制就应该是在既定的系列约束规则下，能激励管制机构自觉地提高管制工作努力程度的一套工作机制。基于复杂的委托—代理结构和委托人与代理人的产权约束关系，管制机构作为"经济人"，不可避免地受到自利性、有限理性和信息不完全等的影响，与公司治理相比，管制信息不对称的程度更高，管制"道德风险"和"逆向选择"发生的概率更大，管制机会主义倾向更重。所以管制治理机制不仅要激励管制权力的行使和运用，更要限制管制权力的行使方式和运用范畴。也就是说，作为管制治理契约的管制治理法规，不但要赋予管制政策执行和实施的权力，而且还要确立管制治理的程序、公开和透明等基本原则，规定管制权力行使的方式和手段，界定管制权限运行的具体边界，规范管制机构的管制行为，尽可能规避政府

---

① 苑春荟. 管制治理：中国电信产业改革实证研究 [M]. 北京：人民邮电出版社，2009：87.

管制的内部性失灵或外部性失灵。然而，目前的盐业管制治理机制极为扭曲，主要表现在以下两个方面。

第一，管制治理内在工作机制扭曲。

仔细研读各种盐业管制规章，我们并没发现一套激励与约束相兼容的管制治理机制。在整个盐业管制法规体系中，《条例》和《食盐专营办法》作为上位法规，授予了管制机构行使盐业管制的权力，可是，作为下位法规的盐业管制治理契约却恰恰缺位，因而也就缺失了规范管制机构行为的工作机制。尽管如此，但随着 23 个省级盐务管理局与盐业公司的合并①，政监企三合一的管制治理组织模式，隐含着促进盐务管理局提高工作努力程度的激励机制。进一步分析，基于一个规制权力几乎不受约束的制度环境下，拥有规制权力的盐务管理局（或盐业公司），在与被管制者进行管制产权交易时，可以凭借多而大的"剩余控制权"，采取不同的弹性标准，分别"管制"两个不同的被管制者——制盐企业和盐业公司。

在食盐生产市场进入规制的环节上，虽然是由工信部确定和公布食盐定点生产企业和多品种盐生产企业名单，但在实际操作层面上，中国盐业公司和各级盐务管理局扮演着极为重要的角色，它们编制全国的食盐生产指标和产销调拨的年度计划，以及配置各个行政辖区的计划指标，乃至分配各个食盐定点生产企业的年度生产计划指标。处于食盐为主要盈利点的过度竞争市场环境中，各个制盐企业几乎将企业生存的希望寄托于食盐生产指标上，因而，年复一年地向省级盐业公司（或盐务管理局）争取尽可能多的食盐生产指标便成为制盐企业的首要工作。于是，这也便成为"寻租"和腐败的温床，管制机构便可从中尽情发挥其"剩余控制权"，机会主义行为滋生和泛滥。例如，从《食盐价格管理办法》"小包装食盐的出厂价格、批发价格，分别在同类大包装食盐出厂价格、批发价格基础上加上小包装费用确定"的规定，可以看出，管制政策是允许制盐企业加工小包装碘盐的，然而，不少政监企三合一的盐业公司（或盐务管理局）

---

① 参见中国盐业协会 2008 年作出的《关于中国盐业盐政管理调研情况的报告》。

利用碘盐计划指标分配的"剩余控制权"（或"自由裁量权"），不但剥夺了制盐企业的碘盐小包装权利，而且还违反《条例》第九条"碘盐出厂前必须经质量检验，未达到规定含量标准的碘盐不得出厂"的规定，将制盐企业食盐加碘的加工环节转移到自己手中，以便从碘盐的小包装和加碘工序中牟取"信息垄断租金"①。

从食盐市场的角度来看，存在一条"制盐企业（生产）—盐业公司（经营）—消费者（消费）"买卖型的产权交易关系链条，制盐企业、盐业公司和消费者一般会按照自我利益最大化原则，尽可能地获取源于信息不对称和较高交易成本的潜在收益，进而在多重买卖交易过程中形成一种动态博弈均衡。但是，如果从食盐管制的角度来看，就存在"盐务管理局——制盐企业"和"盐务管理局——盐业公司"两条不同的委托—代理型的产权交易关系链条，鉴于绝大部分省级盐务管理局与盐业公司是"一块牌子，两套人马"，我们可以将这两条关系链简化为"盐业公司（或盐务管理局）—制盐企业"。在人为扭曲的管制产权交易链条上，盐业公司（或盐务管理局）往往不遗余力地利用所拥有的食盐生产市场进入管制权力，把行政辖区内的各个制盐企业牢牢地控制在股掌之中，不仅在管制政策产权结构之内尽可能地攫取被遗留在"公共领域"的剩余产权属性，而且还任意超越既定的显性管制产权政策，私自重新安排食盐管制产权结构。例如，许多政企合一的盐业公司（或盐务管理局）以"货款回笼奖""运费补贴""仓储费补贴"等冠冕堂皇的理由，向制盐企业索要"回扣"；以强化食盐专营制度为由，将小工业盐也作为管制对象，不管是"小工业盐"的运输还是"小工业盐"的销售，都必须经过盐业公司（或盐务管理局）的许可和转手，于是，盐业公司（或盐务管理局）便可从中牟取不当的经济收益，而制盐企业和"小工业盐"需求企业只

---

① 小包装成本和加碘费用的真实信息垄断在盐业公司手中，各级价格管理部门（各级发改委政府部门）只能被动地根据加工企业上报的费用成本数据，采用成本加成法，审定小包装碘盐的批发价格。

能敢怒不敢言。

为了便于进一步的研究，我们将食盐市场和食盐管制两个领域的利益关系，整合为"制盐企业——盐业公司（或盐务管理局）——消费者"的一条混合型的产权交易关系链。处于制盐企业与消费者之间的盐业公司（或盐务管理局），并不满足于向上游制盐企业获取有价值的产权属性，而且还要利用与下游消费者交易的机会，攫取管制政策产权结构之内的剩余产权属性。例如，盐业公司（或盐务管理局）以增加碘盐防伪标识、包装物材料变更或成本上涨等为由，随意提高碘盐销区批发价格；以减少小包装碘盐的实际重量为手段，变相提高对外批发价格。

总而言之，在一个只有激励而没有约束的扭曲工作机制下，盐业公司（或盐务管理局）利用不断膨胀的管制权力，在现实的碘盐管制和经营管理活动中，不停地向管制政策产权结构的内外窥探，想方设法牟取"公共领域"的有价值剩余产权属性，使交易对方无法获得未能反映在交易契约之上的"潜在收益"，或者使交易之外的第三方受到意外损失。换言之，在盐业管制政策的执行过程中，管制机构肆意"寻租"和腐败，向产权结构内部窥视而产生内部性，向产权结构外部窥视而产生外部性，即出现政府管制的内部性失灵和外部性失灵。

值得指出的是，《食盐价格管理办法》规定碘盐价格管制权力归属于各级发改委，但碘盐的实际定价权并不在各级价格管理部门，而是集中在被管制的盐业公司和制盐企业手中，因为发改委仅仅是根据被管制者填报上来的成本费用信息，采用成本加成法，确定 个能够足额补偿各个生产经营环节上的成本的管制价格。因此，在我国盐业价格管制领域里存在一个碘盐定价工作机制扭曲的问题。

第二，管制治理外在监督机制缺失。

根据现代公共决策理念，管制治理过程实际上是一个公共选择过程，应保持充分的公开和透明，最大限度地让受管制的各种利益主体和广大社会公众了解和掌握相关信息，有机会参与管制执行的监督过程，防范管制机构的机会主义行为，切实降低管制政策的执行成本。在各个省级盐业管制活动中，各省（自治区、直辖市）盐务管理局，负责盐业管制政策的实施，对食盐生产、储运和经营进行分类管制，上传下达食盐年度生产计划，稽查"私盐"①，管制碘盐的出厂价格、碘盐产区批发价格、碘盐销区批发价格和零售价格。但是，这些地方管制机构，只受地方政府的内部行政监督，缺乏公众参与的外部社会监督，有效的监督制衡机制并没建立起来，管制机会主义行为时有发生。因为管制机会主义除了源自信息不对称以外，还来源于管制政策契约的不完全性。管制政策契约的不完全，势必给管制者带来较大的"自由裁量权"（或"剩余控制权"），管制权力在自我膨胀和自我强化的内在倾向诱导下，管制过度也就在所难免了。例如，不少省（自治区、直辖市）盐务管理局，假借工业用盐冲击碘盐市场，对"大工业盐"和"小工业盐"的运输甚至销售征收管理费等，加重了制盐企业的成本负担，使本已处于过度竞争格局下的制盐企业难以为继；凭借食盐专管与食盐专营的优势地位，变相垄断着盐业产业组织兼并市场，导致盐业产业组织结构优化步履维艰。

我们以为，我国盐业管制治理机制之所以如此扭曲，关键在于政府同时扮演多重角色，并且行政权力具有强制性和垄断性。

第一，政府扮演"经济人"和"政治人"角色。

威廉姆·A·尼斯坎南（Niskanen William Arthur，1971）将官员的目标列为"薪金、公职的酬劳、公众声望、权力、对机构产出的决定权、改革的便利性和管理官僚机构的便利性。"② "不管是经理还是官员，其目标都可以用一种效用最大化问题的方式来处理。效用函数具有两个变量，即 Y 为出资人希望最大化的变量，X 为官员的目标。机会集（XY）中的关键结果是，在某个特定点上效用实现最大化，而在其他点上，随着 X 上

---

①　合法食盐，是指持有各行政区域内盐务管理局发放的食盐准运证的，并由各行政区域内盐业公司经销的合格碘盐．在此范围以外的其他任何企业运销的合格或不合格碘盐或非碘盐，都属于"私盐"。

②　［美］威廉姆·A·尼斯坎南．官僚制与公共经济学［M］．王浦劬．北京：中国青年出版社，2004：38．

升 Y 下降。因此，官员的目标与出资人的目标最终是矛盾的。"① 在社会公众与政府的委托—代理链条的政治交易市场上，政治家和官员等市场主体，不仅扮演着"道德人"角色，同时也扮演着"经济人"和"政治人"的角色，尽管他们也追求公共利益目标，但在其效用函数中，公共利益绝不是首要的或权重最高的影响变量，其行为选择至少有一部分是受自身利益驱动的。为此，管制机构和管制人员②并不是仁慈的和大公无私的，其管制行为选择并非总是以社会福利最大化为目的。事实上，他们作为"经济人"和"政治人"，与市场经济主体一样，也具有自我利益最大化的倾向，在进行管制决策和管制执行时，不但要考虑管制机构的部门利益和管制人员的个人利益，也要考量执政党的政治利益，以确保部门预算③和政治利益最大化；同时，他们也以"道德人"的身份出现，在作出管制行为选择时，会兼顾公共利益，以彰显政府的公平正义，保证政府存在的合理性与"合法性"。

正是因为管制机构和管制人员同时扮演着"经济人"和"政治人"的双重角色，才导致他们在制定管制政策时，凭借自身信息垄断优势，一方面故意"设租"，诱导甚至逼迫被管制者在管制政策执行和实施过程中，按照管制机构设置的规则从事微观经济活动，以便自己从中"创租"或"获租"，如此非生产性"寻利"的管制行为，即使不影响被管制者的利益，也会损害广大消费者的消费者剩余；另一方面，被"寻租"，即管制机构和管制人员被"管制俘虏"，盐业因强势集团（盐业公司）的利益需求而被禁锢在政府管制范围，导致管制政策在损害制盐工业经济效率的基础上为压力集团服务，从而为执政党获得强势利益集团的政治支持，正

---

① ［爱］帕特里克·麦克纳特. 公共选择经济学［M］. 梁海音译. 长春：长春出版社，2008：141.

② 事实上，在多重复杂委托代理关系网络中，中央政府与具体的管制机构之间也存在一种委托代理关系。但在这里，为了简化研究，我们假设管制机构是中央政府的化身，将政府与管制机构的委托代理关系抽象为社会公众与管制机构的委托代理关系。

③ 官员目标与管理机构预算规模呈现出正相关性. 参见［爱］帕特里克·麦克纳特. 公共选择经济学［M］. 梁海音译. 长春：长春出版社，2008：141.

如帕特里克·麦克纳特（Patrick McNutt, 2001）所言，政府"迎合'人民'的喜好具有一种一体化和合法化效应，而利益集团可以利用这种效应。当环境和道德问题也被考虑时，情况尤其如此。政治观察家会关心利益集团取代政府的可能性。政府确实创造了一种环境，使个人或集团能够获得租金，而且在很多方面，政治制度的本质是出于生存而被操纵。"①然而，反映在管制契约上的管制目标又往往是以公共利益为主的，以上损害公共利益的管制问题，无疑偏离管制根本价值取向，造成社会福利净损失。进一步来讲，强势利益集团一般为小型利益集团，由于其中的某"一个成员可以获得总收益中很大的一部分，即使他个人承担全部的成本，比起没有这一物品时他仍能获得更多的好处，这时可以假设集体物品会被提供。"② 与此相反，广大消费者则为大型利益集团，"在一个大集团中，没有某个个人的贡献会对集团整体产生很大的影响或对集团中任何一个成员的负担或收益产生很大的影响，那么可以肯定地说，除非存在着强制或外界因素引导大集团的成员为实现他们的共同利益而奋斗，不然集体物品不会被提供。"而且，由于"搭便车"问题普遍存在，"大集团或'潜在'集团不会受到激励为获取集体物品而采取行动，因为不管集体物品对集团整体来说是多么珍贵，它不能给个体成员任何激励，使他们承担实现潜在集团利益所需的组织成本，或以任何其他方式承担必要的集体行动的成本。"总之，作为小集团的强势利益集团，比作为大集团的弱势利益集团，具有更强的激励来选择集体行动，通过一种执政程序——政治游说疏通功能，来诱导政府给予其垄断权力，从而产生由人为制造稀缺性而带来的隐性成本以及强加在广大消费者头上的额外成本。显而易见，政府在制定与执行管制政策时的"设租"和被"寻租"，不但是建立在损害其他群体的公共利益基础之上的，而且也造成社会福利净损失，极大地浪费了各种稀

① ［爱］帕特里克·麦克纳特. 公共选择经济学［M］. 梁海音译. 长春：长春出版社，2008：146.

② ［美］曼瑟尔·奥尔森. 集体行动的逻辑［M］. 陈郁等译. 上海：上海三联书店，上海人民出版社，1995：36.

缺资源。

第二，政府权力具有强制性和垄断性。

政府权力先天就具有强制性和垄断性，即使在一个民主制度的国家里也毫不例外。而政府所垄断的暴力的合法使用权、司法裁决权和征税权，使其"潜在地具有侵犯某些人或所有人的产权的能力（和动机），如征收高额税收、剥夺财产、过度发行货币等"。^① 在政府管制领域中，由于管制者与被管制者所签署的管制契约是不完全的，总有一些将来可能发生的事件没有陈明在管制政策上，需要管制者事后酌情处理具体发生的不确定事件。倘若相关约束制度缺失，这种源于契约不完备的自由裁量权，势必异化为管制者腐败堕落的温床。因为基于有限理性和利己动机，由官员和文职人员组成的管制机构，往往会极度拓展自由裁量权的时空维度，且其权力私欲也会不断膨胀。当意外事件发生时，管制机构处理问题的价值目标取向就非常关键：如果以公共利益为根本目标，则管制行为选择常常与管制政策目标一致；如果以自身部门利益或游说疏通集团的私人利益为基本目标，则管制执行结果势必损害公共利益，背离政府管制的初衷。在现实的管制实践中，只要缺失了民主监督和司法救济制度的有效约束，则独占自由裁量权的管制机构，即便重视和考虑公共利益，也不会将其置于首要位置，在他的效用函数里，权重最大的无疑会是部门利益和个人利益。在一个"相互依存效应"无处不在的社会里，基于私人利益价值目标取向的自由裁量权，无疑会成为"少数人剥削多数人"的权力工具，把市场内部性和外部性的"公共领域"资源配置给强势利益集团，以从中为部门和个人谋取利益。这意味着社会弱势群体或大集团遗留在"公共领域"的产权属性被剥夺，导致政府管制不能达到预期目标，或者虽已实现既定目标，却给既定目标受众和其他利益相关者带来没有体现在管制政策上的无法补偿的额外成本，于是，政府管制行为的内部性失灵和外部性失

---

① ［日］青木昌彦. 作为稳定博弈结果的国家元类型. 载于比较（第5辑）［M］. 北京：中信出版社，2003：17.

灵就产生了。

综上所述，治理盐业管制失灵的根本之举，既不是谴责管制机构的"败德行为"，更不是行政命令其必须"道德"①，而应从制度规范入手，在盐业管制法律的制度框架下，制定一部盐业管制治理法规，大刀阔斧地改革盐业管制治理体制，搭建合理的管制治理组织模式，设计激励与约束相兼容的管制治理机制，最大限度地防范和规避管制风险，以较低的管制成本，获得较高的管制绩效。

三、盐业管制激励政策的缺陷及成因

在委托—代理型的治理结构中，比较令人头痛的是如何将"激励"与"约束"有效地融合在一起，设计一种既能激励代理人实现自身利益目标，也能约束代理人达到委托人利益目标的激励兼容机制。换言之，在设计这种机制时，关键是要把握好"激励"与"约束"的适度问题，两者皆不可偏废。本书考察我国盐业管制政策契约，发现它更为偏重于"约束"被管制者的微观经济行为，以实现消除碘缺乏病的管制目标，而疏于"激励"被管制者提高工作的努力程度，导致被管制产业经济效率低下。我们认为，这种管制政策契约设计缺陷的主要是由我国目前仍然缺乏有效的政策形成机制所造成的。

1. 缺乏有效的政策形成机制

理论上，政府的权力来源于最初的社会契约，是人民共同让渡的权利。但是，现实结果与当初契约并不一致，由于政府自身"经济人"的性质，政府无法真正做到契约政府，政府在追求自身正当利益的过程中，往往产生"逆寻租"行为，即某些行政部门，以公共利益的名义，运用

---

①　公共选择学派认为，政府部门并不比厂商伟大和神圣，作为"经济人"，常常带有自利和自我膨胀的内在倾向。

手中的行政权力，通过改变规则或者制定管理条例，或者与企业合谋，将社会公共利益变异为政府的非正当利益和集团利益，使公共权力部门化、公共利益集团化或个人化。① 所以"契约的国家理论中所想象的以促进社会福利最大化为己任的、专心致志提供有效产权制度安排、在各种利益集团之间不偏不倚的中性官僚政府是不存在的，而掠夺的国家理论所设定的以促进统治者利益最大化为己任、无心提供有效产权制度安排、在各种利益集团之间更倾向于强势利益集团的政府更是事实。"② 无论是西方多党民主制的国家，还是中央集权制的国家，在政府部门独自公共决策的利益目标函数中，尽管公共利益或弱势群体利益可以作为一个变量，但绝不会是首要的或权重最大的变量，与之相反，政府部门的正当利益、不正当的私人利益或部门利益以及强势集团利益常常被作为首要变量或者重要变量。也就是说，政府"垄断"公共政策的制定权，往往导致公共决策不能真实反映公共利益的价值取向，弱势群体可能进一步被社会边缘化，政策的公平性大打折扣，社会净福利效率受到损失。

《条例》第七条规定"从事碘盐加工的盐业企业，应当由省、自治区、直辖市人民政府盐业主管机构指定，并取得同级人民政府卫生行政部门卫生许可后，报国务院盐业主管机构批准"；《食盐专营办法》第五条规定"国家对食盐实行定点生产制度。非食盐定点生产企业不得生产食盐。食盐定点生产企业由省、自治区、直辖市人民政府盐业主管机构审批"；《条例》第十七条规定"经营碘盐批发业务的企业，由省、自治区、直辖市人民政府盐业主管机构审批"；《食盐专营办法》第十一条规定"经营食盐批发业务的企业，由省、自治区、直辖市人民政府盐业主管机构审查批准，颁发食盐批发许可证，并报国务院盐业主管机构备案"。从以上法规条款可知，我国食盐市场进入管制政策的决策权集中在各级盐业主管部门，尽管 2014 年 4 月 12 日，国家发改委宣布废止《食盐专营许可

① 陈其林. 公共产品、公共利益及其不确定性 [J]. 中国经济问题, 2007 (4): 14.
② 韩兆柱. 新公共管理中的自由主义与转型中的善治 [J]. 理论与改革, 2006 (1): 20 - 21.

· 182 ·

证管理办法》，但这并不意味着废除食盐市场进入许可制，只不过是将许可权下放给省级盐业主管部门而已。政府部门的审批许可固然有一定的技术标准依据，但是，如此的行政许可所决策出来的公共政策，是否能确保管制产权结构达到一个相对均衡状态，却是令人怀疑的。

　　衡量一项公共政策是否科学合理，"关键在于其所引起的利益与代价之比，是否可以在一个平衡的过程中最终获得相关各方面的同意或认可。"[①] 朗德·L·科勒尔（Randall L. Calver，2003）指出，制度不应该被简单地看作是一组博弈规则，而是均衡时，理性参与者被迫遵守的一组行为规则。[②] 所以政府构建一种能产生预期绩效的政策，关键是要规定一系列结构利益均衡时各方都能自觉履行的行为准则，而这样的政策形成过程须有一套行之有效的决策机制作保证。也就是说，在公共政策的制定过程中，必须允许结构内各利益主体参与进来，让每一个利益攸关方都能充分表达利益诉求，甚至引入市场竞争机制，使其通过反复的利益博弈、竞争与合作，形成一种利益结构相对均衡状态。当各个利益主体认为自己的边际私人成本小于边际私人收益时，就不会停止博弈行为；当所有利益主体都认为自己的边际私人成本正好等于边际私人收益时，他们便会停止继续竞争，因为此时利益各方所获得的收益是最大的，都不愿意付出更大的代价进入"公共领域"攫取潜在收益。当然，这一利益博弈过程所带来的总交易成本往往较高，需要利益结构之外的"第三方"参与进来，综合和折中利益诉求的博弈结果。而这个"第三方"必须是立场相对中立的，没有私人利益或部门利益掺杂进来。我们认为，政府部门不属于这样的"第三方"，因为政府机构作为"政治人"和"经济人"，先天具有私人利益或部门利益倾向，政府部门在公共决策中扮演"服务者"的角色更为合宜，牵头和组织公共决策或许更为科学合理。

　　然而，我国盐业管制激励政策的决策权几乎是被"垄断"在政府部门

---

① 宁骚. 公共政策［M］. 北京：高等教育出版社，2000：206.
② ［美］戴维·L·韦默. 制度设计［M］. 上海：上海财经大学出版社，2003：11.

手里，市场进入规制政策是由工信部和各地方盐业主管部门独家制定出来的。其实，这些行政部门也会例行公事地组织专家深入基层调研，倾听民意民声，以尽可能使制定出来的管制政策能够兼顾多方利益。

但事与愿违，由于工信部和各级盐业主管部门采用行政许可制，审批和指定食盐定点生产企业和国有盐业公司分别进入食盐的生产市场和经营市场，从而人为地割断了完整的产业价值链条，将本已内部化的交易成本外部化，加大了整个盐业市场的交易成本，降低了盐业产业经济福利水平。与此同时，源于市场进入管制的产业链条分割，也带来了诸多管制内部性和外部性问题，再加上各级地方政府主导的盐务管理局与盐业公司的合并，使盐业管制产权结构内的重要利益主体——制盐企业长期处于弱势地位，许多微观经济行为都要受到盐业公司的"专营潜规则"限制。例如，本已彻底市场化的"小工业盐"和"大工业盐"的生产、经营和运输等系列经济活动，都要受到盐业公司不同程度的管制和干涉；不少制盐企业的食盐加碘权和小包装权被盐业公司剥夺。这充分说明，政府对食盐市场进入的规制，并没有使盐业管制政策的产权结构处于相对均衡状态，反而使其处于结构性非均衡状态。在"盐务管理局——盐业公司"和"盐务管理局——制盐企业"两条委托—代理链条中，由于绝大多数（23个）[①] 盐务管理局与盐业公司合并为政企不分的畸形机构，使被管制企业——盐业公司常常能以较低的交易成本进入"公共领域"，攫取未在盐业管制政策契约上陈明的额外收益，从而产生政府管制内部性失灵。进一步分析，产业链条上的制盐企业与盐业公司之间的直接产销关系，给予盐业公司更多进入"公共领域"的机会，再加上源于政企不分的委托—代理关系的较低交易成本，导致委托—代理型产权交易中的内部性问题，异化为买卖型产权交易中的内部性问题。如果从管制政策的目标受众（碘缺乏病可能人群）的角度来看，我国盐业管制政策的决策"垄断"，给目标受众之外的被管制企业——制盐企业带来意外损失，从而出现负外部性问

---

① 参见中国盐业协会 2008 年作出的《关于中国盐业盐政管理调研情况的报告》。

题。于是，在盐业市场进入规制活动中，既存在政府管制内部性失灵，又存在政府管制外部性失灵。

其实，不仅如此，正是由于缺乏一套有效的管制政策决策机制，才使工信部和各级盐业主管部门基于计划经济思维，采用行政许可制度，在并不具备自然垄断属性的食盐市场里，人为制造出两个"垄断市场"。

一方面，在食盐生产领域里，只有经过工信部行政许可的食盐生产企业，才能成为"合法"的碘盐和多品种盐生产主体，未经许可的任何企业涉足于食盐加工就被认定为"非法"生产行为。于是，获得定点生产许可的100多家制盐企业就形成了一个食盐"生产垄断市场"，源源不断地攫取着其中的超额垄断利润。更为严重的是，由于定点生产许可的实际操作权集中在中国盐业总公司和各级盐业主管部门，因此，为了取得食盐定点生产的行政许可资格，全国几百家制盐企业通过正规或不正规的渠道，使出浑身解数，"竞争"数量有限的定点生产许可证书，其中的"猫腻"层出不穷，"寻租"和腐败在所难免。其结果使某些并不具备生产技术条件的小型制盐企业，可以凭借稳定的食盐利润来源，以倾销"小工业盐"和"大工业盐"的价格冲击全国工业盐市场，造成工业盐市场长期处于过度竞争格局，进而影响大中型制盐企业的战略发展乃至生存。例如，全国著名的井矿盐生产企业——四川久大盐业有限公司，尽管已经完成300万吨的真空制盐技术设备更新换代，但由于受到来自小微制盐企业的市场冲击，产能严重过剩，资源投入价值无法通过市场实现，反而成为沉淀成本。还有许多中小型制盐企业，由于不堪工业盐市场的过度竞争，只能任凭企业生产设备老化，依靠"竞争"过来的些许食盐定点利润维持基本生存。

另一方面，在食盐经营领域里，各级盐业主管部门指定由国有盐业公司负责本行政辖区内的食盐供给。于是，以全国众多不同级别的行政辖区为单元，形成诸多条块分割的食盐"经营垄断市场"或"专营市场"。在自己的"专营市场"里，盐业公司可以按规制价格，将从制盐企业手中购进过来的食盐批发给零售商，从中赚取丰厚的利润回报。这就意味着，无论是制盐企业，还是其他行政辖区内的盐业公司，都不能进入既定的"专营市场"，否则，就会被盐业主管部门认定为"非法"经营，所销售的碘盐（即使是合格碘盐）也会被认定为"私盐"。可见，由政府行政许可出来的"专营市场"，不但排斥市场内生力量，极大地限制了产业要素自由流动，遏制了市场竞争机制发挥资源配置的决定性作用，而且还剥夺了制盐企业直接进入销售市场的权力，使产销之间无法形成供求互动的传递关系，生产企业难以根据市场需求结构和消费偏好等来研发适销对路的产品，当然广大消费者也不能从中获取更多的消费者剩余。换言之，由于缺乏一套有效的管制政策形成机制，缺失了结构内利益主体和社会"第三方"力量的有效参与，政府部门独自研制出来的食盐市场进入管制政策，导致盐业市场资源配置不能达到帕累托次优状态，盐业经济效率低下，社会净福利水平下降。

2. 缺乏"租"的消散机制

"租"（Rent），或者叫"经济租"，在经济学里，指一种生产要素的所有者所获得的收入，超过这种要素的机会成本的剩余。[①] 通俗地说，"租"就是实际利润与竞争性利润之间的差异额，即垄断利润。它来源于生产活动，属于生产性质的"租"。在一个自由竞争的市场环境下，只要某个产业存在"租"，其他产业的要素就会为追求"租"而流入，使供给增加、价格下降，进而使"租"渐渐消散。然而，如果通过政府管制或行政干预等手段，人为地阻止生产要素流入某个产业，则这个产业一定会因为要素的稀缺而形成非生产性"租"，并且管制程度越高，"租"就越高、越稳定、越集中。

在"管制机构—被管制企业"的委托—代理链条上，管制机构在设计管制政策产权交易契约时，与公司治理结构中的委托人一样，同样面临源于高昂交易成本的信息不完全和不对称难题。也就是说，被管制企业作为

---

① 宋承先. 现代西方经济学 [M]. 上海：复旦大学出版社，2004：399.

代理人，具有自利的动机和目的以及机会主义倾向，总是想方设法隐瞒自己的真实信息，往往向被管制机构提供高于实际水平的成本信息；而管制机构由于搜寻、整理和加工被管制企业的相关信息的交易成本太高，以至于他不得不放弃信息的搜寻活动，被动地接受被管制企业提供的成本信息，从而计算出一个能够足额补偿被管制企业成本的管制价格。很显然，在这个规制价格的产权结构中，被管制企业可以高于甚至远远超出实际成本水平的规制价格进行微观经济活动，可以"合理"合法地获得源于政府管制带来的非生产性"租"（或超额垄断利润）。于是，被管制企业与消费者按照既定的规制价格进行买卖型的产权交易，导致消费者失去了本来可以在非管制市场上获得的潜在收益，而消费者的这部分福利净损失就是被管制企业所牟取的额外收益。于是，源于事前信息偏在及其较高交易成本的"逆向选择"就出现了，政府价格管制的内部性失灵也随之产生了。

《食盐价格管理办法》第十四条规定："制定或调整大包装食盐出厂价格、批发价格，食盐经营者应向所在地省、自治区、直辖市价格主管部门提出书面建议，经省、自治区、直辖市价格主管部门审核后报国务院价格主管部门审批。审核报告应包括以下内容：（1）食盐生产、经销企业近三年的生产经营成本费用和经营状况；（2）制定或调整价格的具体方案及其主要理由；（3）食盐生产、经销企业和其他方面的意见；（4）与毗邻及有产销关联地区的省、自治区、直辖市价格主管部门的协调意见；（5）其他需要说明的情况。"从这些规制条款可以知道，无论是加工环节的出厂价格，还是经营环节的批发价格，实际上都是由各级价格管理部门（各级发改委）根据食盐经营者（盐业公司）的所上报的成本费用和税金以及社会平均利润率水平等所谓的实际情况，采用成本加成方法而制定出来的。

第一，盐业公司聚集的非生产性"租"。作为被管制者的国有盐业公司，并不会比私有企业更高尚或更道德，依然是一个追求利益最大化的"经济人"，同样会隐藏自己的真实成本信息，上报的经营成本等信息必然高于实际成本费用，从而获得一个可以为自己带来高额"信息垄断租金"的规制价格。我们以盐业公司经营井矿盐为例，来计算一下专营公司的利润回报究竟有多高。目前，管制机构规定井矿盐的 50 千克内塑外编袋碘盐的产区批发价格（不含增值税）[1]介于 489～526 元/吨，则其平均规制价格约 508 元/吨；50 千克内塑外编袋碘盐的销区批发价为 1800～2200 元/吨（不含增值税）[2]，则其平均规制价格约为 2000 元/吨。在这样的价格规制下，销区盐业公司以 508 元/吨的价格从产区制盐企业购进食盐，再以大约 200 元/吨的价格进行加碘和分装，然后以大约 100 元/吨的物流仓储成本运送到各个批发网点，就可以在其独家专营的市场内，以 2000 元/吨的价格销售给各个食盐零售商，轻而易举地赚取了 1192 元/吨左右的垄断差价，毛利润率高达 148％[3]；如果以 1192 元/吨左右为全国平均垄断利润水平，按我国 880 万吨的年消费量计算，则盐业公司每年可攫取 104 亿元的毛利，可谓暴利惊人。

戈登·图洛克（Gordon Tullock，2007）的"短暂收益陷阱理论"指出，那些受到保护的组织与经济中未受到保护的部门的利润水平并没有显著的差异，当政府给某一团体以特权时，此团体只能获得短暂的收益，随后这些额外的利润就会因内部经营效率的下降而消失。[4] 在食盐专营制度的保护下，由于没有潜在进入者的竞争威胁，国有盐业公司凭借其独家垄断的优势，长期故步自封，造成 X 效率损失。如果扣除专营公司内部的各种显性成本以及诸多的隐性成本，盐业公司的真实利润可能并不可观。这似乎可以解释，盐业公司明明得到 3 倍的巨额差价（用销售价格去掉购

---

[1] 参见《国家发展改革委关于提高食盐出厂（场）价格的通知》（发改价格〔2009〕3094号）的附表二。

[2] 由于各个行政区域的经营成本和物流费用差异较大，国家发改委并没统一规定销区批发价格，而是由各个地方价格主管部门根据实际情况酌情确定的。

[3] 我们根据深入制盐企业调研的数据资料，以及涂劲军《揭秘食盐增值 30 多倍销售链》[N]. 成都商报，2010－02－03（31）等文献资料，整理计算得出。

[4] ［美］戈登·图洛克. 特权和寻租的经济学［M］. 王永钦译. 上海：上海人民出版社，2008：231.

进成本的差异额），但国家审计署 2006 年审计结果表明其并不存在暴利。

总之，行政性垄断所造成巨额的社会福利净损失，不仅覆盖了哈伯格三角形，而且还延伸至塔洛克四边形，甚至远远在此之外。

第二，制盐企业聚集的非生产性"租"。《食盐价格管理办法》规定，制定或调整食盐的出厂价格，也是由食盐经营者向价格主管部门提出书面建议。在实际操作中，无论是政企合一（全国共有 23 个）的盐业公司（或盐务管理局），还是政企分开（全国共有 8 个）的盐业公司，依然根据制盐企业自己填报成本信息资料等，再上报给价格主管部门，最后获得一个规制出厂价格。目前，50 千克内塑外编袋的加碘食盐（包括海盐、井矿盐和湖盐）的出厂（场）价格（不含增值税）在 335～516 元/吨之间，其中井矿盐的出厂（场）价格为 455 元/吨[①]。2013 年，中国化工信息网报道，我国井矿盐的生产成本约为 240～280 元/吨，则井矿盐的平均生产成本约为 260 元/吨。根据以上数据资料，可以计算出，井矿盐企业获得的毛利约为 195 元/吨，回报率高达 75% 左右。如果以 195 元/吨左右为全国平均垄断利润水平，按我国 880 万吨的年消费量计算，则食盐定点生产企业每年可攫取约 17 亿元的毛利，这也着实令人吃惊。这意味着，制盐企业生产的食盐越多，其获得的超额利润也就越多，而其食盐产量的高低又取决于其获得的计划指标的多少。换言之，在既定的规制价格和指标计划下，制盐企业所能获得的食盐利润总额取决于其所取得的食盐生产计划指标。这也就可以解释，缘何争取尽可能多的食盐生产指标竟然成为众多制盐企业头等重要的大事。

通过以上分析论证，我们不难发现，在信息不完全和不对称的客观条件制约下，管制机构在界定规制价格时，实际上是被管制企业所"绑架"，被动地依据被管制企业上报的成本信息资料等来制定和调整食盐价格。事实上，食盐的批发价格和出厂（场）价格，不仅完全补偿了生产

---

① 参见《国家发展改革委关于提高食盐出厂（场）价格的通知》（发改价格［2009］3094号）的附表一。

经营成本，而且还被动地创造出巨额的"信息垄断租金"。可见，成本加成法的管制政策定价方法，先天具有集聚非生产性"租"的缺陷。换言之，在一个进入也受到管制的市场上，产业外的要素无法自由流入，市场竞争力量无法发挥作用，"租"的消散机制便难以形成，从而这造成食盐市场内的非生产性"租"无法消弭，不但导致制盐企业步履维艰，而且也给消费者造成无法估量的经济福利损失。如果从政策目标受众的视角来看，食盐价格规制产生了负外部性问题，出现了政府管制外部性失灵。

3. 缺乏"租"的转移机制

纵观全球的管制实践，垄断性行业的各种管制政策，大多都尽量阻止"租"的生成和聚集。一般来说，如果一项管制政策自身缺乏"租"的消散机制，就应内置一种能把业已形成的"租"转移出去的机制。比较传统的做法是采用"内部业务交叉补贴"，即垄断企业利用垄断业务所赚取的利润来弥补竞争性业务的亏损，或者利用非偏远市场利润补贴偏远市场亏损，其初衷是试图通过这样一种"租"的转移机制，将非生产性"租"转嫁出去，避免非生产性"租"的稳态集聚。然而，令人遗憾的是，我国盐业管制政策既缺乏"租"的消散机制，又缺乏"租"的转移机制。

第一，食盐经营环节缺乏"租"的转移机制。《食盐价格管理办法》第十三条规定"制定或调整食盐零售价格应充分考虑边远地区居民的承受能力，同品种食盐原则上实行全省（自治区、直辖市）统一零售价格。"也就是说，在同一个省级行政辖区内，无论是偏远市场，还是非偏远市场，食盐的供给价格必须相同。价格管制的这一条款，隐含了"以近补远，以盈补亏"的非生产性"租"的转移机制。从表面上看，是盐业公司利用在非偏远市场上的盈利补贴其在偏远市场上的损失；从本质上看，是把非偏远市场的消费者剩余转移给偏远市场的消费者，是对非偏远市场的消费者实施"再征税"行为。那么，盐业公司是否将垄断利润转移了出去？在专营环节上是否存在稳态的非生产性"租"？这些也是社会各界人士所关注和质疑的问题。

　　原卫生部《全国重点地方病防治规划（2004～2010年）》后期评估结果：到2010年，除西藏、青海和新疆3个省（自治区）达到基本消除碘缺乏病阶段目标以外，全国28个省份均已达到消除碘缺乏病目标。[①] 这说明，绝大部分省级盐业公司已经将垄断利润转移出去。可是，是否全部转移出去则令人怀疑。根据2010年《成都商报》的一篇报道[②]和实地调研所取得的数据资料，本书以经营井矿盐的盐业公司为例，用其销区平均批发价格2000元/吨，扣除其平均购进成本508元/吨、平均加碘费用和分装费用200元/吨左右和偏远市场平均物流费用700元/吨左右，其毛利额大约为592元/吨，成本费用利润率大约为42%，远远高于同期社会平均利润率水平。这意味着，盐业公司按照统一的规制价格在行政辖区内为偏远市场提供碘盐，不但没有发生亏损，反而还赚取了大量的垄断利润。显而易见，盐业公司在碘盐的供给活动中，并没有把所获得的非生产性"租"全部转移出去，大概攫取了190%（成本费用利润率＝148%＋42%）的超额垄断利润。

　　第二，食盐生产环节缺乏"租"的转移机制。根据《条例》和《食盐专营办法》的相关规制条款，我国食盐加工采用定点生产许可制度。从现实管制结果来看，这种行政许可制度使我国食盐生产市场长期处于"封闭"状态，100多家制盐企业持续不断地攫取非生产性"租"，正如前面的分析和计算，以井矿盐为原料的食盐定点生产企业的成本费用利润率竟然可以高达75%。但是，在这里存在一个令人匪夷所思的问题：既然制盐企业已经获得了如此高的超额垄断利润，为什么全国制盐企业普遍生存困难？

　　我们追根溯源，发现其关键原因就在于行政许可制所带来的一个负面结果，就是获得行政许可资格的垄断企业，往往会为竞争性市场内生出一

　　① 参见原卫生部. 关于2010年全国碘缺乏病监测情况的通报［EB/OL］.（2011－06－10）［2014－08－26］http：//www. moh. gov. cn/publicfiles/business/htmlfiles/mohjbyfkzj/s5873/201105/51576. htm.

　　② 涂劲军. 揭秘食盐增值30多倍销售链［N］. 成都商报，2010－02－03（31）.

种"撇奶油"的行为选择，从而导致垄断性行业长期处于过度竞争的状态之中。竞争性业务市场的竞争越激烈，企业就越多地利用垄断利润弥补低价竞争所带来的亏损；垄断利润消耗得越多，企业就越要求管制机构提高市场进入门槛和管制价格上限；管制机构越被"绑架"，企业获得的非生产性"租"就越多，就越有能力操控竞争性业务市场，以至于整个行业陷入价格战争的恶性循环中。垄断性行业的竞争博弈过程所造成的社会福利净损失，可能不仅远远超过塔洛克四边形和哈伯格三角形，而且还严重阻碍了行业国际竞争力的提升。

"大工业盐"市场自1998年彻底市场化以来，由产能过剩带来的过度竞争格局长期存在，为了维持或争取更多的市场份额，多数企业不惜采用倾销手段，以低于成本价格销售产品，以至于制盐企业普遍在"大工业盐"市场上长期亏损。于是，"撇奶油"问题就出现了，即制盐企业利用食盐市场所获得的利润，来弥补"大工业盐"市场的亏损。但是，由于在制盐企业的总产量中，"大工业盐"和"小工业盐"两种产品占90%～95%，而食盐产量占5%～10%①，所以以较低产量的食盐利润来补贴较高产量"大工业盐"的亏损，无疑是杯水车薪，并不能从根本上激发制盐企业的竞争活力，反而陷于恶性循环之中：制盐企业越亏损，就越努力争取尽可能多的计划指标；而争取的食盐生产指标越多，就越有"底气"在"大工业盐"市场上进行价格竞争，从而导致制盐企业普遍生存困难，产业经济效率低下。

4. 缺乏价格激励机制

《食盐价格管理办法》的第七条、第八条和第九条分别规定："出厂价格是指食盐定点生产企业销售大包装食盐的含税价格，由食盐生产环节发生的成本费用（包括制造成本和期间费用）、利润、税金等构成。""产区批发价格是指按照国家食盐分配调拨计划从食盐产区向食盐销区调拨食

---

① 中国盐业协会. 中国盐业年鉴2013［M］. 北京：中国统计出版社，2013：47-53.

盐的含税价格，由出厂价格和产区食盐调拨过程发生的调拨费用、税金等构成。调拨费用包括短途运费、装卸费用、站台码头费用和管理费等。"

"销区批发价格是指食盐批发企业或受其委托的转代批单位向零售单位或食品加工单位销售食盐的含税价格，由出厂价格或产区批发价格和批发环节发生的成本费用（包括经营费用和期间费用）、税金、利润等构成。按照国家规定缴纳的碘盐基金列入批发环节成本费用。"

《食盐价格管理办法》的第十条、第十一条和第十二条分别规定："食盐生产、批发环节的成本费用利润率，根据社会平均利润率水平、盐行业发展的需要和居民承受能力等情况，由国务院价格主管部门另行确定。""小包装食盐的出厂价格、批发价格，分别在同类大包装食盐出厂价格、批发价格基础上加上小包装费用确定。小包装费用标准由小包装袋、防伪标识、外包装物的购进成本和分装成本费用、税金、利润等构成。小包装成本费用利润率应控制在15%以内，损耗率不得超过3%。""食盐零售价格是指食盐在零售市场上的最终销售价格，按照批发价格加批零差价的方式确定。批零差率应控制在20%以内。"

从以上诸多管制条款可以知道，我国盐业价格管制政策采用了一种较为传统的"成本加成法"。从表面上看，这种价格规制政策较为合理，既能足额补偿被管制企业实际发生的成本费用，又能给予被管制企业一定的盈利空间。可是，国外100多年的管制实践教训告诉我们，这是一种激励程度较低的管制工具，往往培养了被管制企业的"惰性"。作为委托人的管制机构，同样面临信息不对称及其所带来的高昂交易成本的问题，以至于宁愿放弃诸多搜集被管制企业的相关信息的行为，导致双方所签订的管制激励契约的产权边界划定并不合理，常常使被管制企业有机会进入"公共领域"里攫取有价值的产权属性，造成管制机构无法获得未在交易契约上陈明的潜在收益，即产生政府管制内部性失灵问题。

就盐业管制而言，作为管制机构的各级价格主管部门，在与被管制企业（包括制盐企业和盐业公司）签订或修改管制价格契约时，由于难以规避信息偏在及其较高交易成本的问题，不得不要求被管制企业每年按时上报企业的成本费用信息等，以便作为制定或调整食盐价格规制政策契约的依据。然而，出于有限理性和私人利益最大化的机会主义动机，被管制企业经常会"隐瞒信息"，上报虚高的成本费用和压低的利润率，误导各级价格管理部门，使规制价格上限高于合理水平。在如此的管制价格政策下，被管制企业不但完全得到了成本费用的补偿，而且还从中赚取了可观的"信息垄断租金"，正如前面所计算出的结果，盐业公司和制盐企业分别攫取了190%和75%的成本费用利润率。事实上，正是因为成本费用一直能够获得足额的补偿，才使被管制企业缺乏降低成本费用的主动性和积极性，造成其实际成本水平不降反升，影响企业经济效率和核心竞争力的提升，我们认为，盐业公司和制盐企业的效益不佳和生存困难无不与此相关。显而易见，"成本加成法"的价格规制政策，往往是在管制机构为被管制者所"绑架"的情况下制定出来的，因而其本身先天缺乏激励为被管制企业降低成本的正向作用，具有诱导被管制企业增加投资成本的反向作用，导致被管制企业懒于为降低成本而改善企业的生产经营管理活动，而勤于扩大生产经营规模，进而造成盲目投资和产能过剩等一系列问题，使整个盐业产业的长远战略利益受到严重损失。因此，如果从管制政策目标的视角来分析，"成本加成法"的盐业价格规制政策在达到预期目标的同时，给予政策目标契约之外的第三方——整个盐业产业带来了意外的经济效率损失，于是，政府管制的外部性失灵问题便出现了。

从委托—代理型的产权交易结构来分析，作为代理人的盐业公司和制盐企业，侵占了其委托人——管制机构的潜在收益，但是，如果沿着委托—代理链条向上追溯，其真正委托人则是广大消费者，所以被管制企业实际上吞噬了本属于消费者的经济福利。换言之，"成本加成法"的价格规制政策，使盐业公司和制盐企业可以较低的交易成本甚至零成本进入产权交易"公共领域"，侵吞了没有反映在交易契约上的有价值产权属性——巨额"信息垄断租金"。于是，被管制企业与管制机构之间的内部性，就演化为被管制企业与消费者之间的外部性，政府管制的内部性失灵便转化为政府管制的外部性失灵。

简而言之，"成本加成法"的价格规制政策，之所以给整个盐业和消费者都带来了政府管制的外部性失灵问题，关键在于其本身缺乏一种激励机制，就是不能有效地激励被管制企业去努力降低成本费用，造成包括被管制行业和消费者在内的整个社会经济福利净损失。

综上所述，由于缺乏一套有效的政策形成机制，导致盐业管制政策自身先天缺乏"租"的消散机制、"租"的转移机制和价格激励机制。也就是说，无论是市场进入管制政策，还是价格规制政策，都缺乏一种激励与约束相兼容的运行机制，不能在约束被管制企业实现消除碘缺乏病目标的同时，有效地激励被管制企业从改善生产经营管理入手来努力提高经济效率水平，反而给予被管制企业一种"游说"管制机构的刺激作用，使被管制企业更愿意通过管制政策的调整来攫取更多的"信息垄断租金"，从而引发以上诸多的政府管制外部性失灵问题。因此，我国盐业管制激励政策改革的突破口，就是适当引入市场竞争机制，尽量"逼迫"信息占优的被管制者"说真话"，合理界定管制产权的交易边界，压缩"公共领域"空间或者提高被管制者进入"公共领域"的交易成本，减少甚至消除"信息垄断租金"。换言之，就是通过实行一套有效的政策形成机制，在管制政策内植入一种激励与约束相兼容的工作运行机制，达到多维管制目标。

受篇幅所限，我们仅仅剖析了我国食盐专营制度所固有的内在缺陷和不足。其实，现行的盐业管制制度还有不少优点，值得我们在设计新的管制制度时参考和借鉴。例如，虽然政、企、监三者合一的管制治理模式先天畸形，具有很多弊端和问题，但它也是一种刺激管制者积极实施管制的内生机制，可能正是因为具有这样一种激励性机制，食盐专营制度才实现了其预期目标。为此，我们在设计盐业管制治理契约时，应该融入激励性管制理念，不仅要着重约束管制者的权限，而且也要注重刺激管制者自觉依照管制治理契约来执行管制决策，例如，建立管制绩效考核指标体系，给予业绩优良的管制机构和管制工作个人以政绩和经济奖励等。

对食盐专营制度进行深入的探讨，是研究我国盐业管制制度改革的前期基础，以便我们能借鉴其长处，规避其短处，合理安排管制治理体制，精心设计管制激励政策，防范和降低管制风险，以较低的管制成本，实现较高的管制绩效。

第三节　盐业管制绩效评价

在国内外的管制实践中，评价管制绩效的指标和方法很多，究竟选取哪些评价指标和方法，我们以为，这需要根据不同的评价对象和管制目标来作出灵活的选择。就盐业管制而言，由于其根本管制目标是消除碘缺乏病、保护人民身体健康，因此，我们将其是否达到和达到的程度作为基本考核依据。另外，鉴于我国盐业管制目标设置的先天缺陷，我们还需要将被管制者——制盐行业的效率损失作为另一个考察指标。正是基于以上的社会福利和产业效率两类指标，故我们拟选择规范分析和实证分析两种方法，来评价我国盐业管制绩效情况。

一、盐业管制的成效

我国曾是世界上碘缺乏病流行最严重国家之一。20 世纪 70 年代调查显示，我国绝大多数地区均不同程度地流行碘缺乏病，受威胁人口约 7.2 亿，曾有地方性甲状腺肿患者 3500 万人，地方性克汀病患者 25 万人。国内外实践充分表明，食用碘盐是防治碘缺乏病经济、有效和便捷的措施。食盐加碘防治碘缺乏病是一项利国利民、造福子孙后代和提高全民人口素质的大事。

我国政府高度重视和关心碘缺乏病防治工作。1979 年，在全国主要病区推广实施"以食盐加碘为主、口服碘油丸等为辅"的综合防治措施，碘缺乏病的严重流行趋势有所控制。1991 年 3 月，时任国务院总理的李鹏同志代表中国政府在《儿童生存、保护和发展世界宣言》和《执行90年代儿童生存、保护和发展世界宣言行动计划》上签字,向国际社会庄严承诺到2000年中国基本实现消除碘缺乏病目标。1993年,国务院召开了"中国2000年消除碘缺乏病目标动员会",全面启动了以普及碘盐为主的综合防治措施。1994年,国务院制定和颁布了《食盐加碘消除碘缺乏危害管理条例》,确定对消除碘缺乏病危害采取"长期供应加碘食盐为主"的综合防治措施,有效推动了消除碘缺乏病的工作进程。1996年,国务院制定和颁布了《食盐专营办法》,对食盐的生产和销售实行专营管理,将碘缺乏病防治工作纳入法治化轨道。

自食盐专营制度实施18年以来,我国普及碘盐供应和消除碘缺乏病工作取得了令世人瞩目的辉煌成就。

2000年6月,原卫生部、教育部、国家工商局和国家质监局等部门,联合对全国消除碘缺乏病工作进行了考核,评估结果表明,海南、重庆、四川、西藏、甘肃、青海和新疆7个省(自治区、直辖市)未实现消除碘缺乏病目标,内蒙古、辽宁、福建、贵州、云南、陕西和宁夏7个省(自治区)基本消除碘缺乏病目标,其他17个省份均实现消除碘缺乏病目标,全国总体上基本达到了消除碘缺乏病的目标。

2004年9月,国务院办公厅转发了原卫生部、国家发展改革委和财政部制定的《全国重点地方病防治规划(2004~2010年)》(国办发[2004]75号),明确提出,到2010年,全国95%以上的县(市)要实现消除碘缺乏病目标;尚未实现目标的7个省(自治区、直辖市)到2010年要达到消除碘缺乏病目标;已基本达到目标的7个省(自治区),到2005年要力争达到消除碘缺乏病目标;已达到消除碘缺乏病目标的17个省(自治区、直辖市),要进一步巩固防治成果,防止出现反弹。

2005年,据原卫生部组织的第五次全国消除碘缺乏病病情监测结果显示,各项指标一年比一年好,碘盐普及率已从1995年的39.9%提高到2005年的95.2%;儿童甲状腺肿大率则从1995年的20.4%下降到2005

年的 5.0%，基本实现了我国消除碘缺乏病的阶段目标。并且，我国消除碘缺乏病工作受到联合国儿童基金会和联合国其他有关组织的高度评价，被誉为"世界的典范"和"里程碑性的成就"。联合国儿童基金会，分别授予彭珮云同志、原卫生部和中国盐业总公司"全球儿童事业贡献奖"，并将我国取得的经验向其他国家推广。

2006 年 11 月 18 日，原卫生部疾控中心和中国关心下一代工作委员会办公室介绍，自食盐加碘推广 10 年以来，我国居民合格碘盐食用率由 40% 提高到 90%，儿童平均智商也提高到 103.5。

2007 年，卫生部《全国重点地方病防治规划（2004～2010 年）》中期评估结果显示：海南、西藏、青海和新疆 4 个省（自治区）未实现消除碘缺乏病目标，重庆、四川、甘肃和云南 4 个省（直辖市）基本实现消除碘缺乏病目标，其他省份均已实现消除碘缺乏病目标。[①]

2010 年，卫生部《全国重点地方病防治规划（2004～2010 年）》后期评估结果显示：截至 2010 年，全国碘盐合格率为 98.0%，碘盐覆盖率为 98.6%，居民户合格碘盐食用率为 96.6%，且 96.8% 的县居民户合格碘盐食用率达到 90% 以上，达到了《全国重点地方病防治规划（2004～2010 年）》的规划要求。这表明，到 2010 年，除西藏、青海和新疆 3 个省（自治区）达到基本消除碘缺乏病阶段目标以外，全国 28 个省份均已达到消除碘缺乏病目标。[②]

以上权威检测结果充分说明，我国盐业管制制度实施 18 年来，逐步达到了消除碘缺乏病的预期目标，切实保护了消费者的身体健康，提升了全体国民身体素质，彰显出较大的社会效应。

---

① 参见原卫生部，卫生部通报我国碘缺乏病防治工作情况［EB/OL］.（2011－05－10）［2014－02－29］http://www.moh.gov.cn/publicfiles/business/htmlfiles/mohjbyfkzj/s5874/201105/51605.htm.

② 参见原卫生部. 关于 2010 年全国碘缺乏病监测情况的通报［EB/OL］.（2011－06－10）［2014－08－29］http://www.moh.gov.cn/publicfiles/business/htmlfiles/mohjbyfkzj/s5873/201105/51576.htm.

二、盐业管制的效率损失

食盐专营造成了食盐行业纵向产业组织结构不合理,食盐产业链上的生产环节与经营环节被人为割裂开来:制盐企业经过行政许可后,只能生产食盐而不能直接面向消费者销售食盐;国有盐业公司被管制机构指定在行政辖区内专营食盐,即先向制盐企业购进食盐,然后再向消费者销售食盐。由此可见,食盐专营制度不仅使盐业公司在行政辖区独家垄断了经营市场,而且还使盐业公司在产业链条上,针对制盐企业来说处于买方垄断地位,而针对消费者来说处于卖方垄断地位。于是,在食盐产业链上形成了两个层面的效率损失。第一个层面的效率损失是由经营环节的卖方垄断引起的,卖方垄断生成高额的非生产性"租",造成消费者经济福利损失。第二个层面的效率损失是由经营环节的买方垄断所致,主要包括两种损失:第一种是生产企业"寻租"造成的损失(盐业公司掌控食盐生产计划指标的分配权,制盐企业为了争取尽可能多的指标而进行的"寻租");第二种是盐业公司对制盐企业"敲竹杠"(Hold-up)造成的效率损失。

我们认为,在以上诸多效率损失中,盐业公司对制盐企业"敲竹杠"所形成的效率损失最为严重。因此,我们拟对这种效率损失进行较为详尽的分析论证。①

1. 互动各方机会主义行为效率损失的一般性分析

在博弈论的视野里,根据是否能达成有约束力的协议,各参与者的决策选择有可能是合作博弈的均衡解(完全契约下追求集体理性),也有可能是非合作博弈的均衡解(不完全契约下追求个体理性)。由于契约不完

---

① 以下分析主要参考本书作者樊玉然,吕福玉. 效率视角的盐业规制改革:从激励性规制到市场化[J]. 宏观经济研究,2012(8):26 – 25.

全是不可逆转的，因而非合作博弈就成为共同活动的真实写照，为此，我们将一项共同活动的各参与者之间的关系称为"互动关系"而不称为"合作关系"。

在任何一项共同活动中，互动关系各方皆存在机会主义倾向，导致互动关系各方为联合行动所付出的努力水平也不同。Klein 等（1978）把互动各方的努力水平称为"关系专用性投资"。由于这种"关系专用性投资"不可能事先陈明在关系契约之中，因而，契约先天就具有不完全性。

在不完全契约的客观条件下，互动关系各方之所以愿意投入资源参与一项共同活动，主要是源于他们可以通过联合行动共同创造"联合剩余"（Joint Surplus）。"联合剩余"又称"组织租金"（Organizational Rent），指参与者从联合行动中获得的收益（减直接成本）与他们从次优替代选择中获得的收益之差（Bowles，2004）。但是，有限理性和机会主义动机必然使各参与者之间出现"敲竹杠"行为，即攫取其他各参与者的"关系专用性投资"所创造的部分或全部"可占用准租金"（Appropriable Quasi Rents）。[①] 正是由于契约是不完全的，才引致互动各方为合理分配"联合剩余"进行再谈判，而在再谈判的过程中，不可避免的"敲竹杠"行为势必导致互动各方的努力水平无法达到使"联合剩余"最大化的最优水平，进而造成资源配置的事前无效率。我们利用图 5 - 2 来形象地展示这种资源配置扭曲所造成的效率损失。

为了简化分析，假设互动双方是某一产业链上的上游环节和下游环节，他们的努力水平（"关系专用性投资"）分别为 e 和 E，效用函数分别为 u(e，E) 和 U(e，E)，效用水平的无差异曲线分别用实线和虚线表示（对上游环节而言，左上方是效用水平增加的方向；对下游环节而言，右下方是效用水平增加的方向）。假设 e 和 E 只有在双方互动关系之内才能产生价值，在关系之外的价值即机会成本为 0。

---

① "可占用准租金"属于"联合剩余"的范畴。

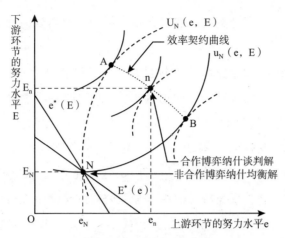

图 5 - 2　不完全契约下互动双方的效率损失

资料来源：樊玉然（2012）根据相关理论绘制。

当 e 和 E 不可契约化时，互动双方根据分配的纳什谈判解，将依从自身利益最大化原则倒推自己的最优努力水平，从而得出非合作博弈的纳什均衡 N 点。从图 5 - 2 可以看出，N 点正是上游环节和下游环节的最优反应曲线 $e^*(E)$ 和 $E^*(e)$ 的交点。

如果 e 和 E 可以契约化，则互动双方对 e 和 E 的谈判将会产生一个帕累托改进。帕累托改进点构成 $U_N(e, E)$ 和 $u_N(e, E)$ 所围成的谈判集。在这个谈判集内，双方无差异曲线相切的无数个点（如 A 点、B 点和 n 点等）符合帕累托效率标准，且这些点构成效率契约曲线。其中，n 点是完全契约下合作博弈的纳什谈判解，实现了帕累托效率。

互动双方的"关系专用性投资"不可契约化所造成的契约不完全，会导致双方的"关系专用性投资"水平低于帕累托最优水平，在图 5 - 2 中表现为由 n 点向 N 点的移动。N 点实际上是合作博弈中谈判破裂的临界点（即双方的保留效用），出现了资源配置扭曲，从而造成效率损失。

2. 食盐产业链上"敲竹杠"行为效率损失的分析

就我国食盐产业链而言，经营环节垄断性与生产环节竞争性的市场结构特点决定着，不完全契约下的机会主义行为主要表现为盐业公司对制盐企业"敲竹杠"。

假设制盐企业的投资均为专用性投资 e（代表努力水平）。由 e 产生的对经营环节而言的中间产品价值为 R(e)，此即专用性投资的关系内价值。e 在关系之外的价值为 0，意即专用性投资均为沉淀成本，其机会成本为 0。专用性投资的成本用 C(e) 表示。假定 R′(e) > 0，R″(e) < 0（凹性）；C′(e) > 0，C″(e) > 0（凸性）。在不完全契约的情况下，e 无法由谈判规定并写进关系契约，故由于盐业公司的机会主义行为，双方再谈判所瓜分的利益由完全契约下的剩余 R(e) − C(e) 扩大到整个"可占用准租金"（即"联合剩余"）R(e) − 0 = R(e)。"可占用准租金"实际上是由制盐企业专用性投资创造出来的，但在不完全契约下，盐业公司可通过"敲竹杠"的机会主义行为（如以要挟中止合作为手段压低食盐采购价）攫取这一准租金。如果双方的谈判力相等，则专用性投资水平小于使"联合剩余"最大化的最佳投资水平（青木昌彦、奥野正宽，1996）。因此，在盐业公司向制盐企业"敲竹杠"的情况下，制盐企业的专用性投资水平没有实现帕累托效率。

以上的分析结果是在假设制盐企业与盐业公司的"联合剩余"分配谈判力对等的情况下得出的，但在我国现行的食盐专营制度的约束下，两者在瓜分"联合剩余"时的谈判力并不相等。

为了解释两者谈判力不相等的原因，我们需要探究谈判力的源泉。谈判力的外在表现是共同活动参与者各自所占有的"联合剩余"的份额，以规范的纳什谈判模型和实证的轮流出价谈判模型（Rubinstein，1982）为代表的谈判理论对谈判力的来源之解释一直难以令人信服。本书认为，影响谈判力的一个关键因素是各参与者所处的产业组织结构。因为参与者所处的市场结构衡量了此参与者的垄断程度和不可替代程度，于是，将从两个方面影响谈判力：一方面，从要素稀缺性的角度决定此参与者对"联合剩余"的边际贡献，即合作博弈中的夏普里值（Shapley Value），从而决定其谈判力；另一方面，此参与者的不可替代程度决定其他参与者专用性投资的机会成本，从而决定着其他参与者"可占用准租金"的大小，进而决定着此参与者谈判力的强弱程度。①

我们根据实地调研情况和相关文献资料，整理出我国制盐行业与其他主要产盐国家的市场集中度的比较情况表（见表5－1）。

表5－1　　　　　2013年制盐行业市场集中度的国际比较

国别	企业数量（家）	市场集中度（按产量）
中国	>840	$CR_4=13\%$，$CR_8=24\%$
澳大利亚	<10	$CR_4=98\%$
美国	6	$CR_3=92\%$
法国	1	$CR_1=100\%$

资料来源：根据吕福玉（2009）整理。

由表5－1可知，截至2003年，我国制盐企业多达840余家，产量规模排在前4位和前8位的制盐企业分别占企业总量的13%和24%，与其他三个国家相比，我国制盐行业的市场集中度极低。虽然，近几年来，为了进一步调整和优化我国制盐行业的产业组织结构，工信部通过行政许可的手段，逐渐减少食盐定点生产企业和多品种盐生产企业的数量，但其新近所许可2013～2015年的食盐加工企业数量依然高达117家。因此，即使从食盐生产进入管制市场来看，我国制盐行业的市场集中度也是处于较低水平的，仍然属于一个竞争性市场结构。这就决定了各个制盐企业对辖区内专营公司的谈判力量是极为薄弱的，在"联合剩余"分配的价值链上处于弱势地位。

与此形成鲜明对比的是，我国食盐经营者——盐业公司一直处于独家垄断的市场强势地位。从省级（直辖市、自治区）的层面来看，为了达到实现消除碘缺乏病的目标，省级盐业公司被本行政辖区的盐务管理局授

①　当然，倘若进一步追究影响产业组织结构进而影响谈判力的更具根源意义的因素，则可能追溯到社会、文化、政治和经济等制度。

权独家经营区域性市场，绝不允许未经该省（自治区、直辖市）盐业公司之手的任何"私盐"进入。

涂劲军（2010）在四川省调查以井矿盐为原料的食盐产业价值链时发现，制盐企业加工食盐所需的卤水成本约为 60 元/吨，以 552 元/吨的出厂价格销售给盐业公司，差价为 492 元/吨；而盐业公司购进食盐后，经过成本约为 30 多元的加碘和分装，再以 2200 元/吨的批发价格销售出去，差价为 1618 元/吨。很显然，盐业公司所得到的"联合剩余"约为制盐企业的 3 倍之多，这反映了"联合剩余"在食盐产业链的生产环节与经营环节之间分配的严重不公。

实际上，如果考虑一些食盐行业的"潜规则"，最终"联合剩余"的分配结果还要更加不公平。《关于中国盐业盐政管理调研情况的报告》（中国盐业协会，2008）显示，在全国 31 个省（自治区、直辖市）的盐务管理局中，有 23 个与辖区内的盐业公司合并为"一套人马，两块牌子"政企不分的畸形组织，这就进一步强化了盐业公司独家垄断的市场力量，进而硬化了其市场谈判力量。根据国家发改委（2011）"我国盐业体制改革研究"课题组的调研，绝大部分省级（直辖市、自治区）的盐业公司利用手中的食盐生产指标分配权和"剩余控制权"，不同程度地存在向制盐企业索要回扣、红包、拖欠盐款和变相收费（调销奖、运费补贴和仓储补贴等）等"创租"问题。如此诸般的机会主义"败德行为"，无疑进一步地变相压低了食盐的出厂价格，吞噬了更多的本应分配给制盐企业的"联合剩余"。

以上分析表明，盐业公司凭借其源于专营制度的极强谈判力量，通过向制盐企业"敲竹杠"的行为，掠夺了食盐产业价值链条上的绝大部分"联合剩余"。制盐企业在十几年的反复博弈过程中，早已预料到自己处于谈判的弱势地位，因此，在事前基本上不作任何程度的建设性努力，正如于仲乾（2009）所指出的，目前，我国制盐行业科技投入不足，设备落后老化、能耗较高，与国际水平比较差距较大；多品种盐市场开发滞后，产品档次不高、附加值较低；制盐行业盈利能力较差，国际竞争力亟待提升等。①

　　综上所述，在现行的食盐专营制度下，制盐企业的谈判力被极度削弱，而盐业公司的谈判力被极度强化，使制盐企业在"联合剩余"的分配中所得份额远远低于盐业公司，并不是前面所假定的1/2。值得指出的是，此处我们所分析的"联合剩余"，如果从买卖型产权交易的视角来看，实际上就是由于信息不对称及其高昂的交易成本使有价值的产权属性被遗留在"公共领域"里，盐业公司凭借其信息占优地位，以较低的交易成本甚至是零成本进入此领域，从而攫取了本来属于制盐企业的潜在收益，进而产生了政府管制的内部性失灵问题。

---

① 参见于仲乾. 中国盐业改革发展三十年［J］. 转引自 2009 中国盐业年鉴［M］. 2010.

第六章

日本盐业专卖制度的改革及启示

在国际上，无论是发达国家，还是发展中国家，普遍将食盐纳入政府管制的范围中，这不仅源于食盐是一种关系到国计民生的重要食品，而且也源于食盐加碘是一种消除碘缺乏病的最便捷、最经济和最有效的防治措施，已被世界卫生组织和国际儿童基金会置于千年发展计划之中。从政府管制的手段和内容来看，欧美国家等绝大多数国家以立法方式或总统令等行政手段，强制厂商在食盐的生产环节加入碘酸钾，实行社会性管制；中国、土耳其和奥地利等几个少数国家采取行政许可的方式，对加碘食盐实施经济性管制。不过，盐业管制并不都是出于消除碘缺乏病的目的。在非缺碘的日本等国家或地区，政府对盐业施行管制制度，或出于增加财政收入的考虑，或出于彰显公益性的初衷，或出于平衡食盐供求关系的考量。

自1996年我国实行食盐专营制度以来，尽管取得了令世人瞩目的辉煌成就，却付出了沉重的社会代价和经济成本，包括制盐工业代表在内的社会各界强烈呼吁改革，且我国政府已将盐业体制改革连续纳入国民经济"十一五"和"十二五"规划纲要中，但至今还没研制出能为制度结构内的各个利益主体普遍接受的改革方案。从技术经济的视角来看，盐业体制改革与电力、电信等自然垄断行业的改革比较相对简单；可是，从经济与社会的协调发展关系的视阈来看，我国盐业垄断体制改革涉及多方利益的调整和得失，来自既得利益集团的阻力较大，改革的进程和速度也较为艰难和缓慢。

通过对相关文献资料的查阅和对比分析，我们发现，始于 1905 年的日本盐业专卖制度与我国现行的食盐专营制度，具有较高的相似性与可比性，前者历经 33 年的改良与改革，为我国盐业管制制度改革提供了宝贵的经验、教训和有益启示。因此，我们拟按照管制契约、管制治理和管制激励的分析范式，对日本盐业专卖制度及其改革进行深入研究，凝练出值得我国盐业垄断体制改革借鉴的经验、鉴戒和启迪，以期对我国盐业管制制度改革有所开启。

第一节　日本盐业专卖制度的概况及缺陷

1905～1997 年，日本盐业受到政府的严格管制，先后经历了专卖局、专卖公社和烟业株式会社三个国家专卖时期。

一、专卖局专卖时期

1. 管制法律

为了筹集日俄战争军费和培育本国制盐行业的生产能力，在明治政府的主导下，日本帝国议会于 1905 年制定并颁布《盐专卖法》，决定对盐业和烟业实行国家专卖制度。尽管日本政府对盐业的管制缺乏一套完整的法律体系为依据，但作为管制契约的《盐专卖法》毕竟是一部正式的法律，具有法律的权威性、严肃性和强制性，为日本政府对盐业实施管制奠定了制度基础。

在《盐专卖法》里，首先，确立了管制目标（增加财政收入）和管制对象（所有盐产品）；其次，明确了管制者（大藏省专卖局）和被管制者（涵盖生产环节、配送环节和经营环节的所有盐业企业）；最后，授予管制者管制权力，规定了盐业管制政策的具体内容。

尽管作为管制契约的《盐专卖法》已经包含了管制治理和管制激励的诸多条款，但还缺乏对管制机构的管制行为进行约束的相关规条，即还缺乏一种行之有效的管制治理机制。

2. 管制治理组织模式

依据《盐专卖法》，日本政府在大藏省设立专卖局，授权其代表国家对盐业市场的进入、盐产品的价格、数量和质量进行严格的政府管制，又赋权其从事盐业行政主管活动。与此同时，日本政府又允许其经营盐产品。换言之，日本国内生产的盐产品，首先须由专卖局按大藏省核准的价格收购，其次再按大藏省核准价格销售给下游的批发商，最后由批发商销售给零售商，一直到达消费者手中。

显而易见，设置在大藏省内的专卖局，既拥有管制市场的权力，又拥有主导行业发展的权力，更拥有专营市场的权力；既扮演"裁判员"的角色，又扮演"教练员"的角色，更充当"运动员"。另外，作为政府行政部门的大藏省又负责审批专卖局的购进价格和批发价格，拥有规制专卖局的管制权力。所以大藏省及其专卖局，要么是一个政监不分的部门，要么是一个政监企三合一的畸形机构。不难发现，我国目前的盐业管制治理组织模式与100多年前的日本管制治理组织模式非常相似，着实令人匪夷所思。

虽然在日本专卖局专卖时期已经设立了具体的管制机构，但是激励与约束管制机构的规制行为的管制治理机制也就不见踪影。当然，我国目前的盐业管制制度也缺失一种有效的规制管制机构的工作机制。

3. 管制激励政策

第一，市场进入管制。首先，生产市场的进入实行行政许可制。专卖局负责审批制盐企业的生产资质，根据区域性市场的供需状况计划分配生产指标，指导和检查制盐企业的生产和储存情况，补贴制盐企业因台风和地震等自然灾害所遭受的损失（限制在2/3以内）；专卖局指定制盐企业负责对所有盐产品的生产和加工。其次，经营市场施行准入制。专卖局负责审批批发商和零售商的经营资格；专卖局及其委托的制盐企业垄断进口粗盐；专卖局负责收购各制盐企业所生产或精深加工的盐产品，再批发给各批发商和零售商。另外，配送市场也采用准入制，由专卖局指定或委托的企业从事盐产品的物流配送。

第二，价格管制。根据价格审议会（由学者、生产者和消费者代表组成）提供的价格咨询信息，大藏省负责审批专卖局的收购价格；根据不同地区的成本差异和供需状况等，专卖局制定并公示批发商的批发价格和零售商的零售价格及其手续费；至于"大工业盐"（即两碱工业用盐），专卖局可自行以较低的价格出售，不需要上报大藏省审批。

第三，质量管制。专卖局负责对本国生产加工的盐产品和进口的盐产品，进行质量技术标准的检测、检查和监督等监管活动。

从以上具体的规制内容来看，日本 100 多年前的规制政策与我国目前的盐业管制政策有许多相同之处。最大的不同是，我国政监企三合一的盐务管理局（或盐业公司）是行政辖区内的唯一批发商，而日本专卖局作为唯一的一级批发商，在其产业链下游又重新设置了一个批发商，将本来可以内部化的交易成本外部化，企业边界界定更不合理。

4. 配套产业政策

为了对抗低价进口盐、提高国内制盐企业经济效率和稳定国内市场供求关系，日本大藏省专卖局在 1910～1911 年和 1929～1930 年，进行了两次盐业产业结构调整，依据《盐专卖法》，强迫高成本、低产量的制盐场停产关闭，在一定程度上优化了经济资源的配置，促进了制盐行业有序发展，提高了产业效率。

随着十几年的社会进步和经济发展，日本政府的财政收入不断增加，财政支付能力也不断增强，自 1918 年起，日本政府调整了盐业专卖目的，由增加财政收入逐渐转变为稳定国内供求关系。一方面，通过增加财政补贴，降低盐产品的销售价格，确保广大消费者的生活需求；另一方面，通过进一步调整盐业市场结构，提高国内制盐企业的生产能力，稳定国内盐产品的供求关系，保证全体国民的用盐安全。

二、专卖公社时期

1. 管制法律

第二次世界大战结束后，在联合国占领军总司令部的主导下，日本建立了立法、行政和司法三权分立的国家政体，废除了象征性的议会制度，实行权威性的西方式国会政治制度。1948 年日本国会通过了《日本专卖公社法》。

作为管制契约的《日本专卖公社法》，首先，界定了管制目标（提高制盐工业生产能力，确保国内市场供给）和管制对象（一般用盐①）；其次，明确了管制者（专卖公社）和被管制者（一般用盐的所有生产、经营和配送企业），授予管制机构管制盐业的权力；最后，在原来的《盐专卖法》基础上，对管制激励政策都做了些许调整和改良。

2. 管制治理组织模式

在联合国占领军总司令部的建议下，1949 年 6 月，日本政府依法成立了专卖公社，并在专卖公社内部设立总裁、理事和监事等。专卖公社系非课税的特殊法人，其盈利全额上交国库，取代专卖局执行盐业管制职能。

从本质上讲，专卖公社与专卖局一样，仍然是一个政监企三合一的畸形机构。可见，由专卖局到专卖公社的改良，仅仅是一次名义上的变革，并没脱离官僚政府的体制性藩篱，也没建立起激励相兼容的管制治理机制。

3. 管制激励政策

由于管制对象仅仅局限于一般用盐，依照《日本专卖公社法》，日本

---

① 按产品的用途，日本将盐产品划分为两碱工业用盐和一般用盐。两碱工业用盐是指生产纯碱和烧碱的大工业用盐，它几乎全部依赖进口。一般用盐分为食料用盐、业务用盐、畜牧用盐和融雪剂等，食料用盐是指生活用盐和食品加工盐，业务用盐是指纺织、造纸、皮革等小工业用盐。

政府完全放开了对两碱工业用盐生产经营活动的管制。专卖公社在生产环节和经营环节上给予制盐企业自主权力，也就是说，制盐企业可以自由地从事两碱工业用盐的生产加工、经营配送和进口活动，并且其数量和价格也不再受政府计划指标的限制。

在经历了四次产业结构调整①之后，随着产业结构的合理化和生产技术的先进化，带来了日本制盐行业的产出规模大幅提高。为了释放生产企业的超常产能，培育制盐企业的市场经营能力乃至竞争力，日本专卖公社在严格的专卖制度架构下，对一般用盐的管制有所放松，于 1972 年推出"特别销售政策"：如果一般用盐的每笔交易数量超过 1 吨，制盐企业在取得专卖会社的许可后，可以跃过专卖公社，直接经由批发商销售给终端客户，而且成交价格（一般由出场价格和批发商的手续费构成）亦可由制盐企业、批发商和零售商三方共同协商决定。

以上两项管制政策的改良，在一定程度上缩短了不合理的产业价值链条，调动了制盐企业的生产经营积极性和主动性，有利于促进制盐企业引进先进生产技术和扩大产能规模以及提升竞争力。

4. 配套产业政策

为了进一步降低进口盐对国内市场的冲击、保证国内市场的自给自足能力和稳定供求关系，1959～1960 年和 1971～1972 年，按照《日本专卖公社法》和《关于促进盐业调整及其近代化的临时措施法》（以下简称《临时措施法》），日本专卖公社又分别两次调整和优化盐业产业结构。

在这两次盐业构造调整中，第二次所推出政策措施最为具体、效果最佳。《临时措施法》主要内容可以归纳为以下四点：第一，凡是在 1971 年 12 月 31 日以前，主动向专卖公社申请关停并转的制盐企业可以得到政府补贴，补贴金额原则上等于企业实际发生的费用（主要包括设

---

① 日本大藏省专卖局 1910～1911 年和 1929～1930 年，进行了两次盐业产业结构调整。1959～1960 年和 1971～1972 年，日本专卖公社又分别两次进一步调整和优化盐业产业结构。

备折旧损失费、从业人员退职金和其他费用等）；第二，申请存留的制盐企业 1972~1975 年，按照 700 日元/吨的产能标准，向专卖公社缴纳"特别调整费"，以支付退出企业的补贴；第三，申请存留的制盐企业必须制定《企业近代化计划书》，提交专卖公社审批；第四，专卖公社于 1971~1975 年，将一般用盐的购进价格逐年调低，直至与进口食盐的价格相等，以推动制盐企业降低生产成本，增强市场竞争能力。《临时措施法》实施后，先后有 10 家制盐厂商申请存留，最后经过专卖公社对其生产能力、技术条件和地理分布等资格审查后，其中有 7 家企业获得行政许可资格。至此，日本制盐行业寡头垄断市场结构得以形成，并且一直维持到 2000 年专卖制度改革之时。

总而言之，经过四次的产业结构调整，日本制盐技术由传统的露天晒盐转变为高效的离子膜电渗析法；制盐企业数量由 16210 家（包括个人独资企业）缩减为 8 家，减少了 99.95%；从业人员由 22965 人减少为 1500 人左右，减少了 93.47%；制盐行业产能由 33 万吨/年提高到 130 万吨/年，提高了 294.94%。①

在专卖公社时期，虽然日本政府对盐业的管制有所松动，但并没有对其进行根本性的改革，依然实行较为严格的专卖制度。我们也发现，为了使专卖制度能够达到既定的管制目标，日本政府出台和颁布了系列产业构造改革措施，收到了较好的效果，基本实现了稳定市场供给、提高社会福利的预期目标。

三、烟业株式会社时期

1. 管制法律

在欧美国家放松政府管制的浪潮袭击下，为了规避国际贸易摩擦和克

---

① ［日］植田由美. 我ガ国における専売制度の沿革 [J]. 財務月刊, 2006 (3): 46.

服专卖公社经营体制的弊端，日本国会于 1984 年通过了《日本烟业株式会社法》。

作为管制契约的《日本烟业株式会社法》，首先，重新确定了管制对象（食料用盐）和管制目标（稳定国内供求关系和提高盐业产业经济效率）；其次，明确了管制者（日本烟业株式会社）和被管制者（从事食料用盐的所有生产经营活动的企业），赋予其对盐业的管制权力和垄断经营权力；最后，对烟草、盐业等行政垄断行业以及电信、铁路等自然垄断行业的民营化改革作出了具体的规定。

2. 管制治理组织模式

1985 年，依据《日本烟业株式会社法》，日本政府依法取消专卖公社，成立政府控股的日本烟业株式会社，在其内部设立盐业专卖事业部，承接和履行原来的专卖公社的相关职能。①

很显然，作为管制机构的盐业专卖事业部与此前的专卖公社一样，仍然是一个政监企三合一的畸形组织。自专卖公社时期过渡到烟业株式会社时期，从管制治理层面来看，日本的盐业管制治理组织模式并没有发生实质性的改变，同样存在严重的官僚体制窠臼，也没形成一套有效的管制治理机制。

3. 管制激励政策

由于管制法律已经将管制对象由一般用盐收缩为食料用盐，因此原先被纳入管制范围的业务用盐就被解放出来。这意味着，所有从事业务用盐生产经营活动的企业不再受政府的管制。换言之，盐业企业可以自主生产经营和进口配送业务用盐和两碱工业用盐，自行决定具体的交易数量和交易价格。可见，此时期的盐业管制仅仅局限于食料用盐的生产、经营和配送以及进口行为的管制。

---

① 参见總務厅行政監察局. 日本たばこ産業株式会社の現狀と課題, 1991 年.

当然，在烟业株式会社时期，日本政府放松管制的改革，主要体现在对包括专卖公社在内的特殊法人（还有电信公社和国铁公社）实施民营化的产权结构改革。具体说来，就是日本政府将民间资本引入国有独资的专卖公司里，打造一个多元化投资主体的股份制公司，以通过民营化的公司治理结构重构，来提高盐业专卖公司的经济效率，减轻政府的财政负担。然而，由于这种股份制改革并不能根除政府操纵企业经营权力的沉疴（国家控股 50%），因而，设置在烟业株式会社内的盐业专卖事业部，并未在提高经济效率上取得预期效果，且这也成为随后的专卖制度进一步改革的主要动因。

另外，日本政府也意识到了盐业专卖制度的行政性区域垄断，既不利于产业资源优化配置，也不利于产业健康发展和壮大，更不利于具有国际竞争力的盐业垄断寡头形成。因此，为了打破地域垄断的界限，给予下游厂商一定的自由选择权，鼓励量大质高的产品优先进入市场，日本烟业株式会社的盐事业部在专卖体制下，于 1988 年又导入"消费地购入政策"：允许每次购进食料用盐超过 1 吨的大客户，在全国范围内自由选择为自己供货的制盐企业，然后通过日本烟业株式会社的盐事业部和批发商来采购。

1988 年的"消费地购入政策"与 1972 年的"特别销售政策"，尽管都给予上游的制盐企业或下游的用盐客户一定的自主经营权，但在优化产业链条上后者不及前者的程度深刻，因为它仅仅允许用盐客户自由选择供货厂商，并不允许其交易业务绕过专卖者（盐业专卖事业部），也就是说，用盐客户必须经过盐业专卖事业部及其下游批发商，才能从制盐企业手中购进食料用盐。所以两者相比，"消费地购入政策"似乎比十几年前的"特别销售政策"倒退了一步，政府对盐业的管制并没有多少松动，产业链条并没有得到更为有效的优化。

总之，在烟业株式会社时期，从表面上看，日本政府好像是对盐业进行了大刀阔斧的改革，进一步缩小了管制范围，但由于局限于在专卖制度下改革公司治理的产权结构和稍微松动的管制激励政策，缺乏竞争活力，作为拥有行业指导权、管制权和经营权的盐业专卖事业部，依然处于经营效率低下的状态，没能从根本上减轻政府的财政包袱。另外，由于受到专卖制度的捆绑，制盐企业和配送企业的资源不能得到合理的配置和利用，产业效率远远低于国际平均水平，不能以较低的价格满足国内市场的正常需求。

第二节　日本盐业专卖制度的改革

20 世纪 80 年代，西方国家放松规制改革的潮流席卷日本，越来越多的学界、政界和坊间有志之士认为，在国家专卖制度的保护下，制盐企业和配送企业缺乏创新的动力和压力，产品成本高企，经济效率低下，造成国内盐价长期高于国际市场价格，严重损害广大消费者的利益。他们极力呼吁和要求改革盐业专卖制度。1996 年，根据烟业事业审议会盐业小委会的咨询意见书，日本国会审议通过了大藏省提出的《盐事业法》，决定废除盐业专卖制度。

一、专卖制度改革路径

日本盐业管制改革并不是陡然地彻底取消专卖制度，而是遵循了稳健化和渐次化的改革原则。出于盐业管制改革稳健性的考虑，《盐事业法》将 1997 年 4 月 1 日到 2002 年 3 月 31 日的 5 年时间作为改革的过渡期。

1. 过渡性管制制度

在过渡期内，日本政府继续对盐业实行较为严格的管制。也就是说，管制目标、管制对象和被管制者都固定不变，即对食料用盐的生产、经营和配送的市场进入规制和价格规制依然实施行政许可制度；唯一变化的是，管制者由原来的盐业专卖事业部变更为盐事业中心①。此中心像盐业专卖事业部一样，独家垄断食料用盐的进口权和国内市场的一级批发权，同时，拥有盐业管制权力和行业指导权力，仍然是一个政监企三合一的畸形机构。可见，在过渡期内，不合理的盐业管制治理组织结构并没有得到重塑。

2. 配套产业政策

日本专卖制度之所以备受社会各界的诟病，关键在于专卖制度极大地压制了整个盐业产业的战略发展，造成产业结构不合理和市场竞争力不足，从而使日本企业难以抵挡进口盐的价格优势，不能有效地满足国内市场需求，进而使日本无法从根本上摆脱对国际市场的依赖。因此，在改革过渡期内，日本政府非常重视相关产业政策措施的配套。

1997 年，依据《盐事业法》，日本政府规定在 2002 年 4 月 1 日以前，凡是未向盐事业中心申请留存的制盐企业和批发经营商，必须在规定的期限内破产或转产或退出；凡是向盐事业中心申请留存的制盐企业和批发经营商，必须向盐事业中心按照产能规模缴纳"构造调整基金"，以补贴那些申请破产、转产或退出的制盐企业和批发商的相关费用和损失。这样，在盐事业中心内就形成了 300 亿日元的专项资金②，其中，制盐企业和批发商出资 205 亿日元，政府财政投入 95 亿日元。此专项基金有效地支撑了日本盐业产业结构的调整和优化。

经过 5 年的改革过渡期，日本制盐企业的平均成本下降了 12% 左右，基本能够抗衡从墨西哥和澳大利亚进口盐的价格优势，其食料用盐的产能规模稳定在 140 万吨左右，能够满足国内市场的正常需求。另外，大量批发商主动申请破产和合并重组，盐业经营市场集中度不断提高。这说明，日本过渡性盐业专卖制度改革较为成功，基本达到了其预期目标。

---

① 盐事业中心，系 1997 年日本政府出资成立的公益性财团法人，以取代此前的专卖机构——日本烟业株式会社的盐业专卖事业部。
② 参见日本鹽事業セソター—の统计资料。

按照预定时间表，2002 年 4 月 1 日，日本政府正式取消了专卖制度，政府不再对盐业的生产、进口、批发、零售和物流环节实行专卖性的管制，各个市场主体可以自由地进入盐业市场，开展正常的生产经营活动。

概言之，日本专卖制度的改革选择了一条渐次化的路径，在经历了 5 年较为严格的政府管制的过渡期之后，政府才彻底废除了盐业专卖制度。

二、专卖制度改革措施

依照《盐事业法》，2002 年 4 月 1 日，日本政府正式废除了历经近 100 年的盐业专卖制度，推出系列市场化的改革措施：第一，取消盐业市场进入管制，不再对生产商、进口商、批发商、零售商和配送商实行行政许可制，以备案制取而代之，但零售商无须申请备案；第二，废除盐业价格规制，不再对生产、进口、批发和零售各环节的交易价格实施行政审批制；第三，撤销专卖机构——日本烟业株式会社的盐业专卖事业部，取缔其盐业专卖权、管制权和指导权。

以上改革措施意味着，历经近 100 年的盐业专卖制度的终结，政府行为选择范围进一步缩小，市场竞争机制进入盐业市场，受压制的经济主体获得市场权力，产业要素可以自由流动，经济资源可以重新配置和利用，社会福利水平可能进一步提高。

然而，盐业专卖制度实质性的改革，并不意味着从此以后日本政府就不再管制盐业。事实上，这只是日本盐业管制的制度变迁，随后日本政府又实行了一项新的盐业管制制度。

三、新的盐业管制制度

1. 管制法律

作为管制契约的《盐事业法》，首先，明确了管制对象（食料用盐）

和管制目标（确保食料用盐的国内稳定供给和包括偏远地区消费者在内的市场需求）；其次，确定管制者（大藏省和厚生省）和被管制者（盐事业中心），赋予大藏省对食料用盐的价格和数量管制权力，授权厚生省负责食料用盐的质量管制；最后，给予被管制者平价经营食料用盐的权力等。

《盐事业法》是日本盐业管制唯一的制度依据，它几乎涵盖了管制契约体系应该拥有的管制规则条款，与我国盐业管制契约体系相比有着较大的差异，这主要是源于日本法律体系是大陆法系与英美法系的有机融合结果，而我国则是有特色的社会主义部门法体系。

2. 管制治理组织模式

依据《盐事业法》，日本政府构建政监合一的管制治理组织模式，将5年过渡期的盐事业中心所拥有的管制职能转移给大藏省和厚生省。

大藏省不但负责对盐事业中心所经营的食料用盐进行数量管制和价格管制，而且还要负责对整个盐业进行引导，根据盐业小委会的咨询意见书，颁布盐业产业结构调整政策，且每年定期收集和公布各种盐产品的供需状况。换言之，日本政府将盐业管制职能和行业指导职能从事业中心分离出来，使其成为单一的非营利性的市场主体，避免了"裁判员""教练员""运动员"三种角色于一体的诸多弊端。可见，作为盐业管制者的大藏省，已经摆脱政监企三合一的组织结构模式束缚，成为一个合乎日本行政管理体制的政监合一组织机构。

厚生省负责对全国食料用盐进行质量管制。但是，由于隶属于盐事业中心的海水综合研究所是唯一具有出具法定效力的食盐检测检验机构，在实际操作层面上，厚生省委托日本盐事业中心抽检国产食料用盐的质量①。因此，从本质上讲，作为管制者的厚生省，依然是一个政监企三合一的畸形机构，并未摒弃政企监三合一的管制治理模式。

---

① 进口盐的品质检验一直是由各地的食品检疫检查部门负责。

3. 管制激励政策

作为被管制者的盐事业中心，系 1997 年由国家出资成立的公益性财团法人。此法人机构按照大藏省所审批的食料用盐的价格和数量，向全国各地的零售商（须按规定的批零差价将其销售给销售者）批发食料用盐，保证全国各地的消费者能够购买到平价（基本为平均市场价格）食料用盐，经营亏损（包括为偏远地区和海上诸岛居民的普遍服务所带来的亏损）由国家财政给予补贴。除此之外，盐事业中心还要代表国家储备食料用盐，收集、整理和公布关于盐的生产、进口和流通方面信息，研究和创新盐业生产技术，并对制盐企业进行业务和技术指导等。[①]

如果从以上工作职责的维度来看，盐事业中心似乎身兼食料用盐的经营者和储备者以及行业协会等诸多角色，所有经济损失都依靠国家财政补偿。这种极度彰显公益性的管制政策，缺乏一种激励与约束相兼容的内在机制，既不能约束被管制者事前"隐瞒信息"的行为，也不能有效地提高被管制者事后努力工作的积极性，从而可能造成经济效率低下和财政包袱沉重的后果。

然而，如果从已经市场化食料用盐的向度来看，市场竞争机制或许会减轻以上不良后果的程度。因为大藏省的管制仅仅针对盐事业中心，至于民营企业所经营的食料用盐并不纳入规制范围。如此一来，通过激活民间资本的市场竞争力量，形成一个尽可能接近于"平均价格"（经济学意义上的平均价格）的市场价格，来作为大藏省界定规制价格的参考系数；反之，政府的规制价格又可起到抑制市场垄断力量在特殊时期抬高价格的作用。于是，在政府规制价格与市场竞争价格之间，形成一种相互作用、相互影响和相互制约的良性循环机制。也就是说，这种价格传导机制可以在一定程度上约束盐事业中心事前"隐瞒信息"的机会主义行为。但是，我们以为，它并不能有效地规避盐事业中心的事后"道德风险"。因此，

---

① 参见日本财政制度等审议会たばこ事业等分科会第 1 回から第 10 回まで議事録内容。

日本政府实行的新的盐业管制激励政策，尽管能够确保管制目标的实现，但并不能达到帕累托次优状态，仍存在一定的改进空间。

简而言之，日本现行的盐业管制政策可以归纳为以下几点：在市场进入管制层面上，所有生产经营食料用盐的社会资本都可自由进退，不再受政府行政许可的限制；在价格管制层面上，唯有盐事业中心的经营价格及其下游的零售价格才受大藏省的规制，其他任何企业都可自主确定出厂价格、批发价格和零售价格，并不需要报大藏省备案或审批；在质量规制层面上，厚生省采用全国统一标准，对盐事业中心和民营企业生产经营的食料用盐进行质量管制。

四、配套产业政策

然而，随着世界贸易自由化程度的加深，日本进口商品的关税壁垒越来越低，盐事业中心大量进口物美价廉的中国精制盐，对国内市场构成较大压力，8 家制盐企业几近破产倒闭。日本制盐企业和经营企业所面临的困境，是政府在专卖制度改革之前始料未及的。

为了应对国际市场竞争的冲击，实现"在制盐企业自立的前提下，保证食料用盐的国内生产能力（140 万吨）"目标，2002 年日本政府同意盐业小委会所提出的咨询意见书，设置自 2002 年 4 月 1 日（新的盐业管制制度实行之日）到 2005 年 3 月 31 日的 3 年构造调整期。在调整期内，政府对进口中国精制盐征收特别关税，税率逐年递减，2005 年 4 月 1 日以后，恢复基本税率；同时，由政府与申请存留的制盐企业、批发商共同出资建立 176 亿日元"构造调整基金"①，用以补偿制盐企业的主动破产费用和批发商的合理化成本（如信息化投资、仓库改建等费用），申请留存的企业必须向大藏省提交详细的降低成本计划书，确保构造调整期结束后

---

① 在 176 亿日元"构造调整基金"中，政府出资 148 亿日元，制盐企业联合会出资 26 亿日元，批发商联合会出资 2 亿日元. 参见日本鹽事业セソター—の统计资料。

能够对抗中国精制盐的价格优势。

在 3 年的产业结构调整过程中，1 家制盐企业和若干家批发企业主动申请破产，日本盐业产业组织结构不断优化，市场集中度越来越高，产业结构逐渐升级和高级化。截至 2008 年年底，7 家制盐寡头企业垄断制盐工业，两家物流配送公司拥有 100% 的市场份额，92 家批发企业分散全国各地的经营市场上。[①] 较为合理的市场结构和产业结构，为新的盐业管制制度的顺利运行提供了良好的市场环境，为盐业管制实现既定目标奠定了坚实的产业基础。

综上所述，日本盐业专卖制度始于 1905 年，1982 年开始酝酿管制改革，经历了自 1997 年 4 月 1 日到 2002 年 3 月 31 日的 5 年改革过渡期，于 2002 年 4 月 1 日正式废除了盐业国家专卖制度，2005 年 4 月又外加 3 年构造调整期，从广义上讲，日本盐业管制制度改革前后历时 25 年之久。

第三节　日本盐业专卖制度改革的启示

一、专卖制度改革决策的程序化

1. 改革决策的社会化

第二次世界大战结束后，在联合国占领军的影响下，西方民主政治制度在日本逐渐建立起来，立法、司法和行政三权分立的国会内阁制也随之成型。在立法程序上，首先由第三方社会力量评议，再提交国会审议通过，进而形成具有权威性的法律规范。这种民主化的立法程序，也充分体

---

① 李宏舟. 日本盐业规制改革：动因、历程与效果分析 [J]. 2010 年中国产业组织前沿论坛会议文集，2010：539.

现在日本盐业专卖制度改革的进程中。

早在 1949 年,《日本专卖公社法》就规定,大藏省内设立由学者、盐业生产经营者和公社职员组成的专卖事业审议会,代表消费者和业界向大藏省提供关于专卖事业的政策建议,并推荐专卖公社的总裁和监事人选。

1982 年,隶属于日本首相的咨询机构——临时行政改革推进审议会,在《关于行政改革的第三次咨询意见书》首次提出,必须废除盐业专卖制度,改革时机应选择在国内制盐企业可以自立的阶段;1988 年,此审议会在《关于放松规制的咨询意见书》中再次建议,取消盐业专卖制度,并提出政府引导制盐企业合并、推广"消费地购入制度"和放宽零售商认定条件等方向性建议。随后,经过大藏省的咨询机构——临时烟业等事业审议会盐业小委会近 7 年的审议,1995 年 11 月盐业小委会正式提出《关于日本盐业的改革问题》,向国会提交咨询意见书,并获得通过。

在 1997 ~ 2002 年的专卖制度改革过渡期内,日本盐业意外面临进口中国精制盐的价格优势问题。为了有效应对这个难题,实现"在制盐企业自立的前提下,保证食料用盐(140 万吨左右)的国内生产能力"①的既定目标,2001 年大藏省第二次恢复烟业等事业审议会盐业小委会。经过 1 年的基层调研、与社会各界的意见交换,盐业小委会反复研讨,于 2002 年提出《关于盐业结构改造的咨询意见书》,建议采用特别关税手段保护国内盐业市场,设置 3 年盐业构造调整期,优化盐业产业结构,也获日本内阁政府的同意和通过。

2. 改革决策的法制化

日本盐业国家专卖制度历经 100 年的历史沧桑,从起初的建立到中途的改良,再到最终的改革和废除,无不彰显出法律的权威性和严肃性,坚持以立法为先导,始终依法管制和依法改革。

1905 年根据《盐专卖法》,明治政府在大藏省设立专卖局,赋予其盐

---

① 参见日本财政制度等审議会たばこ事業等分科会第 1 回から第 10 回まで議事録附属資料。

业专卖权力。1949 年，依据《日本专卖公社法》，日本政府设立非课税的特殊法人——专卖公社，以取代专卖局履行专卖职责。1971～1972 年，按照《关于促进盐业调整及其近代化的临时措施法》，日本大藏省进行第四次盐业结构调整，提高市场集中度，抬高生产领域进入门槛。1985 年，依照《日本烟业株式会社法》，日本政府投资 50% 成立日本烟业株式会社，并在其内部设置盐专卖事业部，代替专卖公社履行专卖职能。1997 年，依据《盐事业法》，废除盐业专卖制度，并将 1997 年 4 月 1 日到 2002 年 3 月 31 日的 5 年时间作为改革过渡期。

衡量一项公共政策是否科学合理，"关键在于其所引起的利益与代价之比，是否可以在一个平衡的过程中最终获得相关各方面的同意或认可。"① 朗德·L·科勒尔（Randall L. Calver，2003）指出，制度不应该被简单地看作是一组博弈规则，而是均衡时，理性参与者被迫遵守的一组行为规则。② 所以政府构建一种能产生预期绩效的政策，关键是要规定一系列利益均衡时各方都能自觉履行的行为准则。这就要求，在公共政策的制定过程中，必须允许结构内各利益主体（如业界和消费者代表等）参与进来，让每一利益攸关方都能充分表达自我利益，使其不断进行利益博弈和妥协让步。为了降低摩擦成本和提高决策效率，决策组织部门又需要吸纳立场相对中立、理论知识和实践经验较为丰富的学者和专家，使其综合协调和平衡不同群体的利益诉求，加速形成利益均衡的行为准则。可见，作为处于信息劣势地位的政府部门，借助社会第三方力量来进行公共决策，既可提高决策质量，更可降低决策执行成本。

纵观日本近百年来的盐业管制，每一步变革或改革皆是依据正式的法律规范，并且诸多的管制法律制度并不是政府单方面制定的，而是在政府的组织和牵头下，由社会第三方力量（由社会各界人士组成的盐业小委会）提出改革意见和建议，交由最高权力机构——国会审议通过。

---

① 宁骚. 公共政策［M］. 北京：高等教育出版社，2000：206.
② ［美］戴维·L·韦默. 制度设计［M］. 上海：上海财经大学出版社，2003：11.

本书认为，这种社会化和法制化的管制改革决策程序，值得我国包括盐业在内的所有管制制度改革而参考和借鉴。虽然中日两国的政治体制和基本国情等都存在较大的差异，但这并不妨碍我们学习对方专卖制度改革的科学程序：既要借用社会第三方力量来科学决策，又要以立法为先导，实行法制化管制改革。我国食盐专营制度之所以存在那么多制度性缺陷和体制性弊端，其主要根源就在于：一方面，政府部门独家垄断决策过程，未能充分发挥结构内各种利益主体的社会能量，违背科学决策的内在逻辑；另一方面，缺失一部位阶较高的权威性法律作为管制的制度性基础，以至于不少地方政府随意出台与居于上阶位的行政法规①相矛盾的诸多管制章程条例等。

二、专卖制度改革目标的多元化

日本岛国四面环海，拥有丰富的海盐资源，但由于常年雨水丰沛，造成日晒盐技术难以适用，且产量极为低下。虽然早在20世纪60年代至70年代，日本制盐企业就引进了离子膜电渗析技术，逐渐淘汰传统的日晒盐生产方式，90年代又采用真空制盐法，产量大幅提高，可是依然不能保证完全满足国内市场需求，且生产成本高企，市场竞争力弱小，长期依靠政府的财政补贴。日本盐事业中心2000年的相关数据资料显示，日本国内一般用盐的产能（两碱工业用盐长期100%依赖进口，因为其进口价格具有绝对优势）。② 从1947年的99万吨提高到1997年的1329万吨左右，而国内市场需求量从1947年的699万吨上升到1997年的1507万吨，有

---

① 主要包括《食盐加碘消除碘缺乏危害管理条例》（国发［1994］163号）、《食盐专营办法》（国发［1996］197号）、《食盐价格管理办法》（计委［2003］27号）和《食盐专营许可证管理办法》（发改［2006］45号）等行政性法规。

② 按产品的用途，日本将盐产品划分为两碱工业用盐和一般用盐。两碱工业用盐是指生产纯碱和烧碱的大工业用盐，它几乎全部依赖进口；一般用盐分为食料用盐、业务用盐、畜牧用盐和融雪剂等，食料用盐是指生活用盐和食品加工用盐，业务用盐是指纺织、造纸、皮革等小工业用盐。

113%～700%的需求缺口须依赖进口填补；1947～1997年，按照加权平均法计算，日本制盐成本比中国同类产品成本高出2～3倍。正是基于以上的自然条件和盐业生产技术条件，不同时期的日本政府出于不同的动机和目的，一直对国内盐业实行不同程度的政府管制。

为了增加财政收入，筹措日俄战争经费，明治政府从1905年开始对盐业实行国家专卖制度，将所有盐产品都囊括在政府管制范畴之中。随着第二次世界大战的结束和西方政治经济制度的植入，在战后百废待兴的背景下，出于提高制盐工业的生产能力、确保国内市场供给的目的，日本政府于1948年对专卖制度进行了一定程度的变革，将管制对象调整为一般用盐。20世纪80年代后，在欧美国家引入民营资本的放松规制改革潮流的影响下，为了稳定国内供求关系和提高盐业产业经济效率，日本政府于1984年对专卖机构进行产权结构改造，将管制对象定位于食料用盐。然而，公司治理结构的调整并没带来产业经济效率的大幅度提高，为了确保食料用盐的国内稳定供给和包括偏远地区消费者在内的市场需求，日本政府于1997年从法律上正式废除了国家专卖制度，引入市场竞争机制，大刀阔斧地进行了盐业管制制度改革。

简而言之，基于资源禀赋劣势和国内产能不足，日本政府将关系到国计民生的盐产品纳入管制之中。沿着专卖局—专卖公社—烟业株式会社—盐事业中心不同时期的改良和改革轨迹，我们发现，日本盐业管制对象从所有盐产品缩减到一般用盐，再集中于食料用盐；同时，日本盐业管制的依归，由政府利益上升为全体国民的公共利益与盐业企业的经济利益，尤其优先考虑弱势群体利益，既要实现社会公共福利目标，又要达到产业经济效率目标，充分体现公平与效率兼顾的原则。事实上，正是因为日本盐业管制目标明确和改革措施给力，才使日本盐业管制改革进程顺利且绩效良好。

虽然我国盐业管制的对象为食盐，管制的根本目标是消除碘缺乏病，但这并不意味着，实现这个既定目标就应该以牺牲产业经济效率为代价。当日本政府发现在追求社会公共利益目标的过程中，专卖制度竟然给日本盐业带来较大的经济效率损失时，日本政府便再次改良和改革其所实施的管制制度，重新界定管制对象，确立双重的管制目标，尽可能减少政府管制的内部性失灵和外部性失灵。所以我国盐业管制改革应该借鉴日本管制目标多元化的改革经验，摒弃忽视经济效率目标的陈规，遵循公平与效率兼顾的基本原则，构建公共利益目标、政府利益目标和产业经济目标的三维目标体系，为管制改革提供清晰的价值目标指向。

沿着日本盐业专卖制度的变迁轨迹，我们发现，自始于 1905 年的专卖局时期到终于 1984 年的专卖公社时期，日本专卖制度前后经历了近 80 年的时间，从本质上讲，专卖公社时期所推出的专卖政策，仅仅是对已有管制政策的一种改良，还算不上制度安排和产权结构的改革。

日本盐业管制改革酝酿于 1982 年，在英美等西方国家的民营化管制改革的影响下，日本政府着手对国有独资的专卖公社进行产权结构改革，试图通过民间资本引入的方式，为死水一潭的行政垄断市场注入新鲜血液，提高盐业产业经济效率，保障国内食料用盐稳定供给。然而，由于严格的政府管制制度并未废除，盐业产业链条的诸多环节仍然被专卖制度捆锁，再加上民营化的公司治理结构改造并不能产生多大的"鲶鱼效应"，因而，此次的专卖制度改革只是日本盐业管制放松的一个标志而已。

随着西方国家自然垄断行业市场化改革的不断深化，日本盐业管制改革也进一步深入，1996 年颁布的《盐事业法》决定对日本盐业实施市场化的管制改革，1997 年 4 月 1 日从法律层面上废除了盐业专卖制度，但是在操作层面上取消国家专卖制度是在 2002 年 1 月 1 日。可见，日本盐业管制的市场化改革并不是一蹴而就的，而是选择了一条渐进化的改革路径，为此设置 5 年的改革过渡期。在 5 年过渡期内，出于改革稳健性的考量，除改革了管制治理组织的产权结构模式以外，日本政府仍然对盐业实行烟业株式会社时期的管制政策。等到 5 年改革过渡期结束以后，日本盐业才正式实行新的管制制度。

探究日本盐业管制改良和改革的历史进程，我们发现，其管制治理组织模式与我国目前的管制治理惊人相似，但管制激励政策差异较大。

由于两国具体的国情和国体以及文化习俗的不同，盐业管制的基本目标也不同，因此，我国盐业管制改革不太可能照搬日本模式。但是，我国食盐专营制度的改革，可以学习日本稳健性和科学性的改革原则，结合我国特殊国情和目前盐业产业条件以及市场监管环境等，循序渐进地推进我国盐业管制制度改革，审慎地选择合宜的管制改革路径。我们认为，我国不妨也预留几年的改革过渡期，给予被管制的盐业公司和制盐企业充足的准备空间，使盐业企业能为应对未来的新制度进行战略调整和发展规划，从而为我国盐业市场化的管制改革培育健全的市场主体和充满活力的竞争力量。

三、专卖治理体制改革的科学化

从 1905 年的专卖局时期到 1984 年的专卖公社时期，虽然经历了近 80 年的专卖制度变革，但始终没有摆脱政监企三合一的管制治理组织模式，无论是日本专卖局，还是日本专卖公社，抑或是日本烟业株式会社的盐业专卖事业部，都同时扮演着"教练员""裁判员""运动员"三种角色，既负责指导盐业发展的宏观经济活动，又负责管制盐业企业的微观经济活动，还要负责从事盐业经营的微观经济活动，其产权结构内部存在着不可调和的矛盾与冲突，产生了众多的政府管制失灵问题。正是因为管制治理组织长期处于矛盾性产权结构之中，才使日本盐业管制治理效率低下；也正是因为想理顺管制治理组织的产权结构的内在逻辑，尽量减少有价值的产权属性被遗留"公共领域"，才使日本政府决意改革盐业专卖治理体制，于 1988 年依据《盐事业法》，把盐业管制和盐业发展指导的两种行政职能，从畸形的管制治理组织机构中分离出来，转交给大藏省和厚生省，从而使日本盐业管制治理组织结构变为政监合一型。

我们发现，我国目前的盐业管制治理组织模式与在日本盐业存在了近 80 年的政监企三合一的管制治理组织模式非常相似，并且中日两国的行政管理体制都具有较为浓厚的官僚色彩。因此，我国盐业管制治理组织模式改革，不妨模仿日本的政监合一型，将管制机构挂靠在具有行业发展指导权的工信部内，授予管制机构相对独立的法律地位和独立的管制权力，使其在工信部最高行政长官的领导和协调下，更加顺畅地执行和实施盐业管制政策，达到预期管制目标。

其实，不仅日本盐业管制治理组织模式的改革经验值得我国模仿，同时其管制治理机制也值得我国借鉴。在较为完善的国家体制和政治体制下，尽管源于政府内部的纵向和横向的行政约束作用较为有限，但来自行政机构之外的司法救济和社会监督颇有功效，这无疑给我国盐业管制治理体制改革提供了机制设计的方向。换言之，我国盐业管制改革应该参考日本盐业管制治理体制，设计出符合我国国情、国体和政体的治理机制，使激励与约束两个元素真正相互兼容，既能刺激管制机构努力工作，又能限制其机会主义行为，尽可能地使管制机构在管制授权范围内行使管制权力，规避管制内部性失灵和管制外部性失灵。

四、专卖激励政策改革的放松化

1. "特别销售政策"的启示

在实行严格的专卖制度时期，管制机构——专卖公社于 1972 年引入"特别销售制度"，允许符合条件的制盐企业避过专卖公社，与下游批发商、用盐客户直接贸易，自由协商交易价格。这种放松经营市场进入规制和价格规制，小范围地弥合了断裂的产业链条，既刺激了制盐企业的生产积极性，又培育了制盐企业的市场营销能力。我们认为，当时的日本盐业管制机构分明意识到，陈旧的专卖制度造成盐业产销脱节，严重制约了制盐企业的生存和发展，链接盐业产业链条已成当务之急。

就我国盐业而言，在现行的食盐专营制度下，制盐企业与盐业公司之间同样存在产销脱节问题，经济利益分配不均的矛盾日益凸显。失去价格话语权和市场经营权的上游制盐企业，长期被辖制在价值链条的低端节点上，也无从获得源于自由竞争带来的潜在利润。所以我国盐业管制政策的设计，应该借鉴日本放松专卖政策的经验，着力黏合业已割裂的产业链条，健全盐业市场的每一个经济主体，归还制盐企业市场经营权力，即不但将生产者剩余返还给制盐企业，还给予各类经济主体追求潜在利润的机会，使市场主体能够平等地竞争产业利润，充分体现市场经济的自由平等原则。

2. "消费地购入政策"的启迪

在专卖制度框架下的"特别销售政策"，仍然存在销售区域的限制，使地区垄断格局依然延续下去。为了降低地区竞争壁垒，1988 年管制机构——日本烟业株式会社盐业专卖事业部，在盐业专卖的前提下，又植入"消费地购入政策"，准许符合条件的终端客户，自由选择信誉度较高的制盐企业所生产的产品。这在一定程度上打破了地区封锁，归还给市场一定的自由消费权，但必须经由盐业专卖事业部和批发商转手，即成交价格照旧受到政府管制。

我们认为，日本此项放松管制的激励政策，也为我国盐业管制政策带来了方向性开启。也就是说，我国盐业管制制度改革，不仅考虑盐业产业的经济利益，更要关注全体国民的社会利益。为此，我国盐业管制政策的设计要将各行政区域的民众从单一品牌产品的消费中解放出来，使其根据个人的消费偏好和生产厂商的信誉信息等，在众多品牌的碘盐产品中自由选择，以维护广大消费者的合法权益，化解社会民众矛盾，促进社会稳定和谐发展。当然，这就要求同时放松经营市场和生产领域的进入管制。

3. 专卖政策放松化的警示

事实上，日本管制机构所实施的以上管制放松措施，并未能从根本上消除专卖制度的显性积弊。盐业国家专卖制度，依旧限制和阻碍竞争机制的自由运行，压制市场力量的内生活力，导致研发、生产、经营和配送等整个产业链条的价值流失，尤其是制盐企业效率低下，使其面对进口盐产品的成本优势，常常依赖于政府补贴和关税保护，而这恰恰违背了培育盐业自立能力的专卖制度设立之初衷。可见，在国家专卖制度的桎梏下，仅仅局限于管制政策的微调，既无法消散制度流弊，更无力根除体制缺陷。

在关于我国食盐专营制度改革的讨论中，作为既得利益的专营集团，建议实行类似于日本盐业放松管制政策。具体来说，就是在食盐专营制度的前提下，拥有专营权的各省（自治区、直辖市）盐业公司，可以冲破行政区域界限，自由竞争全国食盐市场，将目前以行政区域为单元的专营市场转变为以经济区域为单元的垄断市场。我们认为，这种管制政策的放松性调整，或许会淘汰掉劣势的盐业公司，在一定程度上激发市场内生活力，然而，它并未将竞争机制延展到盐业完整链条上，而是局限于产业链的中间节点。也就是说，在专营集团内部导入竞争机制，只是重新分配集聚在利益集团内部的非生产性"租"（或垄断利润）而已，却不能打破整个产业的价值分配格局，虽能在一定程度上提高盐业公司的经营效率，却无法提升制盐企业的经济效益，改变不了盐业产销利益分配失衡局面，难以提升盐业产业竞争力。这种食盐专营政策的改良，背离了我国盐业管制制度改革的初衷，与提高盐业产业经济效率的管制目标背道而驰。更进一步来看，这种冲破行政地区藩篱而以运营成本为半径的经济区域专营竞争，尽管能够在整体上提升盐业销售环节的经营效率，然而，在横跨不同行政地区的垄断市场内，以追求自我利益最大化的专营主体，出于较高物流成本的考虑，往往会放弃老少边穷的偏远地区，即或顾及偏远市场的加碘食盐供应，亦会将较高的物流费用转嫁到加碘食盐的销售价格中，从而造成弱势群体减少甚至放弃加碘食盐的消费，进而导致碘缺乏病蔓延泛滥，这无疑远离了食盐专营制度改革的根本目标。毋庸置疑，在延续食盐专营制度的架构下，拘泥于专营主体的狭窄范畴内，放开经营价格和经营市场的管制政策变革或改良，并不符合兼顾公平与效率的基本原则，既不能确保实现消除碘缺乏病的根本目标，又不能达到提升盐业产业竞争力的经济目标，因而，不宜作为我国盐业管制改革路径的一种选择。

4. 专卖政策民营化的警戒

在西方国家管制改革民营化的影响下，日本政府为了提高专卖机构的经营效率和减轻财政负担，1984 年依据《日本盐业株式会社法》，取消日本专卖公社，与民间资本共同出资成立日本烟业株式会社，并以 50% 的股份拥有控股权，在公社内部设立盐业专卖事业部，赋予其食料用盐的一级批发权力。显而易见，此次股份制改造仅仅局限于专卖机构，并没有涉及产业链上其他的产业组织。进一步来看，这种专营组织内部的公司治理产权结构的重新调整和安排，是在政府管制范围内允许民间资本进入专卖市场，从而使其获得一定的收益权。实质上，正是由于这些民间资本并不拥有专卖组织的决策权和话语权，才导致民营化股份制改造流于形式，并没有将民间资本的竞争因子引入进来，从而使改造后的盐业专卖事业部依然缺乏经营竞争活力，不能带来预期的经济效率。

有鉴于此，我国盐业管制改革要引以为戒，不能仅仅局限于公司内部的产权结构调整，应该将市场竞争机制植入进来，进行彻底性的市场化管制改革。也就是说，盐业市场应该逐步向健全的经济主体开放，使拥有决策权的民间资本有机会进入，从而在盐业市场上产生"鲶鱼效应"，进而提高制盐工业的经济效率，实现多元化管制目标。

五、专卖制度改革产业政策的配套化

回顾日本盐业专卖制度变迁的历史，不难发现，无论是早期的专卖政策改良，还是中期的产权结构改造，抑或是后期的专卖制度改革，日本政府无不同时推出与之相配套的产业政策。早在专卖局时期，明治政府就分别于 1910～1911 年和 1929～1930 年，进行了两次盐业产业结构调整。在专卖公社时期，日本政府又分别于 1959～1960 年和 1971～1972 年，进行了两次进一步调整和优化盐业产业结构。在改革过渡期和构造改造期的连续 8 年时间里，日本政府在盐事业中心又分别设置 300 亿日元和 176 亿日元的"构造调整基金",用于补贴制盐企业和批发企业的技术更新和企业破产等费用。在历经长达95年的6次结构调整之后,日本制盐工业形成7家寡头垄断格局,盐业市场集中度逐步提高,产业结构趋于合理,制盐企业的规模经济效益逐渐彰显,最终摆脱长期依赖财政补贴的困境,基本能够保证国内市场140万吨左右食料用盐的供给,为盐业专卖制度改革奠定了坚实的产业基础。日本政府在专卖制度改革过程中,之所以如此重视配套的产业政策,是因为日本盐业管制目标之一,就是要培育和提升国内制盐企业稳定供给市场的生产能力,为了达到这个经济目标,日本政府在每一步的盐业管制改良和改革时,都重视和出台调整和优化产业结构的政策就不足为奇了。

目前,我国盐业管制还不能贸然实行完全市场化改革的原因之一,就是我国盐业还不具备良好的产业组织环境,多小散弱的小微盐场遍地开花,食盐市场集中度较低,这与日本盐业专卖制度改革进程中所面临的产业环境极为相似。况且,我国政府致力于食盐专营制度改革的动因,主要在于我国盐业管制尽管已经实现了消除碘缺乏病目标,却带来制盐工业经济效率低下的外部性管制失灵问题。所以新的盐业管制制度设计必须将提高产业效率作为重要的管制目标。也就是说,衡量我国盐业管制改革是否成功的一个重要考核指标,就是要看制盐工业乃至整个盐业的产业经济效率是否能得到大幅度提升,而一个产业的经济福利提高又依赖于经济资源的合理配置和利用,以及产业结构的调整和优化升级。

因此,我国盐业管制改革可以借鉴和参考日本盐业专卖制度的改革经验,适时推出相匹配的盐业产业政策,尽可能为管制制度改革提供良好的产业环境,努力使新的管制政策能够实现包括消除碘缺乏病和提高产业经济效率的多维管制目标。

第七章

我国盐业管制产权制度改革的路径

自1996年我国实行食盐专营以来，由于制度的非均衡性及其所带来的诸多负内部性和负外部性，改革盐业垄断体制的呼声几乎从未间断。20年来，我国政府虽然也进行了几次关于专营政策和治理组织结构的调整，但皆未能在根本上撼动积弊丛生的专营制度。那么，我国应该选择一条怎样的改革进路呢？我们认为，在作出选择之前，应该首先探讨我国目前是否有必要对盐业进行管制，即盐业管制的缘由是什么？

第一节　盐业管制的缘由

相关医学研究证明，"碘"是维持生命不可或缺的重要营养元素，人们必须持续不断地补充碘元素，否则人体就会缺碘，而人体一旦缺碘，就会引发甲状腺肿大和地方性克汀病等；儿童缺碘，会影响智力发育，导致智障和侏儒等病症；孕妇缺碘，则会引致后代智力低下、胎儿畸形和胎死腹中等严重后果。遗憾的是，我国70%以上的地区自然环境缺碘，而国民普遍缺乏补碘意识，没有坚持每天补碘，造成我国曾经成为碘缺乏病泛滥最严重的国家之一。20世纪70年代调查资料显示，我国绝大多数地区均不同程度地流行碘缺乏病，受威胁人口约7.2亿，地方性甲状腺肿大患者约 3500 万人，地方性克汀病患者约 25 万人。因此，我国政府高度重视和关心碘缺乏病防治工作，相继推出多种防治措施，在一定程度上遏制了碘缺乏病严重流行的趋势。

国内外实践充分表明，食用加碘食盐（以下简称碘盐）是防治碘缺乏病最经济、最有效和最便捷的措施。1994 年，国务院颁布《食盐加碘消除碘缺乏危害管理条例》，决定长期采取供应碘盐的防治策略。从此，碘盐在我国不再是一种简单的生活必需品，而是富有公共福利属性的社会产品，承担着造福子孙后代和提高全国人口素质的历史重任，承载着消除碘缺乏病的公共利益目标。所谓公共利益，是指被社会里大多数公民分享并最好由集体行动所提供的利益，诸如国防、外交、公共安全、社会重大疾病疫情的防范与控制、重大灾害的治理与救助等。① 公共利益的价值结构目标之一，就是"关乎人的生存、健康与幸福及其实现条件的基本价值领域，其基本途径是基于分配正义的和谐社会。"②

从产品消费的技术属性视角来看，碘盐既不具有非排他性又不具有非竞争性，不属于公共产品范畴，乃系典型的私人产品。然而，在我国特定的历史时期和特殊的国情下，碘盐被赋予公益性使命，担负着消除碘缺乏病的公益价值目标。虽然"公益目标"是一个现代社会不可回避并与社会所有成员相关的伦理学准则，但经济学从不否认社会"公益目标"的存在及其实际作用，在更多场合，正外部性（或正外在性）也许是"公益目标"更具经济学意义、更为具体的替代性概念。

在产权经济学家的视野里，市场主体之间的商品交易活动，不仅反映了"物"的交换与转移关系，更为本质的是反映了附着在"物"上面的人与人之间社会关系的变化，即隐含在"物"里面的有价值产权属性的分割与转移。由于交易合约的不完全性及其较高的交易成本的客观存在，往往导致商品交易给对方带来未在契约上陈明的意外收益，即产生了正内

① 朱广忠. 公共利益的界定与测度 [J]. 中国行政管理，2010 (12)：32.
② 郭正林. 走出公共管理的效率主义泥淖 [N]. 社会科学报，2006 - 5 - 11 (2).

部性。就碘盐市场交易而言，经营者与消费者之间以一个双方都比较认可的市场价格进行商品交易，其结果消费者不但得到了普通食盐的产权价值属性，而且还额外获得了基于"碘"元素的有价值的产权属性——防治碘缺乏病的潜在收益。也就是说，碘盐市场存在巨大的正内部性，且这种正内部性并不需要通过非市场机制来补偿。因此，碘盐市场的正内部性不能成为政府管制的理由。但是，如果转换一下视角，食盐市场是否需要政府规制，则要求我们做进一步的研究。

一、市场负内部性有待纠正

著名管制经济学家丹尼尔·F·史普博最早研究内部性，他提出"内部性是指由交易者所经受的但没有在交易条款中说明的交易的成本和收益"，并且也指出造成内部性产生的三类交易成本："（1）在存在风险条件下签订意外性合约的成本；（2）当合约者的行为不能完全观察到时所发生的观察或监督成本；（3）交易者收集他人信息和公开自身所占有的信息时所发生的成本。"①

商品或服务的价格、数量和质量以及性能等相关信息是市场交易合约的主要内容，但因商品或服务的价值属性极其复杂和交易者的知识技术极为有限，使部分信息不能在交易契约中明确反映出来，造成信息不完全和信息不对称普遍存在。进一步来讲，市场交易参与者搜集、观察和获得对方诸多相关信息，需要花费时间、精力和金钱等稀缺资源，也就是说，处于信息劣势一方的交易者将所交易商品或服务的所有价值属性都陈明于交易合约上，必须支付很高的交易成本，甚至大于其为此所获得的潜在收益，所以他往往选择将某些价值属性置留于"公共领域"。与此相反，交易的另一方由于已经掌握这些被放弃的信息，就有可能以低成本甚至零成

---

① 丹尼尔·F·史普博. 管制与市场［M］. 余晖译. 上海：上海三联书店，上海人民出版社，1999：64-65.

本的优势，轻易进入这一"公共领域"，攫取本来属于交易对方的潜在收益，从而给信息弱势交易者带来没有在交易条款中说明的成本或损害，这就是所谓的负内部性。

可见，任何市场交易皆是有价值的商品属性的交换，是交易一方对另一方所进行的商品或服务的产权分割、转移和让渡。所以产权"是一组通过社会强制而实现的对某种物品的多种用途进行选择的权利"。① 交易成本则是"与转让、获得和保护产权有关的成本"。② 市场交易负内部性产生的根本原因，就是与信息不完全和信息不对称相关的交易成本太大甚至巨大，以至于交易者宁愿放弃自己的部分产权，从而受到价值利益的损害。

就碘盐市场而言，交易一方是碘盐经营者或生产者，处于信息优势地位，拥有消费者没有掌握的或无法完全掌握的产品营养健康和质量安全以及技术指标等有价值的属性，而交易的另一方即广大消费者则处于信息弱势地位，事前搜集和获得相关信息的交易成本很大，大到消费者宁愿将诸如质量安全营养指标等价值属性丢弃在"公共空地"，也不愿将其明确反映在交易价格之中，这就为经营者或生产者提供了广阔的攫取"公共财富"空间。当经营者或生产者估计，获得这笔潜在收益会大于为此支付的交易成本时，就会采取"败德行为"，进入"公共领域"攫取"公共财富"，产生了负内部性。换言之，这种负内部性就是，经营者向消费者提供不合格碘盐或无碘食盐，甚至是工业盐和原盐，以此冒充合格碘盐，从中赚取较大差价。实际上，消费者所受到的损失远不止直接的经济利益侵害，而且还有难以估算的身体健康素质下降和罹患碘缺乏病的间接损失，以及心理和精神上的伤害等。因此，在碘盐市场交易中，负内部性给消费者带来的损失是巨大的，是无法测度和评估的。

---

① 伊特维尔等编. 新帕尔格雷夫经济学大辞典（第三卷）［M］. 北京：经济科学出版社，1996：1101.

② Y. 巴泽尔. 产权的经济分析［M］. 上海：上海三联书店，上海人民出版社，1997：3.

不仅如此，而且这种有关食品和药品安全健康的负内部性，无法通过市场交易者多次反复博弈而自动消解，即依靠市场机制不可能减轻和消除这类负内部性。"由于内部性问题是因信息不完全和不对称性所引起的交易者承受的未在交易合同中反映的成本，因此，在本质上是交易中的产权未能完整界定清楚所引起的市场失灵。"① 所以解决碘盐市场的负内部性问题的关键，就是清晰界定碘盐商品交易中各种有价值的产权，降低市场自由交易中相关产权界定的交易成本。

二、市场负外部性有待矫正

由于我国目前还不具备碘盐经营完全市场化的三个条件②（包括成熟的市场主体、成熟的消费者和有效的市场监管），如果贸然取消对碘盐经营市场的管制，由多家私人企业自由平等地竞争地提供碘盐，尽管可能给非偏远市场消费者带来较低的市场价格的好处，但更有可能引发假冒伪劣碘盐冲击市场的严重后果，在包括非偏远市场和偏远市场在内的所有市场中，皆可能有部分碘盐需求者无法购买到甚至无力消费（源于偏远市场的较高物流费用）合格碘盐。也就是说，在市场自由竞争机制的作用下，碘盐供给商与碘盐消费者之间的买卖型产权交易，给产权结构之外的"第三方"（偏远地区较为贫困的消费者）带来意外损失（消费不起合格碘盐），而这个源于产权交易活动的"副产品"，就是经济学意义上的负外部性。很显然，在这里，产生了负外部性市场失灵问题。

在信息完全和信息对称的理想条件下，市场机制可以非常完善地自行调节着经济运行，可现实的市场交易皆是在信息不完全和不对称的环境中进行，巨额的交易成本使"看不见的手"无法正常发挥调节功能，于是

---

① 程启智. 内部性与外部性及其政府管制的产权分析［J］. 管理世界，2002（12）：66.
② 参见我国盐业体制改革研究课题组. 明确方向 稳步推进——关于食盐专营体制改革的几点建议.［EB/OL］.（2010 – 04 – 18）.［2014 – 09 – 23］. http：//www.china-reform.org/? content_150. html.

为降低交易成本的法律就应运而生了。这时，在包括民法和合同法等在内的普通法的约束下，市场机制又重新焕发出活泼的生命力，通过价格、质量担保、广告和信誉等竞争手段，在一定程度上降低了交易成本，解决了部分的负内部性和负外部性问题，但并未完全修正所有的此类市场失灵。也就是说，在某些负内部性和负外部性较为严重的领域或环节上，例如，在食品药品卫生健康、劳动者生命安全和资源环境保护上，市场机制和法律制度的调节空间和运行绩效都是极为有限的，都不能有效地纠正其市场失败。与此相反，政府管制却大有作为的空间和理由，可以弥补市场机制和法律机制的不足和缺陷，较好地矫正甚至防范负内部性和负外部性市场失灵。但是，在这里，政府不是完全取代市场，而是帮助市场机制恢复正常的决定性作用，且在很多情况下，政府管制与市场竞争可以有效地兼容，产生更高的经济效率和社会福利水平。因此，纠正和矫正碘盐市场的负内部性失灵和负外部性失灵，便成为政府管制的根本缘由和主要理由。

总之，解决碘盐市场的负内部性问题和负外部性问题，是在市场机制运行过程中自发生成的，是市场对政府介入的客观需求。也就是说，在现阶段，我国政府依然要对碘盐市场提供管制供给。那么，政府应该提供怎样的管制产品①？我国盐业管制改革应该选择何种路径？本书在梳理有关盐业体制改革各种观点的过程中发现，部分论者建议实行政企分离，改良食盐专营制度；甚至还有学者设想，建立全国统一的专营市场，强化食盐专营制度；不过，绝大多数的专家学者主张取消食盐专营制度，彻底放开食盐市场，将食盐纳入食品药品监管范围，实行社会性管制。我们认为，以上改良食盐专营、强化食盐专营和放松盐业管制的三种见解都各有千秋，但基于目前我国盐业市场条件和制度环境，这三条改革路径要么缺乏效率性，要么缺乏先进性，要么缺乏现实性。

---

① 在公共管理学派的视野里，管制是一种政府提供的公共产品。

第二节　改良食盐专营制度不可续

一、"政企分开"管制治理体制与专营激励政策的互不匹配

在众多呼吁改革的社会各界人士中，部分专家学者认为，盐业管制失灵的根源就在于"政企合一"的管制治理组织模式[①]，由于我国现阶段还不具备食盐经营完全市场化的条件，只能在坚持食盐专营制度的前提下，实行政企分开的管制治理组织模式，以消除令人痛恶的寻租和腐败问题。

其实，不仅业界和学界已经发现食盐专营的制度性缺陷和体制性弊端，而且几个省（直辖市）人民政府也意识到政企合一的痼疾及其调整的必要性。2004 年 3 月，针对不合理的管制治理组织模式，广东省启动了盐业监管体制改革工程，撤销了广东省盐务管理局，将盐业监管职能划入广东省经贸委，在其内部设立盐业管理办公室。这一变革尽管在一定程度上规避了某些管制风险，但却影响了管制目标的实现，造成广东省碘盐覆盖率不断下降，从原来全国排名的前几名逐渐滑入 8 个不达标省份的行列中。于是，广东省政府于 2007 年 7 月又恢复了广东省盐务管理局，将其并入广东省盐业公司，重新实行"政企合一"的盐业管理体制。[②] 同样，北京市也进行了以"政企分开"为核心的盐业监管体制改革，撤销了北京市盐务管理局，把食盐监管职能移交给北京市工商管理局，结果导

---

① 从省（直辖市、自治区）级层面来看，绝大多数（23 个）管制机构，既要指导行政辖区内的盐业发展，又要管制辖区内的食盐市场，更要垄断经营辖区内的食盐市场，所以，实际上，它们属于政、监、企三合一的管制治理组织模式．在这里，本书仅仅针对部分学者的政企分开之主张来分析．

② 时奇哲．普及碘盐与海南盐业体制改革［J］．今日海南，2008（10）：32．

致碘盐覆盖率大幅下降（到80%左右），不得已又恢复了"政企合一"的管制治理组织模式。① 2010年，根据原卫生部《关于2010年全国碘缺乏病监测情况的通报》可知，"除西藏、青海和新疆3个省（自治区）达到基本消除碘缺乏病阶段目标外，全国28个省份均达到消除碘缺乏病目标。"② 也就是说，截至2010年，青海、西藏和新疆3个省（自治区）尚未完全达标，而名列其中的青海省则一直采用"政企分开"的管制模式，仍然未能取得令人满意的管制绩效。

学者单鑫曾撰文指出，取消食盐专营制度为时尚早，主张实施政企适当分离：撤销盐业公司内部的盐政执法机构，将其职能划入工商部门，由工商部门向盐业公司派驻执法人员，实现体制上政企分离和运行机制上密切配合。③ 这种管制治理体制与以上3个省（直辖市）相比较，并没多大的实质性区别，从表面上看，似乎工商管理部门的执法力度更大，但实际上很难确保管制目标的实现。这主要是源于以下两个方面的原因：一方面，因为工商监管的视野并未覆盖到整个产业链上的每一环节和市场上的每一个角落，无法威慑和遏制制假售假等违法犯罪活动；另一方面，在复杂的委托—代理型产权交易关系中，并未形成一套有效的管制治理机制，因而作为管制机构的工商管理部门与政企分开的盐务管理局一样，仍然存在"逆向选择"和"道德风险"等机会主义倾向，难以避免政府管制的内部性失灵和外部性失灵。

大量的盐业管制实践证明，在食盐专营制度构架下，简单地实行政企分开的治理组织模式，并不能保证消除碘缺乏病这一根本目标的实现。如果从一项制度全方位的视阈来分析，以上管制改革实践探索的失败，不但在于管制治理体制存在先天的不足，更在于管制激励政策自身缺乏一种激

---

① 成静."立即取消食盐专营制度，我不赞成"[N].中国经济导报，2010-1-30（B07）.

② 参见原卫生部.关于2010年全国碘缺乏病监测情况的通报[EB/OL].（2011-6-10）[2014-08-29] http://www.moh.gov.cn/publicfiles/business/htmlfiles/mohjbyfkzj/s5873/201105/51576.htm.

③ 单鑫.食盐专营：企业身份、行政管理与体制改革[J].行政论坛，2009（1）：83.

励兼容机制，导致在其实施与执行的过程中，逐渐内生出逻辑性的矛盾与冲突，陷入难以自拔的尴尬境地。

按照现行的盐业管制政策，不论是在非偏远市场还是在偏远市场，盐业公司都是以2000元/吨左右（在1800～2200元/吨，取其平均值）的规制价格，将小包装碘盐批发给零售商。对于偏远市场来说，这个管制价格极不合理，远远高于"私盐"①的平均贩卖成本900元/吨左右②，使"私盐"贩子可以比照规制价格2000元/吨销售"私盐"，获取122%的利润回报（平均约有1100元/吨的利差）。于是，巨额的回报率诱使非法者频繁从事"私盐"贩卖活动，导致"私盐"泛滥，屡禁不止，屡打屡犯。原卫生部在《关于2010年全国碘缺乏病监测情况的通报》中指出，"西部局部地区碘盐推广普及任务仍然艰巨。由于这些地区地广人稀、交通不便、土盐资源丰富，当地群众自行采挖和购买土盐的现象依旧存在。"我们在偏远地区调研时发现，如果碘盐销售价格降到900元/吨，正好抵消"私盐"的平均成本，"私盐"贩子就没有利润空间，就不可能再冒险贩卖"私盐"了。也就是说，如果把偏远市场碘盐的管制价格控制在"私盐"成本以下，偏远市场就不可能出现贩卖"私盐"的现象，可能有更多的消费者选择食用合格碘盐，管制成本可能更低，消除碘缺乏病目标可能实现得更为彻底。

很显然，食盐专营政策的价格机制存在着内在的逻辑矛盾，较高的管制价格，既激励着盐业公司积极供应碘盐，实现预期管制目标，又刺激着非法分子贩卖"私盐"，背离管制目标。这似乎意味着下调管制价格即可杜绝"私盐"的滋生和泛滥，可是，在这里，就会产生一个难题：基于"以近补远、以盈补亏"的原则，盐业公司究竟应该从非偏远市场赚取多

———————

① 按目前盐业管制法规，私盐是指没有经过行政辖区内的盐业公司之手而销售的各种盐产品，既包括未加碘食盐、不合格碘盐、原盐、"大工业盐"和"小工业盐"等，又包括合格碘盐。但是，在这里，本书所分析的"私盐"并不包括合格碘盐。
② 笔者在对偏远地区的消费者进行调研时发现，"私盐"贩子购进各种盐产品的平均成本约200元/吨，其物流费用约700元/吨，则其平均贩卖成本为900元/吨左右。

少垄断利润，才正好弥补其在偏远市场上的亏损。换言之，规制价格应该定位在何种水平上，才能确保既能补足专营公司的亏损，又不会将多余的非生产性"租"留在专营公司。我们以为，作为委托人的管制机构（价格主管部门），与公司治理结构中的委托者一样，同样面临着源于信息不对称及其交易成本高昂的问题，面对被管制企业"隐瞒信息"和由此产生的"逆向选择"往往束手无策，所以其在设计价格机制时为了能给予被管制企业足够的成本补偿，常常以企业所提供的相关成本信息为依据，从而制定出远远高于实际成本的管制价格，给企业留下了丰厚的非生产性"租"（或垄断利润），进而给不法分子带来了可以牟利的机会和空间，造成"私盐"长期泛滥在偏远市场上，这有悖于盐业管制的消除碘缺乏病的初衷。

概言之，在维持现行的市场进入政策和价格管制政策的前提下，囿于"政企分开"的治理组织模式的简单调整，只不过是对食盐专营制度的简单改良而已，无法根除我国盐业管制的制度性缺陷和体制性积弊。

二、"政企合一"管制治理体制与垄断激励政策的利益冲突

将要出台的第七套盐业体制改革方案，即 2016 年 5 月 5 日《国务院关于印发盐业体制改革方案的通知》（国发〔2016〕25 号），在坚持和完善食盐专营制度的前提下，实行盐业供给侧结构性改革。具体而言，就是食盐定点生产企业和盐业公司都可以跨越行政区域自主定价销售加碘食盐，但是，继续保留和维持"政企合一"的食盐管制治理组织模式。很显然，这一改革举措的初衷是竭力兼顾制盐产业经济效率目标和消除碘缺乏病公共利益目标。

然而，在继续"政企合一"的盐业公司或盐务管理局负责本行政区域碘盐供给质量安全的监管治理模式下，作为既是"经济人"又是"政治人"的管制机构，很难规避利己机会主义行为风险，很可能利用手中的执法权，变相垄断和独占本行政辖区的食盐销售市场，从而导致外地的食盐

定点生产企业无法真正拥有平等的市场地位和公平的市场权力，进而无法从根本上提高制盐产业经济效率。可见，以"政企合一"为治理模式的食盐专营制度，不可能有效地将制盐企业从专营制度牢笼中解放出来，也无法消弭食盐专营的制度性缺陷和体制性痼疾。

因此，废除食盐专营制度应该成为我国盐业管制改革的基本指向，即使在改革过渡期间内，也不应该继续维持目前的食盐专营制度，而应该探寻一种能够突破专营体制桎梏的替代性管制制度，这也是我国政府在盐业垄断体制改革进程中所亟待解决的问题。

第三节 强化食盐专营制度不可取

一、全国一体化行政垄断势必导致政府与市场双重失灵

我国学者张春晓在《我国盐业体制改革与发展思考》一文，通过对现行食盐专营制度弊端的分析，提出我国盐业管制制度改革的现实路径——实行国家专营制度，他建议："首先，完善现在国家发展改革委盐业管理办公室的相关职能，承担全部食盐行政管理职能，并委托中国盐业总公司代行监管。其次，省、市批发企业资产未进入中国盐业总公司的可以行政方式划入，取消县级法人，以市级经营，省级管理。最后，对于民营企业中食盐生产企业，由中国盐业总公司以控股、参股等多种方式实行产销一体化，按区域整合成几个大的生产集团，提升产业集中度。同时，按区域组建若干大型营销中心，降低营销的成本，达到控制末端的效果。"①

梳理其改革思路，笔者勾勒出食盐国家专营制度的框架：在管制治理方面，将盐业管制权力集中在国家发改委的盐业管理办公室，并将实际管

---

① 张春晓. 我国食盐业体制改革与发展思考 [J]. 国有资产管理，2011（4）：45 – 46.

制工作委托给中国盐业总公司；在管制激励方面，中国盐业总公司代表国家，建立全国统一的食盐销售市场，独家垄断全国食盐经营权。

从国家专营的管制治理层面来分析，把包括工信部的市场进入规制权力在内的所有管制权力都集中于国家发改委内部的盐业管理办公室，固然避免了多头管制的弊端，且似乎是采用政监相对分离的管制治理组织模式，由相对独立的管制机构来履行管制治理职能，但在实际操作层面上又将管制执行和实施工作托付给中国盐业总公司。也就是说，国家发改委盐业管理办公室仅仅作为管制决策者，中国盐业总公司则既是管制者又是被管制者，这种集"运动员"和"裁判员"于一身的专营主体，无疑成为监企合一的利益内部化集团。如此畸形的管制治理组织模式，与现行的食盐专营制度一样，在委托—代理型的产权交易中，同时以委托人和代理人的两种身份出现的中国盐业公司，势必极度扭曲管制产权交易关系，公共利益内部化将在所难免，管制机会主义必然泛滥成灾，管制风险很难从制度上得以防范。所以这种国家专营治理体制，只不过是目前的盐业监管体制的再版而已，依然不能内生出一种合理而有效的管制治理机制。

从国家专营的管制激励层面来分析，以国家专营为内核的经营市场进入管制政策，将以诸多行政区域为单元的地方垄断，转变大一统的国家垄断；同时，将目前散多弱小的 800 多家制盐企业整合为数家寡头垄断企业，形成市场集中度较高的产业组织结构。显而易见，从经营环节到生产环节的整条产业链，皆是以行政性的命令手段来整合的，并不是基于公平与效率的原则，基于经济资源在产业间自由流动的机会和空间，通过充分发挥市场竞争机制的决定性作用，使资源得以优化配置和充分利用。因此，无论是经营市场上的独家垄断，还是生产市场上的几家寡头垄断，虽然可以改变条块专营市场结构和生产市场集中度偏低的局面，将许多的交易费用内部化，然而，由此增加的内部管理协调成本是否真正低于由此所减少的交易成本，却是令人怀疑的。换言之，国家专营制度依然没有突破行政垄断的藩篱，专营集团和生产寡头所赚取的利润难以排除非生产性"租"之嫌。如果被管制企业集聚了行政性垄断利润，则不但会侵吞部分消费者剩余，还会带来垄断企业内部 X - 效率（X - inefficiency），更会造成不可估量的社会福利净损失。在这种社会边际收益递减的情况下，即使能够实现消除碘缺乏病这一根本目标，国家专营制度也恐怕与目前的食盐专营制度一样，必将备受世人摒弃，要求改革的呼声仍会此起彼伏，意味着我国盐业管制制度改革的夭折和失败。

总而言之，学者张春晓所设计的国家专营制度，无法规避现行食盐专营制度的内在缺陷和诸多弊端，依然带有浓厚的计划经济色彩，缺乏竞争要素的参与，背离了有效管制的改革方向。质言之，这种国家专营制度与现存的食盐专营制度一样，都属于政府的行政垄断，所不同的是前者的垄断程度高于后者，是后者的强化版，这或许意味着前者的管制绩效比后者还要低下。

二、盐业管制制度改革须摆脱路径依赖

通过分析和论证，我们不难看出，以上的盐业国家专营制度，是对食盐专营制度的延续和强化，对既存的管制制度有着很大的依赖性。道格拉斯·C·诺思（Douglass C. North，1989）研究发现，制度变迁过程与技术变迁过程一样存在着路径依赖（Path-dependence），报酬递增和自我强化的机制会使制度变迁一旦走上了某一路径，既定方向会在以后的发展过程中得到自我强化。制度沿着既定路径变迁，既可能带来经济与制度进入良性循环轨道，也可能导致经济与制度的恶性循环，使制度被"锁定"（Lock-in）在某种无效率状态，且很难摆脱。因此，路径依赖对制度变迁具有极强的制约作用，成为影响经济增长的关键因素。如果路径选择正确，制度变迁就会沿着预定的方向快速推进，并能极大地调动人们的积极性，充分利用现有资源来从事收益最大化的活动，促进市场发展和经济增长，这反过来又成为推动制度进一步变迁的重要力量，双方呈现出互为因果、互相促进的良性循环格局。如果路径选择不正确，则制度变迁不能给人们带来普遍的收益递增，反而帮助少数特权阶层从中牟利，导致这种制

度变迁不仅得不到公众的支持，而且还会加剧不公平竞争，造成市场秩序混乱和经济衰退。① 诺思的制度变迁理论提醒我们，包括盐业在内的垄断性行业改革必须不断突破和解决路径依赖问题，勇于冲破行政垄断的路径羁绊，选择既有先进性又有效率性的改革路径。

当然，以上国家专营政策也有不少亮点。例如，缩小进入管制范围，彻底放开工业盐市场，促进制盐工业发展；参考邮政补偿做法，建立碘盐供应补偿机制，保障碘盐普遍供给；兼顾多方利益诉求，既能保障消除碘缺乏病目标实现，又能推动盐业产业组织结构优化，提升产业国际竞争力。这些主张为我们探究和设计新的盐业管制制度提供了有益借鉴。

第四节　贸然实行社会性管制不可为

放松管制是全球政府管制改革的主流指向，但并不是简单地减少管制，更不是政府不干预微观市场活动，而是基于市场的不完全性、外部性和信息不对称性等，实行适度管制和有效管制，给予经济主体以极大的自由竞争空间，依靠市场力量来达到管制目标，以较低的管制成本获得较高的管制绩效。在此种管制改革潮流的背景下，绝大部分学者和媒体记者甚至业内专家，都极力呼吁取消食盐专营制度，改革管制治理组织模式，彻底放开食盐经营市场，建议把食盐并入食品的管制范畴，进行跨行业的融合性管制，即实行社会性管制。

一、管制治理组织模式不合理

在管制治理体制方面，多数学者和专家主张，采用独立而分散的管制治

---

① ［美］道格拉斯·C·诺思. 经济史中的结构与变迁［M］. 陈郁等译. 上海：上海三联书店，1991：112.

理组织模式，将食盐管制权能分别授予国家食品药品监督管理总局（以下简称"国家药监总局"）、国家卫生和计划生育委员会（以下简称"国家卫计委"）、国家工商行政管理总局（以下简称"国家工商总局"）和国家质量监督检验检疫总局（以下简称"国家质检总局"）。依据现行的法律制度，这些国务院直属部门的食盐管制权能分别为：国家药监总局依法行使食盐安全管理的综合监督职责，组织协调另几个部门所承担的食盐安全监督工作，定期向社会发布来自各部门的食盐安全信息等；国家卫计委组织制定食盐卫生健康安全标准；国家工商总局承担食盐流通环节的质量安全和商标广告的监管责任；国家质检总局负责食盐的生产加工环节的质量安全监管工作。

分散式的管制治理组织模式，使这些管制机构具有完全独立的管制权力，拥有一批素质较高的专业人才，如果仅从技术层面来看，其管制效率可能比政监合一组织模式更高。但是，如果从产权制度层面来看，这种分段多头式管制治理组织模式，蕴含着极其复杂的委托—代理关系，内生出纵横交错的产权交易关系网络。在这张网络节点上的每一个交易主体，出于信息不对称及其高昂的交易成本，不得不将部分有价值的产权属性遗留在"公共领域"，而这些交易主体又可利用某些信息优势，以较低的交易费用进入"公共领域"攫取本属于其他交易主体的潜在收益，从而在这些管制部门之间产生内部性管制失灵问题。换言之，多头式的管制治理产权结构安排，在实际的公共治理过程中常常会出现"涉及部门责任彼此推诿，遇到利益好处相互争夺"的现象，因而其管制风险较高，管制绩效不容乐观。近几年频繁发生的重大食品安全问题案件，反证了我国食品管制的治理产权结构很不合理，管制治理组织模式有待修正和完善。同时，这也给盐业管制制度改革敲响了警钟，在如此脆弱的食品管制治理体制下，不能把食盐管制职能分割给以上这些管制机构，以免出现假冒伪劣食盐泛滥，影响消除碘缺乏病目标的实现。

二、管制激励政策过于激进

在管制激励政策方面，多数学者和专家主张将食盐的整个产业链条解放出来，全部交给自由竞争的市场，充分发挥市场机制的决定性作用，以便在获得较高经济效率的同时，依靠市场力量保障碘盐的安全供给，以较低管制成本达到盐业管制的公共利益目标。

然而，在目前的市场监管能力和市场竞争秩序下，我国盐业经济主体根本无法有效供应碘盐。因为在完全放开食盐经营市场上，虽然激烈的市场竞争能迫使众多食盐生产厂商推出更多质优价廉的产品，但以自我利益最大化为主旨的厂商在经营偏远市场时，受高昂的物流成本（平均为700元/吨左右）和碘盐购进成本（平均为508元/吨①）以及人工费、仓储费等其他费用的限制，很可能将销价定位于接近目前的管制价格2000元/吨左右②。如此一来，不法分子受巨额利益的诱惑和驱动，仍然会参照市场价格贩卖假冒伪劣食盐（平均可获利2000元/吨－900元/吨＝1100元/吨），其猖獗程度可能不低于目前的"私盐"泛滥。③ 不仅如此，食盐经营完全市场化，在某种程度上说，相当于为2000多家制盐企业提供一个释放过剩产能（1000多万吨/年）的市场，再加上分段多头的市场监管难以到位，部分小微型制盐企业参与制假售假活动将在所难免。④ 另外，受收入水平的限制和消费习惯的影响，偏远地区居民往往心甘情愿地购买价格低廉的无碘原盐，何况广大消费者无法从外观辨认假冒伪劣食盐，容易有意或无意地成为假冒伪劣食盐的购买者。这样，在"硬性供给"与"刚性需求"的合力作用下，食盐市场制假售假等违法行为泛滥将会比当下更为严重，假冒伪劣食盐不仅会充斥偏远市场，也会冲击中心城镇等非偏远市场，从而严重阻碍消除碘缺乏病根本目标的实现。

---

① 井矿盐的50千克内塑外编袋碘盐的产区批发价格（不含增值税）介于489～526元/吨，则其平均规制价格约508元/吨。参见《国家发展改革委关于提高食盐出厂（场）价格的通知》（发改价格［2009］3094号）的附表二。

② 以井矿盐为例，50千克内塑外编袋碘盐的销区批发价为1800～2200元/吨（不含增值税），则其平均规制价格约为2000元/吨。

③ 本书以井矿盐为例，根据深入偏远地区调研的数据资料，以及涂劲军《揭秘食盐增值30多倍销售链》［N］.成都商报，2010－2－3（31）等文献资料，整理计算得出这些数据资料。

④ 吕福玉，曾凡英.垄断转型：当代盐产业组织优化进路［M］.成都：四川出版集团巴蜀书社，2009：63.

显而易见，在我国盐业极不合理的市场结构和不成熟的消费环境下，现有的食品分段多头式管制治理体制，根本就无法依靠自由竞争的市场来达到管制目的。如果一项制度的改革，不能确保实现其预期目标，纵然将管制成本降到再低，那改革也是失败的。因此，在现有的市场条件和监管体制下，我国盐业实行社会性管制是不可行的。

有数据显示，目前已实行社会性管制的"金砖"国家的碘盐覆盖率都不高，巴西在 70% ~ 89%，印度在 36% ~ 69%，俄罗斯还不到 35%。[①]这也警示我们，在条件不成熟时，发展中国家的盐业管制绝不能盲目地效仿其他国家，贸然实行社会性管制。所以我国盐业管制制度改革的理智选择是寻找一种过渡性管制制度，当然，预留一段时间作为改革过渡时期也是顺理成章的事情。

第五节　次优路径选择：食盐特许竞标产权制度

一、盐业管制产权制度变迁的理论逻辑

道格拉斯·C·诺思（Douglass C. North，1989）指出，制度变迁是否定、扬弃或改变旧制度（或旧制度结构），并向更有效率的新制度（或新制度结构）演化的动态过程，旨在提供一种使其成员的合作获得一些在结构外不可能获得的追加收入，或提供一种能影响法律或产权变迁的机制，以改变个人或团体可以合法竞争的方式。当一项制度不均衡时，就会发生制度变迁。制度变迁包括自下而上的诱致性制度变迁和自上而下的强制性制度变迁两个基本类型。诱致性制度变迁，是指人们为争取获利机会自发

---

① 参见成静．"立即取消食盐专营制度，我不赞成"［N］．中国经济导报，2010 – 1 – 30（B06）．

倡导和组织实施对现行制度安排的变更或替代，并创造新的制度安排的创新过程。在诱致性制度变迁过程中，个人、企业是初级行为团体，他们的决策支配了制度安排的进程；政府是次级行动团体，帮助初级行动团体获取收入而进行一些制度安排，以推动制度变迁。①

我国著名经济学家林毅夫在诱致性制度变迁理论中，特别强调内生变量的影响，主张制度变迁，首先利用经济体内部导致非均衡的力量自发地进展，然后沿着非均衡的发展路径再给予一个类似于强制变迁的外部推动力，就能保证改革沿着个人理性与社会理性相一致的道路加速前进。如此，诱致性变迁不但能充分发挥个人选择和民间力量对改革的原始推动作用，而且还能借助强大垄断的政府资源的后续拉动力量，使源自民间的原始变革需求和初始改革措施就能够迅速扩展，从而逐渐形成相对均衡的符合各方利益的新制度结构。②

我国盐业管制制度的改革需求自发地来源于结构内的市场主体。众多制盐企业和广大消费者认为，在食盐专营制度下自身经济利益受到极大损害，必须变更或寻找一种替代制度，以使自己在新的制度规范下能够追求到那些潜在的外部收益，保证个体的边际报酬递增。在民间长期的监管体制改革呼声下，我国政府意识到，制度改革滞后于市场经济的发展，尤其是现行的食盐专营制度严重阻碍了盐业经济效率和竞争力的提升，凸显出的部分社会公平是以牺牲另一部分的社会公平和产业效率为代价的，因而，我国政府处于降低管制成本的考虑，将包括盐业在内的垄断行业改革连续写入"十一五"和"十二五"国民经济发展规划纲要。很显然，我国盐业管制制度改革属于诱致性制度变迁，应该充分利用民间原始的推动力量，让结构内各种利益团体（包括被管制的制盐企业和盐业公司以及消费者）都能参与新制度的创新，通过各参与方的复杂博弈，建立一个新的

---

① ［美］道格拉斯·C·诺思. 制度变迁的理论：概念与原因［J］. 载于财产权利与制度变迁［M］. 刘守英等译. 上海：上海三联书店，上海人民出版社，1994：271 - 272.

② 林毅夫. 关于制度变迁的经济学理论：诱致性变迁与强制性变迁［J］. 载于财产权利与制度变迁［M］. 刘守英等译. 上海：上海三联书店，上海人民出版社，1994：382 - 400.

利益分配和平衡机制，最终搭建起利益相对均衡的盐业管制制度架构。

二、食盐特许竞标制度的必然性与合理性

2009 年 6 月，国家发改委体改司的副司长提出我国盐业体制改革需要解决以下四个问题："一是针对私盐贩子提出'食盐卖到 900 元一吨就没有私盐了'的说法，如何在工业盐和食盐管理形式和价格形成关系上解决，能否不增加专营的成本？二是针对盐不是市场稀缺资源、分布广泛、生产工艺简单的商品属性，产销如何符合行业特征、价值规律，能否长期保持碘盐的质量？三是盐业的政企合一特征明显，能否参考铁路政企分开的经验，更集中、更专业地解决'既当运动员又当裁判员'问题？四是如何解决老少边穷地区的食盐问题，在税收、价格和食盐安全上如何进一步考虑？"① 简而言之，这位政府官员所要表达的意思就是，我国盐业垄断体制改革能否探索一种政企分开、且能确保碘盐普遍供给的低成本的监管制度。

我们认为，以政企分开为核心的管制治理体制改革是非常必要的，也是非改不可的，但是，这种管制治理体制的重建须与管制激励政策的再造同步协调进行。于是，在管制改革过渡期内，规制政策的选择和设计就成为食盐专营制度改革的关键所在。戴维·L·韦默（David L. Weimer，2003）将制度设计（Institutional Design）视为"创建相对稳定的规则和激励集合，他们相互联系，构成了实现目标的连贯程序。"② 制度构造不仅需要一系列相对稳定的规则，而且这些规则应该内含制度结构内主体之间合理的利益分配机制和有效激励他们按照规则进行私人行为选择的机制。所以制度构造和机制设计需要解决两个基本问题：一是信息效率问题，即所设计的制度是否只需以较低的信息（运行）成本，就能带来更高的收

---

① 涂劲军. 发改委：盐业改革四大问题 [N]. 成都商报，2010 - 2 - 3 (31).

② [美] 戴维·L·韦默. 制度设计 [M]. 上海：上海财经大学出版社，2003：12.

益；二是激励相容问题，即在所设计的制度下，每个参与者追求个人目标的互动行为，是否能在客观上达到预设的制度目标。① 同样，我们设计过渡性的盐业管制政策，也要解决以上两个问题，即在激励相容机制的作用下，以尽可能小的管制成本，实现管制政策目标，获得较高的管制绩效。

卡恩（Kaha A. E.，1970）指出，在"许多情况下，企业具有经营某种市场业务的特殊能力，但它必须从国家取得经营特许权，这就给予后者一种公认的契约权力，来坚持它认为适当的管制"。② 换言之，政府与市场不是相互排斥和相互对立的，而是可以相互补充和相互完善的。进一步讲，在某些较为开放的市场条件和较为规范的制度环境下，政府管制与市场竞争可以相互弥补和相互融合，形成一种管制与竞争相兼容的运行机制，达到一种相对均衡状态，并且，政府与企业都能从企业获取供应市场权力的竞争中得到好处：一方面，政府启动与市场共同定价的机制，在一定程度上减轻信息垄断的程度，至少获得一个较为合宜的规制价格水平；另一方面，企业可以得到参与竞争特许经营权的机会和空间，尤其是竞争获胜的企业可以在契约的限制条件下，努力追求私人利益目标，提高生产经营效率。因此，"伴随着政府特许权而来的对自然垄断企业的管制，可以通过合理设计一种使企业竞争地获得特许权的体制而被废弃"。③ 这种体制就是通常所说的特许竞标制度。

特许经营权竞标（Franchise Didding）是由美国著名经济学家哈罗德·德姆塞茨（Harold Demsetz，1968）引入政府管制研究领域的，他提出以特许经营权竞标方式代替管制，强调在政府治理垄断问题中引入竞争机制，通过拍卖的形式，让多家企业竞争在某产业或业务领域中的特许经营权，在一定的质量要求下，由报价最低的企业取得特许经营权。因此，

---

① 苑春荟. 管制治理：中国电信产业改革实证研究［M］. 北京：人民邮电出版社，2009：105.

② Kahn A. E. *The Economics of Regulation*：*Principle and Institutions*［M］. New York：Wiley，1970（1）：5.

③ ［美］丹尼尔·F·史普博. 管制与市场［M］. 余晖等译. 上海：上海三联书店，上海人民出版社，2008：326.

特许经营权的授予是通过竞争性投标方式，由提出最低标价的潜在进入厂商（企业）获得特许经营权。可以说，特许经营权是对愿意以最低价格提供产品或服务的企业的一种奖励。

由于特许投标制度引入了竞争机制，因此，与政府管制相比较，在治理垄断问题上具有明显的优势。第一，只要在竞标阶段存在充分的竞争，特许经营权竞标就会带来平均成本定价和最有效率的厂商运营。第二，相对于直接管制，特许经营权竞标不要求政府的代理人必须具备相关的信息，它仅需较少的信息并且不必设立管制机构。第三，特许经营权竞标可以避免收益率管制的无效率。采取特许经营权竞标，企业不会有过度投资的激励（即 A－J 效应）。特许经营权的获得者具有动力有效地利用资源，因为它保留经营活动的全部利润。第四，通过合理设定特许经营权的合同年限，有助于中标企业在潜在竞争压力下不断地降低成本，改善质量，提高效率。总之，特许经营权竞标通过投标者的充分而公平的竞争，既大大降低了政府的管制成本，又大幅提升了市场效率；既加大了垄断性市场的可竞争性，又减少了毁灭性竞争的范围和不良后果。①

尽管盐业是一个普通的竞争性行业，并不具备自然垄断属性，但在它暂时还不适合实行社会性管制的过渡时期内，我们未尝不可借鉴，实行盐业特许竞标制度，就是政府启动招投标的竞争机制，将一定区域内的食盐经营权，以周期性短期合约的形式委托给中标企业，使中标企业在管制政策契约的约束下，在追求私人利益目标的同时，达到公共利益目标。

从理论上讲，完全竞争市场能产生高于其他市场结构的经济效率，但在现实中很难形成如此理想的市场结构。克拉克的有效竞争理论认为，只要能限制企业提高价格和排斥竞争对手的能力，就可以实现有效竞争，同样能改进市场效率。盐业特许竞标制度，采用招投标方式，使符合招投标条件的制盐企业和盐业公司等诸多经济主体，都有机会平等地参与竞标，

---

① 黄新华. 政府管制、公共企业与特许经营权竞标——政府治理自然垄断问题的政策选择分析［J］. 东南学术. 2006（1）.

并通过优胜劣汰的竞争机制，遴选出最优胜出者，进而委托其独家经营特许食盐市场，以达到公共利益目标。从本质上讲，这种制度只不过是将通常的"事后竞争"变为"事前竞争"，以周期性短期的管制政策契约，同样能限制参与者提高价格和排斥竞争对手的能力，充分体现了公开、公平和公正的市场竞争原则。因而，这种间接竞争（或模拟竞争）模式仍然能实现有效竞争，获得较高的市场效率。

W. 基普·维斯库斯（W. Kip Viscusi，2010）认为，"如果在竞标阶段有充分的竞争，那么价格将压至等于平均成本，中标者可以获得正常利润。政府的角色是充当拍卖者而不是管制者。""在一个理想的环境中，特许经营权招标投标显然优于管制，它在更低的成本上达到同样的结果。在这种情况下没有设立管制机构的必要，垄断者也没有进行无效率行动的激励。然而，但当我们引进产品质量和不确定性时，特许经营权招标投标开始越来越像管制。"① 奥利弗·威廉姆森（Oliver E. Williamson，1976）曾建模论证，规避市场不确定性的一个有效方法，就是签订周期性短期合约。② 那么，这个"短期"到底界定为多长时间才合宜呢？这的确不是一个可以一概而论的问题。

作为食盐的经营主体，不像自然垄断行业的经济主体那样，要受到专用固定资产的巨额投资成本的限制，可以说，它的经营活动不需要投入任何专用性的固定资产，基本不存在进出市场的经济成本壁垒。如此看来，食盐特许权的经营周期的确可以选择一个相对较短的时间。然而，出于降低政府管制成本和提高企业经济效率等因素的考虑，这个周期也不能太短，至少要留给中标企业足够经营时间。其原因在于，企业在经营管理过程中会产生费用成本，随着可变要素投入的不断增加，其边际收益先递增后递减，投资回报依然需要一定的经营周期。故此，我们在设计盐业特许

---

① ［美］W. 基普·维斯库斯等. 反垄断与管制经济学［M］. 陈甫军等译. 北京：中国人民大学出版社，2010：393 – 394，404.

② Oliver E. Williamson. *"Franchise Bidding for Natural Monoplies—In General and with Respect to CATV"*［J］. Bell Journal of Economics，1976（7）：104.

竞标政策时，应该审慎地确定特许经营权的周期长短。参照日本盐业专卖制度改革的 5 年过渡期和基于我国盐业的客观条件，本书认为设置 5 年的改革过渡期较为合适。

在管制实践中，食盐特许竞标政策能否规避食盐专营制度的政策弊端，关键在于竞标阶段的竞争是否充分和是否公平，而在我国现有的行政管理体制下，这个环节最易滋生寻租和腐败。因此，为了防范和减少被管制者和管制者的机会主义行为，盐业特许竞标制度必须建立有效的管制治理体制。哈罗德·德姆塞茨（Harold Demsetz，1968）曾指出，特许竞标制度是一种竞争与管制相兼容的管制创新。[①] 很显然，在这位著名学者眼里，特许竞标是一种引入竞争机制的新型管制制度，市场竞争并未完全替代政府管制。我们同样认为，虽然我国盐业建立特许竞标激励兼容的政策机制，但并不意味着我国盐业不需要管制治理，管制激励不能完全取代管制治理，依然需要构建合理的管制治理体制，以激励和约束管制机构的规制行为。

可见，健全的食盐特许竞标制度，应该涵盖管制激励政策与管制治理体制两个方面，两者缺一不可。只有通过管制激励与管制治理的协调配合和良性互动，食盐特许竞标制度才能规避食盐专营制度的诸多弊端和内在缺陷，降低管制成本，激发政府管制中的竞争活力。况且，在直接竞争的三个市场条件（合理的市场结构：数家大中型盐业寡头垄断公司；到位的市场监管：工商、质检、食品监管等部门能协同有效执法；成熟的消费者：消费者收入水平提高和具备自觉选择碘盐的意识）[②] 还不成熟的前提下，这种政府与市场、管制与竞争相兼容的规制制度，不失为我国盐业管制改革路径的次优选择。

---

① Harold Demsetz. "*Why Regulate Utilities?*" [J]. Journal of Law and Economicsl, 1968 (1)：55 - 56.

② 参见我国盐业体制改革研究课题组. 明确方向稳步推进——关于食盐专营体制改革的几点建议. [EB/OL]. (2010 - 4 - 18). [2014 - 9 - 23]. http：//www. china-reform. org/? content_150. html.

第八章

我国食盐特许竞标产权制度

从我国特定的行政管理体制、落后的盐业产业结构以及较大的贫富差距等市场环境来看，培育和满足以上三个必备条件，不可能一蹴而就，需要经历一段较长的调整、发展和改革路程。我们认为，我国盐业管制制度改革不妨选择一条渐进式路径，设置一个5年左右的过渡期，分为两个步骤或两个阶段来进行。

第一步，在5年改革过渡期内，实行经济性管制。一方面，废除食盐专营制度，在构建食盐管制法律体系的基础上，重建食盐管制治理体制，采用隐性碘盐普遍供给基金的方式，以省（直辖市、自治区）级为单元，全面实施食盐特许竞标政策；另一方面，适时推出盐业产业组织优化政策，为实行食盐融合性管制营造良好的产业环境。

第二步，在5年改革过渡期后，施行社会性管制。一方面，撤销专门的食盐管制机构，将食盐管制融入食品药品监管中，由食品药品监督管理部门承担食盐的规制职能；另一方面，采用显性碘盐普遍供给基金的方式，以省（直辖市、自治区）级为单元，在偏远地区实施食盐特许竞标政策。

第一节　构建食盐管制法律体系

一、规范盐业管制改革的决策程序

我国垄断行业管制制度改革，虽然也要经过市场调研、专家论证和征求意见等程序，但由于缺失专门的管制改革咨询机构，使以上公开程序流于形式，大多由政府主管部门主导甚至操纵，即行政主管部门制订改革方案，提交全国人大审议通过，最终形成专门的法律文本。

从我国盐业管制沿革来看，无论是食盐专营制度的决策，还是"大工业盐"管制的放松，既没有经过专业咨询委员会的研讨，也没提交全国人大审议，而是由盐业主管部门（原国家经贸委）主导，直接呈送国务院审议通过。这直接导致十几年来的盐业管制缺失一部具有权威性的盐业管制法律，进而造成各省（直辖市、自治区）地方政府各自为政，往往是从地方的局部利益出发，自行制定地方性盐业管理条例，甚至直接与国务院颁布的《食盐专营办法》和国务院直属部门出台的《食盐价格管理办法》等系列法规相矛盾和冲突，致使我国盐业管制的权威性和效率性大打折扣。

更为遗憾的是，目前正在进行的盐业体制改革，依然由政府主管部门（国家发改委盐业管理办公室）"垄断"。具体来说，国家发改委的相关人员组成"我国盐业体制改革研究"课题组，经过多次市场调研和征求社会意见，于 2011 年完成食盐专营制度改革建议稿，并公布于官方网站，以进一步向社会征询改革意见。在这期间，虽然国家发改委曾经委托中国盐业协会征询业界的意见和建议，但基于特殊的历史渊源和密切的裙带关系，官方色彩极浓的中国盐业协会，极力维护以中国盐业集团公司为代表的既得利益集团的利益，轻视利益受损的制盐企业的意见，主管拟定并提交改革意见书。并且，在此意见书的征询和形成过程中，由于每个制盐企业的年度食盐生产计划指标都受制于政企不分的专营公司，而食盐生产又恰恰是制盐企业的主要利润来源，因此，在关于盐业体制改革征求意见的会议上，大多数制盐企业不敢表达自己的意见和建议，只能保持沉默，应付公事，来也匆匆，去也匆匆。显然，这种带有利益歧视和利益主观导向的业界意见征询，不可能真正反映现行制度内各利益群体的真实意愿，人为地减缓了管制制度改革的进程，甚至可能造成盐业体制改革的夭折和失败。

以委托—代理的视阈，管制是一条社会公众—政府或立法者—管制机构—被管制企业的多重委托—代理链条。从表面上来看，好像只是在政府与管制机构之间存在管制授权的契约关系，以及在管制机构与被管制企业之间存在管制契约关系，但事实上，在管制机构与消费者、投资者之间还存在着传导性契约关系。① 以上诸多契约关系隐含着多个委托人或代理人的不同利益诉求，决定了政府必须慎重地协调与平衡错综复杂的利益关系。

理论上，政府的权力来源于最初的社会契约，是人民共同让渡的权力集合。但是，现实的结果与当初的契约并不一致，由于政府自身"经济人"的性质，政府无法真正做到契约政府，政府在追求自身正当利益的过程中，往往会产生"逆寻租"行为，即某些行政部门，以公共利益的名义，运用手中的行政权力，通过改变规则或者制定法规等，或者与企业合谋，将社会公共利益变异为政府的非正当利益和集团利益，使公共权力部门化、公共利益集团化或私人化。② 所以"契约的国家理论中所想象的以促进社会福利最大化为己任的、专心致志提供有效产权制度安排、在各种利益集团之间不偏不倚的中性官僚政府是不存在的，而掠夺的国家理论所设定的以促进统治者利益最大化为己任、无心提供有效产权制度安排、在

---

① 苑春荟. 管制治理：中国电信产业改革实证研究 [M]. 北京：人民邮电出版社，2009：68.

② 陈其林. 公共产品、公共利益及其不确定性 [J]. 中国经济问题，2007（4）：14.

各种利益集团之间更倾向于强势利益集团的政府更是事实。"① "诺思悖论"指出："国家的存在对于经济增长来说是必不可少的；但国家又是人为的经济衰退的根源。"② 因此，政府部门"垄断"制定的公共政策，不但不能真实地反映和均衡结构内各个主体的根本利益，反而可能偏离公共利益和弱势群体利益的轨道，违背公平与效率兼顾的原则，进而损害政府的政治利益，给社会和谐与政治稳定带来潜在风险。

公共行政是政治过程的产物，"主导这一过程的基轴是公共权力机关与公民的关系，是前者能够不能够以及在多大程度上聚合公民的愿望、意向和利益"③ 这种行政过程又可以分解为利益表达、利益综合、政策制定和政策实施等基本环节。其中，利益表达是把人们的愿望、意见、态度和信仰转变为对政府要求的方式，它是行政过程的逻辑起点；利益综合是指把经过利益表达提出的许多要求综合成为少数几个重大的政策选择方案；政策制定是把有效的行政要求转换成权威性决策的阶段；政策实施就是政策的落实和执行过程。④ 然而，随着公共管理理念的更新和公共治理实践的不断拓展和深化，越来越多的国家政府重新审视传统公共行政的过程及其效率，逐渐进行公共行政的程序化和合理化改革，不仅使越来越多的利益主体有机会参与进来，更为重要的是，政府部门将越来越多的公共政策决策权交给社会，由社会"第三方"力量来进行多重利益综合和政策方案选择。

综上所述，为了减少和规避政府部门事前的"逆向选择"和事后的"道德风险"，进一步提高政府公共管理的公平性与效率性，我国应该摒弃政府"垄断"公共决策权的沉疴，将公共治理的决策权交给社会，充分发挥和有效利用社会的"第三方"力量，提高公共决策效率。

就盐业管制改革而言，我们可以模仿日本盐业专卖制度改革决策的成功经验，不妨在国家发改委内设立一个临时性的盐业体制改革咨询委员

① 韩兆柱. 新公共管理中的自由主义与转型中的善治 [J]. 理论与改革，2006（1）：20-21.
② [美] 道格拉斯·C·诺思. 经济史上的制度与变革 [M]. 北京：商务印书馆，1992：21.
③ 宁骚. 公共政策 [M]. 北京：高等教育出版社，2000：10.
④ 谢庆奎. 政府学概论 [M]. 北京：中国社会科学出版社，2005：73-82.

会，此委员会应该由经济学、法学、医学和公共管理学等专家学者组成，这主要是出于以下三个方面的考虑。第一，盐业管制改革是临时性的，而非常规性的，需要咨询就成立，不需要咨询便可解散，这样可以不占用国家公务员的编制资源；第二，管制改革决策过程，涉及制度产权结构内的多个主体（包括企业、消费者和政府等）切身利益的调整、分割和转移，几乎每一个利益博弈主体都试图从中获得最大化好处，如此一来，就需要一个立场相对中立的学界代表作为"第三方"，整理和综合多方利益博弈结果，最终选择一个目标明确、效率较高的改革方案；第三，改革方案的形成是一个较为复杂的过程，并不是举行几次听证会就能决定的，既需要多次深入基层进行实地调研，认真听取和汇总相关企业和消费者的意愿、意见和建议，又需要反复研究和充分论证，更需要在几种改革方案中作出慎重选择，而这一系列工作内容带有较强的专业技术性，着实需要各个专业和各个领域的专家学者来承担。

当然，盐业体制改革咨询委员会的系列工作，还是应该由具有权威性的管制机构（国家发改委的盐业管理办公室①）来牵头和组织。这样，可以借助委员会的"第三方"力量，展开充分的市场调研，广泛征询社会各界的改革意见和建议，充分酝酿，反复论证。通过各利益攸关主体的反复博弈与妥协，达成能为利益各方所接受的相对成熟的改革方案，并将咨询报告提交全国人大审议通过，进而形成一部位阶较高的《食盐法》，为盐业管制改革提供制度依据。

二、制定食盐管制法律

1. 明确管制目标

我国盐业管制自 1996 年实施以来，逐步实现了消除碘缺乏病的管制

---

① 目前，作为管制机构的国家发改委的盐业管理办公室，主要负责食盐的价格管制工作。

目标，取得了较为辉煌的成就，为提高全体国民的身体素质和树立我国政府良好的国际形象做出了不可磨灭的贡献。然而，由于管制目标单一等诸多原因，使食盐专营制度在实现其既定目标的过程中，给制盐工业带来不可估量的效率损失。其实，这也是食盐专营制度备受社会各界人士诟病的原因之一，是我国政府决意进行盐业体制改革的关键所在。

1991 年 3 月，时任国务院总理的李鹏同志代表中国政府，在《儿童生存、保护和发展世界宣言》和《执行 90 年代儿童生存、保护和发展世界宣言行动计划》上签字，向国际社会庄严承诺，到 2000 年中国基本实现消除碘缺乏病目标。自此，碘盐不再是局限于物质层面的经济产品，而是内涵丰富的社会产品和政治产品，不仅承载着消除碘缺乏病的公益使命，还担负着国家声誉和党的国际形象的政治重任。因而，国民素质与政府声誉的公共利益与政府利益，已经成为我国盐业管制的根本依归。

让 - 雅克·卢梭（Jean - Jacques Rousseau，1762）在《社会契约论》中明确指出，政府并非从来就有，政府的角色是扮演公众和公共利益的受托者，其职责就是为了公共利益的最大化而努力。① 可见，政府因公共利益而产生，天然就从属于公共利益，政府权力是实现公共利益的手段。利益追求是任何个人和组织活动的根本动因。② 政府是一种国家体制下的组织机构，同样具有"经济人"属性，必然努力追求政府利益最大化。所谓政府利益，就是政府系统自身需求的满足，包括正当利益和非正当利益。其中，政府正当利益（或政府政治利益），是指政府的权力与权威、政府的业绩、信誉与形象等，是政府得以持续地存在下去的基本保障。③ 为此，政府政治利益的存在和追求具有合理性和正当性。政治利益与公共利益是辩证统一的关系。政治利益的满足离不开公共利益的实现，只有通过公共利益的实现，政治利益才能在合理的范围内得到满足。反过来，只

---

① ［法］让 - 雅克·卢梭. 社会契约论［M］. 北京：商务印书馆，2003：109.
② ［美］尼斯坎南. 官僚制与公共经济学［M］. 北京：中国青年出版社，2004：35.
③ 宁骚. 公共政策［M］. 北京：高等教育出版社，2000：112.

有政治利益获得满足，政府自身才能生发出实现公共利益的动力机制，进而促进公共利益的实现。因此，在现实的公共活动中，必须保证公共利益与政治利益的互动传递，并在此基础上实现两者的互利与共赢。

在我国盐业管制的实践中，只要达到了消除碘缺乏病的目的，也就提高了国民健康素质和维护了我国政府的国际声誉和形象，也就同时实现了公众的公共利益目标和政府的政治利益目标。从社会伦理学的维度来看，事物产生的逻辑起点往往也是事物发展的逻辑终点。维护公众的公共利益和政府的政治利益，既是我国盐业管制的出发点，也是我国盐业规制的归宿点。也就是说，我国盐业管制既要关注缺碘人群的公共利益，又要考虑政府的政治利益；既要实现社会目标，又要达到政治目标，维护社会和谐与政治稳定，体现社会的公平性与政府的正义性。

然而，政府管制毕竟针对市场失灵领域，是对市场机制缺陷的有效弥补，旨在维护消费者利益和提高产业效率。西方国家之所以先后展开管制改革，关键在于传统管制导致经济运行的低效。就日本盐业专卖制度而言，管制机构（专卖局、专卖公社和盐事业部）、制盐企业和批发商等系列经济主体，常常处于亏损状态，长期依靠财政补贴，因而社会各界人士强烈呼吁改革，即提升经济效率亦是日本盐业专卖制度改革的根本原因。就我国盐业管制而言，尽管食盐专营制度已经达到消除碘缺乏病的目的，却付出了沉重的经济代价，备受世人诟病。出于提高经济效率的考虑，我国政府已将改革食盐专营制度提到议事日程。这充分说明，我国盐业管制改革还必须关注产业经济的可持续发展，必须确保提高产业经济效率的目标。

我们主张，我国盐业管制改革应该借鉴日本专卖制度改革的成功经验，坚持公平与效率兼顾的原则，在法律上明确三维管制目标，建构以社会目标和政治目标为主、经济目标为辅的管制目标体系，即以消除碘缺乏病为主要目标，以提高盐业经济效率为次要目标，为创设新的盐业管制制度提供清晰的政策目标导向。

2. 界定管制对象和被管制者

所谓管制对象，就是管制者对被管制者进行规制的具体产品或服务，它决定着管制者和被管制者的系列行为范围和行动边界，需要在管制契约中加以明确和界定。只有这样，才能为居于下位的管制治理契约、管制激励契约和管制绩效评价契约的诸多条款约定提供规则依据，才能从制度上约束管制者和被管制者的公共行为和经济活动，才能防范甚至规避政府管制的内部性失灵和外部性失灵。可见，准确定位管制对象已成为政府管制成败的关键所在。

我们知道，食盐专营制度改革的根本动因是要提高制盐工业的经济效率，这就要求我们设计新的管制制度时，必须考虑在确保消除碘缺乏病的前提下，最大限度地减少和消除有可能或者已经抑制制盐工业发展的不利因素。例如，食品加工用盐、畜牧用盐和"小工业盐"① 被纳入食盐专营制度范围，导致制盐企业在更大的范围和程度上受制于专营公司，生产者剩余更多地被盐业公司挤占，形成"马太效应"，从而极大地影响了制盐工业的战略发展和产业效率。不仅如此，更为关键的是，这些盐产品与消除碘缺乏病之间不存在直接关系。也就是说，人们食用喂养过碘盐的畜肉和添加过碘盐的加工食品，既不能预防碘缺乏病，又不能治疗碘缺乏病。

我们以为，无论是过渡性的管制制度，还是稳定性的管制制度，都应该紧密围绕既定的管制目标来确定具体的管制对象。既然消除碘缺乏病是我国盐业管制的逻辑起点和最终归依，那么，能够带来防治碘缺乏病效果的直接食用碘盐，就应该成为政府的管制对象，除此以外的其他产品都应该排除在管制范围之外。所以《食盐法》应该将人们直接食用的碘盐界定为唯一的管制对象。

---

① "小工业盐"是指用于印染、纺织、制革和造纸等行业生产的工业盐。由于消费者无法从外观上辨认，为了防止"小工业盐"冲击食盐市场，《食盐价格管理办法》也将其圈在管制范围之内。但是，2014 年 6 月，国家发改委取消了对"小工业盐"的价格管制。

在管制对象已经明确的前提条件下，如何确定被管制者就成为规制契约设计的关键所在。正如前所述，我们已经将特许竞标制度作为我国盐业管制改革的次优选择，那么，在食盐特许竞标政策之下，在食盐产业链上选择尽可能少的被管制者，可以优化管制产权结构，减少管制产权交易环节，从而降低管制成本，提高管制效率。因此，我们不妨沿着制盐企业—经营企业—消费者的食盐产业链条，在其下游寻找被管制者，于是，直接影响消费者的消费数量、质量和价格的食盐经营企业，就理所当然地成为盐业管制产权结构中的被管制者。换言之，在食盐特许竞标制度下，食盐经营企业或中标企业就是被管制企业，依靠管制激励合约，与管制机构进行管制产权交易，在既定的产权属性范围内从事微观经济活动，在追求私人利益的同时，达到政府管制目标。

概言之，《食盐法》应该取消食盐专营制度，废止包括《食盐加碘消除碘缺乏危害管理条例》和《食盐专营办法》在内的所有中央政府和地方政府所颁布和实施的盐业管制规章条例等，确定直接食用碘盐是唯一的管制对象，食盐经营企业是唯一的被管制者。

3. 确定管制者

从社会公众—立法者或政府—管制者—被管制者的委托—代理链条上可以看出，在立法者或政府与管制者之间存在委托—代理型产权交易关系。作为委托人的立法者或政府代表社会公众的利益诉求，将具体的利益目标委托给其代理人——管制者去实现。也就是说，立法者或政府与管制者需要依据双方所签订的管制治理契约进行一种管制产权交易，使有价值的产权属性在双方之间进行分割、转移和让渡，管制产权结构得到重新安排。于是，立法者或政府就必须寻找一个合适的代理人，明确一个固定的管制者。从国际管制实践来看，管制职能一般是由政府组织部门来承担。在这里，就涉及管制治理组织模式的选择问题，应该单独设立一个管制部门？还是应该将管制机构设置在某个政府部门里？

选择何种管制治理组织模式，既要考虑一个国家或地区的国体、政体等制度环境和社会文化背景等要素，又要考虑政府管制的基本初衷。一般说来，在一个较为传统的国体和政体国家里，如果管制的主要价值取向是社会公共利益，则可以实行社会性管制，其管制组织结构比较适宜选择政监完全分离型的；如果管制的根本目标是产业经济利益，则往往需要对自然垄断行业或公共事业实施经济性管制，其管制组织结构比较适合选择政监相对分离型的。当然，这并不是绝对的和永远的，随着产业经济的发展和制度环境等的改善，从事经济性管制的规制组织模式也可以由政监相对分离型逐渐转换为政监完全分离型。尽管如此，若从节约管制成本的效率角度来看，即使在一个制度环境较为完善的国家或地区，对于规模较小和竞争力较弱的行业或产业所实施的经济性管制，也是比较适合选择政监相对分离型的组织模式的。

我国盐业管制治理应该选择何种组织模式，需要与盐业管制改革的时间进度及其所实施的管制政策结合起来考虑。鉴于分两步走的管制改革战略安排，本书认为，在实行经济性管制的过渡期内，选择政监相对分离型的治理组织模式较为合适，而在随后的实施社会性管制的稳定期内，选择政监完全分离型的治理组织模式较为合宜。与此相对应，在管制改革的过渡期内，不妨将专业性的管制机构挂靠在盐业行政主管部门——工信部，而在管制改革的过渡期后，可以将食盐并入食品药品管制之中，即国家食品药品监督管理总局就成为食盐的管制机构。

无论是政监相对分离型的管制治理组织，还是政监完全分离型的管制治理机构，都需要明确反映在管制契约——《食盐法》上。也就是说，《食盐法》应该给予管制机构具体的组织名称，授予其相对独立的法律地位，使其拥有准立法权和准司法权，赋予其独立的管制权力，并根据所管制的行业或领域的不同，规定由不同学科和不同专业的专家组成管制团队，以降低管制成本，提高管制绩效。

三、制定食盐管制法规

我们知道，由于日本的法律制度是罗马日耳曼法系与英美法系相结合的混合法系，因此，其食盐专卖制度改革所依据的是由议会审议并通过的一部《盐事业法》，尽管此法律是唯一的改革法律依据，但其内涵较为丰富，包含管制治理和管制激励两个方面的规范标准。而我国法律制度较为特殊，属于部门法律体系，为了能较为有效地规范每一环节的管制产权交易，细化系列管制合约就显得尤为重要。这就决定了我国盐业管制改革不仅仅需要一部《食盐法》，还需要在《食盐法》的法律框架下，研制关于管制治理、管制激励和管制绩效评价的系列法规。

以委托—代理理论和产权理论来分析，在社会公众—立法者或政府—管制机构—被管制企业的委托—代理链条上，存在多重利益合作与利益竞争关系，因而也就存在多重产权交易关系，且几乎每重产权交易都需要契约作为依据。所以为了尽可能地降低源于信息不对称的各种交易费用，减少管制产权交易的内部性和外部性问题，基于位阶较高的法律制度架构下，制定位阶较低的系列管制产权交易法规，是我们必须面对和构建的制度性工程。

1. 制定食盐管制治理法规

政府作为管制机构的委托人，与管制机构进行委托—代理型的产权交易时，须签订管制治理契约，以约束管制机构的规制活动边界、范畴和权力运用方式等，尽量减少有价值的产权属性遗留在"公共领域"，防范政府管制失灵的风险。也就是说，政府（国务院）应该制定和出台《食盐管制治理条例》，作为限制其代理人——管制机构的法规依据。具体说来。就是在《食盐法》的管制法律制度框架下，中央政府（国务院）代表社会公众，依据管制治理原则，建构管制治理体制，对管制机构的行为边界和努力程度加以规制，即构建约束管制权限的具体法规，不但包括管制治理组织结构的选择、管制机构权力使用范围的界定和管制过程机制的设计，而且也包括管制监督组织结构的抉择、管制监督的权力限制和管制监督机制的构造等，以防范源于信息不对称和契约不完全（Incomplete Contract）的管制风险，规避政府管制行为的内部性和外部性，提高管制绩效。所以这些管制治理法规提供了限制管制者的行动范围以及解决这些限制所带来的矛盾和冲突的体制和机制，是对管制者及其管制过程的约束与监督。

2. 制定食盐管制激励法规

管制机构作为被管制企业的委托人，与被管制企业进行委托—代理型的产权交易时，也须签订管制激励契约，以激励被管制企业努力工作，约束被管制企业"偷懒行为"，以达到管制目标。换言之，管制机构也应该研制《食盐管制激励条例》，呈送国务院审议通过，作为激励与约束其代理人——被管制企业的微观经济行为边界、范围和内容等的法规依据。具体而言，就是在《食盐法》的管制法律制度框架下，管制机构代表中央政府或立法者，对被管制企业实施具体的规制活动。这就需要管制的政策依据，即由管制机构在管制法律的授权范围内，按照相关的公共决策程序，组织管制激励政策法规的制定，选择管制政策工具，依据管制激励原则，确立管制方法和管制手段，明确管制政策内容，以规避被管制者的"逆向选择"和"道德风险"，减轻市场主体行为的内部性和外部性，实现多维管制目标。

3. 制定食盐管制绩效评价法规

监督机构作为中央政府或立法者甚至社会公众的代理人，理应代表其委托人的利益诉求，对其代理人——管制机构的规制绩效进行考核和评价。这就需要充分而必要的法规条款作制度性的支撑，因而，研制《食盐管制绩效评价办法》是非常必要的。也就是说，监督机构在《食盐法》的管制治理授权范围内，按照相关的公共监督决策程序，根据社会性、政治性和经济性的多维管制目标，确立以公平为主、兼顾效率的管制绩效评价原则，进而规定定性与定量相结合的评价指标和评价方法等，将评价结果及时反馈给管制机构，以促进管制机构进一步改进管制工作和提高规制治理效率。

总之，作为食盐管制依据的法律体系，应该是以一部健全的《食盐法》为内核、以《食盐管制治理条例》《食盐管制激励条例》《食盐管制绩效评价办法》为外围的系列制度规范。

第二节　设计食盐特许竞标政策

如前所述，我国政府之所以对食盐加以管制，主要是缘于在市场机制的作用下，通过市场力量的自由竞争，很可能在非偏远市场上产生负内部性，在偏远市场产生负外部性，而且这些负内部性和负外部性，不能通过碘盐供给厂商与消费者之间的反复博弈而消解。那么，政府应该采取何种管制政策来减少和消除这些负内部性和负外部性问题，就成为我们亟待研究的课题。

如果根据国外食品管制的成功经验，似乎将食盐管制融入食品药品规制中，借助市场竞争力量即可纠正我国食盐非偏远市场的负内部性市场失灵。但是，事情并非如此简单，因为在盐业市场集中度偏低的产业条件下，政府进行食盐经营市场化的社会性规制，很可能因1000多万吨过剩产能所释放出来的假冒伪劣盐产品冲击食盐市场而失败。

从偏远市场负外部性产生的根源来看，主要可归结于偏远市场消费者的收入水平较低甚至极低，而提高消费者收入水平和缩小贫困差距，并非一朝一夕可以解决的。所以需要站在战略性和长远性的高度，采取一种可持续的切实可行的管制政策，来矫正偏远市场负外部性失灵。

简言之，无论是在较短的时间内，还是在较长的时期内，都难以通过食盐完全市场化的社会性管制，来解决非偏远市场的负内部性问题和偏远市场的负外部性问题。所以我们应该以多重管制目标为价值导向，设计一种能够矫正以上两种市场失灵的管制激励政策。

一、食盐特许竞标机制

从产品消费的社会属性视域来看，准公共产品的存在，其实就是政府依据公益目标干预或矫正市场失灵的具体结果之一。随着技术进步和经济社会文化的发展，可能越来越多的市场失灵需要政府加以矫正，从而越来越多的私人产品被赋予某种程度的公益性质，进而成为准公共产品。① 在我国目前还处于转型的特殊历史时期，已经被我国政府赋予消除碘缺乏病使命的碘盐显然具有公益价值属性，所以我们应该转变理念，重新审视碘盐的产品属性，不应该与传统的食盐等同视之。也就是说，随着"碘"元素的注入，食盐不仅仅作为一种私人产品来满足人们的物质生活需求，而更多的是作为一种准公共产品来确保国民身体健康和人口素质提高。

起初经济学家们认为，公共产品在消费技术属性上的非排他性和非竞争性以及不可分割性，再加上资本的趋利性，使私人无法有效地提供公共产品或准公共产品。科斯指出："如果定价制度的运行毫无成本，最终的结果（产值最大化）是不受法律状况影响的。"如果有清楚的产权界定，以利益最大化为原则，通过市场的自由交易，则可带来资源的最优配置，可能会产生比政府干预更大的效用。将科斯的交易费用与产权理论延伸到公共产品理论，可以用来探讨政府与市场的关系。以效用最大化为原则，比较政府与市场提供公共产品的交易费用的大小，在理论上就可以选择更有效率的供给方式。所以新制度经济学的结论是，不存在固定的准公共产品供给模式，而要根据技术和制度等因素的变化，在具体的约束条件下（交易费用和产权结构）选择最优的生产供给模式，这为私人供给公共产品或准公共产品提供了理论依据。②

以保障碘盐普遍供给为核心的食盐专营制度之所以需要改革，主要在于行政垄断性的市场进入规制政策和成本补偿性的价格管制政策，导致盐业公司 X 效率和制盐企业生产效率低下。③ 也就是说，政府独自提供碘盐这一准公共产品的结果是低效的，必须探寻另外的供给方式。德姆塞茨

---

① 陈其林，韩晓婷. 准公共产品的性质：定义、分类依据及其类别［J］. 经济学家，2010（7）：14.

② 贾晓璇. 简论公共产品理论的演变［J］. 山西师范大学学报（社科版），2011（5）：33.

③ 吕福玉，陈一君. 我国盐业管制制度缺陷剖析［J］. 四川理工学院学报（社科版），2012（4）：53.

（Demsetz，1970）在《公共产品的私人生产》中提出，在能够排除不付费者的情况下，私人企业能够有效地提供公共产品，至于不同消费者对同一公共产品有不同偏好的问题，则可通过价格歧视的方法来解决。[①] 事实上，在任何产品市场上，都不同程度地存在源于不同偏好的消费非匀质性（所谓消费非均质性是指，"在既定的时空条件下，不同消费者对某类产品的消费在质和量上不具备均等性，也就是说，在同类产品的消费中，一些消费者消费产品的品质或数量往往会优于或多于另一些消费者"[②]）。如果我国政府在目前的产业环境和食品药品监管制度下，将碘盐经营市场完全放开，通过市场竞争机制，由私人企业自由提供碘盐，不但会给非偏远市场带来负内部性失灵，而且还会由于物流费用不同和消费者收入水平差异等，在偏远市场与非偏远市场之间形成显著的消费非匀质性，前者的消费者人均碘盐消费数量和质量将远远低于后者，从而无法全面实现消除碘缺乏病的公益目标，即产生偏远市场的负外部性失灵问题。

既然我国盐业管制是以消除碘缺乏病的社会目标和政治目标为核心，兼顾盐业经济效率目标，则新的管制激励政策就需要以既定的多维目标为导向，碘盐供给市场既不能继续由政府行政垄断，也不能放任市场力量自由竞争。既然政府的绝对管制和市场的完全竞争，都不能确保多重管制目标的实现，我们不妨将"政府"与"市场"的两种力量有机地融合起来，在政府管制中植入市场竞争因子，形成一种"管制"与"竞争"相互兼容的创新机制和公共政策。

以产权经济学的维度来分析，在食盐生产供给市场上，管制机构与被管制企业之间的委托—代理型产权交易所依据的交易契约条款，几乎完全由管制机构单方面决定，例如，市场进入的产权结构安排和价格上限水平的界定等。换言之，作为委托人的管制机构，出于刺激对方为实现管制目

---

① Demsetz H. *The Private Production of Pulice Doods* ［J］. Journal of law and Economics，1970（10）：23.

② 陈其林，韩晓婷. 准公共产品的性质：定义、分类依据及其类别［J］. 经济学家，2010（7）：16.

标而努力工作的考虑，必须分割和让渡给被管制企业足够的有价值产权属性，但在无法克服信息不对称及其带来的巨额交易成本的条件下，这种产权分割、转移与让渡的结果往往超出充分竞争的合宜水平（例如，生产经营市场皆为行政性垄断，远远超过平均成本的管制价格等），以至于产生大量的非生产性"租"（或垄断利润）。可见，要想获得有效的产权交易绩效，就必须打破委托人独自制定交易合约的传统；进一步地讲，要想克服信息不对称及其较高交易成本问题，就必须给予代理人一定的"话语权"，把代理人置于一种充分竞争的市场环境中，归还其"讨价还价"的合法权利，使产权界定接近或达到双方皆感到较为合意的水平，既补偿代理人为实现管制目标而支付的成本，又不留给代理人攫取非生产性"租"的机会和空间。

为了提高食盐市场的管制绩效，作为信息不对称的管制主体，政府需要凭借被管制企业也认可的规制契约，而这样的管制合约或许只有通过市场竞争机制才能生成，诚如施瓦茨（Schwarts，1979）和韦德（Wilde，1979）视竞争为消除不对称信息之后果的良策。也就是说，无论是分行业的专门性管制机构，还是跨行业的融合性管制机构，都应该在市场进入、价格、质量和数量等管制政策内容的确定上引入市场竞争机制，创设一种能够削减信息不对称及其交易成本的管制政策形成机制。具体来说，就是允许符合条件的所有企业都参与竞争经营碘盐市场的权力，在众多潜在被管制企业的竞争过程中，"逼迫"非常善于事前"隐藏信息"的企业不断地"吐露"成本费用信息，使其把本属于政府和消费者的有价值产权属性逐渐分割与让渡出来，借助市场博弈力量相对充分地界定政策产权边界，使管制产权界定达到政府、企业和消费者三方都较为满意的水平，从而达到一种较为稳定的产权结构状态，进而形成产权边界清晰和产权价值水平合理的管制契约政策。

显而易见，食盐特许竞标机制的运行过程，就是管制机构借助市场机制来选择合适的被管制企业的过程，同时也是管制机构借助竞争力量与被管制企业之间签订管制激励契约的过程，在较大程度上规避了传统"桌面谈判"主观因素和机会主义倾向。简言之，在能够防范企业"串谋"和官商"勾结"以及企业"理性"的假设前提下，如果以价格向量作为标的，食盐特许竞标机制可以通过众多潜在被管制企业的充分竞争，逐渐优化出一个接近或等于平均成本的平均价格，使这个平均价格成为规制价格，进而使中标企业在特许经营市场上只能获得接近或等于平均利润的经济"租金"，避免政府垄断契约条件下的非生产性"租"的产生，减少社会福利净损失。

然而，如果加上矫正偏远市场负外部性因子，就要考虑成本补偿因素，食盐特许竞标政策则并非如此简单，可能需要导入普遍服务机制，建立碘盐普遍服务基金。

二、碘盐普遍服务

2012 年 8 月，原卫生部公布的《2011 年度全国碘缺乏病高危监测和应急补碘措施落实情况的报告》① 显示：2011 年下半年，在 9 个省份 31 个县对 3544 份居民户食用盐样本进行检测，碘盐覆盖率仅为 78.0%。其中，浙江、广西、海南 3 个省区碘盐覆盖率低于 80%，分别为 8.3%、15.0% 和 79.9%；9 个县碘盐覆盖率低于 80%，分别是浙江省岱山县，广西壮族自治区的合浦县、防城港市港口区、钦州市钦南区、北海市银海区、铁山港区和海城区，海南省的临高县和儋州市；18 个乡镇碘盐覆盖率低于 80%，9 个乡镇碘盐覆盖率在 10% 以下，分别位于浙江省（2 个）、广西壮族自治区（7 个）。另外，在 9 个省份 31 个县对 7237 名 8~10 岁儿童进行 B 超检查，儿童甲状腺肿大率为 3.1%。其中，6 个县儿童甲状腺肿大率超过 5%，分别为福建省泉州市泉港区（8.6%）、广西壮族自治区合浦县（8.7%）、新疆维吾尔自治区乌什县（17.9%）、洛浦县

---

① 原卫生部.2011 年度全国碘缺乏病高危监测和应急补碘措施落实情况的报告 [EB/OL].(2012 – 08 – 22)[2014 – 10 – 2] http：//www. moh. gov. cn/mohjbyfkzj/s5874/201209/55777. shtml.

（9.9%）、和田县（6.2%）、和田市（5.3%）；20个乡镇甲状腺肿大率超过5%，主要位于新疆维吾尔自治区（11个）和福建省（6个）。

　　根据以上数据资料，我们发现，碘盐覆盖率较低的地区和碘缺乏病发病率较高的人群，主要集中在革命老区、少数民族地区、边远地区和贫困地区等一些特殊地区（在书中，我们将其简称为"老少边穷地区"或"偏远市场"）。之所以如此，追根溯源，主要在于这些地区的居民普遍"绝对贫困"，以至于他们不能或不愿为获得更好的身体健康素质，而每月多付出几元的经济代价。从表面上看，似乎是这些个人或家庭的收入不足以维持其最基本生存需要所致，很容易将人们的关注点引入反"收入贫困"上。然而，阿马蒂亚·森指出："识别贫困的最普通做法是确定一个'基本'或'最低'生活必需品集合，把缺乏满足这些基本需要的能力作为贫困的检验标准。"[1] 这里的相关能力，不仅是那些能避免夭折、保持良好的健康状况和能受到教育及其他这样的基本要求，而且还有各种各样的社会成就，包括能够在公共场合出现而不害羞，并能参加社交活动。[2] 凭借这种能力，个人不仅仅是简单地能做什么，更是可以实现有价值的功能，有实质自由去选择他认为有价值的生活。[3] 可见，收入贫困的根源就在于满足人们基本生存和发展需要的必备能力缺乏，因而，有效的反贫困就是要反"能力贫困"。

　　在现实中，造成"能力贫困"的因素有很多，包括经济、社会、制度、环境、教育、健康、历史、文化和宗教信仰等。这些因素相互作用、相互传递和长期积累，导致人们不能获得实现自身价值的基本能力。由于反贫困的物质资源和制度资源是有限的，反贫困的资源配置和制度安排在不同的国家或地区、不同的历史时期自然就不同，且各有侧重。在偏远的

----

[1]　阿马蒂亚·森. 贫困与饥荒——论权利与剥夺［M］. 王宇，王文玉译. 北京：商务印书馆，2001：24.

[2]　阿马蒂亚·森. 评估不平等和贫困的概念性挑战［J］. 中国社会科学文摘，2003（5）：102−103.

[3]　Amartya Sen. *Commodities and capabilities* ［M］. Am sterdam：North−H olland，1985：353.

老少边穷等特殊地区，因自然环境缺碘引发的甲状腺肿大、胎儿发育畸形和婴儿脑瘫智障等地方病流行蔓延，引致人们身体健康素质低下，缺乏保障生活和就业等基本生存能力，更缺乏维护平等、尊严和自由的机会和权利。所以解决老少边穷等特殊地区的贫困问题，较为现实的制度安排就是优先选择反"健康贫困"与"能力贫困"。

按照这一逻辑选择，在老少边穷等特殊地区，反贫困就应该瞄准机会公平靶向，通过收入再分配手段，使贫困家庭的子孙后代先天发育健全，贫困人口拥有健康的身体，贫困社会成员在人生的起点上享有平等的权利和机会，去为实现有价值的人生、自由和尊严而平等地接受教育和就业等。如果我们的政府是公平的，就应尽量排除社会历史和自然环境的偶然因素对贫困家庭生活前景的影响，重新设计和安排反贫困制度，防止弱势群体"能力被剥夺"和"被边缘化"；如果我们的社会是正义的，就应承担起反贫困的社会责任，与政府共同提供和配置反贫困资源，减少和消除贫困成员人生起点的健康风险，防止贫困人群陷入因病致贫和因病返贫的恶性循环中。因此，以消除碘缺乏病为目标的食盐管制就是反"健康贫困"与"能力贫困"的一项公共治理工程，以普及碘盐为核心的供给活动就是一种公益性普遍服务。

"普遍服务"（Universal Service），由时任美国电话电报公司总裁西奥多·韦尔（Theodor Vail）于1907年提出，指美国所有电话网络应该在政府管制下实行联网，使所有电话消费者都能相互通话。不过，这与现代意义上的普遍服务概念存在着本质性的差别。我国学者王俊豪认为，普遍服务，是指为维护全体公民的基本利益，缩小贫富差距，国家通过制定与实施相关法规，促使相关行业的经营者向所有存在现实或潜在需求的消费者，以可承受的、无歧视的价格提供基本产品或基本服务。[①] 普遍服务具有明显的公益性，彰显着社会的公平和正义，因而，从其消费的社会属性来讲，普遍服务就是一种准公共产品。

---

① 王俊豪. 深化中国垄断行业改革研究［M］. 北京：中国社会科学出版社，2010：204 – 206.

　　虽然随着社会进步和经济发展，准公共产品和公共服务可以由私人提供，但鉴于食盐市场的特殊性和监管环境的复杂性，倘若完全由私人提供而政府置之不顾，则必然造成偏远市场的负外部性失灵。纵然政府采用特许竞标方式来选择提供普遍服务的企业，如果在价格单一向量的基础上再加上质量和数量的三维向量，则特许竞标政策就接近于或等同于政府管制。正如 W. 基普·维斯库斯（W. Kip Viscusi, 2010）所言，"如果在竞标阶段有充分的竞争，那么价格将压至等于平均成本，中标者可以获得正常利润。政府的角色是充当拍卖者而不是管制者。""在一个理想的环境中，特许经营权招标投标显然优于管制，它在更低的成本上达到同样的结果。在这种情况下没有设立管制机构的必要，垄断者也没有进行无效率行动的激励。然而，当我们引进产品质量和不确定性时，特许经营权招标投标开始越来越像管制。"① 这意味着，管制机构不仅要通过招投标机制将碘盐市场的经营权委托给中标企业，更为重要的是，由于契约的不完全性、中标企业的有限理性和机会主义倾向等，管制机构需要对未来一些不确定性事件进行应急处理。如此一来，竞标模式下的碘盐普遍服务可以视为一种特殊的政府管制政策，需要一种有效的激励机制来保障这种公共服务的持续稳定提供。

　　从经济效率的角度来看，提供碘盐的中标企业或被管制企业需要获得足够的成本补偿。那么，补偿多少较为合适？成本补偿标准如何确定？我们知道，2013 年由国家邮政局和财政部联合起草的《邮政普遍服务基金征收使用管理暂行办法》（征求意见稿），在我国快递行业引起轩然大波，各种质疑声音此起彼伏。透过被赋予缴纳普遍服务基金义务的民营快递公司的愤怒和抗议，可以看到问题的症结在于邮政普遍服务市场被政府垄断，由中央直属企业——中国邮政集团独家经营，并非通过市场优胜劣汰机制而筛选出来的，这对众多快递公司来说有失公平性。简言之，无论是

---

① ［美］W. 基普·维斯库斯等 . 反垄断与管制经济学［M］. 陈甫军等译 . 北京：中国人民大学出版社，2010：393 - 394，404.

邮政普遍服务，还是电信普遍服务，抑或是碘盐普遍服务，都需要从制度层面上创设一种兼顾效率与公平的成本补偿形成机制，这也是摆在相关管制机构面前的又一个重要课题。

公共治理结构中的管制机构作为委托人，与公司治理结构中的委托人一样，无一例外地受制于源于信息不对称和不完全的巨额交易成本，同样面临代理人的事前"逆向选择"和事后"道德风险"，所以由管制机构单方面制定的普遍服务补偿标准往往是不合意的，须在政府管制契约的拟定上引入市场竞争机制。也就是说，将市场竞争与政府管制有机融合起来，通过特许竞标机制来自动生成一个合意的普遍服务成本补偿标准。

在特许竞标机制的运行过程中，首先应该保证竞标阶段的竞争是较为充分的。管制机构应该给予相关经济主体参与竞标的同等机会和公平权力，允许符合条件的所有企业参与进来，尽量提高充分竞争的程度，因为竞争越充分，中标价格越接近平均成本水平。言外之意，只有保证竞争是公开、透明和充分的，才能保证最后的中标价格少包含或不包含超额垄断利润，不留给被管制企业非生产性"租"。事实上，这种充分竞争的结果可能不具有足够的激励效应，不能有效地激励中标企业为实现普遍服务目标而努力工作，因为参与竞标的企业往往存在"有限理性"倾向，在竞标过程中可能会失去理性，宁可亏损也要达到"夺标"的短视目标，在事后他又选择"败德行为"，并不会以亏损为代价去足质足量地提供碘盐，从而不能确保普遍服务目标的实现。为此，国外不少政府特许招投标，在具体的操作层面上，往往摒弃最低价格，选择一个次低的竞标价格作为在中标价格，尽量规避过度竞争带来不合理的博弈结果。如此看来，政府以系列前提条件来限制和规范竞争的充分性和结果的合理性就显得尤为重要，这也成为食盐管制制度改革成败的关键所在。

总而言之，在诸多竞标条件和竞标规范已经公开、透明和明确的前提下，管制机构可以启动食盐特许竞标机制，通过较为充分的市场优胜劣汰的竞争博弈过程，选择一个次优的中标价格作为普遍服务的成本补偿标准，与此同时，也优选出一个中标企业周期性地进入碘盐特许市场提供普遍服务。可见，食盐特许竞标机制可以内生出碘盐普遍服务基金的量化标准，食盐特许竞标政策的核心内容就是确保碘盐普遍服务的稳定、有效和持续。

三、碘盐普遍服务基金

鉴于公平与效率之间客观存在的内在的矛盾与冲突，两者孰先孰后和孰重孰轻已经成为一个弥久而常新的话题。在主流经济学家看来，效率应该优先于公平，因为社会公平是以经济效率为支撑的；而在诸多社会学家和哲学家的视野里，公平应该优先于效率，因为经济效率是以社会公平为基础的。我们以为，如果仅仅就某一具体的经济领域或某一个经济极为落后的时期而言，可能效率优先、兼顾公平更为现实和理性，因为要素贡献率的不同所带来的一定程度收入差距有助于经济效率的提高，贫富差距可以通过收入再分配政策逐渐得到调整；但是，如果对于一个社会体系或一个已经发展起来的经济体来说，或许公平优先、兼顾效率更为智慧和合理，因为过大的贫富差距往往会激起人们道德情感上的对社会不公的义愤，且随着这种义愤不断的积累和集聚，社会信任和社会合作体系便会崩溃，经济效率的提高便成为无米之炊。

"就道德境界来说，公正远远低于仁爱和宽恕。然而，就道德的社会效用，即就道德对其目的的效用来说，公正却远远重要于仁爱与宽恕，也重要于其他一切道德。"① 也就是说，公平在其内在机理和价值诉求上符合人类社会进步与发展的需求，在道德效用上优于其他价值，因而，公平理应成为社会的首要价值取向，成为人类社会追求的终极目标，效率则是为实现社会公平和正义的手段和渠道，具有维持社会稳定与社会和谐的工

---

① 苗力田. 亚里士多德全集（第八卷）[M]. 北京：中国人民大学出版社，1992：96.

具性价值。

约翰·罗尔斯（John Rawls, 1971）认为，良好的社会秩序来源于合作条款的互惠性（Reciprocity）和相互性（Mutuality）[①]。公平不仅是一种平等对待他人的态度，更是人们行为选择的道德标准，是人们在社会合作中必须具备的关系认知和价值判断。正义具有双重属性，既要重视道德义务，也要关注利益满足。[②]"满足个人的合理需要和主张，并与此同时促进社会进步和提高社会内聚性的程度——这是维续文明的社会生活所必需的——就是正义的目标"。[③] 社会稳定与互助合作并不取决于部分群体利益或集团利益的增长，而是依赖于全体社会成员共同利益的增长与共同体内利益的公平分配。公平正义是社会成员凝聚力和向心力的源泉，是强化成员之间的信任与合作的社会基础。

从公平的初始道德秉性出发，公平的道德情感表达的渠道就是不偏不倚地处理利益分配问题，重新审视和关注弱势群体生存与发展的基本需求。从公平的社会效应来看，经济发展和效率提高是社会的合理分工与有效合作的结果。既得利益群体之所以能够获得更多的好处，一个非常重要的原因就是他们占用了更多更优的经济资源和社会资源，而弱势群体在社会分工与合作中忍受了诸如失学、失业、疾病和贫穷等，从而成就了社会合作与社会和谐，让渡了本应属于自己的潜在收益。因此，在事后，从中获利的社会成员应该将"合作剩余"转移给弱势群体，以补偿其释放正外部性的成本与代价，而且这种补偿往往不是短期的，可能是一项长期的系统性收入再分配工程，是一个利益转移和利益分享的过程，也是一个保障经济效率持续稳定地提高的过程。

既然碘盐普遍服务的主要内容是在老少边穷地区和特殊人群中普及碘

---

① 约翰·罗尔斯. 作为公平的正义——正义新论 [M]. 姚大志译. 上海：上海三联书店, 2002：11.

② 慈继伟. 正义的两面 [M]. 生活·读书·新知三联书店, 2001：20.

③ 埃德加·博登海默. 邓正来译. 法理学：法律哲学与法律方法 [M]. 北京：中国政法大学出版社, 1999：252.

盐，则为防治和消除碘缺乏病而设立的碘盐普遍服务基金，就应该成为现实的反"健康贫困"与"能力贫困"的公益性基金。以伦理道德的视野来看，一个经济或社会的先进性和进步性，不仅体现在这个经济是否有效率，更反映在这个社会是否公平和正义，表现在全体社会成员是否愿意为那些弱势群体提供一些力所能及的帮助，是否愿意将既得利益通过一些制度或机制让渡或转移出去，是否愿意与贫困者一起分享经济发展的成果。怜悯贫穷和扶助弱势不应该是政府部门的"专利"，而应该转变为每个社会成员义不容辞的责任和义务。

因此，在现阶段我国扶贫资金较为有限的条件下，作为扶贫渠道的碘盐普遍服务基金，不妨突破以中央财政预算为主的资金配置架构，将视线转移到社会资本和民间资本甚至国际资本上，设立由政府、企业和消费者等社会成员共同承担的碘盐普遍服务基金，通过以碘盐普遍服务为核心的食盐特许竞标机制，转移给特殊地区和特殊人群，以达到消除碘缺乏病的根本管制目标。

按照资金的筹集方式不同，普遍服务基金可以分为显性普遍服务基金与隐性普遍服务基金。前者是一种价外基金，在当代管制实践中较为多见；后者是一种价内基金，在传统管制实践中较为常见，但随着全球市场化管制改革的不断推进，逐渐被前者所取代，如图 8 - 1 所示。

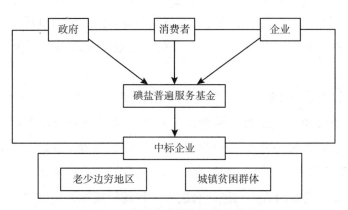

图 8 - 1　碘盐普遍服务主体结构体系

四、过渡期内隐性基金的食盐特许竞标政策

所谓隐性的碘盐普遍服务基金，就是传统政府管制所采用"内部交叉补贴"方法，即政府对于被管制企业的政策性亏损，不给予财政现金补贴，而是赋予其向市场消费者"二次征税"的权力。但是，在管制实践中，这种成本补偿机制常常带来"取脂"行为，被管制企业利用垄断性业务所赚取的利润来弥补竞争性业务亏损，从而引发"马太效应"，使垄断性市场上越来越多的消费者剩余被吞噬和被转移到竞争性市场上，源源不断地支撑其一轮又一轮的"价格战争"，进而形成"过度垄断"与"过度竞争"的双重市场结构。正是缘于此种积弊，世界各国政府纷纷摒弃"内部交叉补贴"机制或隐性普遍服务基金，更多地采用显性普遍服务基金。

其实，我国现行的食盐专营制度，也是采用"内部交叉补贴"办法，实行"以近补远、以盈补亏"的成本补偿机制，利用专营公司在非偏远市场上的盈利来弥补其在偏远市场上的亏损。尽管这种成本补偿政策已取得辉煌的成就，但却产生了负外部性和负内部性的政府管制失灵，从而备受社会各界人士的唾弃和不屑。究其原因，关键在于食盐专营的激励政策和治理体制都存在诸多制度性缺陷，而不在于"内部交叉补贴"办法本身有多大问题。所以我们也没有必要将其全盘否定，倘若重新审视和考察此种成本补偿机制，它或许可以成为我国盐业管制改革的一种政策机制选择。

我们以为，"内部交叉补贴"成功植入碘盐普遍服务中的主要标志，就是既能消除经营企业的"撇奶油"行为，又能根除食盐专营制度下的诸多痼疾，而要想规避这些政府管制失灵风险，关键是要启动"租"的消散机制和转移机制，避免非生产性"租"的集聚。我们不妨将"内部交叉补贴"与特许竞标两者有机地结合起来，将此种成本补偿机制引入碘盐特许竞标政策中，在 5 年过渡期内，实行隐性基金的食盐特许竞标政策。

1. 明确特许单元市场

从资源配置与利用效率的市场向度来看，选择以经济区域为一个特许市场，并将其委托给独家的中标企业来经营，也许能节约更多的企业成本费用，产生更高的规模经济效益。但是，如果从公共政策执行效率的政府维度来看，在我国特殊的政治制度和行政管理体制下，选择以省级行政辖区为一个特许市场，或许更为节约各种交易成本，更能激励与约束辖区内的卫生等行政部门与食盐管制机构之间的协同合作，更为便于行政监督和责任追究，提高政策实施和执行的有效性。换言之，就是以一个省级行政辖区为一个管制单元，比以一个经济区域为一个特许板块，更能保障消除碘缺乏病根本目标的实现。

2. 确定竞标条件

第一，竞标企业的资格条件。从市场的公平性和效率性视域来看，竞标市场开放的程度越高，意味着这个市场的公平性越高；参与竞标的企业越多，意味着这个市场的事前竞争越充分和越富有效率。食盐管制政策的设计应该以多重管制目标为导向，不仅要考虑消除碘缺乏病的社会目标和政治目标，还要考量盐业效率改善的经济目标，需要给予被压制了二十多年的制盐企业一定的生存和发展空间，需要管制政策向制盐企业适度倾斜。有鉴于此，在改革的过渡期内，不妨将参与竞标的企业限制在盐业经济范围内，凡具备既定的生产技术条件、产品卫生质量标准、仓储设施设备、运营物流网络覆盖能力和财务杠杆能力等的制盐企业和盐业公司，不论是国有资本，还是民间资本，都可以自由参与全国31个特许市场的竞标。我们以为，按照这样的限制条件，全国至少也有两三百家盐业企业可以参与市场经营权的竞争，应该能够确保竞标阶段竞争的充分性、公平性和效率性。

第二，竞标经济技术条件。竞标效率取决于竞标指标，竞标指标越少，竞标效率越高。对于食盐而言，存在质量、数量和价格三个基本经济指标。从目前的经济技术手段来看，由于碘盐的质量和数量这两个指标更容易量化和考核，同时，也由于偏远市场"私盐"价格下限可以作为其碘盐供给价格，因此，我们不妨将质量、数量和偏远市场价格三个指标预先确定下来，将非偏远市场价格作为单一的竞标价格。首先，各省（直辖市、自治区）管制机构，应根据本地区的人口分布状况和数量（包括高碘人群），计算出偏远市场和非偏远市场的碘盐常规年消费量，以及高碘人群的无碘食盐常规年消费量，既要保证缺碘人群的碘盐供给，又要确保高碘人群的无碘盐供给①。其次，由于每个地区缺碘程度和状况存在一定的差异，全国范围内不应该"一刀切"而实行统一的加碘标准，应该放权给各省（直辖市、自治区），由各省（直辖市、自治区）卫生厅依据原卫生部颁布的食盐卫生质量标准和本地区缺碘情况，来制定本地区的包括食盐加碘指标在内的卫生安全质量标准。最后，各省（直辖市、自治区）管制机构可以参照"私盐"贩子在偏远市场上的贩卖成本下限②，确定一个更低的价格水平作为偏远市场碘盐普遍供给的价格上限，从利益链条上彻底铲除假冒伪劣食盐的非法活动。如此一来，各省（直辖市、自治区）管制机构，可以将本地区偏远市场和非偏远市场的食盐（包括碘盐和非碘盐）供给数量和质量以及偏远市场碘盐普遍供给价格上限，都纳入招投标经济技术条件中，以便竞标企业围绕非偏远市场的食盐价格来竞争。

3. 选择竞标方式和中标价格

新制度经济学是以"经济人""有限理性"（Bounded Rationality）和"机会主义倾向"（Opportunism）为假设前提的。

奥利弗·E·威廉姆森（Oliver E. Williamson，1985）将"理性"分为三个层次：第一，强理性，即预期收益最大化；第二，弱理性，即有组织

---

① 盐业管制改革不仅应该关注缺碘人群的补碘问题，也应该重视频繁发生的高碘人群补碘过度问题，新的管制政策设计应该能够确保高碘人群的无碘食盐普遍服务。

② 要想刺激偏远市场的消费者足量消费合格碘盐，就必须堵住其选择原盐等非碘盐的漏洞，即必须保证偏远市场合格碘盐的销售价格等于甚至低于"私盐"贩子贩卖假冒伪劣碘盐的价格。

的理性；第三，中等理性，介于强理性与弱理性之间。① 新古典经济学假设行为人是"强理性"的，而新制度经济学强调行为人的"中等理性"，即"有限理性"。肯尼思·约瑟夫·阿罗（Kenneth J. Arrow，1951）认为，"有限理性"就是人的行为"是有意识地理性的，但这种理性又是有限的"。② 在道格拉斯·C·诺思（Douglass C. North，1989）看来，"有限理性"包括两个层面的含义：（1）人们面临的环境是复杂而不确定的，决定着信息是不对称和不完全的；（2）人们对环境的认识能力和计算能力都非常有限，不可能做到无所不知。

所谓人的"机会主义倾向"是指"在非均衡市场上，人们追求收益内在、成本外化的逃避经济责任的行为。"③ 出于对自我利益追求的考虑，人具有随机应变、投机取巧和谋取更大利益的行为倾向。从其行为的结果来观察，机会主义行为倾向具有双重属性：一方面与冒险、寻找机遇和创新等现象之间有一定的联系，另一方面与给他人带来损害或危害之间存在较为严密的逻辑性。所以奥利弗·E·威廉姆森（Oliver E. Williamson，1964）认为，人的机会主义本性增加了市场交易的复杂性，降低了市场效率，是交易费用产生的根源，是"造成信息不对称的实际条件或人为条件的原因，这种情况使经济组织的问题大为复杂化了。"④

因此，在"经济人""有限理性""机会主义倾向"的假设前提下，行为人在参加一项非个人的交易活动时，由于存在一种内部智力有限与外部环境无限的矛盾和冲突，以及转嫁成本责任的损人利己的行为动机，往往会作出非理性的判断甚至错误的选择，的确需要一些交易规则或制度加以约束和限制，以使市场交易活动更为富有效率。正如在新制度经济学派所言，在既定的制度环境下，"每个人不过是一只拴在树上的狗"，狗的

---

① ［美］奥利弗·E·威廉姆森. 资本主义经济制度——论企业签约与市场签约 ［M］. 北京：商务印书馆，2002：68.

② ［美］肯尼思·约瑟夫·阿罗. 陈志武等译. 社会选择与个人价值 ［M］. 上海：上海人民出版社，2010：72.

③ 卢现祥. 新制度经济学 ［M］. 武汉：武汉大学出版社，2004：33.

④ 转引自迪屈奇. 交易成本经济学 ［M］. 北京：经济科学出版社，1999：34.

活动范围取决于绳子的长度，结构内各主体的行为选择、行为边界和行为方式等都取决于制度规则。换言之，制度决定着人们在操作层面上的选择集。科斯认为现代经济学研究的重点内容就是进行制度设计，研究"拴狗的绳子"。

就碘盐特许竞标活动而言，参与竞标的盐业企业同样具有"有限理性"和"机会主义倾向"，一方面，对于其他参与竞标企业的相关信息了解甚少，面临信息不对称和不完全以及高昂的交易成本的障碍，某些企业就可能采取机会主义行为，相互之间"勾结"和"串谋"，企图以较低的合作成本获取较高的共享收益。当他们认为边际合作成本小于边际合作收益时，合作就会持续进行；当他们认为边际合作成本等于边际合作收益时，合作就会停止。另一方面，人的"有限理性"使参与竞标的企业难以对纷繁复杂的信息作出正确的判断，为了一举夺冠，就有可能孤注一掷，以低于平均成本的价格来投标，其结果很可能造成中标后"道德风险"和"违约风险"，它往往不能持续地以亏损为代价而按照合约提供足量足质的碘盐。

因此，为了规避以上诸多风险，确保食盐特许竞标活动的成功和消除碘缺乏病管制目标的实现，我们不妨选择"封闭竞标"方式和次低的竞标价格。具体说来，就是让参与竞标的盐业企业在竞标现场，一次性地将自己预定的竞标价格投进"竞标箱子"，现场开箱，找出次低价格的竞标企业，此企业和此价格即中标企业和中标价格。

由于食盐特许竞标政策引入了"内部交叉补贴"成本补偿机制，因此，最后选择次低价格作为契约价格，正常情况下是不等于平均成本，往往会高于平均成本，但超出成本部分的超额垄断"租"则由中标企业通过特许经营活动转移给偏远市场的消费者，补贴弱势群体的碘盐普遍消费。如果竞标阶段的竞争是较为充分对的，且中标企业是依合约而行的，则最终剩余在中标企业手中的非生产性"租"就较少，甚至为零。可见，确保竞标阶段的竞争充分性是至关重要的，它决定着非生产性"租"的集聚与消散。尽管这里可能依然存在哈伯格三角形的社会福利净损失，可这个三角形面积比一般完全垄断市场的哈伯格三角形面积小得多，因为食盐属于需求缺乏弹性的生活必需品，且没有替代品，其需求曲线非常陡峭，与其他完全垄断市场相比，食盐特许竞标市场可以在较大限度上减少社会福利净损失。

从本质上看，这种隐性碘盐普遍服务基金是对非低收入国民的收入再分配，虽然是一种重复征税行为，但是，并不应该将其定性为不公平，恰恰相反，正如前所述，贫困群体为经济增长付出合作的代价，为经济效率的改善投入了忍耐包容等隐形生产要素，理所当然地应该参与合作成果的分享中。换言之，从经济伦理的逻辑性视角来看，非贫困群体应该将属于贫困者的潜在收益分割和让渡出来，这不是一种怜悯同情和施舍，而是一种符合要素报酬原则的"合作剩余"再分配。况且，这种通过隐性税收机制实现政府管制目标，不仅可以规避显性税收的征收和稽查等社会成本，而且还可以普及碘盐和消除碘缺乏病为载体，减少和消除边疆地区和少数民族地区贫困人口的"健康贫困"和"能力贫困"，从社会上和经济上缓解民族隔阂，促进边疆稳固与社会和谐。

4. 界定契约周期

特许竞标最为显著的特点就是将事后竞争变为事前竞争，但这并不意味着中标企业在中标后就可以一劳永逸，永远享受特许市场的专营权。倘若如此，则政府管制政策又回到以前的传统垄断模式，管制改革就不具有多大的实际意义，而且很容易造成"逆向选择"和"道德风险"。为此，特许竞标政策还需要引入事后的潜在竞争机制，使中标企业如同竞争市场上的在位企业一样，面临其他企业的进入威胁，不得不努力工作。而这个潜在竞争机制就是在管制激励契约中，嵌入一个合约周期，把中标企业的经营权力限制在合约周期之内，合约周期结束后就开始下一轮的竞标活动。那么，合约周期应该如何界定？

我们以为，这需要结合行业固定资产投资的状况和特点来分析。从经济效率的角度来看，固定资产的专用性越强，投资回报期就越长，就越需要一个较长的合约周期；而从信息不完全的角度来看，契约周期愈长，契约的不完全性就愈加显著，由市场带来的不确定性就愈多，中标企业的违约风险就愈大。可是，如果合约周期太短，就会产生不利于代理者进行固定资产和技术更新投资等负面效应。所以合约周期不宜过长，也不宜过短，我们不妨将其设定为3年。

总而言之，在5年改革过渡期内，鉴于我国特殊的政治制度和行政管理体制，从确保消除碘缺乏病的根本目标出发，由各省（直辖市、自治区）管制机构，根据本行政区域内的具体情况和特点，明确食盐消费总量、质量和偏远市场价格上限等竞标约束条件，使符合竞标资格条件的企业按照"以近补远、以盈补亏"的交叉补贴原则，竞争区域内非偏远市场的食盐价格。最后，通过与获胜企业签订特许经营契约，将本行政区域内的食盐市场委托给中标企业，激励与约束被管制企业努力工作，实现消除碘缺乏病的根本管制目标。并且，在特许经营垄断机制的激励下，中标企业可以充分利用在专营市场范围内易于创新和不易被模仿的优势，创新市场经营模式和内部组织结构，优化物流链条，合理布局经营网点，降低经营管理成本，在得到政策给予的正常利润之基础上，进一步获取创新垄断利润，从而促进盐业产业效率提升和产业经济目标实现。

显而易见，以特许竞标政策取代食盐专营政策，既可彻底解放制盐企业，激励其通过自由竞争机制，获取在专营制度下不可能获得的潜在利润，又可取消盐业公司的专营特权，消除源丁行政垄断的X效率问题，用市场竞争力量来"倒逼"其拓展业务经营范围，促进盐业产业组织纵横一体化，优化产业价值链条，达到提高产业效率的经济目标。

因此，在废除食盐专营制度之后，选择盐业特许投标作为过渡性制度，引入隐性碘盐普遍服务基金的成本补偿机制，或许能在较大程度上实现三维管制目标，体现公平与效率兼顾的原则，符合管制改革的4E①价

---

① "4E"是指，经济Economy、效率Efficiency、效果Effectiveness和公平Equitable的首字母。

值取向。

另外，特别注意的问题是，在 5 年的改革过渡期内，隐性基金的食盐特许竞标政策并不适于西藏和新疆这两个少数民族聚居地区，这是由其独特的民族背景、政治环境和经济条件等决定的。

五、过渡期后显性基金的食盐特许竞标政策

在 5 年的改革过渡期内，虽然实施配套的产业组织优化政策（第九章将论证分析），在一定程度上改善盐业市场结构，提高市场集中度，为食盐经营市场创造一个较好的产业竞争环境。但是，经历 5 年的过渡时间，也许部分偏远地区的消费水平有所提高，可并不能保证所有老少边穷地区的收入水平普遍提高，以至于贫困群体愿意每月多花几元来消费碘盐而不购买"土盐"① 等非碘盐产品。另外，5 年改革过渡期，也同样不能保证我国食品药品市场监管很到位，可能政府食品规制仍然存在不少漏洞。事实上，无论是贫困群体收入水平的提高，还是政府食品监管能力的提升，都是一个长期的系统性工程，绝非一蹴而就。这意味着，5 年过渡期结束后，我国还不能马上实行食盐经营完全市场化的融合性管制，否则，就难以确保普及碘盐和消除碘缺乏病目标的实现。正如历经近百年沧桑的日本食盐专卖制度改革至今，为了保障国内食料用盐的自给自足能力，日本政府仍然实行一种独特的食盐规制制度，尽管彻底放开食盐的生产经营市场，但却设立一个盐事业中心平价供给食盐。

有鉴于此，我们应该结合我国具体的国情和食盐管制的目的，创设一种富有中国特色的管制制度。由于 5 年改革过渡期后，食盐管制的核心还是确保碘盐普遍服务，因此，我们不妨将碘盐普遍服务的另一种成本补偿机制——显性碘盐普遍服务基金，导入食盐特许竞标政策中。

---

① "土盐"是一种产于新疆、青海和西藏等西部地区的天然湖盐，虽然没有多少毒性，但普遍缺乏"碘"元素，因而，长期食用而不补碘，很可能造成碘缺乏病滋生和泛滥。

1. 碘盐普遍服务基金的配置和管理

从全球的管制改革实践来看，各种网络业务的普遍服务基金主要来源于政府、企业、消费者和民间等。例如，意大利的邮政普遍服务基金来源于从事邮政业务的企业，英法德等欧洲国家的邮政普遍服务基金则主要来源于政府，美国正在普及的宽带普遍服务基金也主要来源于联邦政府财政预算。也就是说，各个国家在不同的历史时期，根据具体的国情和经济发展水平等，各自选择不同的筹资渠道。对于我国在改革过渡期之后的碘盐普遍服务基金，也应该根据我国的经济发展水平和社会进步状况以及政府财政支付能力等酌情而定。鉴于我国中央政府和地方政府的财政包袱较重和支出压力较大，不妨向所有的生产和经营食盐的企业征收碘盐普遍服务基金，当然，并不排除国内外社会各界的捐赠和援助。

在碘盐普遍服务中，虽然政府不直接提供普遍服务，而是委托给市场来完成，但这并不是说政府就可以置身其外。管制机构要扮演组织者和管制者的角色，制定碘盐普遍服务的相关规则；财政部门需要按照规定征收的碘盐普遍服务基金，将其编入年度财政预算之内，并且对不同地区管制机构上报的基金需求量加以审查和核准，将定额基金直接划拨给提供碘盐普遍服务的企业，避免地方财政挪用和挤占专项基金。

2. 单元特许市场的确定

在5年改革过渡期之后，如果以经济区域为特许单元市场，从消除碘缺乏病的根本目标来看，可能还是显得缺乏稳健性，可能会带来较低的管制绩效。显性碘盐普遍服务基金植入食盐特许竞标政策，意味着过渡期内的价内成本补偿机制转换为现在的价外成本补偿机制，可以不再向行政辖区内的非偏远市场消费者"二次征税"，各个省（直辖市、自治区）食盐特许市场可以仅仅局限于行政辖区内的偏远市场。因此，在我国特殊的政治制度和行政管理体制下，出于规制效率和行政责任追究等的考虑，我们依然主张以省（直辖市、自治区）级行政辖区内的偏远市场为特许单元市场。

3. 竞标条件的确定

在 5 年的改革过渡期内，由于推出与管制政策相配套的产业组织政策，因此，在过渡期结束时，我国盐业市场集中度应该得到了明显提高，寡占市场结构应该基本形成。因而，此时参与竞标企业所应该具备的经济技术条件，应该调整为企业的经营管理素质、财务杠杆能力、仓储设施设备和物流网络覆盖能力等经济技术指标上。

在 5 年的改革过渡期内，为了扶助长期被压制且生存困难的制盐企业，食盐特许竞标政策对其有所倾斜，只允许盐业企业参与竞标。然而，为了彰显市场的公平性与效率性，此时的竞标市场应该向全国所有符合经营食盐条件的经济主体开放，给予具备既定的经济技术条件的所有企业参与竞标的公平机会。在这里，我们尤其应该吸取我国邮政普遍服务基金的教训，2013 年由国家邮政局和财政部联合起草的《邮政普遍服务基金征收使用管理暂行办法》（征求意见稿），在我国快递行业引起轩然大波，各种质疑声音此起彼伏。透过被赋予缴纳普遍服务基金义务的民营快递公司的愤怒和抗议，可以看到问题的症结在于邮政普遍服务市场被政府垄断，由中央直属企业——中国邮政集团独家垄断经营，并非通过市场的优胜劣汰机制而筛选出来的，这对众多快递公司来说是不公平的。并且，只要是长时期独家垄断专营，无论是国有企业，还是民营公司，都无一例外地会产生垄断 X 效率问题。

总而言之，在 5 年改革过渡期之后，显性基金特许竞标政策的实施和执行工作主要有以下几点：首先，各省（直辖市、自治区）卫生行政管理部门，应该根据本行政辖区内的人口分布和缺碘状况，制定本行政辖区内的碘盐卫生质量安全标准。其次，各省（直辖市、自治区）管制机构，应根据本行政辖区内的贫困人口分布状况及其数量，编制食盐特许市场的碘盐常规年需求计划指标。最后，各省（直辖市、自治区）管制机构组织和实施招投标工作，将本行政辖区内偏远市场的贫困人口所需碘盐数量和质量作为既定的竞标约束条件，允许全国范围内符合竞标资格条件的所有企业参与竞标，使竞标企业围绕偏远市场的碘盐价格来展开竞争。当然，我们还是可以采用"封闭竞标"方式，选择次低的竞标价格作为最终的中标价格。

六、西藏和新疆的食盐特许竞标政策

在十几年前的全国盐业管制体制变革浪潮中，西藏和新疆等碘盐普及水平较低地区亦紧步后尘，实行政监企三合一的管制治理模式。在公共选择学派看来，政府组织也是"经济人"，也有自身利益诉求，尽可能追求自我利益最大化。西藏和新疆的管制机构（或盐业公司），即使不从公共利益出发，亦受本部门经济利益的驱动，极力稽查"私盐"，着力打击假冒伪劣碘盐冲击市场的不法活动，保护盐业公司对辖区内食盐市场的独占性和专营性，取得了令人瞩目的成绩，碘盐覆盖率逐年上升，有效遏制了碘缺乏病泛滥的态势。

可是，与全国平均水平相比较，西藏和新疆的碘盐普及水平还很低。2007 年，全国居民户碘盐总体食用率达到 97.1%，合格碘盐食用率达到 94.3%，而西藏和新疆的合格碘盐食用率仅为 29.6% 和 79.6%。[1] 同年，原卫生部将西藏和新疆列为碘缺乏病高危地区，涵盖西藏 16 个县（区）和新疆 32 个县（市）；[2]《全国重点地方病防治规划（2004～2010 年）》中期评估结果显示：截至 2007 年，海南、西藏、青海和新疆 4 省（自治区）未实现消除碘缺乏病目标。[3] 以上数据充分证明，西藏和新疆的食盐专营政策，严重背离了其预期目标。

相关政府部门似乎也意识到"内部交叉补贴"的专营政策并不适合西

① 原卫生部. 关于 2007 年度全国碘盐监测工作情况的通报［EB/OL］.（2008 - 07 - 01）［2014 - 10 - 14］. http：//www. moh. gov. cn/mohjbyfkzj/s5874/200807/37157. shtml.

② 原卫生部. 关于开展我国碘缺乏病高危地区重点调查的通知［EB/OL］.（2007 - 02 - 25）［2014 - 10 - 14］. http：//www. moh. gov. cn/mohjbyfkzj/s5874/200804/19122. shtml.

③ 原卫生部. 卫生部通报我国碘缺乏病防治工作情况［EB/OL］.（2011 - 05 - 10）［2014 - 10 - 14］. http：//www. moh. gov. cn/publicfiles/business/htmlfiles/mohjbyfkzj/s5874/201105/51605. htm.

藏和新疆。为了切实提高碘盐普及水平,西藏和新疆维吾尔自治区政府和盐业管制机构,相继改良了食盐专营政策。2007年9月以来,新疆维吾尔自治区政府和各县(市)级地方政府分别承担50%的财政补贴资金,将补贴现金直接发放到贫困农牧民手中,实行碘盐免费供给。从2009年开始,西藏自治区政府每年抽出3000万元财政资金,定向补贴贫困农牧民的碘盐消费,使碘盐零售价格由1.5元/千克下降到0.5元/千克。

然而,随后几年来,新疆和西藏的各项碘盐普及指标明显上升,但仍未实现消除碘缺乏病目标。据2011年度全国碘缺乏病高危监测报告,2011年下半年,在儿童甲状腺肿大率超过5%的6个县(市)中,新疆维吾尔自治区就有4个县(市)(其中,乌什县儿童甲状腺肿大率高达17.9%,位列全国第一),约占全国的67%;在家庭主妇尿碘中位数低于100μg/L的7个县(市)中,新疆就有1个市(和田市)名列其中,约占全国的14%。另据2011年全国碘盐监测报告,在居民户碘盐覆盖率小于90%的42个县(市)中,西藏自治区就有10个县名列其中,约占全国的24%。[①]

以上数据充分说明,变革后的食盐专营制度,并没实现预期管制目标。究其原因,不管是西藏自治区的间接补贴政策,还是新疆维吾尔自治区的直接现金补贴政策,都存在一定的制度性缺陷。

1. 政府间接补贴的额度难以界定

从2009年开始,西藏自治区政府采用间接补贴方式,按照碘盐的经营成本(采购成本、配送成本和人工成本之和),将碘盐财政补贴资金划拨到西藏自治区盐业公司,通过专营公司以碘盐实物的形式转移给贫困的农牧民。虽然这种以实物形式补贴弱势群体较为合理,不但可以避免补贴对象将补贴现金挪作他用,而且还可以"逼迫"补贴对象真实消费补贴

---

① 原卫生部等. 卫生部等五部委关于2011年全国碘缺乏病监测情况的通报 [EB/OL]. (2012 – 09 – 01)[2014 – 10 – 14]. http://www.moh.gov.cn/mohjbyfkzj/s5874/201209/55777.shtml.

产品或服务，然而，这里还存在间接补贴额度难以合理界定的问题。

在搜寻经济主体的内部成本信息上，政府永远处于劣势地位，不可能获知企业内在的实际成本，因为企业总是本能地、千方百计地隐藏真实信息，甚至释放出虚假信息来蒙蔽政府，以索要更多的财政补贴。基于信息偏在而不可逆转的现实，作为"外部人"的政府常常根据企业以往成本来确定补贴额度，遗憾的是企业的历史成本水分较大，尤其是计划经济色彩较重的国有企业，其历史成本包含大量的 X 效率成本，所以政府为了避免"被欺骗"，又往往凭借主观感觉，将补贴资金压到低于企业历史成本的水平。因此，政府所支付的间接补贴，要么过高，要么过低，很难接近或等于经营主体的真实成本。面对如此的信息博弈结果，没有潜在竞争对手的企业将会积极应对：如果所获得的补贴资金高于企业实际支出，或许会较好地为补贴对象提供产品或服务，但也不能完全排除懒惰懈怠行为；如果所获得的补贴额度低于其真实成本，则会为保证企业不亏损且盈利，而不能充足提供产品或服务，从而放弃部分高成本市场和低收入消费者。

虽然我们不知道西藏自治区盐业公司的真实经营成本，也无法判断政府所划拨的财政补贴是否足够弥补企业亏损，但是，在这个缺乏"鲶鱼效应"的准公共产品市场上，独家专营公司的"偷懒行为"不可避免。根据 2011 年全国碘盐检测报告，西藏自治区居民户碘盐覆盖率低于全国平均水平（98.7%），墨脱县（36.00%）、索县（65.00%）、那曲县（71.19%）、巴青县（73.03%）、双湖区（73.55%）、嘉黎县（75.67%）、札达县（79.87%）、措勤县（85.15%）、革吉县（84.67%）和聂荣县（84.23%）10 个县碘盐供给严重不足，当地居民自行采挖"土盐"和购买非碘盐的现象较多，尚未达到县级消除碘缺乏病目标的指标要求（90%）。①

另外，按照西藏常住人口 300 万人和自治区政府确定的每人每年 5.5 千克的消费量，全区碘盐市场需求量约为 16500 吨，但西藏自治区盐业公

---

① 原卫生部. 卫生部通报我国碘缺乏病防治工作情况［EB/OL］.（2011 – 05 – 10）［2014 – 10 – 14］. http：//www.moh.gov.cn/publicfiles/business/htmlfiles/mohjbyfkzj/s5874/201105/51605.htm.

司每年实际提供的碘盐仅有 13000 吨，其中所存在的 3500 吨供给缺口说明，大约还有 64 万人口的碘盐需求没有得到满足，而且这部分人口只能是散居在偏远地区的贫困农牧民。因为西藏自治区盐业公司在非偏远地区上，按照国家统一价格 1.5 元/千克销售碘盐，拥有较大的盈利空间，自然不会放弃这部分市场，而出于自身经济利益考虑，盐业公司只会减少物流成本较高的偏远市场碘盐供给。

以上管制绩效数据充分证明，西藏自治区盐业公司确实没有足量供给碘盐。其根源就在于，政府给予的间接补贴额度不合理，带来被管制主体不愿或不能足量提供普遍服务。

2. 政府直接现金补贴的形式不当

自 2007 年以来，新疆维吾尔自治区政府采用直接补贴方式，依照全国统一碘盐销售价格 1.5 元/千克，将碘盐全额价格补贴直接送到贫困的农牧民家庭，使弱势群体获得消费碘盐的支付能力。这种现金直接补贴形式，尽管可以绕过中间流通环节，弥补财政资金流失或被管制者不作为等间接补贴的先天缺陷，但无法规避最终消费者私下挪用补贴现金的"道德风险"。大量实践证明，社会弱势群体在得到政府现金补贴之后，女人常常将其用于最急需的日常生活支出，男人往往将其转移到吸烟、酗酒甚至赌博等个人嗜好上，很难确保现金补贴全部花费在政府所扶持或强制的消费项目上。[①]

虽然我们没有证据直接证明新疆的贫困农牧民，私下将政府明补现金挪作他用，但是，在这种碘盐免费消费的极为优惠政策下，2011 年碘缺乏病还蔓延于乌什县、洛浦县、和田县以及和田市的 11 个乡镇，且乌什县的儿童甲状腺肿大率（17.9%）位居全国之冠。如此高的发病率和如此广的发病范围，无疑证明接受补贴的贫困农牧民，没有将全额

---

① 吕福玉，曾凡英．垄断转型：当代盐产业组织优化进路［M］．成都：四川出版集团巴蜀书社，2009：186.

价格补贴现金全部用于碘盐消费，导致自治区财政转移支付效率大打折扣，违背政府直接现金补贴的美好初衷，没能达到县级消除碘缺乏病目标。

综上所述，不管是改良前的"内部交叉补贴"专营政策，还是变革后的政府财政补贴管制政策，不过是在保留食盐专营的前提下，在原有制度内部所进行的结构调整而已。要想提高西藏和新疆地区的食盐管制绩效，必须取消专营制度，放松食盐管制，探索一种适合于其特殊区情的管制激励政策。

3. 显性基金的特许竞标政策

我们以为，无论是在 5 年改革过渡期内，还是在 5 年改革过渡期后，对于西藏和新疆两个少数民族聚居地区的普遍服务，都不宜采用"内部交叉补贴"的隐性成本补偿方法。

与我国其他地区不同，西藏和新疆的非偏远市场不能提供足够的超额垄断"租金"，来弥补其在偏远市场的亏损，这是由西藏和新疆的特殊区情所决定的。相关数据显示，西藏全区常住人口 3002166 人；其中，非农业户口 750541 人，占全区人口的 25%；农业人口 2251623 人，占全区人口的 75%。① 新疆常住人口 21813334 人；其中，非农业人口 9015451 人，约占全区总人口的 41%；农业人口 12797883 人，约占全区总人口的 59%。② 以上诸多数据说明，西藏和新疆的城乡人口比例失衡，地处高寒山区和荒漠地区的农牧民数量远远超过交通便利的城镇居民。很显然，在西藏和新疆承担碘盐基金的城镇居民人口数量，远远少于需要基金补贴的偏远地区人口数量。这就意味着，特许经营者在西藏和新疆的非偏远市场

---

① 西藏自治区统计局. 西藏自治区 2010 年第六次全国人口普查主要数据公报［EB/OL］.（2011 - 05 - 07）［2014 - 10 - 14］. http：//www. chinatibetnews. com/xizang/2011 - 05/07/content_693534. htm.

② 新疆维吾尔自治区统计局. 新疆维吾尔自治区 2010 年第六次全国人口普查主要数据公报［EB/OL］.（2012 - 02 - 28）［2013 - 04 - 15］. http：//www. stats. gov. cn/tjgb/rkpcgb/dfrkpcgb/t20120228_402804343. htm.

所获得的垄断利润，将大大低于其在偏远市场所产生的亏损，这就不可能确保整个自治区所有偏远地区的碘盐普遍服务。

我们认为，在5年改革过渡期内，由中央财政通过转移支付来承担西藏和新疆的碘盐普遍服务基金为宜。这主要是基于以下三点理由：第一，西藏和新疆的人口总量较少，总共大约2480万人口，可以将这两个自治区的所有消费者都作为普遍服务的对象，中央政府财政应该具有这个承受能力。第二，由于西藏和新疆每年所需的碘盐普遍服务基金规模太小，如果大动干戈地向广大盐业企业征收碘盐基金，则会加大政府的管制成本和整个社会的交易成本。第三，近几年来，极端势力和恐怖组织在西藏和新疆活动极为猖獗，给我国领土完整和边疆社会和谐稳定带来较大的负面影响。如果中央政府愿意为边疆少数民族地区支付碘盐普遍服务成本，则会使这些地区的贫困弱势群体一日三餐地享受到来自祖国大家庭的关爱和温暖，可以在一定程度上增进少数民族对国家的认同感和归属感，有利于促进民族安定团结和边疆社会和谐稳定。

为此，在5年改革过渡期内，西藏和新疆的食盐特许竞标工作的主要有以下几点：首先，卫生行政管理部门需要根据本地区的缺碘人口分布状况，制定行政辖区内的碘盐卫生质量安全标准；其次，管制机构允许符合条件的全国各地的制盐企业和盐业公司参与竞标，将碘盐的质量和数量纳入竞标约束条件，使竞标企业围绕碘盐供给价格竞争；再次，采用"封闭竞标"方式，选择次低的竞标价格作为最终的中标价格；最后，与获胜企业签订管制激励契约，以合约的方式将食盐市场普遍服务周期性的委托给中标企业，保证辖区内的每一个偏远地区消费者都能够免费得到足量足质的碘盐实物，确保消除碘缺乏病根本目标的实现。

当然，5年改革过渡期结束后，西藏和新疆便可以与全国其他地区一样，将食盐规制融入食品药品管制中，实行社会性管制，施行食盐特许竞标政策，通过显性成本补偿机制（向食盐生产企业和经营企业征收）来补偿碘盐普遍服务（仅仅局限于偏远市场和贫困弱势群体）。

第三节　构建食盐管制治理体制

在社会公众—立法者或政府—管制机构—被管制者的委托—代理链条上，以产权经济学的视域而论，管制治理就是作为委托人的立法者或政府在与其代理人管制机构进行管制产权交易时，应该如何分割、让渡和转移相关产权属性，才能有效地激励与约束管制机构在达到自身利益目标的同时，实现预期的多重管制目标。因而，管制治理体制实质上是一个管制产权结构安排和行为规范的制度运行系统，是治理主体为了实现预期的管制目标，依据这些产权规则来引导和控制管制机构在既定的管制产权范围内活动，尽可能地减少和压缩其进入"公共领域"攫取潜在收益的机会和空间，削减政府管制治理失灵现象。这就需要基于信息不完全和不对称及其高昂的交易成本的现实条件，充分发挥和利用立场相对中立的社会"第三方"力量作用，通过公开透明的公共决策程序，允许包括立法者或政府、监督机构、管制机构、被管制企业和消费者等相关利益主体共同参与的产权竞争博弈过程，抉择、优化和制定管制治理契约，选择合理的管制治理组织结构模式，设计有效的管制治理工作机制，使管制产权结构处于一种相对稳定或相对均衡的状态。

一、建构政监相对分离的管制治理组织模式

纵观全球的管制实践，政府管制治理组织结构模式大体可归纳为政监合一、政监相对分离和政监完全分离三种类型。政监合一型的组织模式，是指管制机构与行政主管部门全然合一，既要履行微观的管制权能，又要执行中观的行业指导职能，尽管它具有较强的强制性和时效性，但由于管制职责模糊和管制专业性不足，这种集权式管制组织模式的目标效率较低，逐渐被"分散化公共治理结构"所代替，这种管制组织模式只是在

计划经济国家较为常见。政监完全分离型的组织模式，是指在行政管理体制之外，设立具有完全独立的法律地位的管制机构，其优势是管制者拥有独立的管制职权、专业人事配置权和经费预算权等，可以摆脱官僚层级的窠臼，避免来自行政官僚的压力和干预，超然行使管制权能，大幅提升管制效率，可谓是一种较为理想的管制治理组织模式，例如，美国的经济性管制往往采用这种组织模式。政监相对分离型的组织模式，是指管制机构处于相对独立的法律地位，尽管拥有独立的管制激励政策的决策与执行权力，但在组织关系上隶属于大部制下的综合性国家行政部门，其优点是可以在行政长官的统一领导下，促使管制政策与产业政策的协调统一，避免部门之间的推诿扯皮，有助于解决激励相容问题，例如，英国、法国和德国等欧洲国家的经济性管制多采用此种治理组织模式。[①]

我们认为，在以上三种管制治理组织结构模式中，处于市场经济体制的环境里，政监合一型的管制治理组织模式是最不可取的。因为管制机构与行政主管部门浑然成为一个治理主体，同时扮演着"裁判员"和"教练员"两种角色，可能引发尖锐复杂的利益冲突和严重的代理问题。首先，从社会公众—立法者或政府—管制机构—被管制者的委托代理关系来看，管制机构间接代表着全体社会公众的根本利益，作为被管制企业或消费者的委托人，扮演"裁判员"的角色，规制其代理人——被管制企业或消费者，使之按照管制激励契约所规定的行动范围和行为尺度来从事市场活动，防范代理人"逆向选择"和"道德风险"，降低交易成本，帮助市场恢复资源配置的决定性作用，努力实现预期的管制目标。其次，从国家—行政主管部门—被管理产业或行业的委托代理关系来看，行政主管部门代表着国家战略利益甚至产业或行业的经济利益，作为被管理行业的委托人，扮演着"教练员"的角色，指导被管理的产业或行业，着力促进行业技术进步和产业结构调整、优化和升级，提升行业国际竞争力，提高行业资源优化配置效率。可以预料，同时扮演着相互矛盾的"裁判员"

①　王俊豪等. 深化中国垄断行业改革研究［M］. 北京：中国社会科学出版社，2010：259－260.

与"教练员"两种角色的治理主体，所代表的两种利益有时会相互矛盾和冲突，使之处于极为尴尬纠结和难以决断的困境。也就是说，面对弱势群体的公共利益与国家利益或某产业经济利益的两难选择，究竟是首选公共利益还是首推产业经济利益，可能没有现成的选择标准，不同的国家或地区在不同的制度环境下所做的抉择或许有较大的差别。然而，根据公共选择理论，任何政府部门都具"经济人"属性，有其自身的组织利益目标，在进行公共行为选择时，公共利益或国家利益尽管会成为其目标函数中的变量，但绝不是首要的或权重最大的变量，常常以内在的私人利益或组织目标作为行为选择的首要变量。于是，在政府"设租"和市场"寻租"双重力量的驱动下，政监合一型的治理组织主体往往更容易为被管制产业所"俘虏"，即选择以产业经济利益为其公共治理的逻辑起点和最终归宿，避免其管制职能与行政指导职能之间的对立，提高公共行政管理绩效，稳定或扩大部门预算，甚至彰显和助推官员名誉威望和职务晋升。这样可能会带来两种结果：一方面，弱势群体的公共利益被忽视，收入分配性市场失灵无法得到矫正；另一方面，被管制的产业或行业虽然能够获得一定的垄断利润，但并非一定能实现较高的经济效益，他们由于普遍存在的 X 效率问题而难以达到帕累托最优甚至次优状态。可见，政监合一型的管制治理组织模式，很可能造成新的市场失败或管制失灵。

比较另外两种管制治理组织结构模式，政监完全分离型的组织结构不失为一种较理想的产权组织结构安排，因为管制法律可以授予其完全独立的法律地位，使其拥有准立法权和准司法权，无须受到相关政府职能部门的羁绊，独立行使政府管制的公共权能，决策与执行的程序公开透明，便于接受社会公众的监督，更易实现管制目标。尽管这种独立的管制组织模式已经成为各国管制治理改革的基本选择，但是，在一个管制制度不太成熟、政治制度和行政管理体制仍有较大改进空间的国家或地区里，对于某个行业或产业的经济性管制，如果陡然实行政监完全分离的管制治理组织模式，则可能无法获得较为理想的管制效果。例如，我国的证监会、银监会、保监会以及电监会，在目前的国情和国体制度环境下，并不是真正完全独立的管制机构，缺乏准立法权和准司法权，甚至缺乏完整的管制权力（例如，各个管制机构的价格管制权力仍然滞留在国家发改委），以至于以上行业的政府管制存在较多积弊和缺陷以及管制绩效不佳等问题。与此相反，跨产业和跨行业的社会性管制，由于其管制的逻辑起点和最终归宿是社会公共利益而非产业经济利益，因此，管制机构完全可以从相关的政府行政职能部门中分离出来，成为真正具有法律授权的独立地位的管制组织，以公共利益为主要的预期管制目标，进行社会性管制活动，纠正负内部性或负外部性的市场失灵。例如，食品药品卫生健康、生产安全和生态环境等管制，比较适合建立政监完全分离型的组织模式。

可见，选择和构建何种管制治理组织模式，既要考虑一个国家或地区的国体、政体等制度环境和社会文化背景等要素，又要考虑政府管制的基本初衷。一般说来，在一个较为传统的国体和政体国家里，如果管制的主要目标取向是社会公共利益，则可以实行社会性管制，其管制组织结构比较适宜选择政监完全分离型的；如果管制的根本目标是产业经济利益，则往往需要对自然垄断行业或公共事业实施经济性管制，其管制组织结构比较适合选择政监相对分离型的。当然，这并不是绝对的和永远的，随着产业经济的发展和制度环境等的改善，从事经济性管制的规制组织模式也可以由政监相对分离型逐渐转换为政监完全分离型。尽管如此，若从节约管制成本的效率角度来看，即使在一个制度环境较为完善的国家或地区，对于规模较小和竞争力较弱的行业或产业所实施的经济性管制，也是比较适合选择政监相对分离型的组织模式的。

那么，我国盐业管制究竟选择何种治理组织模式才合宜呢？我们以为，这需要根据我国盐业所处的制度环境和管制政策等因素来综合平衡和抉择。

首先，在我国特殊的政治体制下，立法权、司法权和行政权三权并没有完全分离，立法制度和司法制度不够完善，立法和司法的工作运行机制的建立往往需要考虑政治因素和行政因素，立法行为和司法行为还是要受到某些行政因素和政治因素的影响和制约的。由于管制治理组织模式选择涉及准立法权、准司法权和行政权的配置和利用，因此，我们应当正视和面对我国目前的国家政体，不能脱离现实的宏观政治环境来主观臆断和盲目照搬西方的政监完全绝对分离的管制治理组织模式。

其次，几千年的行政垂直层级制度依然彰显于我国政府组织模式体系之中，中央政府处于绝对领导地位，从省到市再到县的逐层逐级处于服从地位，上级行政机构垂直领导和控制下级行政机构的公共行政行为，下级行政部门的行为选择及其行为结果要对其上级行政部门汇报和负责。在这种纵向行政层级管理体制下，尽管上级政府可以比较有效地掌控其下级政府部门，但上级部门如果要跨系统地进行公共行政工作，则存在较多的部门障碍；同时，如果平级行政机构之间要横向开展相关的关联工作，也存在不少的推诿扯皮痼疾，对于有利于部门利益的行政事务一哄而上，彼此争夺管理权限和扩大治理范围，而对于需要部门承担行政责任和付出管理成本的公共事务，则可能相互推脱责任和负担，进而使某些公共治理事务陷于"公地悲哀"之中。因此，在选择管制治理组织模式时，要尽量规避类似的风险和问题。我国盐业管制治理，不仅涉及上下级之间领导与服从的纵向关系，更涉及各级政府部门之间相互协调和彼此搭配的横向关系。从国家级的管制层面上看，需要管制机构、国家卫计委、国家工商总局和国家质监局等相关的监管部门会商和联合制定下发相关文件，例如，需要国家卫计委牵头和组织关于全国碘盐普及情况监测及其工作通知等，并且也需要下发到相对应的下级行政监管部门，以督促其完善工作和改进效率。从省（直辖市、自治区）级的管制层面来看，也需要管制机构、卫计委、工商局和质监局等相关的监管部门的联合与协同，例如，各地方管制机构进行食盐特许竞标活动之前，在明确竞标约束经济技术条件时，需要地方卫生行政部门协调配合，根据本地居民的缺碘情况、缺碘人群和高碘人群的分布状况，制定适合本地区的补碘标准和碘盐及其非碘盐数量；需要工商部门和质检部门的联合执法和协同执法以及相关信息资源共享等。要想突破如此的公共行政机制"瓶颈"，就必须进行行政管理体制改革，而这项改革工程复杂而艰难，绝非一蹴而就。因此，比较现实的抉择还是将盐业管制治理改革置于这种制度环境中，也就是说，应该基于这种层级管理体制来考量治理模式的选择。很显然，跨系统的横向平级协同治理机制的启动和有效运行须要有一个行政长官的统一协调和领导，而这样的行政长官显然是某个行政辖区内的高层领导。如此看来，盐业管制治理组织机构的设置以同一个行政辖区为宜。

最后，目前我国招投标的制度环境并不理想。在全国 3000 多个县级以上的行政区域中，只有成都等少数城市建立起较为完善的特许投标制度体系，并且它们的特许竞标管理机构仅仅作为本市的一个行政部门而已，主要监管本市的市政公用事业的招投标项目。尽管《招标投标法》已经颁布实施多年，但由于制度自身不够完善和缺乏相关规章细则作支撑，不少特许投标项目出现"串标"等机会主义现象。在"寻租"和腐败行为丛生的情形下，如果将盐业管制权能授予这些特许招投标的监管机构，或许不仅要付出比食盐专营制度更高的管制成本，也可能导致盐业管制改革的夭折和失败。何况，出于碘盐的特殊性和效率性的考虑，我国盐业特许竞标不可能以众多的中小城市为单元来操作。

鉴于以上诸多缘由，我们以为，盐业特许竞标应当顺应我国公益性事业单位改革的基本方向，选择以省级行政区域为单元的政监相对分离的管制治理组织模式，将盐业管理办公室从国家发改委分离出来，组建以这些富有多年监管经验的政府官员和职员为主体，以医学、法学、经济学和公共管理学等领域专家为补充的国家食盐监管委员会（以下简称"国家盐监会"），并由《食盐法》授予其相对独立的管制权力，使其能够独立行使食盐管制权能，在组织关系上隶属于工业与信息化部。不仅如此，而且还要赋予其相对独立的法律地位，也就是说，在工信部部长的指挥下，国家盐监会牵头和组织，通过中央政府、管制机构、监督机构、被管制企业和消费者等多个相关利益主体共同参与的产权结构安排的公共决策过程，在《食盐法》和《招标投标法》的法律架构下，研制和出台《食盐管制治理法规》，作为激励与约束管制机构的规制行为的契约依据。同时，把各省（直辖市、自治区）的盐务管理局从各省盐业公司分割出来，比照国家盐监会，组建省（直辖市、自治区）盐监会，挂靠各省（直辖市、自治区）工信部门或其他行政部门（指还未设置省级工信部门的省份），但受国家盐监会的垂直领导，独立执行和实施盐业特许竞标政策，组织实施本行政区域的特许竞标工作。①

概言之，在《食盐法》和《招投标法》框架下，由国家盐监会牵头制定《食盐管制治理条例》，确立平等参与和充分竞标等公平原则，明细招投标公开透明的工作程序等，规定各省（直辖市、自治区）盐监会负责组织实施本行政辖区内的食盐特许招投标工作，扶助贫困的弱势群体能够组织足量地消费碘盐，确保消除碘缺乏病目标的实现。

二、设计内外共治的食盐管制治理机制

为了节约各种交易成本和提高管制治理效率，各个省级行政区域的食盐特许竞标都应该在分管副省级领导的统一协调和指挥下，按照公开透明的管制治理工作程序，由各省（直辖市、自治区）级盐监会组织和展开具体的招投标工作。

第一，编制食盐特许竞标草案。各省（直辖市、自治区）盐监会的专家，应从本行政区域的实际情况出发，编制本省（市、自治区）食盐特许招投标草案。（1）研制竞标经济技术指标。规定食盐普遍供给总量：根据本省（市、自治区）的人口分布状况和数量（包括高碘人群），计算出偏远市场和非偏远市场的碘盐常规年消费量，以及高碘人群的非碘食盐常规年消费量；界定食盐普遍供给质量：依据国家卫计委颁布的食盐卫生质量标准和本省（直辖市、自治区）卫生厅制定的食盐加碘指标等，制定本省（直辖市、自治区）食盐卫生安全质量标准；确定碘盐普遍供给价格上限：参照"私盐"贩子在偏远市场上的平均贩卖成本，确定一个更低的价格，作为偏远市场碘盐普遍供给的价格上限（从利益链条上彻底铲除假冒伪劣食盐的非法活动）。总之，各省（直辖市、自治区）盐监

---

① 吕福玉. 我国盐业管制制度改革的路径选择［J］. 浙江工商大学学报，2012（1）：40.

会，将本辖区内的偏远市场和非偏远市场的食盐（包括碘盐和非碘盐）供给数量和质量以及偏远市场碘盐普遍供给价格上限，都纳入招投标条件中，以便竞标企业围绕非偏远市场的食盐价格来竞争。（2）确定竞标厂商条件。规定参与投标企业所应具备各种软件和硬件实力（包括营销网络覆盖力度、经营管理能力、财务杠杆能力、仓储设施和运输设备等），规定凡符合竞标条件的各种所有制形式的制盐企业和盐业公司，皆可参与食盐经营特许权竞争，以保证竞标阶段的充分竞争。（3）界定竞标周期、筹划应急预案和其他事宜。出于市场不确定性和管制成本节约等的考虑，界定3年为一个合约周期；为有效应对诸如"抢盐"风波之类的突发事件，应筹划应急预案；其他有关事宜还应包括特许经营项目的名称、具体内容和经营范围、违反合同条款的处罚措施、特许周期内不得转让特许权等。

第二，公开草案、组织听证和修改草案。各省（直辖市、自治区）盐监会通过互联网、广播电视和报纸等媒介，把上述招投标草案向社会公开，广泛征集来自社会各界的不同意见和建议；同时，还要邀请业内专家、消费者代表和其他领域的专家学者，参加上述招投标草案的听证会。根据征集意见和听证结果，修改和完善盐业特许招投标方案。

第三，审批招投标方案。各省（直辖市、自治区）盐监会也要按时将招投标方案呈报国家盐监会。国家盐监会应组织专家统一审核，如果方案达到合理性和可操作性等评价指标，即可获得批准，否则责成重新修订呈报；同时，给予省（直辖市、自治区）盐监会相关责任人一定的行政奖惩。

第四，公布方案信息、组织招投标。各省（直辖市、自治区）盐监会应通过互联网、广播电视和报纸等媒介，在全国范围内公布招投标方案信息。1个月期满后，依法组织招投标，且事中和事后都要向社会公开竞标过程，严防"串标"、"寻租"和腐败。

第五，公示招投标结果、签订特许经营合同。各省（直辖市、自治区）盐监会要在互联网、广播电视和报纸等媒体上公示招投标结果。在1个月的公示期内，须公开回答来自社会各界的询问与质疑，若发现作弊，要及时严查，并公开监察结果。公示期满之日起 10 日内，与中标企业签订并执行《食盐特许经营合同》。

为了确保以上食盐特许竞标工作的有序进行，作为委托人的立法者或中央政府（国务院）代表社会公众，依据《食盐法》和《招投标法》，按照管制治理原则，建构管制治理体制，对管制机构的行为边界和努力程度加以规制，即构建约束管制权限的具体法规，不但包括管制治理组织结构的选择和构造，而且还包含管制机构权力使用范围的界定和管制治理过程机制的设计，防范源于信息不对称和契约不完全的管制机构机会主义行为，规避政府管制行为的内部性失灵和外部性失灵，提高管制治理绩效。可见，《食盐管制治理条例》提供了限制管制者的行动范围以及解决这些限制所带来的矛盾和冲突的体制和机制，是对管制机构及其管制行为过程的激励、约束与监督。为此，在政监相对分离的管制治理组织模式下，设计激励兼容的管制治理机制成为构建管制治理体制的关键所在。

1. 建立内在的互惠激励约束机制

"契约理论预测委托人为他自己保留全部的期望剩余，而使代理人对接受或拒绝契约中提供的努力水平漠不关心"。"在标准的道德风险的委托代理模型中（Holmström，1999；Grossman and Hart，1987），委托人不能观察到代理人的努力，他们一般对提出可变报酬的契约感兴趣，这个报酬是实现的利润的函数。这个模型是建立在假设实现利润和代理人的努力之间是一种随机关系的努力水平。""如果委托人在契约中提供了一个和实现利润无关的固定的报酬，代理人会做出最小的努力，通常是最低可能的努力。如果委托人想要诱使代理人付出更高更多的努力水平，契约必须设计得能够使代理人通过选择这一努力水平而使他的期望效用最大化。"[①]

---

① ［法］克洛迪亚·凯塞，马克·威林格尔. 关于道德风险和激励的实验：互惠和剩余共享［J］. 载于埃里克·布鲁索等，契约经济学［M］. 王秋石等译. 北京：中国人民大学出版社，2011：222.

虽然合作的重复性、报酬减少的刚性等都是真实契约中重要的元素，但由于存在固定薪水不能向下调整和代理人不能通过战略拒绝来影响委托人这样一个客观事实，因此，固定薪水的大小仅仅度量了委托人的信任程度，并不能有效影响代理人的努力程度。费尔、盖奇特尔和柯基斯泰格（Fehr Gächter and Kirchsteiger，1997）的研究证明，互惠已成为契约很有效力的一个执行策略。为此，缓解委托人与代理人之间利益矛盾的现实方法或许是，将委托人利润与代理人努力之间的随机关系建立在互惠原则基础上。委托人在实际契约中更愿意提供分红比例与努力水平呈正相关的激励措施，代理人往往选择互惠行为，为获得更多利益付出更高的努力水平。

查尔斯·沃尔夫（Charles Wolf Jr，1993）在《市场，还是政府——市场、政府失灵真相》一书中指出："为了进行活动，所有运行的机构都需要某些明确的标准，这种要求主要并不是来自一个机构从外部证明其活动合理性的需要，而是来自于内部的日常管理和运作相关的实际问题：评价全体员工，决定工资、晋升和津贴，比较机构内的次一级组织以协助分配预算、办公室和停车位的管理，等等。市场组织可以从消费者行为、市场份额和盈亏账目结算中获得直接的绩效指标，而公共机构因为缺少这些则必须创立自己的标准。这些标准就是在非市场组织内用以指导、调整和评估机构绩效和机构全体员工表现的目标……因此，公共机构就具有私人的内在目标，并且这些目标提供或影响了机构真正的议程，"① 也成为公共机构全体职员寻求最大化效用函数中的元素。可见，作为管制治理契约中的代理人，管制机构同样拥有机构内的私人目标或组织目标，例如，机构的人员编制和预算规模、官员的职务晋升和名誉地位、职员的工资收入和稳定就业等，并且这些目标提供了管制机构内个人行为和集体行为背后的动机，成为管制机构最大化效用函数中重要变量。然而，这些内在目标与管制机构所要提供的管制服务的外在公共目标之间没有十分清晰或可靠

---

① ［美］查尔斯·沃尔夫. 市场，还是政府——市场、政府失灵真相［M］. 陆俊，谢旭译. 重庆：重庆出版社，2007：67.

的联系，造成管制机构的管制活动常常从管制目标体系中游离出来。

就我国盐业管制而言，处于上阶位的《食盐法》所明确的多维管制目标，包括政治目标和社会目标（即消除碘缺乏病）以及经济目标（即改善盐业经济效率），体现了政府利益、公共利益和产业利益等价值取向。然而，这并不意味着现实的政府管制活动就一定能够使既定的多重管制目标效用最大化，因为中央政府（或国务院）与盐监会的委托代理型产权交易，在客观上存在着代理人内在的私人利益目标，即盐监会的部门利益或官员个人的价值取向。换言之，盐业管制产权交易存在着管制目标利益与私人目标利益的矛盾和冲突，管制治理契约一旦生效，双方的收益或成本就取决于代理人所选择付出的努力水平，而其努力水平的高低又取决于委托人能够作出多大程度的妥协和让步，能够让渡和转移多少的利益或好处。如此看来，不管我们如何智慧和聪明，都不可能设计出最优的管制治理契约，而只能设计出一种次优的管制治理合约，即刺激代理人在主观上追求部门目标或私人利益的同时，尽可能地诱导代理人在客观上也为达到既定的管制目标而努力工作。为此，按照互惠互利的激励原则，在中央政府的管制目标效用与盐监会的目标效用之间建立一种随机关系，给予盐监会较为充足的部门利益或个人好处，尽量减少管制过程的价值目标冲突，增强管制机构或管制人员对多维管制目标的认同，共同分享"合作剩余"。

从内部性和外部性的产权理论视角来看，中央政府（或国务院）与盐监会之间的委托—代理关系，实际上是一种政治市场交易关系，中央政府以管制治理契约将相关的管制产权属性转让给盐监会。然而，由于受到源于信息不完全和不对称的昂贵交易成本的限制，中央政府往往不得不将管制产权中部分有价值属性或信息遗留在"公共领域"里，任由盐监会进入并攫取，造成作为委托人的中央政府无法获得全部潜在收益，从而引发政府管制行为的内部性失灵或外部性失灵，严重影响管制目标效用水平。事实上，被遗留在"公共领域"里的有价值产权属性并没反映在《食盐管制治理条例》上，而且有价值的产权属性被遗留得越多，作为信息优势方的盐监会进入的机会就越多，而作为信息弱势方的中央政府所损失的利益就越多，管制产权交易也就越模糊和越失败。为了维护和保护交易双方的潜在收益都不被侵占，有必要在交易之前进行清晰而充分的产权界定，有效地限制盐监会管制权力的使用方式、管制行为选择和行为边界以及规制活动范围等，防范管制机构机会主义行为的滋生和泛滥。

总而言之，作为委托人的中央政府对其代理人——盐监会的规制治理，关键是要以较低的管制成本实现较高的管制绩效，以尽可能少的负外部性或负内部性达到预期的多重管制目标。鉴于管制机构与中央政府之间利益目标的矛盾和冲突，《食盐管制治理条例》应当充分尊重和满足管制机构的正当而合理的私人利益；与此同时，为了防范管制机构的机会主义行为，《食盐管制治理条例》也应该有效地约束盐监会的管制权力。也就是说，《食盐管制治理条例》的契约条款，既要内含互惠激励元素，又要内置限制约束要素，进而生成一种激励与约束相兼容的工作机制，并且要使其能够贯彻和运行于特许竞标政策的执行与实施过程之中。

由于中央政府（或国务院）无法跨越信息不完全和不对称及其较高交易成本的障碍，因此，由中央政府单方面制定的管制治理契约，往往不能充分而合理地界定管制产权交易的边界，当然也就不能把有价值的产权属性完全地反映在管制治理合约上。也就是说，如果中央政府单方"垄断"规定契约条款内容，就难以有效地激励与约束管制机构为实现管制目标而努力工作。故应该转变公共治理理念，摒弃传统的决策方式和形式，将"竞争"因素与"博弈"因子引入公共决策过程中，允许管制产权结构内的所有相关利益主体（如中央政府、管制机构、监督机构、消费者代表和被管制企业代表等）参与进来，使其在利益的竞争与博弈过程中，不断"显露"其所隐藏的损人利己信息，并由立场相对中立的"第三方"社会力量（如相关领域的学者专家等）根据既定的管制目标，对这些信息进行整理、加工和分析论证，进而设计出一套互惠激励约束机制。

因此，明确《食盐管制治理条例》条款时，首先，要重视管制产权的界定：从多维管制利益目标出发，在不影响互惠性激励机制的前提下，把盐监会的管制权力限定在适度的范围内，明确管制产权边界，确定管制权力的使用方式，将尽可能多的有价值产权属性明细在在《食盐管制治理条例》条款上，明晰产权交易属性结构，尽量压缩"公共领域"空间，减少盐监会攫取潜在收益的机会；其次，要重视管制政策执行过程的内部督察：工信部门的部长或厅长领导的督察小组，要定期或不定期地督察监管机构各个环节的工作是否公开透明、是否存在违规违纪问题等，并依照《食盐管制治理条例》的相关条款，加以严格的处罚，如果涉及违法犯罪行为，则应该按照法定程序依法惩治；最后，要重视管制绩效的事后考核：工信部部长或工信厅厅长领导的考核小组，根据国家卫计委或地方卫计委预定的监管绩效指标，例如，全国或本行政区域内的碘盐覆盖率、碘盐合格率和合格碘盐食用率等指标，评价国家盐监会或省（直辖市、自治区）盐监会的实际工作业绩，并将其反映在相关人员的职务升迁和绩效工资或年终目标奖励上。

2. 建立外在的监察督促机制

现代治理理论倡导多边治理，各利益相关方为着共同的利益目标，共同参与治理。在政府管制治理结构中，作为代理人的管制机构所进行的一切管制执行活动，都要受到其委托人——政府或立法者的约束，虽然两者之间的管制决策产权和管制执行产权已经在管制治理契约中得到了较为清晰的界定，但是，由于人的有限理性和信息不完全性是不可逆转的，政府或立法者面对的是未来的不确定性和复杂性，所以他们不可能预测到未来可能发生的所有事情，也就不可能将其详细地陈明在合约中，而当这些未反映在契约中的意外事件发生时，又需要管制机构去应对和处理，须赋予管制机构"自由裁量权"。这种法学家视野里的"自由裁量权"，就是制度经济学家眼中的"剩余控制权"，就是对被遗留在"公共领域"的有价值产权属性的索取权。尽管在管制治理契约中管制决策产权和管制执行产权已经得到较为清晰的界定，但是由于政府或立法者无法承担源于信息不完全的巨额交易成本，在有价值的产权属性集合中，总有部分属性无法陈明在契约上而被遗留在"公共领域"里，从而任由信息优势方控制和攫取，造成政府内部性管制失灵。

在盐业政监相对分离的管制治理模式下，无论是国家盐监委还是省（直辖市、自治区）盐监会，其管制权力和具体行为选择只是受到来自其上级行政组织的纵向监督，但由于我国行政管理体制的监督机制自身存在诸多痼疾，使这种内部监督的效果非常有限，难以从根本上防范和减少管制机会主义风险。

我们以为，治理政府管制失灵的根本之举，既不是谴责管制机构的"败德行为"（Moral Corrupt），更不是行政命令其必须"道德"，[①] 而是健全管制治理的外在监督机制。这就要求《食盐管制治理条例》，不但要设计互惠激励相容的工作机制，还要建立有效的管制治理监督机制。

在管制治理契约不完全的客观条件下，减少管制机构利用垄断信息进入"公共领域"的有效办法，关键就在于打破管制机构对管制信息的垄断，使管制决策信息和管制执行信息全部显露出来。信息的公开和透明，不仅有利于直接委托人——政府或立法者对管制机构的察验，更有利于其他委托人——监督机构与间接委托人——社会公众的监督。

从图4－1的委托—代理结构关系网络可以看出，监督机构既是社会公众和政府或立法者的代理人，又是管制机构的委托人，它受社会公众和政府或立法者的委托，代表全体社会公民的切身利益，来督察管制机构的某些管制行为。换言之，当认为管制机构的处罚不公或者对管制机构的处罚不服时，被管制企业首先可以直接向管制监督部门提起行政诉讼，当然也可以通过司法救济渠道向法院申诉，以便得到公正的行政裁决和司法判决，[②] 以此制衡管制机构的管制权力，将管制机构的管制权力限制在合法范围之内，防止管制机构滥用管制权力等机会主义行为。

虽然监督机构和司法机构都扮演着社会公众的代理人之角色，代表社

---

① 新制度经济学认为，政府部门并不比厂商伟大和神圣，事实上，他作为"经济人"，常常带有自利和自我膨胀的内在倾向。

② 王俊豪等. 深化中国垄断行业改革研究 [M]. 北京：中国社会科学出版社，2010：256.

会公众的根本利益，能在一定程度上约束管制机构的公共活动，但是这两个代理人往往不会十分努力。因为他们不但是"道德人"，同时还是"政治人"和"经济人"，也就是说，他们不仅代表着公众利益，更代表着执政党的政治利益和内在组织利益或私人利益，在他们的效用函数中，尽管公众利益也是一个重要变量，但绝不是权重最大的变量。社会公众要想从复杂的委托—代理关系交易中获得更多潜在收益，就必须置身于政府管制的监督过程中。可见，社会公众参与政府管制活动，是管制产权交易的内在需求，是对"剩余控制权"的限制和牵制。事实上，也只有社会公众才能完全基于自身利益，在管制信息公开透明的程序环境下，通过各种媒体平台，积极有效地参与管制治理公共活动，监督管制机构具体的管制行为，防范其行为选择偏离预期的管制目标方向。如果管制机构能够按照合法透明的程序从事管制活动，将管制行为更多地暴露在公众视野之下，就会受到社会舆论的监督和约束，管制机会主义风险就会大大降低。正如雅克·格斯廷（Jacques Ghestin，2000）所言，"契约的约束力依赖于其服从的程序法"。① 更为有效的契约约束是来自民间力量横向监督的制衡机制。这就要求各个省（直辖市、自治区）盐监会，不但要将食盐特许竞标决策全程的信息公开，也要将盐业特许竞标政策执行过程的信息透明，例如，省级盐监委解释处罚的理由和依据等，省级卫计委定期公布本行政区域内的碘盐覆盖率和合格碘盐食用率等，充分接受社会公众和新闻舆论的监督，从而促进内外共治的立体化管制监督制度的建构。

三、过渡期后的管制治理体制

在 5 年改革过渡期之后，由于食盐管制融入食品药品监管中，实行跨行业的社会性管制，因此，管制治理组织模式无疑就是政监分离型。然

---

① ［法］雅克·格斯廷. 作为经济贸易的契约［J］. 载于埃里克·布鲁索等，契约经济学［M］. 王秋石等译. 北京：中国人民大学出版社，2011：81.

而，从目前食品管制的效果来看，管制绩效并不理想，各种假冒伪劣食品药品肆意泛滥，严重危害和威胁广大消费者的身心健康和生命安全。究其根源，关键在于现行的食品管制治理机制存在诸多缺陷和漏洞，留给不法分子较多的可乘之机。尽管在5年改革过渡期之后，本书建议由食品药品监督管理部门来组织和实施显性基金的碘盐特许竞标政策，但是，如果我国食品药品管制失灵依然没有得到有效治理，势必会影响盐业管制改革进程的持续推进，因为届时只有交通不便的老少边穷地区的贫困群体才能享受碘盐普遍服务，其他绝大部分食盐市场是完全放开的，在食品管制力度不到位的市场环境下，假冒伪劣食盐极可能在这些市场上滋生和泛滥。为了确保我国盐业管制改革的稳步推进和最终成功，管制治理体制的建造必须能够保证广大缺碘人群持续食用合格碘盐，进而实现消除碘缺乏病的根本目标，所以对于未来的食盐管制治理机制设计不可小觑。

通过对目前食品药品监管问题的研究，我们认为现行的管制治理机制的根本缺陷之一，就在于尚未建立多方共同治理的公共管理体系。以委托—代理理论和产权经济学的视角来解读，食品药品管制同样是一张复杂的委托—代理关系网络，存在多重管制产权交易关系。管制机构与被管制企业之间的产权交易，不仅仅是两者之间的委托—代理型契约交易，在本质上更是广大消费者与被管制企业之间的有价值产权属性的分割、让渡和转移，是消费者与厂商之间进行利益竞争与合作的过程。进一步讲，在公共选择学派看来，政府的管制机构并不是仁慈的和全能的，既是"道德人"，又是"政治人"和"经济人"，同样存在"有限理性"和机会主义倾向，并不能完全代表消费者的根本利益或公共利益，也难以克服信息不完全和不对称及其高昂的交易成本问题，因而，其对被管制企业的微观经济活动的规制往往难以充分和完全，甚至会产生机会主义行为。

有鉴于此，在5年改革过渡期之后，食盐管制治理机制的设计必须突破单一治理主体的"瓶颈"，构建由管制机构、社会公众、监督机构和被管制企业共同参与的管制治理体系，将激励因子与约束因子有机地植入这个多边治理机制中，使之处于一个相互监督、相互制约和相互依存的均衡状态，尽可能压缩多重委托—代理产权交易的"公共领域"空间，减少各个治理主体的机会主义行为，保证缺碘人群能够随时随地消费和食用合格碘盐，确保达到消除碘缺乏病的根本目标，进而确保盐业管制制度改革顺利成功。

第九章

我国盐业管制改革的
产业配套政策

　　关于盐业管制改革的市场化方向，无论是社会各界人士还是中央政府抑或是制盐企业都已基本达成共识，但由于各种客观条件并不成熟，食盐市场暂时还不宜陡然放开。因此，本书主张，实施"两步走"的改革战略。第一步，基于消费主体不够成熟、产业组织环境不够合理和市场监管不够到位的前提条件，在 5 年的改革过渡期内，以省级行政辖区为单元，实行隐性基金的食盐特许竞标政策，保证整个行政区域内碘盐普遍供给。第二步，在 5 年改革过渡期结束后，由于仍然存在部分老少边穷地区的贫困群体不愿购买由较高物流成本决定的碘盐，因此，实行显性基金的食盐特许竞标政策，即在全国食盐市场完全市场化的同时，采用特许竞标政策来确保偏远市场的碘盐普遍服务。但是，在这里还存在一个问题，就是在过渡期之后，并不能保证非偏远市场（即广大城镇地区）的缺碘人群一定能够消费得到合格碘盐，因为产业环境可能没有多大改善和食品市场监管依然不到位。

　　目前，我国盐业产业组织结构极不合理，市场集中度较低，原始小作坊遍地开花。① 在恶劣的产业环境和较弱的食品监管能力的条件下，如果

---

　　① 具体数据资料参见吕福玉．垄断转型——当代盐产业组织优化进路 ［M］．成都：四川出版集团巴蜀书社，2009.

贸然实行融合性监管、彻底放开食盐经营，就相当于为1000万吨的过剩"工业盐"提供一个难得的生存空间，势必引发假冒伪劣产品冲击碘盐市场，进而导致碘缺乏病复发和蔓延，造成政府管制失败。

为了给未来的社会性管制提供一个良好的产业环境，确保盐业管制改革的顺利成功，在5年改革过渡期之内及之后，根据前后两种不同的食盐特许竞标政策和盐业产业结构升级的战略需要，分步推出合理的盐业产业组织结构优化政策。

第一节　产业组织结构优化理论的述评

产业组织结构优化，其本质含义和要求体现在行业市场绩效的提升。而产业组织结构优化与行业市场绩效提升之间是一个双向作用的关系。产业组织结构的优化可以促进行业市场绩效的提升，而行业市场绩效的提升又往往体现为产业组织结构的优化。

我们认为，产业组织结构优化的完整含义，应包含横向产业组织结构优化和纵向产业组织结构优化两个方面。我们所说的横向产业组织结构是指产业链上某一特定环节的市场结构；纵向产业组织是指产业链纵向上各环节之间的治理结构（Governance Structure）。这里的治理结构是交易成本经济学意义上的，包括市场关系、企业网络组织和纵向一体化等形态。

横向产业组织结构是传统的产业组织理论（如哈佛学派的 SCP 范式、芝加哥学派等）所研究的对象，而纵向产业组织结构则扩充了产业组织理论的研究对象。正如科斯（Coase，1994）所指出的，产业组织理论还应研究企业之间的契约安排（长期合同、租借、许可安排包括特许权等）[1]。根据科斯的主张，产业组织的研究对象应从同一产业内部企业之间的关系扩展到市场与企业之间的中间性组织（如分包制、企业集团、战略联盟和

---

① 科斯. 论生产的制度结构［M］. 上海：上海三联书店，1994.

企业集群等）。中间性组织属于产业链纵向上各环节之间的治理结构范畴。所以科斯所建议的产业组织理论应拓展的研究领域，正是我们所说的纵向产业组织结构。

一、横向产业组织结构优化

横向产业组织结构主要是指同一行业内部厂商之间的垄断与竞争关系。横向产业组织结构是产业组织理论传统的研究对象。

产业组织最早是由马歇尔定义的。马歇尔将产业组织定义为产业内部的结构，并认为组织是参与生产和分配的第四种要素。他认为，有效的组织具有包括内部经济和外部经济在内的规模经济。内部经济是指个别企业在资源、组织和经营效率上的经济性；外部经济是指生产规模扩大、企业间有效分工的经济性。据此，阿尔弗雷德·马歇尔（Alfred Marshall，1890）认为，大规模生产可为企业带来收益递增的经济性。但是，大规模生产又会导致市场结构中垄断因素的增加，从而阻碍竞争、扭曲资源配置。这揭示出规模经济与竞争之间的矛盾现象，即"马歇尔冲突"。

由于在马歇尔的理论架构中，是将完全竞争与垄断割裂开的，因此他本人未能有效解决"马歇尔冲突"问题。随后，一些学者拓展了市场结构的范围，提出了更加接近现实的市场结构模式，从而为"马歇尔冲突"的解决提供了思路。例如，1933年，张伯伦发表了《垄断竞争理论》，罗宾逊夫人发表了《不完全竞争经济学》。两位学者描绘出垄断与竞争相容的垄断竞争市场结构的图景。1940年，约翰·贝茨·克拉克（John Bates Clark，1940）提出"有效竞争"概念。有效竞争是指既有利于竞争又有利于规模经济效应发挥的竞争格局。根据爱德华·梅森（Edward Mason，1947）的观点，有效竞争可以从市场结构和市场绩效两个方面进行判定。随后的学者将梅森的有效竞争标准的两分法扩展到三分法，即市场结构、市场行为和市场绩效标准。

比较完整的产业组织理论的诞生以哈佛学派的SCP范式的形成为标

志。哈佛学派认为，市场结构决定企业行为，再进而决定市场绩效。由于哈佛学派重视结构对行为和绩效的作用，因而此学派又被称为"结构主义"学派。哈佛学派认为，在集中度较高的产业中，少数企业间的串谋、协调行为以及通过高进入壁垒限制竞争的行为削弱了市场的竞争性，从而产生超额利润，并破坏了资源配置效率。哈佛学派的代表人物贝恩（Bain，1951）以及其他学者对市场集中度和产业利润率之间的关系进行了经验研究，这些研究证实了高集中度与高利润率之间的正相关关系①。因此，哈佛学派反对垄断的市场结构，即反对过高的市场集中度。

实际上，市场集中度并不完全等同于市场结构。行业市场结构概念的本质含义是指这一行业的垄断与竞争程度，市场集中度只是市场结构的影响因素之一。哈佛学派认为，市场结构的决定因素主要包括买卖双方的市场集中度、产品差别化程度和进入壁垒的高低。其中，进入壁垒是市场结构的核心影响因素。贝恩将进入壁垒定义为现有企业将价格定在最低平均成本之上且不会引起进入者进入的能力。贝恩认为，进入壁垒的影响因素具体包括规模经济、必要的进入资本需求量、政府限制和绝对成本优势。

哈佛学派 SCP 范式进一步的研究认为，市场集中度实际上是获得较高盈利水平的必要而非充分条件。这是因为，即使市场集中度较高，只要进入壁垒较低，则新进入者的竞争将使超额利润趋于消失。所以盈利能力将依赖于影响进入壁垒的市场结构因素。贝恩的经验研究证实了这一观点。他发现，进入壁垒是收益的主要决定因素，进入壁垒越高，则利润率越高②。

随后产生的产业组织理论中的芝加哥学派对哈佛学派关于集中度与利润率关系的假说提出了质疑。德姆塞茨（Demsetz，1973）认为，市场份额较为集中的产业中，大企业较强的盈利能力并不是因为串谋，而是因为

① Bain, J. S. *Relation of Profit Rate to Industry Concentration：American Manufacturing*, 1936 – 1940 ［J］. Quarterly Journal of Economics, 1951, 65：293 – 324.

② Hay, D. A. , D. J. Morris. *Industrial Economics and Organization：Theory and Evidence* ［M］. Oxford：Oxford University Press, 1991：224 – 225.

高效率所致①。乔治·斯蒂格勒（George Joseph Stigle，1968）认为，即使市场中存在垄断势力，只要不存在政府的进入规制，长期的竞争均衡也是能够实现的。也就是说，在集中度较高的产业，由共谋或协调行为所导致的高利润率在长期是难以为继的。这是因为，按照斯蒂格勒的观点，由纯粹的经济力量形成的进入壁垒很少见，所以不会成为损害竞争的重要因素。真正的进入壁垒基本上是由政府干预所导致。因此，产业持续出现的高利润率是由于企业的高效率和创新所导致的，而并不是哈佛学派所认为的由垄断势力所导致。总之，芝加哥学派更加关注市场结构和企业行为是否提高了效率，而不像结构主义者那样只看是否损害竞争。

芝加哥学派对哈佛学派的假说提出质疑的根据在于，芝加哥学派重新定义了进入壁垒。斯蒂格勒认为，进入壁垒是"一种生产成本（在某些或每个产出水平上），这种成本是打算进入某一产业的新厂商必须负担，而已在该产业内的厂商无须负担的"②。因此，哈佛学派所认定的进入壁垒，芝加哥学派并不认同。这样，哈佛学派所认为的高集中度表示高垄断程度进而导致高利润率的观点，在芝加哥学派看来并不成立。

随着博弈论、信息经济学和新制度经济学等分析方法的引入，产业组织理论出现了新的变革，从而形成了新产业组织理论。这里，着重介绍新产业组织理论中鲍莫尔提出的可竞争市场理论（Baumol，1982）③。可竞争市场理论（The Theory of Contestable Market）的主要观点是，良好的生产效率和技术效率等市场绩效可以在哈佛学派所认为的理想的市场结构之外实现，而无须众多竞争企业的存在。即高集中度的市场结构仍可取得较好的市场绩效，只要保持市场进入的完全自由，且不存在特别的进出市场成本。这是因为，若进退无障碍，则潜在竞争压力会迫使任何市场结构下

---

① Demsetz, H. *Industry Structure, Market Rivalry and Public Policy* [J]. Journal of Law & Economics, 1973 (16): 1 - 10.

② 斯蒂格勒. 产业组织和政府管制 [M]. 上海：上海三联书店，1996.

③ Baumol, W. J. *Contestable Markets: An Uprising in the Theory of Industry Structure* [J]. American Economic Review, 1982 (72): 1 - 15.

的企业采取竞争行为，从而取得较好的市场绩效。

综合以上所述产业组织理论各流派的观点可以发现，哈佛学派和芝加哥学派的主要分歧在于，前者认为市场结构决定市场绩效，超额利润是由垄断导致的；后者则认为是企业行为和市场绩效决定市场结构，超额利润是由大企业的高效率带来的。

基于产业组织理论，本书以为，横向产业组织结构的优化，关键在于以下三点：

第一，横向产业组织结构的优化，其本质在于良好的市场绩效的实现。经济学所说的良好的市场绩效，是指产业实现较高的资源配置效率和生产效率，而不是获取超额利润。这其实也是产业组织理论各流派的共识。

第二，横向产业组织结构的优化，应尽可能去除非经济因素的进入壁垒。我们认同哈佛学派的这一观点：长期存在的超额利润是由垄断因素带来的。我们认为，垄断的主要原因则在于非经济因素的进入壁垒，如政府的进入规制。如果没有进入壁垒，则企业的高效率可以在短期带来超额利润，但这一超额利润不可能长期维持。这是因为，在长期，个别高效率企业的超额利润会导致竞争者对其高效率的技术、生产、组织和管理方式的模仿，并会导致新厂商的进入。由此，在长期，整个行业的效率得以提升，前述短期超额利润趋于消失。根据上述分析，长期超额利润是由进入壁垒所导致的垄断带来的，而不是由大企业的高效率所导致。所以应尽力消除行业进入壁垒。

第三，横向产业组织结构的优化，应注重行业市场集中度的适度提高。市场集中度的适度提高，意味着企业规模的适度扩大。规模的适度扩大可以充分利用规模经济效应，提高生产效率。企业规模适度扩大以追逐规模经济效应与行业竞争效应之间存在着一定程度的矛盾，即"马歇尔冲突"。但是，按照前面第二点的分析，只要不存在进入壁垒，企业规模扩大并不必然导致长期超额利润，即并不必然导致垄断。这也正是鲍莫尔的可竞争市场理论的主张。

二、纵向产业组织结构优化

纵向产业组织结构优化方面，涉及产业链纵向各环节之间的治理结构的选择问题。实际上，研究纵向产业组织的学者们关心的是企业边界问题或纵向一体化程度问题。

交易成本经济学的主要贡献者威廉姆森（1991）和企业产权理论的主要贡献者哈特（Hart，1990）等学者从不同的视角研究了企业的边界问题。根据交易成本经济学，治理结构应与交易类型相匹配，以最小化生产成本与治理成本之和。区分交易类型的主要标志是资产专用性、不确定性及交易频率。其中，资产专用性是最重要的区分标志。这些标志决定了一项交易在不同治理结构之下的生产成本和治理成本，从而决定了治理结构的选择（Williamson，1985，1991）[1][2]。

企业产权理论中的 GHM 模型（Grossman and Hart，1986；Hart and Moore，1990）认为，所有权（又称剩余控制权）在互动各方之间的配置对效率至关重要[3][4]。其中的逻辑是，所有权配置实际上是对资产的决策权的配置，而后者会影响各方事前的专用性投资水平，进而影响联合剩余。GHM 模型还给出了效率标准下的所有权配置原则，即根据各方投资的重要性配置所有权。

上述这些理论提示我们，产业链上各环节的分离或一体化应以是否促进效率提升作为主要决策标准。纵向产业组织的优化应特别注意最近几十年普遍出现的纵向产业组织的垂直非一体化和网络化的演化趋势（李晓

---

① Williamson, O. E. *The Economic Institutions of Capitalism* [M]. New York: The Free Press, 1985.

② Williamson, O. E. *Comparative Economic Organization*: *The Analysis of Discrete Structural Alternatives* [J]. Administrative Science Quarterly, 1991, 36（2）.

③ Grossman, S. J., O. D. Hart. *The Costs and Benefits of Ownership*: *A Theory of Vertical and Lateral Integration* [J]. The Journal of Political Economy, 1986, 94（4）.

④ Hart, O., J. Moore. *Property Rights and the Nature of the Firm* [J]. The Journal of Political Economy, 1990（6）: 98.

华，2005）[1]。出现此趋势的根本原因在于，信息技术、交通和通信等外部技术经济条件的发展使纵向一体化对市场交易费用的节约效应趋于弱化，从而使企业网络组织的效率得以提升。企业网络组织是介于市场和一体化科层组织之间的治理结构，其形态多种多样，包括特许经营、外包或分包制、战略联盟和产业集群等。

第二节　产业组织结构与行业绩效关系的理论论证

一、产业组织结构与行业绩效关系的理论模型

哈佛学派 SCP 范式认为，行业的市场绩效是由市场集中度决定的，市场集中度越高，则行业盈利能力越强。这里，行业盈利能力越强，表示超额利润率越高。而超额利润率越高，表示行业垄断势力越强。所以根据 SCP 范式的逻辑，市场集中度越高，则行业垄断势力越强。据此，哈佛学派将市场集中度作为垄断程度的度量，从而反对较高的市场集中度。

哈佛学派的观点受到一些学者的质疑。事实上，哈佛学派进一步的研究也发现，市场集中度是获得较高盈利水平的必要而非充分条件。我们将通过数理模型推导，从理论上较全面地揭示行业盈利能力的影响因素，并进一步探讨市场集中度与垄断程度之间的关系。

假设某一行业内有 n 家企业。行业总产量为 Q，企业 i 的产量为 q_i。设企业 i 的固定成本 F 为 0，边际成本为常数 c[2]，则其成本函数为：

$$C_i = cq_i \qquad (9-1)$$

---

[1]　李晓华. 产业组织的垂直解体与网络化 [J]. 中国工业经济，2005 (7).

[2]　边际成本反映了企业的生产效率. 将行业内所有企业的边际成本都设为同一常数，即是假设行业内所有企业的生产效率相等. 这一假设简化了分析，但同时也使得我们的模型无法分析行业内企业之间的效率差异给行业绩效带来的影响。

设行业的反需求函数为：

$$P = f(Q) = f(\sum_{i=1}^{n} q_i) \tag{9-2}$$

则行业需求的价格弹性为：

$$\varepsilon = -\frac{dQ}{dP}\frac{P}{Q} \tag{9-3}$$

企业 i 的利润为：

$$\prod_i = Pq_i - C_i \tag{9-4}$$

设企业 i 的决策变量为 q_i，则该企业面临的最优规划问题为：

$$\max_{q_i}(Pq_i - C_i)$$

$$FOC : \frac{d(Pq_i - C_i)}{dq_i} = \frac{dP}{dQ}\frac{dQ}{dq_i}q_i + P - \frac{dC_i}{dq_i} = 0 \tag{9-5}$$

式（9-5）中，$\frac{dQ}{dq_i}$可以展开为下式：

$$\frac{dQ}{dq_i} = \frac{d(q_i + \sum_{j \neq i} q_j)}{dq_i} = \frac{dq_i}{dq_i} + \frac{d\sum_{j \neq i} q_j}{dq_i} \tag{9-6}$$

令 $\lambda = \frac{d\sum_{j \neq i} q_j}{dq_i}$，则式（9-6）可写为：

$$\frac{dQ}{dq_i} = 1 + \lambda \tag{9-7}$$

其中，λ 表示企业 i 改变产量，企业 i 关于所有竞争对手对企业 i 产量变化的反应的推测，故 λ 称为推测变差（Conjectural Variation）。这样，式（9-7）可解释为，企业 i 产量变化 1 单位所引起的行业总产量变化可分解为此企业自身的产量变化和所有竞争对手的反应。

为描述行业垄断程度，下面引入推测弹性的概念。

设企业 j 的产量 q_j 对企业 i 产量 q_i 变化的反应的敏感程度为 β，则 β 为：

$$\beta = \frac{dlnq_j}{dlnq_i} = \frac{dq_j}{dq_i}\frac{q_i}{q_j} \tag{9-8}$$

其中，β 称为推测弹性，也可称为串谋度，β ∈ [0，1]。β 实际上表示行业内企业之间的串谋程度，即垄断程度。这是因为，串谋是一种追求行业整体利润最大化的合作博弈行为，其实施手段为企业之间就产量分配达成有约束力的协议。这样，串谋将强制各企业维持既定的市场份额。β 取值表示串谋的程度：β = 1 表示完全串谋，即企业 i 的产量变化率将导致企业 j 的完全相同的产量变化率，从而各企业市场份额维持不变。在完全串谋下，市场均衡为完全垄断均衡。β = 0 表示完全无串谋。此时行业内企业之间进行的是追求个体利润最大化的非合作博弈。若此行业为寡头市场结构，则市场均衡为古诺—纳什均衡（Cournot – Nash Equilibrium）。当 0 < β < 1 时，则表示串谋程度介于古诺—纳什均衡与完全垄断均衡之间。

引入推测弹性 β 之后，则推测变差 λ 可表示为：

$$\lambda = \frac{d \sum_{j \neq i} q_j}{dq_i} = \frac{\beta \sum_{j \neq i} q_j}{q_i} = \frac{\beta \sum_{j \neq i} q_j / Q}{q_i / Q} = \beta \frac{1 - s_i}{s_i} \qquad (9-9)$$

式（9 – 9）中，s_i 为企业 i 的市场份额 q_i / Q。

企业 i 的利润率 m_i 为：

$$m_i = \frac{P - AC_i}{P} = \frac{P - MC_i}{P} \qquad (9-10)$$

其中，AC_i 和 MC_i 分别为企业 i 的平均成本和边际成本。在式（9 – 1）所示成本函数假设之下，$AC_i = MC_i = c$。式（9 – 10）表示，在我们所假设的成本函数之下，企业的利润率实质上就是表示垄断势力的勒纳指数（Lerner Index），其取值越大，表示企业垄断势力越强。

将利润最大化的一阶条件式（9 – 5）代入式（9 – 10），即得企业 i 利润最大化的利润率为：

$$m_i = - \frac{q_i}{P} \frac{dP}{dQ} \frac{dQ}{dq_i} = - \frac{q_i}{P} \frac{dP}{dQ} \frac{dQ}{dq_i} \frac{Q}{Q} = \frac{q_i}{Q} \frac{1}{\varepsilon} \frac{dQ}{dq_i} = \frac{s_i}{\varepsilon}(1 + \lambda) \qquad (9-11)$$

将式（9 – 9）代入式（9 – 11），得：

$$m_i = \frac{s_i}{\varepsilon}\left(1 + \beta \frac{1 - s_i}{s_i}\right) = \beta \frac{1}{\varepsilon} + (1 - \beta)\frac{s_i}{\varepsilon} \qquad (9-12)$$

将行业盈利能力用行业内所有企业的加权平均利润率 M 表示，权数为企业的市场份额 s_i，则得到：

$$M = \sum_{i=1}^{n} s_i m_i = \sum_{i=1}^{n} \left(s_i \frac{\beta}{\varepsilon} + \frac{1-\beta}{\varepsilon} s_i^2 \right) = \frac{\beta}{\varepsilon} + \frac{1-\beta}{\varepsilon} \sum_{i=1}^{n} s_i^2 \qquad (9-13)$$

其中，$\sum_{i=1}^{n} s_i^2$ 为表示市场集中度的赫芬达尔—赫希曼指数（Herfindahl - Hirschman Index，HHI），用 H 表示。故式（9 - 13）可表示为：

$$M = \beta \frac{1}{\varepsilon} + (1-\beta) \frac{H}{\varepsilon} \qquad (9-14)$$

由式（9 - 14）可推出：

$$\frac{\partial M}{\partial H} = \frac{1-\beta}{\varepsilon} \geq 0 \qquad (9-15)$$

$$\frac{\partial M}{\partial \beta} = \frac{1-H}{\varepsilon} \geq 0 \qquad (9-16)$$

$$\frac{\partial M}{\partial \varepsilon} = -\frac{\beta + (1-\beta) H}{\varepsilon^2} < 0 \qquad (9-17)$$

式（9 - 14）～式（9 - 17）表示，行业盈利能力要受市场集中度、串谋度和需求弹性的影响，且行业盈利能力与市场集中度正相关，与串谋度正相关，与需求的价格弹性负相关。

二、产业组织结构与行业绩效关系的逻辑关系

以上数理模型从理论上论证了哈佛学派 SCP 范式观点并不完全正确。SCP 范式认为，市场集中度决定企业行为，进而决定市场绩效。根据这一逻辑，市场绩效完全由市场集中度决定。因此，哈佛学派认为超额利润是由过高的市场集中度导致的，并将市场集中度与垄断程度等同起来，进而利用市场集中度来判断垄断程度。

然而，我们的推导结果式（9 - 14）～式（9 - 17）并不完全支持哈佛学派的观点。这些推导结果表明：市场集中度与垄断程度并不等同，即较

高的市场集中度并不必然导致较强的垄断势力。这是因为，行业盈利能力的影响因素并不仅限于市场集中度，还包括串谋度和需求弹性。因此，在串谋度降低的情况下，市场集中度提高并不必然导致超额利润增加，从而并不必然损害消费者福利并缩减总的社会福利，即并不必然偏离帕累托效率状态。从根本上说，垄断程度是由进入壁垒而非市场集中度决定的。即使市场集中度较高，只要进入壁垒较低（即串谋度较低），则行业的垄断势力也不会较强。这是由于，行业进入壁垒较低，意味着要素可以无障碍进退此行业，从而潜在竞争压力增大了在位企业的串谋难度，这样，即使市场较为集中，在位企业的超额利润也不可能长期维持。总之，不能将市场集中度与垄断程度完全等同起来。我们的这一观点，与芝加哥学派和可竞争市场理论的主张是一致的。

第三节　盐业产业组织结构的概况

为了确保碘盐供给充足和食盐储备安全以及全面消除碘缺乏病，我国于 1996 年正式实行食盐专营制度。此制度将盐业企业的生产和销售两大环节人为地分割开来，除了"大工业盐"① 以外，包括食盐和"小工业盐"② 等产品都被纳入专营范畴。也就是说，盐产品尽管都由制盐企业来生产，可是，食盐和"小工业盐"等产品必须按管制出厂价格批发给各地方盐业公司，再由盐业公司按管制批发价格运销给下游用盐厂商和消费者。

从纵向产业组织结构的角度来看，盐业产业组织理所当然地应该包括制盐企业和盐业公司。基于产业组织理论的"市场"与"产业"的一致性，我们以为，盐业市场应该界定为所有制盐企业和所有盐业公司的集合。

---

① 业界将用于生产纯碱和烧碱的工业盐称为"大工业盐"。
② 业界将用于印染、纺织、制革和造纸等行业生产的工业盐称为"小工业盐"。

一、"大工业盐"市场：集中度较低，竞争过度

在经济日益市场化和全球化的进程中，我国盐业产业组织结构极不合理，依然处于多、小、散、弱的落后状态。据不完全统计，截至2009年年底，全国仍有制盐企业2000余家（不包括拥有食盐专营权的盐业公司），其中，证照不全的小盐厂（场）约1000多家。[①] 年产能超过10万吨的企业不足80家，行业平均年产能为5万吨左右，大部分企业年产能仅有几千吨；排在前20位制盐企业的生产能力仅占行业总产能的41%。[②] 另据中国盐业协会统计资料，到2010年年底，我国盐业原盐年总产能约为8440万吨，排在行业前4位和前8家制盐企业的原盐年总产能分别约为1000万吨和1800万吨。显然，我国盐业的 CR_4 和 CR_8 分别为12%和21%，即产能规模排在行业前4位和前8位的制盐企业的年总产能仅占行业年总产能的12%和21%。按照植草益的市场结构分类标准，我国盐业属于"低集中竞争型"的市场结构。与此形成鲜明对比的是，美国、法国和澳大利亚等发达国家的盐业，早已形成"极高寡占型"的市场结构，规模经济效益显著，凭借巨额垄断资本积累，获得较强的国际竞争实力，不但垄断了国内盐业市场，还掌控全球盐业市场。"低集中竞争型"的市场结构意味着，我国盐业产业组织结构和竞争程度还处于较低的层次和水平上。

在食盐专营制度下，我国盐业市场被分割为"大工业盐"和"食小盐"二元市场。后者受到盐业管制制度的约束，包括115家食盐定点生产企业在内的众多制盐企业，将大量的生产要素集中在工业盐的生产上，期盼通过扩大生产规模，降低单位生产成本，以追求规模经济效益。可是，

---

① 袁东明等. 完善食盐专营体制，加快盐业结构调整 [N]. 中国经济时报，2009－09－02 (5).

② 罗晟. 盐业反垄断8年抗战即将收官中盐总公司等利益集团成"靶心" [EB/OL]. (2009－12－18) [2012－02－27] http://www.dfdaily.com/html/113/2009/12/18/352482.shtml.

这些企业仅仅实现了"工厂规模经济",并没达到"公司规模经济"。① 换言之,我国大中型制盐企业所进行的生产规模扩张,并没考虑市场需求这一动态因素,远远超过现实市场需求,从而导致普遍的规模不经济现象。为了消化巨大过剩产能(我国盐业剩余产能约为 1000 万吨),这些制盐企业在众多小微盐场(厂)的冲击下,不惜采用掠夺性定价策略,以远远低于生产成本的价格销售产品,价格战争此起彼伏,周而复始。可是,由于小微盐场(厂)生产设备陈旧,甚至根本就没有固定资产投入,其低廉的生产成本可以带来不小的市场份额,源源不断地侵蚀和挤压大中型制盐企业的市场空间。其结果是,在产品严重同质化的前提下,成本较高的大中型制盐企业很难在价格上与成本低廉的小微盐场(厂)抗衡,企业连年亏损,生存和发展步履维艰,动态技改成为无米之炊,难以彰显"公司规模经济"效益。

因此,我国盐业产业组织政策的主要内容,就是要淘汰这些生产规模小、能耗高的小微企业,尽可能减少过度竞争行为,引导我国盐业走上有序竞争之路,使竞争活力成为企业可持续发展的原始动力,以实现规模经济。

令人困惑的是,既然制盐企业的主打产品——"大工业盐"长期亏损,那么,这些企业是依靠什么资源生存下来的呢?其实,这些大中型制盐企业大多属于食盐定点生产企业,按照现行盐业管制制度,它们无须通过市场竞争,凭借生产许可证,就可以将生产出来的食盐以规制出厂价销售给盐业公司。据 2010 年中国化工信息网报道,我国海盐和井矿盐的生产成本分别为 120~130 元/吨和 200~260 元/吨(食盐平均生产成本约为 178 元/吨),法定出厂价格则高达 378~583 元/吨(平均约为 480 元/吨),平均物流费用约为 100 元,毛利约为 202 元/吨,回报率竟然达到 73% 左右($202 \div 278 = 73\%$)。② 虽然食盐生产环节暴利惊人,但如此高

---

① 吕福玉,曾凡英. 垄断转型——当代盐产业组织优化进路 [M]. 成都:四川出版集团巴蜀书社,2009:113-114.

② 我们根据涂劲军. 揭秘食盐增值 30 多倍销售链 [N]. 成都商报,2010-2-3(31)整理计算而得出的数据结果.

的非生产性"租"（Unproductive "rent"）并没给制盐企业带来多少好处，而是被用来弥补"大工业盐"市场上的亏空。很显然，这些制盐企业正是依赖食盐专营制度，才得以采用"内部业务交叉补贴"的方法，支撑一轮又一轮的价格战争。如果没有食盐专营制度的荫庇，这些制盐企业就不敢长期如此恶性竞争。可见，食盐专营制度是盐业过度竞争的罪魁祸首。

二、"食小盐"① 市场：部门垄断严重，竞争缺失

现行的食盐专营制度规定，为了彻底消除碘缺乏病危害，所有食用盐都必须加碘，并且碘盐只能由 119 个② 食盐定点制盐企业来生产和加工。另外，由于"小工业盐"在形状和颜色上与碘盐没什么区别，在现实的流通中很容易冲击食盐市场，因此"小工业盐"也被纳入食盐专营范畴。这样，作为"小工业盐"生产厂商的制盐企业也同样处于"食小盐"市场上，而全国的制盐企业几乎都生产"小工业盐"产品，因而可以认为所有制盐企业都在不同程度上受到食盐专营制度的规制。

尽管碘盐和"小工业盐"由制盐企业来生产，但是必须由各地方盐业公司来垄断经营。在《食盐加碘消除碘缺乏危害管理条例》和《食盐专营办法》的规制下，各个制盐厂商只能将自己所生产的碘盐和"小工业盐"，以规定的低廉价格出售给本地的盐业公司，从中获取微薄的利润；如果制盐企业自行经营碘盐和"小工业盐"，则会被盐业公司（或盐务管理局）视为违法行为，必定作为贩卖"私盐"而被查处。可见，在"食小盐"的行政垄断市场上，制盐企业仅仅作为"生产车间"被锁定在产业链条中，由于没有任何"价格话语权"，其生死存亡严重依赖于盐业公司，属于典型的"残障厂商"。

---

① 为了简便起见，本课题组将加碘食盐和"小工业盐"统称为"食小盐"。
② 工信部许可的 2013～2015 年食盐定点生产企业和多品种盐加工企业。

为了维护和强化食盐专营制度，各省（直辖市、自治区）人民政府纷纷设立地方国有盐业公司，并且在后来的行政机构精简改革中，将本土的盐业公司和本地的盐务局合而为一，相继成立"政企不分"的特殊机构，既拥有碘盐和"小工业盐"的垄断经营权利，又控制着辖区内盐业市场的行政管理权力。具体说来，各个盐业公司负责行政辖区内制盐企业的碘盐和"小工业盐"生产指标的分配、包装、运输和销售；如果外地制盐企业想进入本地区"食小盐"市场，即使已经有了明确的最终买家，也必须先将产品按数倍于出厂价格的价位出售给本地区盐业公司，经过此盐业公司的层层盘剥之后，才能拿到准运证等复杂手续。这样一来，为了获取微薄的利润，本地制盐企业只能按更高的价格将产品销售给外地终端客户。

公共选择学派认为，在没有严密而健全的法律制度约束下，行政性垄断必然会带来超乎寻常的巨额利润，所以权力垄断部门的寻租（Rent-seeking）活动也必然会引起另一些利益集团展开反对这种垄断的避租活动，以避免管制和限制损害到自己的利益。因此，寻租不仅会直接带来避租，耗费集团的经济资源，还会间接产生变相"避租"行为（例如，违背行政性垄断制度的经营行为，甚至是触犯法律的非法活动），既加大了集团的经营成本，又浪费了巨大的社会资源，破坏社会公平和市场秩序。这些由于集团利益纷争而产生的负的外部性，很难内部成本化，最终势必导致经济效益和社会效益的双重失衡。

自1999年起，国家已放开工业盐的经营，但盐业公司却以加强碘盐市场管理为由，将食盐专营范围加以扩大和延伸，盐业公司将"小工业盐"也加以管制，实行垄断经营和地区封锁。许多地方政府还通过立法手段制定地方性盐业管理条例，使非法扩大的垄断合法化，以剥削本该属于制盐企业和用盐企业的利益，攫取巨额垄断利润。为了逃避盐业公司的层层盘剥，微利甚至亏损的制盐企业被迫偷偷绕开销售企业，不惜冒险与用盐企业直接见面，以拓展供需双方的利润空间。然而，这种合理而合法的市场经济行为，在扭曲的专营制度下，却被视为非法行为，所交易的合格碘盐甚至"小工业盐"都变成了"私盐"，成为打击的对象和目标。

另外，按《食盐价格管理办法》规定，食盐价格以生产企业的"离岸价"结算，而不少盐业公司却以变相的"到岸价"结算，本应由经营者承担的物流成本，却转移到生产者的头上。

同时，由于食盐的出厂价与零售价之间差额很大，盐业公司从中可以获取大量超额利润。尽管生产企业已出让了大部分利润，但仍然处处受制于销售企业，不仅制盐公司的食盐分装工序必须由盐业公司来完成，就连制盐企业的大包装所用的包装袋和包装线都由制盐公司负责提供。例如，掌握全国食盐生产计划和调拨计划指标实际分配权的中国盐业总公司，2009 年实现食盐专营利润 4.32 亿元，占利润总额 6 亿元的 72%，可见其盈利水平高度依赖食盐专营制度。与此相反，全国食盐定点生产企业的平均食盐利润仅占其总利润的 30% 左右。[①]

总之，在食盐专营制度的庇护下，将市场权力与行政权力融为一体的各个盐业公司"合法"地垄断本地区的"食小盐"市场，因而，全国 30 多个省级行政辖区都理所当然地成为各自独立的垄断市场。质言之，与其说盐业公司操控制盐企业，不如说食盐专营制度孵化出诸侯割据的"板块"垄断市场结构。在这种行政垄断市场上，只有盐业公司的垄断活动，没有制盐企业的竞争行为，缺失竞争活力，从而缺乏经济运行的原始动力。

第四节 盐业产业组织结构生产率效应的经验分析

一、经验模型的理论假说

前面通过数理模型推导，从理论上论证了市场集中度与行业绩效之间的

[①] 罗晟. 盐业反垄断 8 年抗战即将收官中盐总公司等利益集团成"靶心"[EB/OL].（2009 - 12 - 18）[2012 - 02 - 27] http：//www.dfdaily.com/html/113/2009/12/18/352482.shtml.

关系。理论研究结果对盐业产业组织结构优化的启示是，盐业产业组织结构优化的目的应在于改善行业市场绩效，而不在于盲目反对"垄断"的市场结构即过高的市场集中度；盐业产业组织结构优化应表现为盐业市场结构的适度集中化，以充分利用规模经济效应，提高生产效率。

目前，我国盐业市场结构存在分散化的问题。从理论上来说，提高此行业的市场集中度，应有助于生产效率的提升。对这一理论假说，本部分将利用我国盐业企业微观层面的样本数据，通过计量经济分析进行经验验证。由于我国盐业市场集中度数据不易收集，我们将利用样本企业的规模来替代市场集中度。一般而言，在市场规模变动较小的情况下，企业规模越大，则往往意味着市场集中度越高。因此，本节直接验证的是我国盐业企业规模与生产效率之间的关系，即测度我国盐业企业规模的生产率效应。

待验证的理论假说具体为：我国盐业企业规模越大，则生产效率越高。如果此假说通过了经验验证，则说明，目前我国盐业企业规模尚未达到最小最优规模（MES），即尚未充分利用规模经济效应，那么，我国盐业产业组织结构优化的方向应是适度提高市场集中度。

二、经验模型的验证过程

为测度我国盐业企业规模的生产率效应，设计面板数据模型如下：

$$\ln PROD_{it} = \alpha + \beta_1 \ln SCALE_{it} + \beta_2 \ln GDPPC_{it} + \xi_i + \lambda_t + u_{it} \quad (9-18)$$

$$i = 1, 2; \quad t = 2008, 2009, \cdots, 2012$$

其中，$PROD_{it}$ 为企业 i 在年份 t 的生产效率，$SCALE_{it}$ 为企业 i 在年份 t 的规模，$GDPPC_{it}$ 为企业 i 所在省级区域在年份 t 的经济发展水平，ξ_i 为非时变异质性不可观测因素（即个体效应），λ_t 为时变同质性不可观测因素（即时间效应）。本节将运用 Chow 检验和 Hausman 检验来判断模型是否具有个体效应（包括固定效应和随机效应）和/或时间效应（包括固定效应和随机效应）。

建立面板数据模型（9-18）的目的在于验证盐业企业规模对其生产效率的影响。因为除企业规模外，生产效率还要受其他技术经济因素

和制度因素的影响，所以为单独考察企业规模对生产效率的影响，设置
了省级区域经济发展水平这一代表技术经济因素和制度因素状况的控制
变量。

对模型（9－18）中各变量的说明如表9－1所示。

表9－1　　　　盐业企业规模的生产率效应面板数据模型变量说明

变量	定义	说明
PROD （生产效率，被解释变量）	全要素生产率	表示盐业企业的生产效率
SCALE （企业规模，解释变量）	营业总收入	表示盐业企业的生产规模
GDPPC （经济发展水平，控制变量）	省级区域人均GDP	表示省级区域的经济发展水平

由于上市公司的资料数据较易获取，我们将从盐业上市公司收集样本
数据，用于估计面板数据模型（9－18）。目前，我国盐业上市公司较少，
我们选定了这两家：兰太实业和云南盐化。兰太实业的主营业务为加碘食
用盐、化工原料盐、农牧渔业盐产品和其他盐化工产品等。云南盐化的主
营业务为盐及其系列产品的开发、加工和销售、氯碱化工及其系列产品、
化工产品及其原料等。这两家企业的主营业务与本书所探讨的盐业密切相
关，且这两家企业都是食盐定点生产企业。

面板数据模型（9－18）中各变量具体说明如下：

（1）PROD（生产效率）。PROD是被解释变量，定义为盐业企业的
全要素生产率，表示盐业企业的生产效率。PROD取值越大，则表示生
产效率越高。本书利用盐业企业营业总收入对数值对固定资产对数值和
员工人数对数值的回归的残差来测算企业全要素生产率。生产效率表示
产出与投入的对比，可用全要素生产率（TFP）来衡量。对全要素生产
率的测算有多种方法，如索洛余值法、随机前沿法（SFA法）、数据包
络法（DEA法）和Malmquist生产指数法等，每种方法各有其优劣之

处。此外，一些学者通过计算总产值对数值对资本投入对数值和劳动投入对数值回归的残差来测算全要素生产率（包群和赖明勇，2002；于洪霞等，2011）①②，本书也将采用这种方法，此方法具体说明如下（樊玉然，2013）③。

假设盐业企业生产函数为柯布—道格拉斯生产函数形式：

$$Y = AK^{\alpha}L^{\beta} \qquad (9-19)$$

其中，A 为全要素生产率（TFP），Y 为产出，K 为资本投入，L 为劳动投入。式（9-19）可变换为：

$$\ln Y = \ln A + \alpha \ln K + \beta \ln L \qquad (9-20)$$

当利用样本数据对式（9-20）中的参数进行估计时，可建立如下样本回归模型：

$$\ln Y = c + \hat{\alpha} \ln K + \hat{\beta} \ln L + e \qquad (9-21)$$

将式（9-21）和式（9-20）进行比较可以发现，式（9-21）中的截距项 c 和残差项 e 之和实际上就是对 lnA 的估计，即对全要素生产率对数值的估计。

本书在用上述方法估计盐业企业的全要素生产率时，将式（9-21）中的 Y 定义为企业营业总收入，K 定义为企业固定资产，L 定义为企业员工人数。另外，因为全要素生产率从本质上来说是指从实物量上考察产出与投入的对比，而上述产出量营业总收入和投入量中的固定资产均为价值量，所以应消除物价波动对这些价值量的影响。我们用"化学原料及化学制品制造业工业生产者出厂价格指数"对营业总收入进行消胀处理；用"固定资产投资价格指数"对固定资产进行消胀处理。营业总收入、固定

---

① 包群，赖明勇. 中国外商直接投资与技术进步的实证研究 [J]. 经济评论，2002（6）：63-71.

② 于洪霞，龚六堂，陈玉宇. 出口固定成本融资约束与企业出口行为 [J]. 经济研究，2011（4）：55-67.

③ 樊玉然. 我国装备制造业产业链纵向治理优化研究 [D]. 成都：西南财经大学工商管理学院，2013.

资产和员工人数等数据来自上市盐业企业历年年报①，各种价格指数来自国家统计局。

本书用以下面板数据模型估计盐业企业全要素生产率：

$$\ln Y_{it} = c + \alpha \ln K_{it} + \beta \ln L_{it} + e_{it} \qquad (9-22)$$

$i = 1, 2; t = 2008, 2009, \cdots, 2012$

其中，Y_{it} 为企业 i 第 t 年的营业总收入（已消胀），K_{it} 为企业 i 第 t 年的固定资产净值（已消胀），L_{it} 为企业 i 第 t 年员工人数，c 为截距项，e_{it} 为残差项，c 与 e_{it} 之和是 lnA 的估计值。

（2）SCALE（企业规模）。本书用营业总收入表示企业规模。一般而言，营业总收入越高，则表示企业规模越大。营业总收入数据来自上市盐业公司历年年报，并用前述方法进行消胀处理。

（3）GDPPC（经济发展水平）。GDPPC 是控制变量，定义为盐业企业所在省级区域的人均 GDP，表示省级区域的经济发展水平，并间接反映省级区域的技术经济基础设施和制度基础设施的发展完善状况。GDPPC 取值越大，表示省级区域经济发展水平越高。为准确反映省级区域经济发展水平，需消除通胀对省级区域人均 GDP 的影响。为此，我们利用"人均地区生产总值指数"推算出省级区域人均 GDP 的实际值。省级区域人均 GDP 和"人均地区生产总值指数"来自历年《中国统计年鉴》。设置此控制变量的目的是为单独考察企业规模对生产效率的影响。影响盐业企业生产率的因素除企业规模外，还有盐业企业所在区域的技术经济基础设施和制度基础设施等因素。通常，这些基础设施越完善，则越有助于企业提高生产效率。一般而言，区域经济发展水平越高，则意味着此区域的技术经济和制度基础设施越完善，而区域经济发展水平可以用区域人均 GDP 来衡量。所以本节用省级区域的人均 GDP 来综合反映这一区域的技术经济和制度基础设施的发展完善状况。

样本数据的描述性统计结果如表 9-2 所示。

---

① 转引自 CSMAR 数据库。

表9-2 样本数据的描述性统计

	Y（SCALE） （万元）	K （万元）	L （个）	GDPPC （元）
平均值	146850.80	53814.33	3770.90	31273.16
中位数	152718.50	55122.46	3939.00	27341.18
最大值	167823.20	70242.22	5020.00	58586.59
最小值	101170.50	35880.06	2907.00	12570.00
标准差	21285.67	10586.52	646.37	17457.79

这里使用 EViews 7.2 软件进行计量模型估计。

对式（9-18）的估计结果进行 Chow 检验和 Hausman 检验，得出 F 统计量为 2.365142，相伴概率为 17.5%；H 统计量未能得出（因样本容量偏小）。根据以上检验结果，确定应建立混合效应模型。式（9-18）的混合效应模型的估计结果如表9-3所示。

表9-3 盐业企业规模的生产率效应估计结果

	参数估计
α	-0.516609 （-0.218063）
lnSCALE	0.469409 ** （2.509255）
lnGDPPC	0.033428 （0.664743）

注：括号中为 t 值，** 代表在 5% 的显著性水平上显著。

从表9-3可以看出，对盐业企业而言，生产规模对全要素生产率有统计上显著的正向影响。因为我们设计的计量模型（9-18）为对数形式，故参数的经济学含义为弹性。所以对表9-3估计结果的经济学解释是，当盐业企业生产规模增长 1% 时，则其全要素生产率平均增长 0.469%。盐业企业所在省级区域的经济发展水平对盐业企业的全要素生产率有正向影响，但该影响不具统计上的显著性。

三、经验模型的验证结果

上述估计结果表明：第一，盐业市场结构的适度集中化可促进企业生产效率的提升。计量模型估计结果提示，目前我国盐业企业尚未达到最小最优规模（MES），即尚未充分利用规模经济效应，扩大规模尚可提升全要素生产率。而在市场规模增长有限的情况下，企业扩大规模，意味着市场结构的集中化。所以说，我国盐业产业组织结构优化的方向应该是市场结构的适度集中化。第二，盐业企业的生产效率可能会受到外部环境的影响。这里的外部环境主要指技术经济基础设施和制度基础设施的发展完善状况。在我们的估计结果中，这种影响是正向的，但并不显著，其原因可能在于样本容量偏小，或在于选取的外部环境替代指标（省级区域人均GDP）太过宽泛，于企业的针对性不强。

第五节 盐业产业组织结构优化的政策目标

一、有效竞争的实现

任何政策都有其特定的目标取向，缺失目标导向的政策必然导致执行的盲目性，甚至带来混乱性的严重后果，可以说，毫无存在的现实意义。同样，产业组织政策作为一种为获得理想的市场绩效而由政府制定的干预和调整市场结构和市场行为的公共政策，[①] 也应有其独特的目标价值指向。我们之所以制定产业组织政策，就是为了调整不合理的产业组织结构，纠正不公平的市场行为，引导其朝着合理和公平的方向发展，以实现

---

① 蒋绍侠等. 产业组织问题研究 ［M］. 北京：中国经济出版社，2007：179.

有效竞争，提升产业经济效率。

一般说来，各产业都存在一定的规模经济（Economies of Scale）。在追求规模经济的过程中（资本的逐利性决定厂商必然设法追求潜在利润），必然出现垄断，而垄断使企业缺乏竞争活力，从而导致整个产业经济运行缺乏原动力。① 在马歇尔（Marshall，1890）看来，规模经济与竞争活力是一对难以调和克服的矛盾。当然，"马歇尔困境"也成为政府制定产业组织政策的两难选择。要想克服这种两难抉择，就必须在理论上突破和走出"马歇尔困境"（Marshall's Dilemma）。

克拉克（Clark，1940）发表的《有效竞争的概念》一文，提出有效竞争的概念，并加以界定：所谓有效竞争，就是指将规模经济和竞争活力两者有效地相协调，从而形成一种有利于长期均衡的竞争格局。② 尽管克拉克"有效竞争概念无论在理论上和实践上并没有解决多少实质性的问题，但是，在制定和实施产业组织政策时，又不得不把它作为一个出发点。"③ 所以我们有必要进一步探讨有效竞争的实质和衡量标准。

有效竞争为规模经济和竞争活力的函数，它是一种由规模经济和竞争活力两个变量所决定的均衡状态。我们知道，"规模经济的一般含义是指随着企业生产规模的扩大而使单位产品成本降低、收益增加的一种经济现象，它是实现社会资源优化使用，提高经济效率的手段和途径；而竞争活力的经济意义表现为它与价格机制、供求机制的综合作用，发挥市场机制的自组织功能，实现社会资源的优化配置，从而提高经济效率。"④ 很显然，规模经济与竞争活力，是以不同的方式和手段，通过不同的渠道和路径，而达到提高经济效率目标。就配置和利用社会资源而言，规模经济和竞争活力，不仅仅是相互排斥的，还可以协调统一。因

---

① 马歇尔. 陈良璧译. 经济学原理（上卷）［M］. 北京：商务印书馆，1984：259 – 328.

② J. M. Clark. *Toward a Concept of Workable Competition* ［J］. American Economic Review，1940 (2)：241 – 256.

③ 杨治. 产业经济学导论 ［M］. 北京：中国人民大学出版社，1985：170.

④ 王俊豪. 产业经济学 ［M］. 北京：高等教育出版社，2008：276.

此，有效竞争是规模经济与竞争活力的一种兼容状态。这不但要合理界定和把握两者兼容的程度，还要力求两者兼容的结果是使社会经济效率极大化。

二、有效竞争的衡量

（一）有效竞争须能产生竞争效益。市场竞争能促进社会资源优化配置利用，促使市场主体积极主动创新，推动企业工艺生产技术进步，提高经营管理水平和劳动者素质，提高全要素生产效率，从而推动社会生产力的发展，为稳定社会和繁荣经济奠定物质基础，这些无不是竞争收益。但是，"竞争也可能是毁灭性的，或者是成本高昂的"[1] 竞争会引发企业广告等促销费用和其他流通费用的超常增长，经济资源的浪费；竞争也会引起企业生产能力过剩，大量生产要素富余闲置；竞争还会导致企业破产倒闭、员工失业等一系列社会问题。由于竞争效益＝竞争收益－竞争成本，因此，有效竞争应该是竞争收益扣除竞争成本后的净收益是相当大的，至于净收益多大才称得上有效竞争，需要视不同国家、不同产业和不同时期等而定，但至少要求能产生正的净收益，即能获得竞争效益，这是衡量有效竞争的最低限度。

（二）有效竞争须是一种适度竞争。适度竞争是相对于过度竞争或竞争不足而言的。过度竞争，表现为企业数量和生产规模超过市场的实际需要，市场组织化程度低，造成生产能力严重过剩，规模经济效益较低。竞争不足，则表征为企业数量和生产规模少于市场的实际需求，市场组织化程度过高，出现垄断市场行为，导致市场机制难以充分发挥作用，生产要素不能自发地流向资源短缺的产业和领域，影响社会资源的合理配置和利用。尽管任何国家在任何时期都无法完全消除过度竞争和竞争不足的现象，但可以将这些弊端控制在较低限度内，也就是说，要保证目标产业或

---

① 　John S. Megee, *Industrial Organization*, Engle wood Cliffs: Prentice Hall, 1988: 45.

行业经常处于适度竞争状态。那么，何为适度竞争呢？在特定的产业和时限内，由于受规模经济和技术水平等要素的制约，随着市场竞争程度的提高，竞争收益曲线往往呈现出先递增后递减的态势，而竞争成本曲线则常常随着市场竞争程度的加深而递增。如此，必然存在一个竞争收益曲线与竞争成本曲线相交的两点，且在这两点上竞争收益等于竞争成本。在左交点以前，竞争收益小于竞争成本，市场处于竞争不足状态；在右交点以后，随着市场竞争程度的进一步提高，竞争收益小于竞争成本，市场处于过度竞争状态；只有在两个交点之间，竞争收益大于竞争成本，才能产生竞争效益。这表明在此区间内，产业处于适度竞争格局，实现有效竞争。所以有效竞争须是适度竞争。①

（三）有效竞争须满足适度规模要求。根据规模经济理论，当企业处于适度规模（"最小最佳规模"到"最大最佳规模"区间）范围时，其平均生产成本和交易费用较低，规模收益较高，经济效率较高，即产生规模经济效益。如果企业陷于不足规模或规模过度的境地，就需以较高的投入获得一定的产出，带来经济资源的浪费，即出现规模不经济（Diseconomies of Scale），这是一种低水平竞争和低效率竞争，与有效竞争相背离。因此，只有满足产业适度规模要求的竞争，才能获得较高的经济效率，才属于有效竞争（Workable Competition）。

由于规模经济和竞争活力既相克又相容，要想达到有效竞争状态，就不能偏颇一方，必须两者兼顾，综合考察，即要求两者都做出一定程度的"让步"。在保障有效竞争的前提下，规模经济"让步"的最低限度是能保证特定产业内的企业规模不低于最小最佳规模（Minimum Efficient Scale），即适度规模；而市场竞争"让步"的最低界限是摆脱竞争不足，即适度竞争。如此一来，规模经济和竞争活力都"留有余地"，两者交叉的区域即最优的有效竞争区间。

尽管在这个区间内，规模经济和竞争活力单独带来的经济效益不一定

① 王俊豪. 产业经济学 [M]. 北京：高等教育出版社，2008：278－279.

最大，但两者有机兼容综合作用所产生的经济效益却最高，能实现产业经济效率极大化。为此，只要某个产业的企业规模达到适度规模，且市场处于适度竞争状态，则可以认定这个产业已呈现出有效竞争的均衡格局，产业经济效率极大化。这便构成有效竞争的衡量标准。

由于政府制定产业组织政策的目的是，通过优化产业组织结构来提升产业经济效率，而现实市场存在"马歇尔困境"约束，提高产业效率的唯一路径就是实现有效竞争，因此，有效竞争便成为研制盐业产业组织政策的基本目标。

从以上分析可知，有效竞争不是一种点状态，而是一种的区域状态，这就为政府出台合理的盐业产业组织政策提供了较大的弹性空间。当然，一个国家的某个产业的产业组织政策，不是一成不变的，要随着资本、技术、劳动和市场等要素的变化，适时适度地做出调整甚至更新，使产业组织政策与产业结构政策相互协调，合力实现产业有效竞争，产生较高的产业经济效益，提升产业在国内和国际两个市场的竞争力。

第六节　盐业产业组织结构优化的政策建议

政府制定产业组织政策的根本目标是，通过产业组织结构的优化，实现有效竞争，提高产业经济效率，提升产业竞争力。也就是说，产业组织政策，应该兼顾规模经济和竞争活力，在总体上保证整个产业既能凸显规模经济，又不失竞争活力，保障长期有效竞争的均衡局面。然而，在现实经济运行中，规模经济与竞争活力往往在一定程度上相互背离，完全融合存在天然障碍，因为规模经济必然带来垄断，垄断限制和排斥竞争，而竞争活力又瓦解垄断，阻碍规模经济形成。这种先天性矛盾无疑成为政府产业组织政策的两难选择。著名学者王俊豪曾建议，[①] 为了纠正这种背离，

---

① 王俊豪. 产业经济学［M］. 北京：高等教育出版社，2008：280.

可以分别实行以下两大类政策：一是抑制过度竞争以追求规模经济的政策；二是抑制垄断以增强竞争活力的反垄断政策①。

我们认为，一个国家到底采用哪类产业组织政策，不仅要根据各国经济社会总体发展水平，还要结合具体产业的经济特征来确定。我国盐业所饱受的"垄断"之苦，不是来源于自然垄断或经济性垄断，而是源于政府凭借行政权力而实施行政性垄断，因而，我国盐业产业组织政策指向不是反经济性垄断，而是反对行政性垄断。有鉴于此，我国盐业主管部门应该建立涵盖抑制行政性垄断和追求规模经济的政策体系。由于本书已经研究了目前的盐业垄断体制改革，因此，这里我们只探究几种规模经济政策。

从发达国家的成功经验来看，日本政府直接干预产业组织的一系列政策，非常值得我们借鉴。20世纪50年代至60年代，日本处于保护贸易向自由贸易转型时期，国内企业规模较小，市场竞争秩序相当混乱，难以与国际跨国集团抗衡。在赶超西方发达国家的过程中，日本政府认识到，市场失败的首要危险不在于导致垄断，而在于导致分散生产、过度竞争和资源不合理分配，并认为须由政府通过一定的政策干预，在生产集中和反垄断的矛盾中，坚决贯彻"生产集中优先"的原则。② 为此，日本政府针对某些产业中企业规模偏小、不能实现规模经济的现状，把追求规模经济的产业组织政策作为重点，采取具有相当力度的政府直接干预措施，甚至不惜动用法律手段。结果在较短时期内，其战略产业建立了"合理化卡特尔"，形成专业化的分工协作体系，大幅提升国际竞争力，且具有相当的国际市场话语权。

我们认为，在实行食盐特许竞标政策的前提下，我国盐业所处的国际市场背景和国内产业环境，与日本20世纪中叶非常相似，盐业产业发展

---

① 此处的"反垄断"是指反对自然垄断或经济性垄断，即通过市场竞争机制的作用，由市场力量自发而形成的垄断，如寡头垄断结构及垄断行为等．

② 陈淮．日本产业政策研究［M］．北京：中国人民大学出版社，1991：204．

最大的危险来源于散乱生产和过度竞争。盐业产业组织政策导向的关键是，要促成市场寡头垄断，彰显规模经济。因此，当务之急，是制定盐业规模经济的双层政策，既要实施企业并购政策，扶持大规模集团公司，直接扩张企业规模，又要实行经济规模政策，限制和淘汰小规模企业，减少规模不经济现象，以追求规模经济。

一、企业并购政策

企业并购，是指企业之间的吸收合并，"这种合并过程使被合并企业的资产，无论在名义上还是实际上都成为合并企业的资产的一部分，从而失去了它原来独立经营实体的地位。"[1] 按照并购双方的产业特征，大体可将并购划分为横向并购和纵向并购。

横向并购（Horizontal Merger），又称为水平并购，是指并购双方处于同一行业的并购活动。[2] 这种并购能有效减少竞争对手，整合双方的生产要素、技术实力、管理团队、融资渠道和市场资源等，发挥协同效应、批量采购、综合利用、技术升级和规模生产，扩大和开拓市场空间，取得优势市场地位，提高应对小微企业滥用市场权力的能力，进一步降低成本、提高收益，获得更高的规模经济。例如，作为行业制盐龙头企业的四川久大盐业（集团）公司，通过横向并购扩张，将省内外5家制盐企业囊括集团内，在一定程度上实现规模经济。

纵向并购（Vertical Merger），也称垂直并购，是指生产同种或同类产品的不同生产经营阶段的企业之间的并购。此类并购，既可以使企业拥有更多的经济资源，以较低成本进入上下游行业，开展产业链条上多元化产品生产经营活动，实现跨行业经营管理，又可以缩短产业链条，减少交易

---

[1] 马歇尔·C·霍华德. 美国反托拉斯法与贸易法规——典型问题与案例分析［M］. 北京：中国社会科学出版社，1991：143.

[2] 王俊豪等. 现代产业组织理论与政策［M］. 北京：中国经济出版社，2011：277.

费用（Transaction），降低机会主义风险，将企业外部利润索取权内部化，彰显范围经济（Economies of Scope）。以并购的产业链方向，纵向并购分为前向并购和后向并购两种。前者是指并购以本企业产品为原材料或货源的下游企业的行为，后者是指并购能生产和提供本企业所需的原材料或货源的上游企业的行为。目前，我国盐业企业并购的现状大体表现为，以中国盐业公司为代表的十几家握有专营权的盐业公司，凭借食盐生产计划指标的分配权，能较为顺利地兼并其上游的制盐企业；与此相反，长期饱受过度竞争之苦的制盐企业，多为下游生产厂商反向并购，例如，重庆、湖南和云南等地区的制盐企业，早已被盐化工企业收购。

从我国盐业企业的并购实践来看，十几年来，行业精英已充分认识到企业做大做强的重要性和紧迫性，横向并购和纵向并购的行为从未间断，只是进展缓慢艰难，经济效率低下。只有中国盐业公司，作为行业唯一的中央直属企业，仰仗盐业行业的实际行政管理权力，后向并购的步伐较快，兼并规模相对较大，形成一枝独秀的畸形格局。究其原因，主要在于我国盐业企业整合，缺乏行之有效的产业组织政策的支持。

其实，2008 年，工信部在出台《全国制盐工业结构调整指导意见》中提出，培育和发展大型企业集团。"鼓励大中型盐碱企业形成紧密联系，建立战略联盟，相互参股，共同发展；鼓励大型制盐企业兼并、改造中小型盐场（厂），建立跨行业、跨区域、跨所有制的大型企业和企业集团。鼓励大型制盐企业建立自己的知名品牌，通过扶优限劣，优化企业组织结构，提高产业集中度。排名在前 20 位的生产企业，其制盐生产能力由 2004 年占全国总产能不足 50% 提高到 2010 年的 60% 以上，食盐定点企业由现在的 121 家调整到 50 家以内。"① 然而，实际上，这些指标都没实现。截至 2010 年年底，全国总产能已经达到 8440 万吨，排名前 20 位的生产企业，制盐能力占总产能依然不足 60%，食盐定点生产企业多达 115 家。这充分表明，我国

---

① 参见工信部. 全国制盐工业结构调整指导意见 ［EB/OL］. (2008 – 10 – 30) ［2012 – 02 – 24］http://www.miit.gov.cn/n11293472/n11505629/n11506447/n11515675/12047774. html.

盐业企业并购政策，原则性太强，缺乏可操作性，政策效应难以显现。

我们认为，扶植大型企业集团，培育寡头垄断型市场结构，提高规模经济效率，关键在于研制和颁布具有可操作性的企业并购政策措施。

首先，制定税收减免政策。企业并购不是简单的合并行为，而是"1＋1＝1"的战略优化行为，需要整合双方的生产要素、技术实力、管理团队、融资渠道和市场资源等，更需要经历一定的阵痛和时间，才能发挥协同效应和溢出效应。为此，盐业主管部门应与税务部门沟通协商，不妨对于盐业并购企业，前三年免征企业所得税，第四年和第五年减半征收企业所得税。质言之，这是将政府税收转化为企业利润，从而再转化为技改资源，提高产业技术素质，实现规模经济，扩大就业范围，进而获得更多税收收入，以体现产业政策的公共属性。

其次，制定融资支持政策。盐业企业从事并购活动，不仅需要安置和转移富余劳动力，承担社会养老保险费，清偿被兼并企业历史欠债等，而且还要进行技术改造，甚至更新生产设备，整合人力资源队伍，培训在岗职工，提高员工素质，优化物流市场半径等。这一系列的前期准备和后期跟进行为，都需要支付大量的人力、物力和财力，需要耗费企业巨额资源，若缺失政府的融资支持，就我国盐业企业的实际实力来看，很难能承担下来，必然造成并购困难的局面。因此，政府不妨从直接融资和间接融资两个方面来鼓励盐业企业并购。对于符合上市条件的盐业并购企业，应优先批准和安排上市，打通资本市场的直接融资渠道；① 凡需要并购资金的规模以上的盐业企业，可获得政府担保贷款的间接融资支持。

二、经济规模政策

经济规模政策，旨在通过提高盐业产业的进入门槛，淘汰不具有最小

---

① 目前，我国盐业还没有一家整体的上市公司，作为中央直属企业的中国盐业总公司，也仅仅是部分上市，我国盐业产业实力弱小程度，可见一斑.

经济规模的厂商，保证盐业市场的适度竞争，使产业内企业能充分利用规模经济优势，降低产品成本，提高经济效率，进而提升国际竞争力。研制此项政策，我们可以参考日本盐业产业组织调整的成功经验。

为了淘汰小规模制盐企业，提高盐业市场集中度，日本政府于1971年公布和实施的《关于促进盐业调整及其近代化的临时措施法》规定，凡是在1971年12月31日以前，主动向日本专卖公社申请关停并转的制盐企业，可以得到政府补贴，补贴金额原则上等同于企业实际发生的费用（主要包括设备折旧损失、从业人员退职金的支付和其他费用）；申请存留的制盐企业须在1972～1975年，向专卖公社交付特别调整费，用来支付退出企业的补贴，每吨约扣除700日元。此法实施以后，有10家制盐企业申请存留，经过专卖公社的资格审查，只有7家企业获得通过。至此，经过四轮调整（第一次始于1906年），日本制盐企业由16210家（包括厂商和个人）减至7家，从业人员由22965人降为1500人左右，年生产能力由33万吨提高到130万吨；而且，其生产技术也发生了革命性的变化，由传统的露天晒盐升级为高效的离子膜电渗析法。①

事实上，2008年，工信部在出台《全国制盐工业结构调整指导意见》中指出："逐步改变制盐企业'多、小、散、弱'的落后状况。2010年前，要逐年关闭、淘汰各盐区经济规模以下的独立经营的制盐企业，具体规模为：海盐年产30万吨，井矿盐年产10万吨，湖盐年产10万吨。坚决取缔违法营业的盐场（厂）。"② 可是，截至2010年年末，我国盐业仍有大小制盐企业1000多家，其中，80%的厂商没有达到国家规定的生产规模。

我们认为，问题的症结就在于这些产业政策，都是由行政主管部门单独制定的、并以行政文件的形式来指导盐业发展，缺乏共识性、强制性和权威性，从而导致地方保护主义肆无忌惮，各地方政府为了确保税费来源

---

① 李宏舟. 日本盐业规制改革：动因、历程与效果分析 [J]. 2010年中国产业组织前沿论坛会议文集，2010：534–535.

② 参见工信部. 全国制盐工业结构调整指导意见 [EB/OL]. (2008–10–30) [2012–02–24] http://www.miit.gov.cn/n11293472/n11505629/n11506447/n11515675/12047774.html.

和稳定就业等，姑息本行政区域内的制盐企业，使大量规模以下的制盐厂商生存下来。有鉴于此，我们不妨参考日本借用第三方社会力量决策的经验和法制化产业治理模式，将政策主体转变为第三方，将政策手段转变为法律法规，增强盐业产业政策的效率性和权威性。具体说来，首先基于《食盐法》的法律制度框架，在工信部的组织下，盐业产业政策咨询委员会，结合我国盐业的具体情况等，研制包括盐业规模经济政策在内的盐业产业发展政策建议，然后由工信部将政策建议提交国务院审议通过，最终形成可操作的政策法规，如《促进盐业结构调整条例》。

在计划经济色彩较为浓厚的盐业，仅仅采取政府行政指导的手段是远远不够的，还需研究他国成功之路。日本盐业之所以能在较短的时间内，扭转"多、小、弱、散"的制盐局面，实现多层级的企业规模经济，完全归功于政府的强有力干预措施。本书发现，我国盐业所处的国际市场环境和国内产业环境，与几十年前的日本盐业非常相似，甚至在某些产业环节基本相同。因此，我国可以效仿日本盐业成功转型的模式，制定和颁布盐业产业经济规模政策。

具体而言，在实行食盐特许竞标政策的前提下，经济规模政策可以分两个阶段来实施。

第一阶段，颁布《促进盐业结构调整条例》，利用 5 年的管制改革过渡期，一方面，淘汰落后产能，提高最小经济规模标准，凡是海盐年产能不足 50 万吨、井矿盐年产能不足 30 万吨和湖盐年产能不足 30 万吨的制盐企业都必须关停并转，并可向盐业主管部门申请退出费用补贴（主要包括设备折旧损失和退职员工养老保险费等）。另一方面，凡是达到标准规模的制盐企业，可以向工信部申请留存（工信部根据其生产能力、设备技术和地理分布等条件，核准后才能留存），但必须按实际产能向盐业主管部门缴纳"盐业结构调整基金"，用于补贴规模以下企业的退出费用。如此一来，通过法律手段建立起的"盐业结构调整基金"，不但能有效引导规模以下的制盐企业顺利退出，结束"多、小、弱、散"的制盐局面，而且还能切实抑制大中型企业盲目扩大生产能力，遏制产能过剩，合理配置和使用经济资源，促进有效竞争格局形成，实现规模经济。当然，"盐业结构调整基金"也加重了规模制盐企业的成本负担，可能导致其国际市场上处于价格弱势地位，所以凡其盐产品出口国际市场的留存企业，可以按实际出口吨位，向盐业主管部门申请退费。另外，为了给国内外盐产品提供公平的竞争环境，应规定进口盐产品的业内企业和业外企业，都应按实际进口吨位，向盐业主管部门缴纳"盐业结构调整基金"。

第二阶段，在5年改革过渡期后，我国盐业或许可整合为数十家企业，虽然能实现一定的规模经济，但与欧美国家盐业集团巨头相比，无论是生产规模和制造工艺技术，还是产品种类、质量、品牌和附加值，都有相当差距。这意味着，我国盐业企业要想在国际市场上占有一席之地，不能仅仅局限于现有的规模经济，更需在技术进步更新、产品研发和市场营销上赶超发达国家。因此，我国盐业经济规模政策，就不宜再直接规定最小经济规模，而是比照欧美国家的盐业行业准则，提高我国行业生产工艺技术和产品质量标准，以此来"倒逼"盐业企业进一步优化配置生产要素，达到更高经济规模。因为"企业的最有效规模和在行业中的企业数当然是技术和相应的市场规模的函数"[①] "在某一工业中，在给定时间的某一点，能以最低效率规模经营的工厂数目，是受市场需要此工业产品的规模限制的。使用一种现有技术并按最低效率规模标准建立起来的工厂，能生产超过市场可吸收的产量，此厂的单位成本就高于一个其产量更加紧密地按照市场需求测定的较小的工厂的单位成本。在这种情况下，最佳的工厂规模将是小于按照技术的最低效率规模建造的工厂规模。"[②] 所以此阶段的产业经济规模政策，主要是制定行业技术标准和产品质量标准，并严格贯彻执行。凡在规定的时间内达不到行业标准，一律停产整顿，以推动盐业企业着力技术创新，研发差异化产品，塑造品牌形象，努力开拓国内

---

① 戴维斯，诺思. 制度变迁的理论：概念与原因. 载于 R. 科斯，A. 阿尔钦，D. 诺思. 财产权利与制度变迁 [M]. 上海：上海三联书店，1991：278.

② 小艾尔费雷德·D·钱德勒. 企业规模经济与范围经济 [M]. 北京：中国社会科学出版社，1999：30 – 31.

外市场，进而再根据自己的技术条件和市场份额，合理界定最小经济规模，充分发挥企业自组织功能，进一步展开横向兼并和纵向并购，甚至是混合并购，获得更大的规模经济和范围经济。届时，如果能形成数家寡头垄断的市场结构，则我国盐业不仅能实现"公司规模经济"，亦能具备较强国际竞争力。

三、竞争活力政策

前面已论证，产业组织政策的基本目标在于实现有效竞争，提高产业经济效率。所以我国盐业主管部门应在不同的产业发展阶段，适时推出不同的盐业产业组织政策，以引导盐业经济可持续增长和有序发展。例如，日本盐业在经历几轮政府直接干预的产业组织调整后，从 20 世纪 80 年代开始，尤其是基于 1997 年取消食盐专卖制度的前提下，相继实施鼓励中小企业进入盐业的产业组织政策，充分激励市场机制配置资源的原生动力，逐渐构建起金字塔形的盐业产业组织体系，使各层次的企业都能实现规模经济，从而提升了日本盐业在国际市场的竞争力，例如，其盐业企业生产和加工的盐产品就多达 1500 种左右，创新能力远远超过欧美国家。

在工业化国家，中小企业占比都较高，这既能为经济增长做出较大贡献，又能为解决就业问题提供广阔空间。从产业组织结构的视角来看，中小企业对实现有效竞争具有双重作用：其一，能与大型企业形成分工合作的协作关系，抑制过度竞争，促进生产专业化和集中化，实现各自的规模经济；其二，大量存在的中小企业，可凭借市场力量在一定程度上限制垄断，确保市场充满竞争活力。就我国盐业而言，在 5 年管制改革过渡期内，盐业企业竞相并购，市场竞争较为激烈，形成现实垄断行为的风险也许较小，产业组织政策旨在追求规模经济，因而不宜实行中小企业政策。但是，经过 5 年整合期之后，随着市场垄断程度的进一步提高，市场力量形成垄断行为的风险日益加大，相关产业和消费者的利益可能受到侵害，此时推出中小企业政策就非常必要。

虽然盐产品属于价值低、吨位重的商品，盐业具有显著的规模经济特征，但这并不意味着盐业只适合大规模企业进入，其实中小企业也有其生存空间，例如，发挥其研发优势和营销资源，利用大型企业生产的原盐和食盐等，加工生活用盐、多品种食盐、软水盐、肠衣盐和畜牧用盐等，还可为大型企业提供包装、物流、市场策划、营销服务、技术研发和产品开发等。

为此，竞争活力政策的主要内容，就是制定以技术和人才为核心的盐业中小企业进入标准，并从税收和融资上鼓励和扶持中小企业，培育批量中小企业组织结构，使其与大型盐业企业形成分工协作关系。如此一来，不但能在一定程度上牵制大企业集团滥用市场权力谋求垄断利润，降低政府反垄断的执法成本，而且还能减少无序竞争和过度竞争，保持适度竞争，更能实现各层次企业的规模经济，提高产业经济效率，吸引更多的社会资本进入，达到有效竞争的产业组织政策目标，进而提升产业综合竞争力，彰显盐业"产业规模经济"①。

---

① 产业规模经济，是指由于产业规模的扩大而引起产业内分工协作关系的加强和专业化水平的提高，从而提高了经济效率，产生较大的产业经济效率。

参 考 文 献

1. 英文论著

［1］ I. Fisher. *Elementary Principles of Economics*. New York：Macmillan，1923.

［2］ Alchain A. *Some Implications of Property Rights Transaction Costs*. K Brunner. *Economics and Social Institutions*. Boston：M. Nijhoff，1979.

［3］ Dahlman Carl J. *The Open Field System and Beyond：A Property Right Analysis of an Economic Institution*. Cambridge：Cambridge University of Press，1980.

［4］ Alchain A. *Economic Forces at Work*. Indianapolic：Liberty Press，1977.

［5］ Coase R. H. *The Problem of Social Costs*. Journal of Law and Economics，1960（3）.

［6］ Tullock G. *The Welfare Costs of Tariffs，Monopolists and Theft*. Western Economic Journal，1967（5）.

［7］ Garrett Hardin. *The Tragedy of the Commons*. Science，1968（162）.

［8］ Barzal Y. *Economic Analysis of Property Right*. Cambridge：Cambridge University of Press，1989.

［9］ Demsetz，H. *Towards a Theory of Property Rights* ［J］. American Economic Review，1967（2）.

［10］ Alan Stone. *Regulation and Its Alternatives*. Washington，D. C.：Congressional Quarterly Press，1982.

[11] Viscusi W. K. , J. M. Vernon, J. E. Harrington, Jr. , *Economics of regulation and Antitrust.* Cambridge: The MIT Press, 2005.

[12] Pistor. *Katharina and Chenggang Xu. Incomplete Law.* Comparative Studies, 2002 (3).

[13] Posner, R. A. *Economic Analysis of Law.* 3rd ed. Boston: Little, Brown. 1986.

[14] Glaeser, Edward, Simon Johnson, Andrei. *Shleifer. Coase vs. Coasians.* Quarterly Journal of Economics, 2001 (3).

[15] Aranson P. H. Polution Contral: *The Case for Competion.* R W Poole, Jr Lexington. *Instead of Regulation: Alternatives to Federal Regulatory Agencies.* MA: D. C. Heath, 1982.

[16] Coase R. H. *The Federal Communications Commission.* Journal of Law and Economics, 1959 (10).

[17] Lance Davis, Douglass C. North. *Institutional Change and American Economic Growth: A First Step Towards a Theory of Institutional Innovation.* The Journal of Economic History, 1970 (1).

[18] Levy & Spiller P. T. *The institutional foundations of regulatory commitment: a comparative analysis of telecommunications regulation.* The journal of Law, Economics & Organisation. 1994 (10).

[19] Laffont, J. – J. , Tirole, J. *A Theory of Incentives in Procurement and Regulation.* Cambridge, MA: MIT Press, 1993.

[20] Matthew Barmack, Edward Kahn & Susan Tierney, *A Cost-benefit Assessment of Wholesale Electricity Restructuring and Competition in New England.* Journal of Regulatory Economics, 2007, Volume 31.

[21] Kahn A. E. *The Economics of Regulation: Principle and Institutions.* New York: Wiley, 1970 (1).

[22] Oliver E. Williamson. "*Franchise Bidding for Natural Monoplies—In General and with Respect to CATV*" . Bell Journal of Economics, 1976 (7).

[23] Harold Demsetz. "*Why Regulate Utilities?*" . Journal of Law and Economicsl, 1968 (1).

[24] Demsetz H. , *The Private Production of Pulice Doods*. Journal of law and Economics. 1970 (10).

[25] Amartya Sen. *Commodities and capabilities*. Am sterdam: North – H olland, 1985.

[26] Bain, J. S. *Relation of Profit Rate to Industry Concentration*: *American Manufacturing*, 1936 – 1940. Quarterly Journal of Economics, 1951 (65).

[27] Hay, D. A. , D. J. Morris. *Industrial Economics and Organization*: *Theory and Evidence*. Oxford: Oxford University Press, 1991.

[28] Demsetz, H. I*ndustry Structure*, *Market Rivalry and Public Policy*. Journal of Law & Economics, 1973 (16).

[29] Baumol, W. J. *Contestable Markets*: *An Uprising in the Theory of Industry Structure*. American Economic Review, 1982 (72).

[30] Williamson, O. E. *The Economic Institutions of Capitalism*. New York: The Free Press, 1985.

[31] Williamson, O. E. *Comparative Economic Organization*: *The Analysis of Discrete Structural Alternatives*. Administrative Science Quarterly, 1991, 36 (2).

[32] Grossman, S. J. , O. D. Hart. *The Costs and Benefits of Ownership*: *A Theory of Vertical and Lateral Integration*. The Journal of Political Economy, 1986, 94 (4).

[33] Hart, O. , J. Moore. *Property Rights and the Nature of the Firm*. The Journal of Political Economy, 1990 (6).

[34] J. M. Clark. *Toward a Concept of Workable Competition*. American Economic Review, 1940 (2).

[35] John S. Megee, *Industrial Organization*, Engle wood Cliffs: Prentice Hall, 1988.

2. 中文论著

［1］［美］约翰·罗杰斯·康芒斯. 制度经济学（上）［M］. 于树生译. 商务印书馆，1962.

［2］［美］迈克尔·迪屈奇. 交易成本经济学［M］. 北京：经济科学出版社，1999.

［3］［美］Y. 巴泽尔. 产权的经济分析［M］. 费方域等译. 上海：上海三联书店，上海人民出版社，1997.

［4］［美］丹尼尔·F·史普博. 管制与市场［M］. 余晖译. 上海：上海三联书店，上海人民出版社，1999.

［5］［英］阿瑟·塞西尔·庇古. 福利经济学［M］.（上卷）. 朱泱，张胜纪，吴良健译. 北京：商务印书馆，2010.

［6］［美］保罗·A·萨缪尔森，威廉·D·诺德豪森. 经济学［M］. 萧琛主译. 北京：商务印书馆，2013.

［7］［美］阿兰·兰德尔. 资源经济学［M］. 施以正译. 北京：商务印书馆，1989.

［8］［美］A. 艾伦·斯密德. 财产、权利和公共选择——对法和经济学的进一步思考［M］. 黄祖辉等译. 上海：上海三联书店，上海人民出版社，1999.

［9］［美］伊特韦尔等编. 新帕尔格雷夫经济学大辞典［M］.（第三卷）. 北京：经济科学出版社，1996.

［10］［美］F. G. 菲吕博腾，S 配杰威齐. 产权与经济理论：近期文献的一个综述，载于科斯等. 财产权利与制度变迁［M］. 刘守英等译. 上海：上海三联书店，上海人民出版社，1994.

［11］［美］H. 德姆塞茨. 关于产权的理论. 载于 R. 科斯等. 财产权利与制度变迁［M］. 刘守英等译. 上海：上海三联书店，上海人民出版社，1994.

［12］［日］金泽良雄. 经济法概论［M］. 满达人译. 北京：中国法制出版社，2005.

［13］［日］植草益．微观规制经济学［M］．朱绍文译．北京：中国发展出版社，1992.

［14］［日］青木昌彦．作为稳定博弈结果的国家元类型．载于比较［M］．（第5辑）．北京：中信出版社，2003.

［15］［美］乔治·施蒂格勒．产业组织和政府管制［M］．潘振民译．上海：上海三联书店，上海人民出版社，1996.

［16］［美］保罗·萨缪尔森，威廉·诺德豪斯．经济学［M］．高鸿业译．北京：中国发展出版社，1992.

［17］［美］维斯库斯等．反垄断与管制经济学［M］．陈甬军等译．北京：中国人民大学出版社，2010.

［18］［美］R.H.科斯．社会成本问题．载于R.H.科斯等．财产权利与制度变迁［M］．刘守英等译．上海：上海三联书店，上海人民出版社，1994.

［19］［美］约瑟夫·E·斯蒂格利茨．经济学［M］．姚开建，刘凤良，吴汉洪译．北京：中国人民大学出版社，1997.

［20］［美］查尔斯·沃尔夫．市场或政府——不完善的可选事物间的抉择［M］．陆俊，谢旭译．重庆：重庆出版社，2007.

［21］［美］威廉姆·A·尼斯坎南．官僚制与公共经济学［M］．王浦劬译．北京：中国青年出版社，2004.

［22］［爱］帕特里克·麦克纳特．公共选择经济学［M］．梁海音译．长春：长春出版社，2008.

［23］［美］曼瑟尔·奥尔森．集体行动的逻辑［M］．陈郁等译．上海：上海三联书店，上海人民出版社，1995.

［24］［美］托尔斯坦·本德·凡勃伦．有闲阶级论［M］．蔡受百译．北京：商务印书馆，1964.

［25］［美］约翰·R·康芒斯．制度经济学［M］．（上）．于树生译．北京：商务印书馆，1962.

［26］［美］西奥多·W·舒尔茨．制度与人的经济价值的不断提高，

载于科斯等. 财产权利与制度变迁 [M]. 刘守英译. 上海：上海三联书店, 上海人民出版社, 1994.

[27] [美] V. W. 拉坦. 诱致性制度变迁理论. 载于科斯等. 财产权利与制度变迁 [M]. 刘守英译. 上海：上海三联书店, 上海人民出版社, 1994.

[28] [美] 道格拉斯·C·诺思. 制度、制度变迁与经济绩效 [M]. 杭行译. 上海：上海三联书店, 上海人民出版社, 2008.

[29] [美] 罗纳德·H·科斯, 道格拉斯·C·诺思等. 制度、契约与组织：从新制度经济学角度的透视 [M]. 刘刚等译. 北京：经济科学出版社, 2003.

[30] [美] 道格拉斯·C·诺思. 制度变迁的理论：概念与原因. 载于财产权利与制度变迁 [M]. 刘守英等译. 上海：上海三联书店, 上海人民出版社, 1994.

[31] [美] 道格拉斯·C·诺思. 经济史上的制度与变革 [M]. 北京：商务印书馆, 1992.

[32] [美] 道格拉斯·C·诺思, 罗伯特·托马斯. 西方世界的兴起：新经济史 [M]. 厉以宁, 蔡磊译. 北京：华夏出版社, 2009.

[33] [美] 曼瑟尔·奥尔森. 集体行动的逻辑 [M]. 陈郁等译, 上海：上海三联书店, 上海人民出版社, 1995.

[34] [美] 埃莉诺·奥斯特罗姆. 公共事物的治理之道：集体行动制度的演进 [M]. 余逊达等译. 上海：上海译文出版社, 2012.

[35] [德] 柯武刚, 史漫飞. 制度经济学——社会秩序与公共政策 [M]. 韩朝华译. 北京：商务印书馆, 2000.

[36] [美] 婀维纳什·K·迪克西特. 经济政策的制定：交易成本政治学的视角 [M]. 刘元春译. 北京：中国人民大学出版社, 2004.

[37] [美] 约翰·罗尔斯. 作为公平的正义——正义新论 [M]. 姚大志译. 上海：上海三联书店, 2002.

[38] [美] 约翰·罗尔斯. 正义论 [M]. 何怀宏等译. 北京：中国

社会科学出版社，2003.

[39]［美］阿瑟·奥肯. 平等与效率——重大的权衡［M］. 王忠民等译. 成都：四川人民出版社，1988.

[40]［南］斯韦托扎尔·平乔维奇. 产权经济学——一种关于比较体制的理论［M］. 蒋琳琦译. 北京：经济科学出版社，1999.

[41]［法］让·皮埃尔·戈丹. 何谓治理［M］. 钟震宇译. 北京：社会科学文献出版社，2010.

[42]［法］雅克·格斯廷. 作为经济贸易的契约. 载于埃里克·布鲁索等. 契约经济学［M］. 王秋石等译. 北京：中国人民大学出版社，2011.

[43]［法］克洛迪亚·凯塞，马克·威林格尔. 关于道德风险和激励的实验：互惠和剩余共享. 载于埃里克·布鲁索等，契约经济学［M］. 王秋石等译. 北京：中国人民大学出版社，2011.

[44]［法］让·雅克·卢梭. 社会契约论［M］. 北京：商务印书馆，2003.

[45]［美］戴维·L·韦默. 制度设计［M］. 上海：上海财经大学出版社，2003.

[46]［美］尼斯坎南. 官僚制与公共经济学［M］. 北京：中国青年出版社，2004.

[47]［美］戈登·图洛克. 特权和寻租的经济学［M］. 王永钦译. 上海：上海人民出版社，2008.

[48]［印］阿马蒂亚·森. 贫困与饥荒——论权利与剥夺［M］. 王宇，王文玉译. 北京：商务印书馆，2001.

[49]［美］埃德加·博登海默. 法理学：法律哲学与法律方法［M］. 邓正来译. 北京：中国政法大学出版社，1999.

[50]［美］奥利弗·E·威廉姆森. 资本主义经济制度——论企业签约与市场签约［M］. 北京：商务印书馆，2002.

[51]［美］肯尼思·约瑟夫·阿罗. 陈志武等译. 社会选择与个人

价值 [M]. 上海：上海人民出版社，2010.

[52] [美] 科斯. 论生产的制度结构 [M]. 上海：上海三联书店，1994.

[53] [美] 斯蒂格勒. 产业组织和政府管制 [M]. 上海：上海三联书店，1996.

[54] [英] 马歇尔. 经济学原理 [M]. (上卷). 陈良璧译. 商务印书馆，1984.

[55] [美] 马歇尔·C·霍华德. 美国反托拉斯法与贸易法规——典型问题与案例分析 [M]. 北京：中国社会科学出版社，1991.

[56] [美] 小艾尔费雷德·D·钱德勒. 企业规模经济与范围经济 [M]. 北京：中国社会科学出版社，1999.

[57] 张五常. 经济解释 [M]. 北京：商务印书馆，2000.

[58] 林毅夫. 关于制度变迁的经济学理论：诱致性变迁与强制性变迁. 载于财产权利与制度变迁 [M]. 刘守英等译. 上海：上海三联书店，上海人民出版社，1994.

[59] 杨小凯，张永生. 新古典经济学和超边际分析 [M]. 北京：中国人民大学出版社，2000.

[60] 王俊豪. 管制经济学原理 [M]. 北京：高等教育出版社，2007.

[61] 王俊豪. 产业经济学 [M]. 北京：高等教育出版社，2008.

[62] 王俊豪等. 深化中国垄断行业改革研究 [M]. 北京：中国社会科学出版社，2010.

[63] 王俊豪等. 现代产业组织理论与政策 [M]. 北京：中国经济出版社，2011.

[64] 卢现祥. 新制度经济学 [M]. 武汉：武汉大学出版社，2004.

[65] 卢现祥，朱巧玲. 新制度经济学 [M]. 北京：北京大学出版社，2007.

[66] 俞可平. 西方政治学名著提要 [M]. 南昌：江西人民出版社，

2000.

　　[67] 苑春荟. 管制治理：中国电信产业改革实证研究 [M]. 北京：人民邮电出版社，2009.

　　[68] 宁骚. 公共政策 [M]. 北京：高等教育出版社，2000.

　　[69] 谢庆奎. 政府学概论 [M]. 北京：中国社会科学出版社，2005.

　　[70] 宋承先. 现代西方经济学 [M]. 上海：复旦大学出版社，2004.

　　[71] 中国盐业协会. 中国盐业年鉴2013 [M]. 北京：中国统计出版社，2013.

　　[72] 许云霄. 公共选择理论 [M]. 北京：北京大学出版社，2006.

　　[73] 苗力田主编. 亚里士多德全集（第八卷）[M]. 北京：中国人民大学出版社，1992.

　　[74] 慈继伟. 正义的两面 [M]. 上海：生活·读书·新知三联书店，2001.

　　[75] 杨治. 产业经济学导论 [M]. 北京：中国人民大学出版社，1985.

　　[76] 陈淮. 日本产业政策研究 [M]. 北京：中国人民大学出版社，1991.

　　[77] 吕福玉，曾凡英. 垄断转型：当代盐产业组织优化进路 [M]. 成都：四川出版集团巴蜀书社，2009.

　　[78] [印] 阿马蒂亚·森. 评估不平等和贫困的概念性挑战 [J]. 中国社会科学文摘，2003（5）.

　　[79] [日] 植田由美. 我が国における専売制度の沿革 [J]. 財務月刊，2006（3）.

　　[80] 徐桂华，杨定华. 外部性理论的演变与发展 [J]. 社会科学，2004（3）.

　　[81] 李光德. 产权理论框架下内部性的社会性管制研究 [J]. 山西

财经大学学报，2008（2）.

[82] 苏晓红. 内部性解决机制的比较分析 [J]. 经济学家，2008（5）.

[83] 程启智. 内部性与外部性及其政府管制的产权分析 [J]. 管理世界，2002（12）.

[84] 汪丁丁. 从交易费用到博弈均衡 [J]. 经济研究，1995（9）.

[85] 李世涌，朱东恺，陈兆开. 外部性理论及其内部化研究综述 [J]. 学术研究，2007（8）.

[86] 李郁芳，郑杰. 论政府行为外部性的形成 [J]. 学术研究，2004（6）.

[87] 何立胜，王萌. 政府行为外部性的测度与负外部性的内部化 [J]. 学术研究，2004（6）.

[88] 张东峰，杨志强. 政府行为内部性与外部性分析的理论范式 [J]. 财经问题研究，2008（3）.

[89] 肖兴志. 中国垄断性产业规制机构的模式选择 [J]. 山东经济. 2009（02）.

[90] 肖兴志. 对中国电价规制效果的一种检验 [J]. 统计研究，2005（9）.

[91] 陈其林. 公共产品、公共利益及其不确定性 [J]. 中国经济问题，2007（4）.

[92] 陈其林，韩晓婷. 准公共产品的性质：定义、分类依据及其类别 [J]. 经济学家，2010（7）

[93] 韩兆柱. 新公共管理中的自由主义与转型中的善治 [J]. 理论与改革，2006（1）.

[94] 樊玉然，吕福玉. 效率视角的盐业规制改革：从激励性规制到市场化 [J]. 宏观经济研究，2012（8）.

[95] 樊玉然. 我国装备制造业产业链纵向治理优化研究 [D]. 西南财经大学工商管理学院，2013.

[96] 涂劲军. 揭秘食盐增值 30 多倍销售链 [N]. 成都商报，2010 - 02 - 03 (31).

[97] 朱广忠. 公共利益的界定与测度 [J]. 中国行政管理，2010 (12).

[98] 郭正林. 走出公共管理的效率主义泥淖 [J]. 社会科学报，2006 - 05 - 11.

[99] 时奇哲. 普及碘盐与海南盐业体制改革 [J]. 今日海南，2008 (10).

[100] 成静. 立即取消食盐专营制度，我不赞成 [N]. 中国经济导报，2010 - 01 - 30.

[101] 张春晓. 我国食盐业体制改革与发展思考 [J]. 国有资产管理，2011 (4).

[102] 黄新华. 政府管制、公共企业与特许经营权竞标——政府治理自然垄断问题的政策选择分析 [J]. 东南学术. 2006 (01).

[103] 贾晓璇. 简论公共产品理论的演变 [J]. 山西师大学报（社科版）2011 (5).

[104] 吕福玉，陈一君. 我国盐业管制制度缺陷剖析 [J]. 四川理工学院学报（社科版），2012 (4).

[105] 吕福玉. 我国盐业管制制度改革的路径选择 [J]. 浙江工商大学学报，2012 (1).

[106] 李晓华. 产业组织的垂直解体与网络化 [J]. 中国工业经济，2005 (7).

[107] 包群，赖明勇. 中国外商直接投资与技术进步的实证研究 [J]. 经济评论，2002 (6).

[108] 于洪霞，龚六堂，陈玉宇. 出口固定成本融资约束与企业出口行为 [J]. 经济研究，2011 (4).

[109] 李宏舟. 日本盐业规制改革：动因、历程与效果分析 [J]. 2010 年中国产业组织前沿论坛会议文集，2010.

后　记

　　在本书即将付印之际，不免生出许多感慨和些许遗憾。

　　盐业是一个古老而历史悠久的传统行业，数千年来生生不息地滋养着华夏儿女，可谓中国文明史上的一颗璀璨明珠，为我国经济社会文化发展作出了不可磨灭的贡献。然而，在经济社会文化较为发达和进步的 21 世纪，我国盐业竟然沦落为弱势产业，更无国际竞争力。究其原因，固然比较复杂，但从制度安排层面来看，1996 年开始实行的食盐专营制度，在很大程度上阻碍着制盐行业经济发展。

　　不仅如此，食盐专营制度先天存在着体制缺陷和机制扭曲，引发了诸多"寻租"和腐败等政府管制失灵问题，备受世人诟病，呼吁盐业垄断体制改革的声音此起彼伏，我国相关政府部门也高度重视盐业体制改革。然而，由于改革关系到多个集团的切身利益，在经历十几年的多重利益博弈之后，国务院于 2016 年 4 月 22 日出台的《盐业体制改革方案》，尽管在一定范围和一定程度上给予盐业企业自主生产经营的市场地位和市场权力，但是，此方案的改革指导思想明确指出"以确保食盐质量安全和供应安全为核心，在坚持食盐专营制度的基础上推进供给侧结构性改革"。我们仔细研读，发现内中存在不少矛盾与冲突，尤其是备受诟病的"政企不分"之管制治理模式依然保留。

　　我们以为，要想有效推动盐业供给侧结构性改革，提升制盐行业国际竞争力，食盐专营制度还需进一步改革。为此，我们期盼更多的专家学者关注和参与盐业体制改革问题研究，为相关政府部门进一步改革盐业管制制度提供学理支撑，为振兴和推动我国盐业转型发展尽一点绵薄之力。

虽然本书早在三年前就开始撰写，但由于时间精力和学识有限，内中可能存在不少有待商榷的观点和主张，恭请学界前辈和同仁批评指正。

感谢全国哲学社会科学规划办公室和四川省哲学社会科学重点研究基地——中国盐文化研究中心，正是这两个部门的"'十二五'时期深化我国盐业垄断体制改革研究"项目（11BJY069）和"中国盐业垄断体制改革研究"项目（YWHZB13－01）的资助，才使得我们能够将这本书撰写完成并交付出版。

感谢四川理工学院，特别是社科处和经济学院，为我们提供了完成本书的时间保障和科研条件。

感谢四川久大盐业集团、自贡盐业历史博物馆、自贡市社会科学联合会、产业转型与创新研究中心为我们提供了研究所需的相关数据资料和文献参考资料。

感谢四川大学博士生导师蒋永穆教授不吝对书稿提出宝贵修改建议并欣然为本书作序。

感谢经济科学出版社刘莎编辑和其他工作人员为本书出版所付出的心血和劳动。

吕福玉　曾凡英　樊玉然

2016 年 8 月 12 日